Anton Egner, Herbert Kraume, Bernhard Müller,
Rudolf Renz, Dieter von Schrötter,
Martin Vöhringer, Hans-Jürgen Vollmer

GESCHICHTE S II

Wege in die Moderne

Deutschland, die USA und Russland im
19. Jahrhundert

Schroedel

GESCHICHTE S II
Wege in die Moderne
Deutschland, die USA und
Russland im 19. Jahrhundert

Anton Egner, Herbert Kraume, Bernhard Müller,
Rudolf Renz, Dieter von Schrötter,
Martin Vöhringer, Hans-Jürgen Vollmer

unter Mitarbeit der Verlagsredaktion

Bildquellenverzeichnis

Archiv Gerstenberg, Wietze: 37, 104, 107, 130.1, 130.3, 130.4, 179, 185; Archiv für Kunst und Geschichte, Berlin: 10 o., 21, 129, 161; Archiv der sozialen Demokratie, Bonn: 77, 111, 112; The Balch Institute, Philadelphia: 173; BAVARIA/Picture Finders: Umschlag o., r; BAVARIA/Otto: Umschlag l.; Beeck, Osnabrück: 117; R. Beier, Neubrandenburg: 72; bpk, Berlin: 10 u., 34, 63, 65, 82, 89, 95, 100, 105, 113, 120, 138 r.; Henning Christoph/DAS FOTO-ARCHIV, Essen: 124; Historisches Museum der Pfalz, Speyer: 14/15; Historisches Museum Frankfurt am Main: 55; Landesbildstelle Baden, Karlsruhe: 23; Mansell Collection, London: 141; DER SPIEGEL, Hamburg: 142; Staatliche Kunsthalle Karlsruhe: 45; Städtische Kunstsammlungen Ludwigshafen: 51; Süddeutscher Verlag, München: 140, 149 l., 151 l.; Ullstein, Berlin: 138 l., 149 r.; United Press, International: 171; Victoria and Albert Museum, London: 176

CHLORFREI

Gedruckt auf Papier, das nicht mit Chlor gebleicht wurde. Bei der Produktion entstehen keine chlorkohlenwasserstoffhaltigen Abwässer.

ISBN 3-507-34912-4

Druck A 8 7 6 / Jahr 2004 2003 2002

Alle Drucke der Serie A sind im Unterricht parallel verwendbar. Die letzte Zahl bezeichnet das Jahr des Druckes.

Grafik: Peter Langner, Hannover
Satz: O & S, Hildesheim
Druck: Clausen & Bosse, Leck

Inhaltsverzeichnis

Deutschland, die USA und Rußland auf ihrem Weg ins 20. Jahrhundert

Nationsbildung und Modernisierung

Im folgenden Kurs fragen wir nach den gesellschaftlichen und politischen Sonderentwicklungen Deutschlands, der Vereinigten Staaten und Russlands im 19. Jahrhundert und am Beginn des 20. Jahrhunderts. Was ist ihnen gemeinsam und worin unterscheiden sie sich? Die verschiedenartigen, ungleich entwickelten Länder und Gesellschaften liegen in getrennten Regionen der nördlichen Halbkugel, die USA auf dem nordamerikanischen Festland, Russland auf der eurasischen Landmasse und Deutschland in der Mitte Europas mit geografisch offenen Grenzen zwischen Russland und den westeuropäischen Mächten Frankreich und Großbritannien. Die drei Länder sind politisch und gesellschaftlich ungleich verfasst, leben aus ganz verschiedenen Traditionen, Herkünften und geschichtlichen Erfahrungen und werden im 20. Jahrhundert die Geschichte Europas und der Welt politisch, militärisch, wirtschaftlich und ideologisch prägen. Jedem der drei Länder wurde im 19. Jahrhundert eine machtvolle Zukunft vorhergesagt.

Deutschland

Werfen wir einen ersten orientierenden Blick auf die drei Länder im 19. Jahrhundert und auf ihre Wirkung im 20. Jahrhundert. Beginnen wir mit dem uns am nächsten liegenden und am meisten betreffenden, mit Deutschland. Politisch getrennt in viele Einzelstaaten mussten die Deutschen zu Beginn des 19. Jahrhunderts zwei schmerzliche Erfahrungen machen, die ihr nationales Bewusstsein tief verletzten, aufstachelten und herausforderten: Die napoleonische Fremdherrschaft im Gefolge der Französischen Revolution, die erobernd nach Deutschland kam, und die wirtschaftliche Rückständigkeit und Unterlegenheit gegenüber England infolge seiner industriellen Revolution.
Die Deutschen sahen sich vor zwei, wenn nicht gar drei Aufgaben gleichzeitig gestellt: die bürgerlich nationale, konstitutionell liberale Revolution der Franzosen und die wirtschaftlich industrielle Revolution der Engländer aufzuholen. Nationale Einheit, politische Freiheit nach innen und außen, Rechtsstaat, Menschenrechte, Industrie, Marktwirtschaft und soziale Gerechtigkeit wurden zu den leitenden Ideen und Tendenzen der Zeit.
Es sind Bewegungskräfte der modernen Geschichte überhaupt – weit über Deutschland hinaus, das gleichzeitig von ihnen allen erfasst, verändert und tief verunsichert wurde – mit weitreichenden Folgen für das 20. Jahrhundert: In zwei Weltkriegen wird Deutschland nach der Weltmacht zu greifen versuchen, 1914–1918 und 1939–1945. Im Ersten Weltkrieg wird das Kaiserreich, 1871 gegründet, zusammenbrechen und im Zweiten Weltkrieg wird das „Dritte Reich" Deutschland und Europa in eine unvorstellbare Katastrophe stürzen und sich selbst zerstören.
Die deutsche Geschichte des 19. Jahrhunderts ist nicht einfach ein Zubringer auf die Hauptachse der Katastrophe, sie stellt uns jedoch vor die Frage, wie dieser Ausgang möglich geworden ist, unausweichlich und vorentschieden ist er nicht gewesen.

Vereinigte Staaten von Amerika

Die Vereinigten Staaten von Amerika sind im 20. Jahrhundert eine Weltmacht geworden und bis heute geblieben. Sie waren im 19. Jahrhundert als das rückblickend zukunftsträchtigste der drei Länder auf einem anscheinend unaufhaltsamen Vormarsch begriffen, territorial, demographisch, wirtschaftlich und politisch. Die Nordamerikaner verstanden sich als eine Gesellschaft der „Freien und Gleichen“, hervorgegangen aus einer demokratischen und nationalen Revolution und einem kolonialen Unabhängigkeitskrieg. Sie hatten sich eine demokratische, liberale und föderale Verfassung gegeben, dehnten ihr Staatsgebiet immer weiter bis zum Pazifik aus, waren sich lange selbst überlassen, glaubten an den Fortschritt ihrer Zivilisation, an ihre Auserwähltheit, vertrauten auf sich selbst und ihre wachsende Kraft.

Russland

Das Zarenreich Russland beherrschte im 19. und beginnenden 20. Jahrhundert eine eurasische Landmasse von Warschau bis Wladiwostok am Pazifik, vom nördlichen Eismeer bis nach Innerasien, rund 1/6 der Erdoberfläche mit zahlreichen Völkern und Kulturen, ein Vielvölkerreich. Es wurde durch die bolschewistische Oktoberrevolution von 1917 und deren Folgen gewaltsam und umwälzend verändert, das sozialistische Herrschafts- und Gesellschaftssystem der UdSSR wurde errichtet. Die UdSSR konkurrierte politisch, militärisch und ideologisch nach dem Zweiten Weltkrieg mit der Weltmacht USA und zerfällt seit 1990 in mehrere unabhängige nationale Teilrepubliken. Die Krise des Zarenreiches, die Ursachen der Revolution und die Entstehung der UdSSR reichen weit in die russische Geschichte des 19. Jahrhunderts zurück.

Nationsbildung – wie, woraus, woraufhin?

Die drei Länder und Gesellschaften entwickelten im 19. Jahrhundert drei unterschiedliche Vorstellungen von Nation.

Sprach- und Kulturnation

Das politische Bewusstsein der Deutschen kreiste um die Idee einer Sprach- oder Kulturnation. Nation galt als historisch vorgegeben, als eine bis ins Mittelalter datierbare Abstammungs- und Erlebnisgemeinschaft der Deutschen, die sich an Kaiser- und Reichsherrlichkeit rückerinnerten und sie romantisch verklärten. In der Zeit des Niedergangs des Heiligen Römischen Reiches Deutscher Nation bildete sich die Sage vom alten deutschen Kaiser Friedrich aus, der niemals gestorben sei und verborgen im Kyffhäuser auf seine und des Reiches glanzvolle Rückkehr warte, um die politische Ohnmacht der Deutschen und ihre Zwietracht zu beenden. Die Reichsgründung von 1871 wurde als die große Stunde der „Kyffhäuserdeutschen“ ausgelegt und 1888 wurde für den verstorbenen Kaiser Wilhelm I. als für den berufenen Einiger „von oben“ ein Kyffhäuserdenkmal errichtet. In Denkmälern, Feiern und Erinnerungen wurde die einzigartige, die ererbte deutsche Nationalität beschworen und der „aufgeklärten“ staatsbürgerlichen, revolutionär errungenen Nationalität der Franzosen gegenübergestellt, zu einem deutschen Sonderwegsbewusstsein verallgemeinert. Das französische Nationalbewusstsein dagegen fand seinen Ausdruck in der klassisch gewordenen Formel des französischen Gelehrten Ernest Renan (um 1875), dass eine Nation ein tagtägliches Plebiszit, eine tagtägliche Volksabstimmung sei.

Das nationale Denken der Amerikaner speist sich aus anderen sozialen, politischen und ideengeschichtlichen Erfahrungen, aus Unabhängigkeitserklärung, Unabhängigkeitskrieg, aus Verfassungsgebung, revolutionärer Staatsgründung, die der Nationswerdung vorausgegangen ist. Die Siedler der 13 Kolonien, die Einwanderer aus vielen Ländern mussten sich zusammenfinden und ein multi-ethnisches Bewusstsein ihrer Zusammengehörigkeit und Zusammenarbeit entwickeln. Ihr Patriotismus wurde zu einem gelebten Verfassungspatriotismus, zu einem republikanischen, demokratischen Bewusstsein der Selbstbestimmung. Das Selbstverständis der Amerikaner, eine besondere Bestimmung zu haben, wurde zu einem nationalen und demokratischen Wir-Bewusstsein überhöht. Diese nationale Integration schloss im 19. Jahrhundert rücksichtslos Indianer und andere farbige Minderheiten aus, sie bestand die schreckliche Feuerprobe des Sezessionskrieges von 1861–1865.

Verfassungspatriotismus

Das russische Reich war im 19. Jahrhundert ein Vielvölkerreich mit etwa 100 verschiedenen Völkern und Sprachen, ein kontinental expandierendes Großreich, von den „älteren russischen Brüdern" beherrscht und als Völkergefängnis verschrien. Orthodoxes Gottesgnadentum legitimierte die zaristische Autokratie gegenüber liberalen und nationalen Ansprüchen. Im Zeitalter der erwachenden Nationen und der drohenden revolutionären Nationalitätenkonflikte wurde ein übernationaler Panslawismus, eine Doktrin vom politischen Zusammenschluss aller Slawenvölker unter russischem Schutz, zu einer Stütz- und Ersatzideologie aufgebaut.

Panslawismus

Wenn wir also im folgenden Kurs die drei genannten Länder miteinander vergleichen, so zeigen sich eher tief greifende Unterschiede als Gemeinsamkeiten. Der Prozess der Nationswerdung und Nationsbildung lässt sich typologisch auf drei Ausprägungen und Verlaufsphasen reduzieren.
Moderne Nationen und Nationalstaaten haben sich gebildet

1. durch eine innerstaatliche und gesellschaftliche Revolution, so in Großbritannien bis 1688, in Amerika seit 1776 und in Frankreich nach 1789. Es entstanden bürgerlich geprägte Staats- oder Staatsbürgernationen mit freiheitlichen Verfassungen;

Revolution

2. durch nationale Einigungsbewegungen; ihre meist bildungsbürgerlichen Wortführer wollten politisch getrennte oder fremdbeherrschte, historisch aber vorgeformte Sprach- und Kulturnationen staatlich vereinigen und sie so nach innen und außen handlungsfähig, unabhängig und souverän machen. Beispielhaft für diesen Prozess sind die italienische, die deutsche Einigungsbewegung, aber auch die amerikanische Nationswerdung. Gemessen an Frankreich und Großbritannien erscheint gerade Deutschland als eine verspätete Nation, die sich nicht durch eine Revolution „von unten" bildete und das bereits bestehende europäische Mächtesystem nachhaltig störte;

Einigungsbewegung

3. durch Lostrennung von Großreichen und Vielvölkerstaaten wie dem Habsburger-, dem Osmanischen und dem Zarenreich. Aus ihrem Zerfall gingen nach dem Ersten Weltkrieg in Ostmitteleuropa viele kleine und mittlere, wenig stabile Nationalstaaten mit nationalen Minderheiten in ihrem Staatsgebiet hervor. Nach dem Zerfall der UdSSR und der Volksrepublik Jugoslawien erleben diese Nationen eine Wiedergeburt unter schlimmen Geburtswehen, als kehrten für überwunden gehaltene nationale Konflikte aus dem 19. Jahrhundert wieder.

Lostrennung

MATERIAL 1 Abbé Siéyès: Was ist der dritte Stand? Was ist eine Nation?

Diese maßgebliche Kampfschrift im Wahlkampf für die französische Ständeversammlung wurde in über 30 000 Exemplaren gedruckt. Aus der Versammlung der 3 Stände ging nach dem Ballhausschwur vom 20. Juni 1789 die verfassunggebende Nationalversammlung hervor.

Die Nation ist vor allem anderen da, sie ist der Ursprung von allem. Ihr Wille ist immer gesetzmäßig, sie ist selbst das Gesetz. [...] Einerlei auf welche Art eine Nation will, es genügt, dass sie will: Alle Formen sind gut, und ihr Wille ist immer das höchste Gesetz.

(Aus: Emmanuel Joseph Siéyès, Politische Schriften 1788–1790, München/Wien [2]1981, S. 119ff.)

MATERIAL 2 Goethe/Schiller, Deutscher Nationalcharakter, 1797

Zur Nation euch zu bilden, ihr hoffet es, Deutsche, vergebens;
Bildet, ihr könnt es, dafür freier zu Menschen euch aus!

MATERIAL 3 Über den Volkshass, 1813

Ernst Moritz Arndt, wirkungsvoller nationaler Publizist gegen Napoleon, verkündete:

Im Allgemeinen ist die Frage töricht, welches Volk besser sei [...], so wie es töricht ist, wenn ich frage, ist die Eiche besser als der Dornstrauch, die Distel als der Rosenstrauch? Aber wie, wenn es den Disteln einfiele, sich mit den edlen Kindern des Rosenbuschs vermählen zu wollen? Wie, wenn wir der Rosenbusch wären und die Franzosen die Disteln?

Ich will den Hass gegen die Franzosen nicht bloß für diesen Krieg, ich will ihn für lange Zeit, ich will ihn für immer. Dann werden Deutschlands Grenzen auch ohne künstliche Wehren sicher sein, denn das Volk wird immer einen Vereinigungspunkt haben, sobald die unruhigen und räuberischen Nachbarn darüberlaufen wollen. Dieser Hass glühe als die Religion des deutschen Volkes, als ein heiliger Wahn in allen Herzen und erhalte uns immer mit unserer Treue und Redlichkeit und Tapferkeit.

(Zitiert nach: Hannah Vogt, Nationalismus gestern und heute, Opladen 1967, S. 102ff.)

MATERIAL 4 Nation und Staat – geistige Individualitäten?

Der bedeutende Geschichtsschreiber Leopold v. Ranke versuchte 1836 in seiner Schrift „Politisches Gespräch" die deutsche Nationalität und ihr Verhältnis zum Staat zu bestimmen. Seine gemäßigte konservative Auffassung wirkte auf das Politikverständnis des gebildeten Bürgertums im Vormärz nachhaltig ein.

Nicht dort ist unser Vaterland, wo es uns endlich einmal wohl ergeht. Unser Vaterland ist vielmehr mit uns, in uns.

Deutschland lebt in uns: Wir stellen es dar, mögen wir wollen oder nicht, in jedem Lande, dahin wir uns verfügen, unter jeder Zone. Wir beruhen darauf von Anfang an und können uns nicht emanzipieren. Dieses geheime Etwas, das den Geringsten erfüllt wie den Vornehmsten – diese geistige Luft, die wir aus- und einatmen – geht aller Verfassung vorher, belebt und erfüllt alle ihre Formen [...].

Der Staat ist seiner Natur nach bei weitem enger geschlossen als die Nation [...]. Staaten gelten als Individualitäten, eine der anderen analog, aber wesentlich unabhängig voneinander. Statt jener flüchtigen Konglomerate, die sich dir aus der Lehre vom Vertrag (Staatsvertrag) ergeben wie Wolkengebilde, sehe ich geistige Wesenheiten, originale Schöpfungen des Menschengeistes, – man darf sagen, Gedanken Gottes.

(Aus: Leopold von Ranke, Sämtliche Werke, Bd. 49/50, Leipzig 1887, S. 326, S. 329)

MATERIAL 5 Ohne Teilhabe an der Nation – die Arbeiter?

Aus dem Kommunistischen Manifest, 1848: Nach Karl Marx und Friedrich Engels sind die Arbeiter wirtschaftlich, sozial und politisch entfremdet. Auch die Teilhabe an der Nation, die nationale Partizipation, ist ihnen versagt und fremd.

Den Kommunisten ist ferner vorgeworfen worden, sie wollten das Vaterland, die Nationalität, abschaffen. Die Arbeiter haben kein Vaterland. Man kann ihnen nicht nehmen, was sie nicht haben. Indem das Proletariat zunächst sich die politische Herrschaft erobern, sich zur nationalen Klasse erheben, sich selbst als Nation konstituieren muss, ist es selbst noch national, wenn auch keineswegs im Sinne der Bourgeoisie.
Die nationalen Absonderungen und Gegensätze der Völker verschwinden mehr und mehr und schon mit der Entwicklung der Bourgeoisie, mit der Handelsfreiheit, dem Weltmarkt, der Gleichförmigkeit der industriellen Produktion und der ihr entsprechenden Lebensverhältnisse.

(Aus: Karl Marx, Die Frühschriften, Siegfried Landshut (Hrsg.), Stuttgart 1953, S. 545)

MATERIAL 6 Der Nationalstaat am Ende?

Die Geschichte des deutschen Nationalstaates ist zu Ende, nicht die Geschichte der Deutschen. Was wir als große Nation uns und der Welt leisten können, ist die Einsicht in die Weltsituation heute, dass der Nationalstaatsgedanke heute das Unheil Europas und nun auch aller Kontinente ist. Während der Nationalstaatsgedanke die heute übermächtig zerstörende Kraft der Erde ist, können wir beginnen, ihn in der Wurzel zu durchschauen und aufzuheben.

(Aus: Karl Jaspers, Freiheit und Wiedervereinigung. Über Aufgaben deutscher Politik, München 1960, Neuausgabe 1990, S. 53)

MATERIAL 7 Alexis de Tocqueville über den Patriotismus der Amerikaner um 1835

Ich behaupte, dass das mächtigste und vielleicht das einzige Mittel, das uns bleibt, die Menschen am Los ihres Vaterlandes zu interessieren, darin besteht, sie an seiner Regierung teilnehmen zu lassen. In unseren Tagen scheint mir der Gemeinsinn unzertrennlich zu sein von der Ausübung der politischen Rechte [...]
Woher kommt es, dass in den Vereinigten Staaten, wo die Bewohner erst gestern den Boden, den sie innehaben, betreten haben, wohin sie weder Gewohnheiten noch Bräuche mitgebracht haben, wo sie sich zum ersten Mal begegnen, ohne sich zu kennen, wo, um es in einem Wort zu sagen, das Gefühl für das Vaterland kaum vorhanden ist – woher kommt es also, dass sich jeder an den öffentlichen Angelegenheiten beteiligt, an den Angelegenheiten seines Bezirks und des ganzen Staates wie an seinen eigenen? Das liegt daran, dass jeder in seinem Bereich aktiven Anteil nimmt an der Regierung der Gemeinschaft.

Der Mann aus dem Volke hat in den Vereinigten Staaten den Einfluss begriffen, den das allgemeine Wohl auf sein Glück ausübt, eine so einfache und dennoch beim Volk so wenig bekannte Vorstellung. Darüber hinaus hat er sich daran gewöhnt, dieses allgemeine Wohl als sein eigenes Werk anzusehen. Er sieht also im öffentlichen Wohlstand seinen ureigenen, und er arbeitet zum Wohl des Staates nicht nur aus Pflichtbewusstsein oder aus Stolz, sondern, wie ich fast zu behaupten wage, aus Eigennutz [...]
Der Amerikaner, der an allem Anteil nimmt, was in diesem Lande geschieht, sieht sich in

die Pflicht genommen alles zu verteidigen, was man darin kritisiert; denn man greift nicht nur sein Land an, sondern eigentlich ihn selbst [...] Nichts stört einen mehr an der Lebensart der Amerikaner als dieser reizbare Patriotismus. Der Ausländer würde sich gerne dazu verstehen, vieles in ihrem Land zu loben, doch er möchte auch, dass man ihm erlaubt, einiges zu tadeln, aber das verweigert man ihm unbedingt.

(Aus: Alexis de Tocqueville, De la démocratie en Amérique I, 2, 6, Paris 1963, S. 141f., Übers. B. Müller)

Das amerikanische Staatswappen

1. Woraus und wie bilden sich Nationen? – Was bewirken sie? – Als was werden sie gedeutet?
   Auf solche Fragen antworten die Verfasser der Texte. Erläutern, vergleichen und beurteilen Sie die Antworten der Verfasser.
2. Wenden Sie die Leitbegriffe demokratisch, liberal, sozialistisch und konservativ auf die Texte an und erschließen Sie den Bedeutungsgehalt der Begriffe aus den Texten.
3. Im Begriff der Nation drücken sich Möglichkeiten politischen Handelns wie Partizipation, Integration, Identifikation, Aggressivität und Feindschaft (nach innen wie nach außen) aus. Untersuchen und vergleichen Sie die Texte daraufhin.

Die weltumspannende demokratische und soziale Republik, Lithografie, F. Sorrieu 1848.
Christus segnet als neuer Religionsstifter aus der Sonne der ‚Fraternité‘ (Brüderlichkeit) den ‚Völkerfrühling' des Jahres 1848. Frankreich, Deutschland, Österreich, das Königreich der beiden Sizilien und viele andere Staatsnationen vereinigen sich zu einem Festzug. Im Vordergrund liegen zerbrochene Kronen, Wappen, zerfetzte Urkunden: Überreste einer alten, überwundenen Zeit.

Modernisierung – Ursachen, Erscheinungen, Deutungen

Für das Entstehen der modernen Welt gaben drei Revolutionen, die Französische, die amerikanische und die industrielle Revolution, wichtige Anstöße. Die Französische und die amerikanische Revolution waren in erster Linie politische Revolutionen; beide verhalfen entscheidenden staatlichen Ordnungsprinzipien unserer Zeit zum Durchbruch. Der Begriff „industrielle Revolution" benennt zunächst den qualitativen Wandel in den Produktionstechniken, der sich durch den Einsatz von Maschinen in England vollzog, später benennt er auch das Ausmaß der durch die Industrialisierung hervorgerufenen sozialen Veränderungen. Dem heutigen Betrachter stellen sich diese drei Revolutionen des ausgehenden 18. Jahrhunderts vor allem als der Beginn eines geschichtlich einmaligen Modernisierungsvorgangs dar, der in den folgenden zwei Jahrhunderten einen tief greifenden ökonomischen, sozialen, kulturellen und politischen Wandel bewirkte und vom europäisch-atlantischen Raum ausgehend später die gesamte Welt erfasst hat.

Modernisierungsprozess

Der Historiker Thomas Nipperdey fasst die Phänomene dieses Modernisierungsprozesses zusammen: Rückgang der volkswirtschaftlichen Bedeutung des Agrarsektors, Industrialisierung, Arbeitsteilung, Ansteigen der Produktivität, dauerndes Wirtschaftswachstum, Erhöhung der Masseneinkommen über die Befriedigung der elementaren Existenzbedürfnisse hinaus; demographische Revolution, zuerst Sinken der Mortalität, später dann der Geburten; Landflucht und Urbanisierung; Ablösung personaler Herrschaftsstrukturen durch eine institutionelle Organisation des Staates und dessen Bürokratisierung; Rekrutierung seiner Eliten und Funktionsträger nach Leistung statt nach Erblichkeit und Standeszugehörigkeit; Legitimation von Herrschaft nicht mehr religiös unter Bezug auf Gott, sondern demokratisch durch die Zustimmung der Massen; Wandel des Staates vom „Nachtwächterstaat" zum Daseinsvorsorge-, ja Wohlfahrtsstaat; Übergang von der „Gemeinschaft" zur „Gesellschaft", von vorgegebenen, personalen Gruppen und Bindungen zu selbst gewählten, sachlich organisierten Beziehungen; Individualisierung der Lebensgestaltung; Wandel der Werte und deren Relativierung.

Spannungen

Thomas Nipperdey verweist auch auf das „reibungsvolle Aufeinandertreffen verschiedener Entwicklungstempos"; er macht diese Diskrepanzen an der Wahrnehmung der Menschen fest, die diese Zeit durchschritten haben. Der beschleunigte Wandel hat viele Menschen in ihrer Identität erschüttert und in ihren Gewissheiten verunsichert, hat überkommene Weltbilder und bislang selbstverständliche Wertemuster ins Wanken gebracht. Anti-Modernitätsaffekte, bewusstes Festhalten an den angefochtenen Traditionsbeständen und Statusunsicherheiten waren die eine Folge; radikales Abstoßen des Bisherigen und Suche nach neuen Sinnstiftungen die andere. Diese „Ungleichzeitigkeit des Gleichzeitigen" zeigte sich auch am politischen System: Auf der einen Seite ein rapider ökonomischer und sozialer Wandel, auf der anderen das zähe Fortleben von Obrigkeitsstaat, Militärmonarchie und Dominanz der alten Eliten. Das erzeugte Spannungen, die den bisherigen und wohl noch nicht zu Ende gegangenen Weg in die Moderne bisweilen mit gewaltigen Eruptionen und Verwerfungen begleitet haben und ihn heute noch begleiten.

MATERIAL 8 Die industrielle Revolution in der Weltgeschichte

Zwischen 1780 und 1850, in weniger als drei Generationen, wandelte eine weitreichende Revolution, die in der Geschichte der Menschheit nicht ihresgleichen hat, das Gesicht Englands. Von da an war die Welt nicht mehr die gleiche. Die Historiker haben das Wort Revolution oft gebraucht und missbraucht, um eine radikale Veränderung zum Ausdruck zu bringen, aber keine Revolution war je so dramatisch revolutionär wie die „industrielle Revolution" – ausgenommen vielleicht die neolitische.

Die neolitische Revolution formte die Menschheit von einem zersplitterten Haufen wilder Jägertrupps, „garstig, viehisch und gedrungen" (Hobbes), in mehr oder weniger gegenseitig voneinander abhängige landwirtschaftliche Gesellschaften um. Die industrielle Revolution verwandelte die Menschen von Bauern und Schafhirten in Betätiger von Maschinen, welche mit lebloser Energie angetrieben wurden. [...]

Die neolitische Revolution entwickelte sich im Laufe Tausender von Jahren. Der Mensch hatte Zeit, sich nach und nach anzupassen. Die industrielle Revolution hingegen hat die Welt überfallen, unsere ganze Existenz umgekrempelt, die Strukturen aller bestehenden menschlichen Gesellschaften über den Haufen geworfen – und das innerhalb von nur acht Generationen. Und heute beginnt sie mit größter Eile, neue Probleme von solcher Ungeheuerlichkeit aufzuzwingen, dass der menschliche Geist in seinem gegenwärtigen Zustand sie kaum zu erfassen vermag: den unkontrollierten Bevölkerungszuwachs; die Wasserstoffbombe; die Verpestung der Luft und der natürlichen Umgebung durch Industriemüll; die Notwendigkeit der Massenerziehung; die stetige Zunahme von alten Menschen, die zwar am Leben erhalten, aber von der restlichen Gesellschaft zurückgewiesen werden; das Ende des traditionellen Staates; die wissenschaftliche Organisation unkontrollierbarer Machtzentren; die unbegrenzten Möglichkeiten, die Genetiker und Biologen besitzen, um die Natur und das Verhalten der Menschen zu beeinflussen. Unter dem Gewicht dieser Probleme brechen die alten Strukturen zusammen. Die Konservativen beklagen sich, sie verstünden nicht mehr, was vor sich geht, und täuschen sich selbst, indem sie eine Vergangenheit am Leben zu erhalten suchen, die längst tot ist. Diejenigen, die verstehen, was vor sich geht, aber nicht wissen und sich nicht vorstellen können, wie derart ungeheuerliche Probleme zu lösen sind, leiden. Die jungen Leute protestieren, wenn sie merken, wie überholt die alten Institutionen sind, aber auch sie haben keine besseren Heilmittel und machen ihrer Enttäuschung in Wogen leidenschaftlicher Anarchie und wütenden Hasses gegen ihr Erbe Luft. Alle sind überrumpelt worden. Es ist die Geschichte des „Zauberlehrlings", über die man lachen könnte, wenn sie nicht so tragisch wäre.

(Aus: Carlo M. Cipolla, Die industrielle Revolution in der Weltgeschichte, in: C. M. Cipolla/K. Borchardt (Hrsg.), Europäische Wirtschaftsgeschichte, Bd. 3, Stuttgart/New York 1976, S. 1–10)

MATERIAL 9 Jacob Burckhardt, Vorlesung zur Geschichte des Revolutionszeitalters (6. November 1871)

Zum Namen dieses Kurses ist zu bemerken, dass eigentlich alles bis auf unsere Tage im Grunde lauter Revolutionszeitalter ist, und wir stehen vielleicht erst relativ an den Anfängen oder im zweiten Akt; denn jene drei scheinbar ruhigen Dezennien von 1815 bis 1848 haben sich zu erkennen gegeben als einen bloßen Zwischenakt in dem großen Drama. Dieses aber scheint eine Bewegung werden zu wollen, die im Gegensatz zu aller bekannten Vergangenheit unseres Globus steht. [...] Einige „Errungenschaften" verbreiteten sich mehr und mehr gleichartig durch Europa, wenn auch teilweise nur erst als Postulate und gelten als „Wohltaten“ der Französischen Revolution, so: die Gleichheit vor dem Gesetz, Gleichheit der Steuern und Erbteilung, gleiche Ämterfähigkeit, – Beweglichkeit des Grundbesitzes, Reduktion der toten Hand[1], der Majorate[2], [...] – Freiheit der Industrie, Herrschaft von Erwerb und Verkehr; das unbewegliche Kapital wird durch das bewegliche überholt und selber mobil gemacht, – Gleichberechtigung der Konfessionen [...]; stellenweise völlige kirchliche Herrschaft des Staates, auch Tendenz zur Trennung beider, – ein hoher Einfluss der öffentlichen Meinung auf alles Geschehende; [...] – die moderne Presse. [...]

Das entscheidende Neue, was durch die Französische Revolution in die Welt gekommen, ist das Ändern-Dürfen und das Ändern-Wollen mit dem Ziel des öffentlichen Wohls. Dieses Neue geht hervor aus der Gleichheit, welche hier dem allgemeinen oder doch einem sehr ausgedehnten Stimmrecht den Entscheid darüber in die Hände gibt. Daraus ergibt sich eine Veränderung aller Formen, sobald sich ein neuer Inhalt regt. Daher ist seither die Staatsgewalt entweder nur bedingt vorhanden, durch Revisionsgelüste in beständiger Bedrohung gehalten, oder als despotische Reaktion mit Durchbrechung der politischen Formen. Das allgemeine Stimmrecht ist der logische Gegenpol des göttlichen Rechtes und der alten Autorität. [...] Seine Grenzen sind unbestimmt, zu Wahlen geschaffen, kann es über alle Staatssachen und zuletzt über beliebige Sphären der Existenz ausgedehnt werden. Am Ende würde man beim Gesamtwillen eines Bienenstockes oder Ameisenhaufens anlangen. Die Triebkraft bei diesem allen ist ein großer optimistischer Wille, womit die Zeiten seit Mitte des 18. Jahrhunderts erfüllt sind. Vorausgesetzt wird die Güte der menschlichen Natur, welche doch aus Gut und Böse gemischt ist. Jener Wille hofft von Änderungen ein wachsendes und definitives Heil und glaubt Letzteres bei jeder Krisis ziemlich nahe vor sich zu sehen, wie eine Berghöhe beim Föhn.

[1] Tote Hand: unveräußerlicher Besitz eines Abhängigen oder einer Körperschaft, der Vererbung entzogen
[2] Majorat: Erbfolgerecht des Ältesten
(Aus: Jacob Burckhardt, Historische Fragmente, Stuttgart 1967, S. 269 f., S. 276–280)

MATERIAL 10 Karl Marx, Kommunistisches Manifest (1848)

Die Bourgeoisie kann nicht existieren, ohne die Produktionsinstrumente, also die Produktionsverhältnisse, also sämtliche gesellschaftlichen Verhältnisse fortwährend zu revolutionieren. [...] Die fortwährende Umwälzung der Produktion, die ununterbrochene Erschütterung aller gesellschaftlicher Zustände, die ewige Unsicherheit und Bewegung zeichnet die Bourgeois-Epoche vor allen anderen aus. Alle festen eingerosteten Verhältnisse mit ihrem Gefolge von altehrwürdigen Vorstellungen und Anschauungen werden aufgelöst, alle neu gebildeten veralten, ehe sie verknöchern können. Alles Ständische und Stehende verdampft, alles Heilige wird entweiht und die Menschen sind endlich gezwungen, ihre Lebensstellung, ihre gegenseitigen Beziehungen mit nüchternen Augen anzusehen.

(Aus: Karl Marx, Kommunistisches Manifest, Die Frühschriften, Siegfried Landshut (Hrsg.), Kröner, Stuttgart 1953, S. 528f.)

1. Die drei Texte von Carlo M. Cipolla, Jacob Burckhardt und Karl Marx befassen sich jeweils mit dem Modernisierungsprozess im 19. Jahrhundert. Die Verfasser entwerfen unterschiedliche Perspektiven und Deutungen dieser Grundvorgänge. Arbeiten Sie die Unterschiede heraus.

Deutschland –
Obrigkeitsstaat und Nation

„Der Sieg des Bürgertums oder der Kampf der neuen mit der alten Zeit", Agitationsblatt für das politische Volksfest zu Wilhelmsbad bei Hanau, 22. Juni 1832.

Vier Rosse ziehen den Wagen der fünf Großmächte Europas. Aristokraten und Geistliche versuchen vergeblich ihn aufzuhalten. Auf ihren Seilen stehen u. a. die Worte „Sinecuren, Orden, Soupérs, Aberglaube, Schmeichelei der Fürsten, brutale Gewalt“. Ein geflügelter Genius verhindert das Zurückrollen des Wagens, indem er vier Steine – nach den Initialen die liberalen Führer von Rotteck, Jordan, Welcker und von Raumer – hinter die Räder rollt. Den Wagen lenkt ein Jüngling mit Bürgerkrone und einer Standarte, die die Verfassungsurkunde zeigt. „Gleichheit der Abgaben und der Rechte, freie Entwicklung aller Volkskraft“ garantiert sie. Die Zügel nennen „Schwurgerichte, Volksvertretung, Pressefreiheit, Bürgerbewaffnung“.

Ziel ist der „Tempel des Heils und Friedens“. In einem Wolkenkranz erscheinen die verklärten Helden der Vorzeit: Julius Cäsar, Marc Aurel, Karl der Große, Heinrich der Vogler, Maximilian I., Martin Luther und Josef II.

1. Wiener Kongress, Restauration und Vormärz

1.1 Der Wiener Kongress 1815: ein Abschluss- oder Eröffnungskonzert der europäischen Mächte?

Über 20 Jahre lang hatte das revolutionäre Frankreich und das Kaiserreich Napoleons die meisten Staaten und Völker Europas mit Krieg überzogen und beherrscht. Die alteuropäische Staatenwelt und Gesellschaftsordnung waren danach umgestürzt. Aus den Revolutionskriegen, die die Ideen der Revolution verbreiten sollten, waren Eroberungs- und Hegemonialkriege geworden, die nationalen Widerstand weckten und Allianzen der europäischen Mächte herausforderten. An dieser nationalen staatlichen Gegenwehr scheiterte Napoleons universales Herrschaftssystem. Mit der Erbschaft von Revolution, von Krieg und erzwungener Modernisierung waren 1814/15 in der alten Kaiserstadt Wien monatelang 15 gekrönte Häupter, 200 Fürsten und 126 Diplomaten aus Europa und aus den noch jungen Vereinigten Staaten befasst. Einen amerikanischen Diplomaten aus dem Land „der Freien und Gleichen“ kann die versammelte europäische Adelswelt wohl nur befremdet haben. Zwischen den Sitzungen feierten die Herrschaften in der Hauptstadt der Musik und des Walzers so ausgiebig, dass es ironisch in einem Bonmot hieß, der Kongress tanze, komme aber nicht voran.

Erbschaft der Revolution

Wohin sollte der Kongress sich bewegen? Die Veränderungen seit 1792 aufheben? Die alteuropäischen Staats- und Gesellschaftsordnungen wiederherstellen (Restauration)? Die vollzogenen Änderungen anerkennen und damit legitimieren (Legitimität)? Die Veränderungen stabilisieren (Stabilität)?

Noch im Koalitionskrieg hatte der leitende Minister Österreichs Metternich, der „Baron de Balance“, mit seinem britischen Kollegen Castlereagh vier Bedingungen des Kongresses vereinbart:

- Frankreich als Teil des kontinentalen Gleichgewichts zu erhalten, aber seine Macht einzudämmen;
- Russland, unentbehrlich für den Sieg und zugleich unerträglich für die europäische Freiheit, wieder hinter die Weichsel zurückzudrängen und dort zu halten um den Preis der polnischen Freiheit Polen sollte also geteilt bleiben; die eben überwundene französische Hegemonie sollte auf keinen Fall durch eine russische Gegenhegemonie eingetauscht werden;
- in Deutschland das alte, vornationale Gleichgewicht der vielen Staaten wiederherzustellen und die „Ruhe Europas“ dadurch zu sichern;
- die englische Seehegemonie zu bestätigen.

Konzert der Mächte

Die europäische Staatenordnung stand auf dem Wiener Kongress nicht mehr zur Diskussion. Das bestehende Machtgefüge hatte bereits zu Vorentscheidungen geführt; Ziel war es, durch ein System von Vereinbarungen ein multipolares Gleichgewicht, ein Konzert der Mächte, zu schaffen. Diese Völkerrechtsordnung wurde durch dynamische Modernisierungsprozesse des 19. Jahrhunderts erschüttert; in der Katastrophe des Ersten Weltkrieges wurde sie endgültig aufgesprengt und zertrümmert. Die territorialen Veränderungen des Kongresses spiegeln Gewicht und Aufstiegschancen der fünf Großmächte wider:

- Die östliche Flügelmacht Russland baute ihre Machtstellung in Europa aus.
- Österreich zog sich aus Süddeutschland und den österreichischen Niederlanden zurück und wandte sich verstärkt Südosteuropa zu.
- Preußen wurde für den Verzicht auf polnische Gebiete mit dem ganzen Rheinland und Teilen Sachsens entschädigt; es wurde so nach Westen verschoben, musste die „Wacht am Rhein" gegen Frankreich übernehmen, blieb aber territorial in eine Ost- und Westhälfte geteilt. Die Staatsraison wies es auf den Weg der Expansion und der Entwicklung seines wirtschaftlichen und industriellen Potentials.
- Frankreich behauptete sein Staatsgebiet in den Grenzen von 1792, vor Ausbruch der Revolutionskriege, und wurde als Großmacht wiederhergestellt.
- Hauptgewinner war Großbritannien: Es garantierte das Gleichgewicht in Europa und sicherte seine Hegemonie als See-, Handels- und Industriemacht ab.

Von Mittel- nach Osteuropa bestand ein politisches und wirtschaftliches Modernisierungsgefälle.

Deutsche Frage

Ein zentrales Thema der europäischen Friedenskonferenz wurde neben der polnischen und italienischen die deutsche Frage. In Anbetracht der souveränen deutschen Einzelstaaten, des preußisch-österreichischen Dualismus und der Sicherheitsinteressen der drei anderen Großmächte war die Gründung eines deutschen Einheitsstaates mit einer Volksvertretung chancenlos.

Deutscher Bund

Die deutschen Staaten, viele von Napoleons Gnaden entstanden oder vergrößert, schlossen sich innerhalb der Grenzen des alten Reichs zu einem lockeren Staatenbund zusammen, dem Deutschen Bund, der die 39 Staaten untereinander befriedete und für Europa beruhigte. Im Artikel 13 der Schlussakte von 1815 wurden den Völkern der Einzelstaaten Verfassungen versprochen, aber nach Artikel 57 der Schlussakte von 1820 musste die gesamte Staatsgewalt im Oberhaupt des Staates vereinigt bleiben ohne liberale Gewaltenteilung und Volkssouveränität. Gegen Widersetzlichkeit, Aufruhr und gefährliche Bewegungen der Untertanen durfte der Bund direkt intervenieren. Sein wichtigstes Organ, der Bundestag, war ein ständiger Kongress von Gesandten souveräner Einzelstaaten.
Die Niederlande, Dänemark und Großbritannien waren Mitglieder des Deutschen Bundes, große Teile Preußens und Österreichs gehörten dem Bund gar nicht an. Deutschland war ein politisches Schachbrett für deutsche und fremde Staaten, das völkerrechtlich durch die Bundesakte garantiert war.

Heilige Allianz

Russland, Österreich und Preußen, die drei Großmächte, erklärten sich 1815 zu Mitgliedern einer Heiligen Allianz, einer einzigen „christlichen Nation", in der die Monarchen die ihnen anvertrauten Völker väterlich, christlich und friedlich regieren würden, orthodox, katholisch und protestantisch. Anstelle der Brüderlichkeit einer Nation und aller Nationen untereinander wurde die Brüderlichkeit der Monarchen proklamiert.

Intervention

Die Monarchen sahen sich zur Intervention gegen revolutionäre Bewegungen in Europa verpflichtet und versuchten auch außereuropäische Befreiungsbewegungen zu unterdrücken. In einer Botschaft an den amerikanischen Kongress im Dezember 1823 verwahrte sich der amerikanische Präsident Monroe gegen diesen Anspruch auf Intervention in die westliche Hemisphäre (Monroe-Doktrin s. S. 168). Die britische Seeherrschaft vereitelte von vornherein die weltanschaulich motivierte Intervention der Heiligen Allianz und ermöglichte somit eine von europäischen Machtkämpfen fast ungesteuerte Entwicklung der USA.

MATERIAL 1 Mitteleuropa 1815

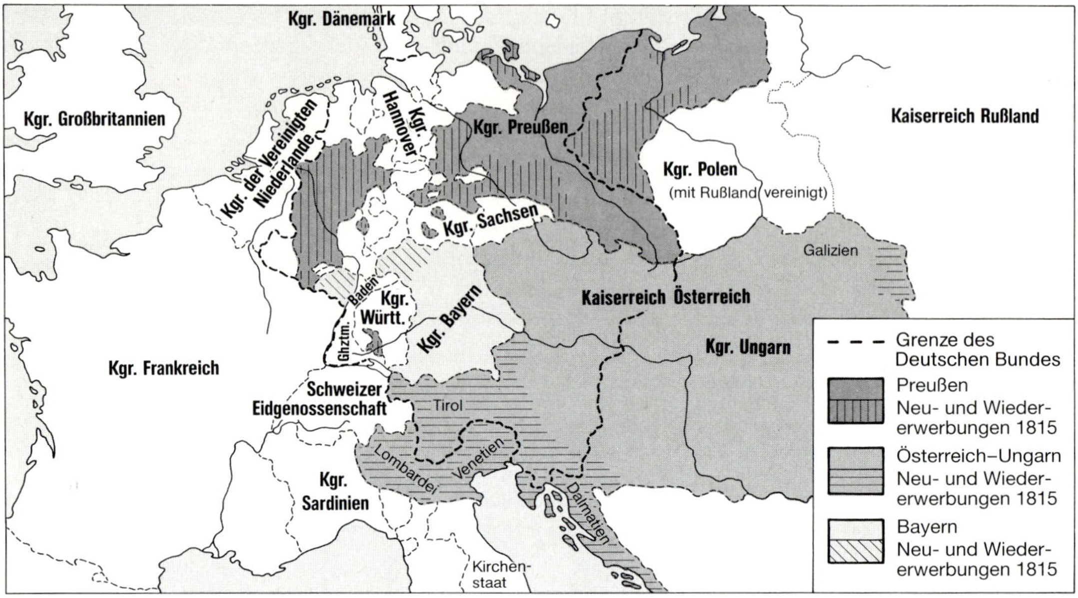

1. Zeigen Sie, inwieweit die deutsche Frage eine liberale, nationale und europäische Frage ist. – Welche Antworten darauf halten Sie für denkbar, realisierbar und wünschenswert (s. auch S. 8)?
2. Benennen Sie Vielvölkerreiche, Nationalstaaten und vorstaatliche Nationalitäten.
3. Welche Krisenherde zeichnen sich aufgrund nationaler Einigungs- oder Sezessionsbestrebungen ab?

MATERIAL 2 Nationsbegriff der Heiligen Allianz (Sept. 1815)

Die drei verbundenen Fürsten sehen sich nur an als die Bevollmächtigten der Vorsehung, um drei Zweige einer und derselben Familie zu regieren: Österreich, Preußen, Russland, damit bekennend, dass die christliche Nation, zu der sie und ihre Völker gehören, in Wahrheit keinen anderen Souverän hat als den, dem allein die Macht gehört [...] d. h. Gott. [...]

Ihre Majestäten empfehlen daher ihren Völkern mit der pünktlichsten Sorgfalt als das einzige Mittel, dieses Friedens teilhaftig zu werden, welcher aus dem guten Gewissen entspringt und allein von Dauer ist, sich täglich mehr zu befestigen in den Grundsätzen und in der Erfüllung der Pflichten, welcher der göttliche Heiland die Menschen gelehrt hat.

(Aus: Geschichte in Quellen. Das Bürgerliche Zeitalter 1815–1914, Hrsg. Günter Schönbrunn, München 1980, S. 27)

1. Inwiefern ist das Dokument ein Widerruf der französischen Erklärung der Menschen- und Bürgerrechte von 1789 (s. auch Abb. S. 10 unten)?

MATERIAL 3 Wiener Kongress und Deutscher Bund im Urteil deutscher Zeitgenossen

Wenige Jahre nach dem Wiener Kongress äußerte sich der Historiker Hermann Ludwig Heeren zum Verhältnis Europa und die deutsche Frage (1817).

(Der Deutsche Bund steht) nur insofern in Übereinstimmung mit dem Wesen des allgemeinen Staatensystems in Europa, als er die Freiheit desselben aufrechterhalten hilft. Der Deutsche Bundesstaat macht geografisch den Mittelpunkt dieses Systems aus [...] und nicht leicht kann auf der einen oder anderen Seite unseres Weltteils sich etwas ereignen, was ihm gleichgültig bleiben könnte. Aber in Wahrheit, auch den fremden Mächten kann es nicht gleichgültig sein, wie der Zentralstaat von Europa geformt ist! Wäre dieser Staat eine große Monarchie mit strenger politischer Einheit, ausgerüstet mit allen den materiellen Staatskräften, die Deutschland besitzt, welcher sichere Bestand wäre für sie möglich? [...] Würde ein solcher Staat lange der Versuchung widerstehen können, die Vorherrschaft in Europa sich anzueignen? [...] Die Entstehung einer einzigen und unumschränkten Monarchie in Deutschland wäre binnen kurzem das Grab der Freiheit in Europa.

Der Historiker Heinrich von Treitschke (1897):

So entstand die Bundesakte, die unwürdigste Verfassung, welche je einem großen Kulturvolke von eingeborenen Herrschern auferlegt ward, ein Werk, in mancher Hinsicht noch kläglicher als das Gebäude des alten Reiches in den Jahrhunderten des Niedergangs. [...] Von Kaiser und Reich sang und sagte das Volk; bei dem Namen des Deutschen Bundes hat niemals ein deutsches Herz höher geschlagen. [...] Die neue Bundesakte wusste gar nichts mehr von einem deutschen Volke; sie kannte nur Bayern, Waldecker, Schwarzburg-Sondershausener Untertanen jener deutschen Fürsten, welche nach Gefallen zu einem völkerrechtlichen Vereine zusammengetreten waren.
Die Nation musste den Becher der Demütigung bis zur Hefe leeren; jene württembergische Mahnung: „Man werde doch nicht aus verschiedenen Völkerschaften sozusagen eine Nation bilden wollen!", hatte vollständig Recht behalten. Die Deutschen standen außer jeder Beziehung zu der Bundesgewalt, waren nicht einmal verpflichtet ihr zu gehorchen; nur wenn ein Souverän einen Bundesbeschluss als Landesgesetz zu verkünden geruhte, mussten seine Untertanen diesem Landesgesetz sich fügen. Die Nation war mediatisiert durch einen Fürstenbund. Wie die Revolution von 1803 so ward auch diese neue Verfassung Deutschlands ausschließlich durch die Dynastien geschaffen.

(H. L. Heeren zitiert nach Michael Stürmer, Dissonanzen des Fortschritts, Essays über Geschichte und Politik in Deutschland, München 1986, S. 317f.
Heinrich von Treitschke, Deutsche Geschichte im 19. Jahrhundert, 1. Teil, Leipzig 1897, S. 710)

1. Welche politische Rolle erkennt Hermann Ludwig Heeren Deutschland in Europa zu?
2. Zeigen Sie weitere mögliche Rollen Deutschlands im europäischen Kräftefeld auf. Erklären Sie die im 19. Jh. dafür verwendeten Bilder „Brücke", „Magnet", „Insel", „Puffer".
3. Wie beurteilt Heinrich von Treitschke den Deutschen Bund?
4. Der Wiener Kongress etablierte ein System des Gleichgewichts in Europa zwischen den Großmächten sowie im Deutschen Bund zwischen Preußen, Österreich und den mittelgroßen deutschen Staaten. Erörtern Sie, ob Gleichgewicht als politisches Organisationsmodell ein Faktor der Stabilität oder Labilität ist.

1.2 Liberale und nationale Bewegungen gegen das „System Metternich"

Der österreichische Staatskanzler Fürst Metternich wurde zur umstrittenen Symbolfigur der Epoche des deutschen Vormärz von 1815 bis zur Märzrevolution von 1848. Der Aristokrat stilisierte sich zum „Arzt der Revolution" und zum „Fels der Ordnung" gegen die anbrandenden liberalen und nationalen Bewegungen, die er schnell mit Umsturz und Revolution gleichsetzte. Er war mächtig im Verhindern, Verbieten und Verteidigen, nicht im Neugestalten.

Verfassungen

Mit Argwohn betrachtete er, wie in mehreren deutschen Mittelstaaten wie Sachsen-Weimar, Hessen, Baden, Württemberg, Bayern die Monarchen liberale Verfassungen gewährten und „ihrem" Volk Mitbestimmungsrechte in der Gesetzgebung, vor allem beim Staatshaushalt, und damit Oppositionsmöglichkeiten einräumten. Damit wollten die konstitutionellen Fürsten ihre neu geschaffenen Staaten festigen und ihr Staatsvolk durch politische Reformen integrieren. Die Erweiterung der Staatsbürgerrechte war für sie Mittel zum Zweck. Die Abgeordneten der Kammern waren teils berufen, teils nach Zensus gewählt: Sie verstanden sich teils als Stände, teils als Volksvertreter, sie waren von der Regierungsbildung und der Mitregierung ausgeschlossen, blieben zur Opposition „berufen".

Fest auf der Wartburg 1817

Neben diese von oben gewährleistete liberale Verfassungsbewegung und staatsrechtlich geregelte Kammeropposition trat nach 1815 eine nationalpatriotische Bewegung von unten, die sich vor allem aus Studenten rekrutierte. Diese waren enttäuscht über den Gang der deutschen Dinge nach der „deutschen Erhebung" gegen die französische Fremdherrschaft, nach einem Freiheitskrieg, den die monarchischen Regierungen nach dem Sieg in einen Befreiungskrieg ihrer Staaten umdeuteten, um ihn so zu entnationalisieren. Am 18./19. Oktober 1817 feierten auf der Wartburg etwa 500 Studenten, in Burschenschaften aus mindestens 11 Universitäten eingeteilt, zum Teil in altdeutscher Tracht mit schwarz-rot-goldenen Schärpen ein großes nationales Fest zur Erinnerung an den Beginn der Reformation vor 300 Jahren in Wittenberg und an den Sieg in der „Völkerschlacht" von Leipzig vor vier Jahren. In einer gemäßigten Festrede wurden nationale Hoffnungen beschworen. Aber radikale Parteigänger des Turnvaters und Erzpatrioten Jahn und sog. Unbedingte verbrannten „undeutsche" reaktionäre Bücher von Zeitgenossen sowie Korporalstock und Zopf als Symbole des stehenden monarchischen Heeres. Das Fest wurde zu einer demonstrativen, öffentlichkeitswirksamen Form politischen Bekenntnisses und politischer Aktion.

Allgemeine Deutsche Burschenschaft

Im folgenden Jahr wurde die Allgemeine Deutsche Burschenschaft als Gesamtorganisation der deutschen Studenten gegründet. Der Verein erstrebte nationale Einheit und Repräsentation sowie konstitutionelle Freiheit im Gegensatz zu den bestehenden Partikular- und Polizeistaaten des Deutschen Bundes und zur feudalen Gesellschaft. Politische Ideen der Französischen Revolution verbanden sich mit romantisch-mittelalterlichen Vorstellungen einer organischen gewachsenen Gemeinschaft der Deutschen, mit unbedingter Überzeugung, einem politischen Glauben und idealistischer Tatbereitschaft. Im März 1819 ermordete ein Theologiestudent namens Karl Ludwig Sand, Kriegsfreiwilliger

Die gute Presse

Süße heilige Zensur,/Laß uns gehn auf deiner Spur;
Leite uns an deiner Hand/Kindern gleich, am Gängelband!

Karikatur aus dem „Leuchtturm" 1847, einer entschieden liberalen Zeitschrift, die im Vormärz mehrfach mit der Zensur in Konflikt geriet. Der „Leuchtturm" erläutert seine Karikatur: „Der Maulwurf als Fahnenträger an der Spitze, in der Fahne selbst die Ketten, der Krebs und der Lichtschirm, auf der Stange statt der scharfen Spitze ein Lichtlöscher, dicht dahinter der Zensor mit den lieben Kindern der „guten" Presse. Am Ende die Figur des kaiserlichen Kanzleidieners mit dem Spitz (in Wien nennt man die Polizeispione ‚Spitzel')."

des Jahres 1814, in Mannheim den Schriftsteller und Berichterstatter in Diensten des russischen Zaren, August von Kotzebue, der die Ideale der Burschenschaften verspottete und als „Fratze der Reaktion" verhöhnt wurde. Sand wurde zum Tode verurteilt. Er beging seine öffentliche Hinrichtung feierlich als Märtyrer und patriotischer Held. Die zuschauende Menge schluchzte und tränkte Tücher im Blut des Enthaupteten. Metternich benutzte das Attentat als einen Vorwand für verschärfte polizeistaatliche Repression durch den Deutschen Bund. Auf seine Veranlassung fasste eine Konferenz deutscher Minister in Karlsbad bei Eger folgende, später vom Bundestag bestätigte Beschlüsse:

Karlsbader Beschlüsse

- die Deutsche Burschenschaft zu verbieten,
- die Staatsaufsicht über die Universitäten zu verstärken,
- revolutionär gesinnte Professoren zu entlassen,
- eine präventive Zensur im Gebiet des Deutschen Bundes durchzusetzen,
- in Mainz eine außerordentliche Zentral-Untersuchungskommission gegen revolutionäre Umtriebe und demagogische Verbindungen zu errichten.

Eine allgemeine Revolutionsfurcht verbreitete sich in diesen Jahren in ganz Europa infolge von Aufständen in Spanien, Portugal, Italien, Griechenland und in den südamerikanischen Kolonien Spaniens und Portugals.

Von St. Petersburg bis London sahen die Regierungen selbst in den gemäßigten konstitutionellen Bewegungen gefährliche revolutionäre Verschwörungen am Werk. Auf Kongressen der Monarchen verschärften sie ihre Interventionspolitik, wobei einzelstaatliche Außenpolitik sich in eine Form von „kollektiver europäischer Innen- und Sicherheitspolitik" zu verwandeln schien.

Interventionspolitik

MATERIAL 4 **Das Attentat auf August von Kotzebue**

Der Berliner Theologieprofessor de Wette schrieb nach dem Attentat und der Hinrichtung Karl Ludwig Sands an dessen Mutter:
„[...] Der Irrtum [Sands] wird aufgewogen durch die Lauterkeit der Überzeugung; er hielt es für recht, und so hat er recht getan; so wie die Tat geschehen ist durch diesen reinen, frommen Jüngling, mit diesem Glauben, dieser Zuversicht, ist sie ein schönes Zeichen der Zeit."

(Zitiert von Thomas Nipperdey, Deutsche Geschichte 1800 bis 1866. Bürgerwelt und starker Staat, München 1983, S. 282)

MATERIAL 5 **Ludwig Börne über die Pressezensur, 1826**

Wer von uns den Jüngsten Tag erlebt, wird viel zu lachen bekommen. Was Gott unter zwanzig Bogen spricht, wird zensiert werden, und wenn die Welt brennt und das Fett schmilzt von den Ständern herab, wird die Polizei bekannt machen: „Unruhestifter haben das Gerücht verbreitet, es sei heiß in der Welt; aber das ist eine hämische Lüge, das Wetter war nie kühler und schöner gewesen. Man warnt jedermann vor unvorsichtigen Reden und müßigem Umherschweifen auf der Straße. Eltern sollen ihre Kinder, Lehrer ihre Schüler, Meister ihre Gesellen im Hause behalten. Man bleibe ruhig. Ruhe ist die erste Bürgerpflicht." Und dann wird die Welt untergehen und ruhig werden, und dann wird die Welt deutsch sein.

(Aus: Ludwig Börne, Gesammelte Schriften, Bd. 5, Frankfurt/Main 1862, S. 58)

1. Setzen Sie sich mit der Auffassung des Theologieprofessors von Sands politischem Attentat auseinander (Material 4).
2. Erläutern Sie Börnes Satire auf die Pressezensur. Vergleichen Sie mit der Karikatur S. 21.

1.3 Staatliche Integration durch liberale Konstitution? Baden und Württemberg, zwei süddeutsche Verfassungsstaaten

Mittelstaaten

Das drittgrößte deutsche Bundesland Baden-Württemberg umfasst seit 1952 die ehemaligen Gebiete des Großherzogtums Baden und des Königreichs Württemberg. Die beiden souveränen Mittelstaaten waren Neuschöpfungen, hervorgegangen aus Revolutionskriegen, napoleonischen Umwälzungen, aus der Erbmasse des 1806 untergegangenen Reiches sowie aus „Flurbereinigungen" und diplomatischem „Länderschacher" vor und auf dem Wiener Kongress. Baden war ein besonders künstlicher und nach der Niederlage seines Protektors Napoleon besonders gefährdeter Staat. In einem knappen Jahrzehnt war die frühere Markgrafschaft Baden an Land um das Vier- und an Leuten um das Sechsfache auf etwa 900 000 Einwohner gewachsen. Der badische „Stiefel" erstreckte sich längs des Rheins vom Main bis zum Bodensee und umschloss landsmannschaftlich, konfessionell und historisch ganz unterschiedlich geprägte Territorien aus Fürstentümern, Klöstern, Bistümern, Grundherrschaften und freien Reichsstädten. Bayerns Ansprüche auf die rechtsrheinischen Gebiete der Kurpfalz und Österreichs auf seine ehemals vorderösterreichischen Gebiete mussten abgewehrt werden. Vielfach galt die neue badische Herrschaft als eine Fremdherrschaft. Deshalb musste die badische Regierung die neu gewonnenen Untertanen für sich gewinnen, integrieren und den Staat konstituieren und konsolidieren. – Wie ließ sich ein badisches Staatsbewusstsein von oben erzeugen oder gar, wie die Regierung beabsichtigte, ein badisches Nationalbewusstsein? – Nur durch Reformen, Zugeständnisse und Modernisierungen, indem die monarchische Regierung die neuen „fremden" Bewohner schrittweise an „ihrem" neuen Staat Anteil nehmen und partizipieren ließ.

Integrieren
Konstituieren

Das wichtigste staatliche Integrationsmittel wurde die im Artikel 13 der Wiener Bundesakte in Aussicht gestellte „landständische Verfassung". Vorbild für die Verfassungsbewegung in Deutschland wurde die französische Charte constitutionnelle von 1814 nach der Rückkehr der Bourbonen an die Macht.

Landständische Verfassung

Verfassungsfragen sind Machtfragen. Die frühliberale Verfassung als Staatsgrundgesetz regelte das ständige Gegen- und Miteinander, den Dualismus von

Die 2. Badische Kammer in Karlsruhe: „Schule des Liberalismus" in Deutschland

Dualismus von Monarch und Landtag

Monarch und Landtag (Landständen). Im staatlichen Entscheidungs- und Willensbildungsprozess blieb der Monarch Hauptakteur; die Monarchie war erblich, der König unverletzlich, souverän, letzte Instanz – aber an die Verfassung gebunden.

Gegebene oder vereinbarte Verfassung

Die badische Verfassung hat ein in der Tradition des aufgeklärten Absolutismus stehender Monarch 1818 gegeben, die württembergische Verfassung hingegen ist 1819 nach langen Kämpfen des Königs mit dem Landtag, der für das gute altwürttembergische Recht stritt, vereinbart worden. Die württembergische Verfassung stellte also nicht einen gnädigen, die Untertanen „beglückenden" Hoheitsakt des Souveräns in der Form eines Edikts dar, sondern war der erste echte Verfassungsvertrag zwischen Fürst und Volk in der Entwicklung des deutschen Konstitutionalismus. Die württembergischen Stände hatten anders als die in Baden eine kräftige, territorial- und ständestaatliche Tradition zu verteidigen; schon 1514 hatten die württembergischen Landstände im Tübinger Vertrag ihrem Herzog Mitspracherechte, vor allem in Steuerfragen abgetrotzt.

Bestimmungen

Die inhaltlichen Bestimmungen beider Verfassungen entsprachen im Wesentlichen einander:

- Die politische Willensbildung und Partizipation vollzog sich noch vor-parlamentarisch „konstitutionell".
- Die Regierungsbildung war noch ausschließlich Sache des Souveräns.
- Die zwei Kammern konnten nicht von sich aus politisch aktiv werden; sie konnten zwar Gesetze beraten, Beschwerden einlegen, aber nicht beschließen.
- Grundrechte wie das auf Eigentum, auf Rechtssicherheit, zumal bei Verhaftung, auf Pressefreiheit, Glaubens- und Gewissensfreiheit, auf Auswanderung („Wegzugsfreiheit") waren grundsätzlich garantiert.

Unbotmäßige Kammern

Carl von Rotteck

Gegen unbotmäßige Kammern ging die Regierung mit der Waffe der Vertagung, der Auflösung und der Wahlbeeinflussung vor. Oppositionelle Abgeordnete wurden diszipliniert; waren sie Beamte, so konnte ihnen die Beurlaubung für ihre Teilnahme an den Kammersitzungen verweigert werden. Ein so renommierter Wortführer der Liberalen wie der Freiburger Universitätsprofessor Carl von Rotteck, erst Mitglied der 1. und dann der 2. Kammer, wurde mit seinem Kollegen Theodor Welcker vorübergehend zwangspensioniert; als er zum Bürgermeister von Freiburg gewählt wurde, versagte ihm die Regierung die amtliche Ernennung. Die Ständekammern wurden im Vormärz Forum und Schule eines deutschen Frühliberalismus; aufgrund ihrer Öffentlichkeitswirkung wurden in Baden die Kammersitzungen „Parlamentarische Volksfeste" genannt. Als der König von Württemberg 1819 den Landtag eröffnete, spannte ihm das jubelnde Volk die Pferde von der Staatskarosse aus und zog sie selbst zum Landtagsgebäude.

Frühliberalismus: Gesinnungspartei Volksbewegung

Von einer Aufklärungsidee und politischen Überzeugung wandelte sich der Frühliberalismus zu einer noch vorerst locker organisierten Gesinnungspartei und zu einer die Einzelstaaten übersteigenden Volksbewegung. Ausgeschlossen von der praktischen Mitregierung verharrten aber die liberalen Volksvertreter meist in einer grundsätzlichen Oppositionsrolle. Es gelang ihnen im Vormärz nicht, die „gegebenen" Verfassungen auszubauen und etwa Budgetrecht, Ministerverantwortlichkeit, volle Pressefreiheit und Selbstverwaltung, freiheitliche Justiz, Bauernfreiheit und nationale Einigung zu erkämpfen.

MATERIAL 6 **Aus einem Festvortrag Carl von Rottecks über die Badische Verfassung im Jahre 1819**

Ein Volk, das keine Verfassung hat, ist – im edlen Sinn des Wortes – gar kein Volk; es ist eine Schar von Leibeigenen [...], eine Summe von Untertanen, nicht aber ein lebendiges Ganzes.
Die Verfassung, die wir hier meinen, ist aber nicht bloße Regierungs-Verfassung, sondern Volks-Verfassung. Nur da ist eine wahre Volks-Verfassung, wo ein wahrer und lebenskräftiger Gesamtwille des Volkes in gesetzlich bestimmten Formen [...] sich ausspricht.
Landstände sind bevollmächtigte Stellvertreter des Volkes, welche in ihrer Vereinigung einen wahren Ausschuss der Nation bilden [...], die Nation repräsentieren und einer Regierung [...] gegenüber oder zur Seite stehen. [...]
Andere erkennen in den Ständen bloß das Organ des Volks-Verstandes, nicht aber des Volks-Willens: Sie sollen der Regierung bloß raten und vorstellen, nicht aber rechtskräftig wollen. [...]
Lasst uns das freudige Ereignis würdigen. [...] Uns ist geworden, was verheißen ward und was Not tat. Die freie und feste Überzeugung unseres Fürsten im Einklang mit der Volksstimme und mit dem Zeitgeist hat die heiß begehrte Verfassung ins Dasein gerufen.
Von jetzt an erst – der Ausdruck ist grell aber wahr –, von jetzt an erst haben wir ein anerkanntes und gewährleistetes Recht als Personen: Vorhin gehörten wir der Tat nach bloß dem Rechte anderer, also dem Sachenrecht an.
Wir waren Baden-Badener, Durlacher, Breisgauer, Pfälzer, Nellenburger, Fürstenberger, wir waren Freiburger, Konstanzer, Mannheimer: Ein Volk von Baden waren wir nicht. Fortan aber sind wir Ein Volk, haben einen Gesamtwillen und ein anerkanntes Gesamtinteresse.
Jetzt erst treten wir in die Geschichte mit eigener Rolle ein. [...]
Früher, was kümmerte sich der Pfälzer, ob Breisgau, was der Breisgauer, ob die Pfalz an einen anderen Herrn käme? – Jeder tat, aufgefordert, seine Pflicht. [...] Aber im Übrigen ließ er das Verhängnis walten.
Jetzt sind wir alle – vom Odenwald bis zum Bodensee – fest aneinander geschlossen, die Glieder eines lebendigen Leibes, von einem Gesamtwillen bewegt, von einem Geiste beseelt, alle für einen und einer für alle. Wer jetzt einen antastet, tastet alle an. Von einem lebendigen Leib mag kein Glied gerissen werden, ohne dass es dem Ganzen wehe tue.

Der Himmel segne den edlen Fürsten, er segne das freie Volk!!

(Aus: Werner Pöls (Hrsg.), Historisches Lesebuch 1, 1815–1871, Frankfurt 1966, S. 56–60)

MATERIAL 7 **Soziale Herkunft der Abgeordneten der 2. Badischen Kammer 1834**

32 Beamte (darunter 2 Pfarrer),
22 ländliche Bürgermeister, d. h. Landwirte oder Gewerbebetreibende mit Beamtenfunktion,
3 Gastwirte,
11 Kaufleute und Fabrikanten,
3 Rechtsanwälte,
1 Arzt, 1 Apotheker

(Nach Thomas Nipperdey, Deutsche Geschichte 1800–1866. Bürgerwelt und starker Staat, München 1983, S. 348)

1. Erläutern Sie Rottecks Politik- und Verfassungsverständnis.
2. Überprüfen Sie anhand des Darstellungsteils, ob Rottecks Erwartungen hinsichtlich der Verfassung in Erfüllung gingen.
3. Vergleichen Sie Rottecks Rede mit der Siebenpfeiffers (S. 27) und mit dem Eingangsbild „Der Sieg des Bürgertums“. – Welche weltanschaulichen Positionen vertreten die Frühliberalen? Welche politische Kultur möchten sie herbeiführen?

1.4 Das politische Fest, ein Vorspiel politischer Öffentlichkeit?

Die liberale Bewegung des Vormärz hatte in Deutschland noch eine sehr schmale soziale Basis. Es gab noch kein wirtschaftlich starkes und politisch selbstbewusstes Bürgertum wie in Frankreich oder England. Gefühle der Loyalität gegenüber angestammter historisch und religiös sanktionierter Obrigkeit waren fest verwurzelt. Die Mehrheit der Bevölkerung lebte vor- oder gar unpolitisch. Patriotisch gesinnte Liberale sahen sich einer Doppelaufgabe gegenüber, politische Freiheit und nationale Einheit gleichzeitig anzustreben, die bestehenden Staaten als vorgegebene Handlungsfelder anzuerkennen und sie zugleich zu überwinden zu versuchen. Diese Frühliberalen wirkten mit an der Ausbildung einer politischen Öffentlichkeit und eines neuen politischen Bewusstseins. Durch sie lernten die Deutschen allmählich, politisch zu denken und zu handeln. Die Gedanken einer politischen Erziehung des Volkes, die innere Wertüberzeugung, die Parteinahme für allgemeine Vernunft, Gemeinwohl, für sittlichen Fortschritt und persönliche Autonomie, eine Versöhnung von Moral und Politik, waren den Liberalen des Vormärz lieb und teuer. Der deutsche Frühliberalismus erhielt einen Zug ins Moralische, in das Reich der Ideen und der Doktrinen. Liberale Wortführer wie Rotteck traten aus einer klassischen und aufgeklärten Bildungswelt auf das Forum einer politischen Öffentlichkeit. Öffentlichkeit wurde Medium und Ziel ihrer Aufklärung, der politische Professor wurde zu einer frühliberalen Leitfigur.

Politische Öffentlichkeit

Aktionsformen der bildungsbürgerlichen liberalen Politiker waren z. B.

- Vorlesungen, Streitschriften und Denkschriften, Zeitungsaufsätze
- Unterschriftensammlungen, Petitionen und Eingaben
- Bürgerfeste, patriotische „Festessen", Überreichungen von „Bürgerkronen"
- Demonstrationen, Wahlversammlungen, Vereinsgründungen und Reden unter Vereinsfahnen, unter der deutschen Trikolore Schwarz-Rot-Gold und in den Landtagen.

Viele Feste wurden zum Gedenken an Revolutionen, an Aufstände z. B. der Polen und Befreiungsbewegungen ausgerichtet. Ihre Initiatoren waren meist Vereinsmitglieder. Im Vormärz löste sich die alte ständische Gesellschaft mit ihren Korporationen, Geburtsständen, Zünften, weltlichen Orden auf; eine neue bürgerliche Gesellschaft bildete sich heraus, in der freiwillige Vereine (gewerbliche, berufliche, gesellige, Kultur und Bildung fördernde Vereine, Gesangs-, Turn- und Schützenvereine) ihren Mitgliedern sozialen Halt und Orientierung vermittelten und sie an die umfassende Gemeinschaft der Nation führten. In Festen versuchten diese Vereine sich ihrer sozialen Rolle und Identität zu versichern.

Vereine

Im Jahr 1832 wurden solche Feste vor allem vom neu gegründeten Presse- und Vaterlandsverein organisiert. Einen Gipfel in dieser liberalen und patriotischen Festbewegung stellte das auf der Burg zu Hambach 1832 veranstaltete Volksfest dar. Zwei Journalisten, Johann Georg August Wirth und Jakob Siebenpfeiffer, waren die Wortführer und Organisatoren. Unter Berufung auf das Menschenrecht der Pressefreiheit sollte die Macht des Geistes und der öffentlichen Meinung gegen die reale Macht der Fürsten für eine Wiedergeburt der

Hambacher Fest

Presse- und Vaterlandsverein

Freiheit und Einheit Deutschlands beschworen werden. Der Presse- und Vaterlandsverein hatte bereits einen hohen Organisationsgrad erreicht; er zählte 161 Ortsvereine in ganz Deutschland. Er war eine Vorform der Parteiorganisation. Zwanzig- bis dreißigtausend Teilnehmer versammelten sich im Mai auf dem Schloss zu Hambach zur größten politischen Massenveranstaltung in Deutschland vor der Revolution 1848.

Dieses Fest und die Folgefeste waren unter den polizeistaatlichen Bedingungen des Vormärz ein „Akt der politischen Repräsentation" des Volkes und eine Manifestation nationalen und weltbürgerlichen Bewusstseins, Ausdruck eines Frühlings der erwachenden Völker, noch kein „Sturmvogel" heraufziehender nationalstaatlicher oder gar sozialer Revolutionen.

Verbote

Der Deutsche Bundestag antwortete prompt mit verschärften und zentralisierenden Verboten auf den „Hambacher Skandal". Die Pressezensur wurde verschärft, Universitäten wurden noch stärker überwacht, Mitgliedern der Burschenschaften wurde der Eintritt in den Staatsdienst verwehrt (Berufsverbot), politische Vereine und Volksfeste wurden ebenso verboten wie das Tragen von schwarz-rot-goldenen Kokarden, wie das Pflanzen von Freiheitsbäumen und das Errichten von Denkmälern und Symbolen.

MATERIAL 8 Rede Siebenpfeiffers auf dem Hambacher Fest (1832)

[…] Geschäftig forscht und brütet der Geist der Erfindung, der Entdeckung, des Betriebs, wie er aus dem Leib der Erde die Metalle heraufhole zu Werkzeugen der Arbeit, des Gewinns und ach! unserer Bedrückung. Aber das edlere Metall der Vaterlandsliebe ruht verschüttet. Der sinnende Geist errichtet Eisenbahnen und baut Dampfschiffe, das enge Comptoir zum Weltmarkt erweiternd […] aber der Bürger bleibt fremde dem Bürger. […]

[…] und es wird kommen der Tag, der Tag des edelsten Siegstolzes, wo der Deutsche vom Alpengebirg und der Nordsee, vom Rhein, der Donau und Elbe den Bruder im Bruder umarmt, wo die Zollstöcke und die Schlagbäume, wo alle Hoheitszeichen der Trennung und Hemmung und Bedrückung verschwinden samt den Konstitutiönchen, die man etlichen mürrischen Kindern der großen Familie als Spielzeug verlieh; wo freie Straßen und freie Ströme den freien Umschwung aller Nationalkräfte und Säfte bezeugen; wo die Fürsten die bunten Hermeline feudalistischer Gottstatthalterschaft mit der männlichen Toga deutscher Nationalwürde vertauschen und der Beamte, der Krieger, statt mit der Bedientenjacke des Herrn und Meisters, mit der Volksbinde sich schmückt. […]

[…] wo jeder Stamm, im Inneren frei und selbständig, zu bürgerlicher Freiheit sich entwickelt, und ein starkes selbstgewobenes Bruderband alle umschließt zu politischer Einheit und Kraft; wo die deutsche Flagge, statt Tribut an Barbaren zu bringen, die Erzeugnisse unseres Gewerbefleißes in fremde Weltteile geleitet. […]

[…] wo das deutsche Weib nicht mehr die dienstpflichtige Magd des herrschenden Mannes, sondern die *freie Genossin des freien Bürgers*, unsern Söhnen und Töchtern schon als stammelnden Säuglingen die Freiheit einflößt. […]

[…] und wo die deutsche Jungfrau den Jüngling als den würdigsten erkennt, der am reinsten für das Vaterland erglüht; wo abschüttelnd das Joch des Gewissens, der Priester Trug und den eigenen Irrwahn der Deutsche zu seinem Schöpfer die unverfälschte Sprache des Kindes zum Vater redet; wo der Bürger nicht in höriger Untertänigkeit den Launen des Herrschers, […] sondern dem Gesetze gehorcht, und auf den Tafeln des Gesetzes den eigenen Willen liest und im Richter den frei erwählten Mann seines Vertrauens erblickt; wo die Wissenschaft das Nationalleben befruchtet und die würdige Kunst als dessen Blüte glänzt. […]

[...] wo die erhabene Germania dasteht, auf dem erzenen Piedestal der Freiheit und des Rechts, in der einen Hand die Fackel der Aufklärung, welche civilisierend hinausleuchtet in die fernsten Winkel der Erde, in der anderen die Wage des Schiedsrichteramts. [...]

[...] es lebe das freie, das einige Deutschland!
Hoch leben die Polen, der Deutschen Verbündete!
Hoch leben die Franken, der Deutschen Brüder, die unsere Nationalität und Selbständigkeit achten!
Hoch lebe jedes Volk, das seine Ketten bricht und mit uns den Bund der Freiheit schwört!
Vaterland – Volkshoheit – Völkerbund hoch!“

(Aus: Johann August Wirth, Das Nationalfest der Deutschen zu Hambach, Neustadt 1832, S. 34ff.)

MATERIAL 9 **Georg Büchner, Der Hessische Landbote (1834)**

Der Hessische Landbote.

Erste Botschaft.

Darmstadt, im Juli 1834.

Vorbericht.

Dieses Blatt soll dem hessischen Lande die Wahrheit melden, aber wer die Wahrheit sagt, wird gehenkt, ja sogar der, welcher die Wahrheit liest, wird durch meineidige Richter vielleicht gestraft. Darum haben die, welchen dies Blatt zukommt, folgendes zu beachten:

1) Sie müssen das Blatt sorgfältig außerhalb ihres Hauses vor der Polizei verwahren;
2) sie dürfen es nur an treue Freunde mittheilen;
3) denen, welchen sie nicht trauen, wie sich selbst, dürfen sie es nur heimlich hinlegen;
4) würde das Blatt dennoch bei Einem gefunden, der es gelesen hat, so muß er gestehen, daß er es eben dem Kreisrath habe bringen wollen;
5) wer das Blatt nicht gelesen hat, wenn man es bei ihm findet, der ist natürlich ohne Schuld.

Friede den Hütten! Krieg den Pallästen!

Im Jahre 1834 siehet es aus, als würde die Bibel Lügen gestraft. Es sieht aus, als hätte Gott die Bauern und die Handwerker am fünften Tag und die Fürsten und Vornehmen am sechsten gemacht, und als hätte der Herr zu diesen gesagt: „Herrschet über alles Getier, das auf Erden kriecht“, und hätte die Bauern und Bürger zum Gewürm gezählt. Das Leben der Vornehmen ist ein langer Sonntag: Sie wohnen in schönen Häusern, sie tragen zierliche Kleidung, sie haben feiste Gesichter und reden eine eigne Sprache: das Volk aber liegt vor ihnen wie Dünger auf dem Acker. Der Bauer geht hinter dem Pflug, der Vornehme aber geht hinter ihm und dem Pflug und treibt ihn mit den Ochsen am Pflug, er nimmt das Korn und lässt ihm die Stoppeln. Das Leben des Bauern ist ein langer Werktag; Fremde verzehren seine Äcker vor seinen Augen, sein Leib ist eine Schwiele, sein Schweiß ist das Salz auf dem Tische der Vornehmen. [...]

Was sind die Verfassungen in Deutschland? Nichts als leeres Stroh, woraus die Fürsten ihre Körner für sich herausgeklopft haben. Was sind unsere Landtage? Nichts als langsame Fuhrwerke, die man einmal oder zweimal wohl der Raubgier der Fürsten und ihrer Minister in den Weg schieben, woraus man aber nimmermehr eine Feste Burg für deutsche Freiheit bauen kann. Was sind unsere Wahlgesetze? Nichts als Verletzungen der Bürger- und Menschenrechte der meisten Deutschen. Denkt an das Wahlgesetz im Großherzogtum, wonach keiner gewählt werden kann, der nicht hoch begütert ist, wie rechtschaffen und gut gesinnt er auch sei. [...] Denkt an die Verfassung des Großherzogtums. Nach den Artikeln derselben ist der Großherzog unverletzlich, heilig und unverantwortlich. Seine Würde ist erblich in seiner Familie, er hat das Recht Krieg zu führen und ausschließliche Verfügungen über das Militär. Er beruft die Landstände, vertagt sie oder löst sie auf. Die Stände dürfen keinen Gesetzesvorschlag machen, sondern sie müssen um das Gesetz bitten, und dem Gutdünken des Fürsten bleibt es unbedingt überlassen, es zu geben oder zu verweigern. Er bleibt im Besitz seiner fast unumschränkten Gewalt, nur darf er keine neuen Gesetze machen und keine neuen Steuern ausschreiben ohne Zustimmung der Stände. Aber teils kehrt er sich nicht an diese Zustimmung, teils genügen ihm die alten Gesetze, die das Werk der Fürstengewalt sind, und er bedarf darum keiner neuen Gesetze. Eine solche Verfassung ist ein elend jämmerlich Ding.

(Aus: Georg Büchner, Werke und Briefe, München 1965, S. 133ff.)

MATERIAL 10 **Anonyme Karikatur (1830)**

1. Charakterisieren Sie die politische Rhetorik und das Festverständnis Siebenpfeiffers.
2. Zeigen Sie am Beispiel seiner Rede Wertüberzeugungen der deutschen Frühliberalen wie Nation, Verfassung, Fortschritt, Freiheit auf.
3. Die Idee der Brüderlichkeit, in der Französischen Revolution wirkungsvoll propagiert, wird im Vormärz variiert zur Brüderlichkeit der Angehörigen einer Nation, der Fürsten und der Nationen. Welche Vorstellungen und Zielsetzungen verbergen sich in dieser Umdeutung?
4. Karikatur, Festrede und Flugblatt sind in den Jahren 1830 bis 1834 veröffentlicht worden. Vergleichen Sie diese Zeitzeugnisse hinsichtlich ihrer Thematik, Parteinahme und Öffentlichkeitswirkung. Inwieweit sind sie national, weltbürgerlich, liberal, sozialkritisch und utopisch?

2. Deutschland am Vorabend der industriellen Revolution

2.1 Deutschland – ein „Entwicklungsland"

Pauperismus

Die soziale und wirtschaftliche Entwicklung in der Zeit des Vormärz war geprägt von wachsender Armut ab etwa 1830. Armut wurde zu einem Massenphänomen, von dem etwa 50 Prozent der Gesamtbevölkerung gegen Ende der ersten Hälfte des Jahrhunderts erfasst wurden. Pauperismus nannten die Zeitgenossen diese Massenarmut.

Bauernbefreiung

Die Ursache für dieses kollektive Schicksal war nicht die Industrie, sondern im Gegenteil die zu geringe Zahl von gewerblichen und industriellen Arbeitsplätzen angesichts der ständig steigenden Zahl der Arbeitsuchenden. Die Bevölkerung hatte sich nämlich seit den preußischen und rheinbündischen Reformen im napoleonischen Zeitalter erheblich vermehrt. Die Bauernbefreiung setzte eine große Zahl von Leibeigenen frei, lieferte sie dem ungewissen Schicksal eines saisonabhängigen Erntehelfers und Landarbeiters aus oder drängte sie in die Städte, wo lohnende Arbeit zunächst kaum zu finden war. Die Befreiung der Dorfbewohner von gutsherrlichen Einschränkungen der Eheschließung führte zumal in Preußen zu einem Anstieg der frühen Heirat: Die Geburtenrate nahm zu. Gleichzeitig sank die Sterberate, weil sich die Ernährung infolge des Anbaus von Kartoffeln besserte und Seuchen wie Typhus, Paratyphus und Blattern bekämpft wurden. Außerdem begünstigte eine relativ lange Friedenszeit das Bevölkerungswachstum.

Bevölkerungswachstum

Konkurrenz englischer Industriewaren

Darüber hinaus ließ die Konkurrenz billiger englischer Industriewaren, die den Markt überschwemmten, die Löhne in der unproduktiven Heimarbeit weiter sinken. Besonders trostlos war die Lage der Spinner und Weber in Westfalen, Sachsen und Schlesien, deren Erlöse aus der Heimarbeit häufig unter dem Existenzminimum lagen. Durch Verlängerung der Arbeitszeit und vermehrten Einsatz von Familienmitgliedern – meist Frauen und Kindern – suchten die bedrohten Heimarbeiter der industriellen Übermacht zu widerstehen, verstärkten dadurch aber nur den existenzvernichtenden Preisdruck.

Aufstand der schlesischen Weber

Weithin großes Aufsehen erregte der Aufstand der schlesischen Weber im Jahre 1844, der durch die literarische Bearbeitung von Gerhart Hauptmann auch der Nachwelt als besonders schreckliches Beispiel des um sich greifenden Massenelends vor Augen geführt wurde. Die aufbegehrende Wut der verzweifelten Weber richtete sich gegen die Reichtum zur Schau stellenden Verleger und „Fabrikanten", von denen sie abhängig waren. Militär schlug den Aufstand mit Waffengewalt nieder; es gab Tote und Verletzte, schwere Strafen wurden verhängt.

Missernten

Die existenzielle Not vieler Menschen im Vormärz verschlimmerte sich katastrophal bei Missernten, die zu extremer Nahrungsmittelknappheit und enormen Preissteigerungen führten. Dies war vor allem in den vierziger Jahren der Fall, als im Kartoffel- und Getreideanbau in ganz Europa Missernten auftraten. Höhepunkt war die Kartoffelfäule der Jahre 1845 bis 1847. In vielen Städten brachen damals insgesamt über 150 Hungerrevolten aus. Angesichts dieser Entwicklung kamen auch Forderungen nach wirtschaftlichen und sozialen Reformen in der Revolution von 1848/49 auf, die allerdings nicht im Zentrum der Diskussionen standen und häufig auf Unverständnis stießen. Als geeignete Antworten auf den Pauperismus betrachtete man vielmehr:

Hungerrevolten

- Auswanderungen, vor allem in die USA
- Produktivitätsfortschritte in der Landwirtschaft: z. B. durch chemische Düngung
- Verkehrserschließung durch Straßen- und insbesondere Eisenbahnbauten
- Industrialisierung und Wachstum in vielen Wirtschaftsbereichen ab 1850.

Vor allem die Liberalen erhofften sich von zunehmender Industrialisierung die Überwindung des Pauperismus. Noch aber war Deutschland industriell unterentwickelt, ein „Entwicklungsland" im Vergleich zu England, dem Mutterland der Industrie, und auch im Vergleich zum Osten der USA.

„Entwicklungsland"

Es war ein Komplex von politischen, wirtschaftlichen, sozialen und mentalitätsbedingten Hemmnissen für eine Industrialisierung, die erst überwunden werden mussten:

Hemmnisse für eine Industrialisierung

- Deutschland war wirtschaftlich und politisch zersplittert. Im Deutschen Bund mit seinen 39 souveränen Staaten behinderten zahlreiche Binnenzölle und unterschiedliche Währungen die Entstehung eines großen nationalen Marktes.
- Deutschland fehlten die für einen Güteraustausch notwendigen Verkehrswege.
- Deutschland war keine See- und Handelsmacht; ihm fehlten Kolonien als Außenmärkte und billige Rohstoffquellen.
- Das spätabsolutistische und nur zögernd konstitutionalisierte Herrschaftssystem der deutschen Staatenwelt beruhte immer noch weitgehend auf vorindustriellen Sozialstrukturen mit geringer Mobilität zwischen den Ständen.
- Ein produktivitäts- und ertragsorientiertes, risikofreudiges Bürgertum konnte sich nur schwer gegen die traditionellen Einstellungen von Adel, Bauerntum und Handwerkerschaft durchsetzen.
- Hohe Feudallasten und Steuern minderten die ohnehin niedrige Kaufkraft der Bevölkerung und hatten den verhängnisvollen Kreislauf von ‚Armut – fehlende Nachfrage – fehlende Industrie' zur Folge.

Über ein halbes Jahrhundert später als in England setzte in Deutschland der Industrialisierungsprozess dann im 19. Jahrhundert ein. Dabei lassen sich drei Phasen unterscheiden:

- Die Aufbauperiode bis etwa 1850, in der die Voraussetzungen für den wirtschaftlichen Aufstieg geschaffen werden. Dazu gehören z. B. die Aneignung technisch-naturwissenschaftlicher Kenntnisse, die Einführung der Gewerbefreiheit und die Herausbildung einer neuen Unternehmermentalität, aber auch das Vorhandensein bestimmter sozialer Probleme – wie beispielsweise der enorme Bevölkerungszuwachs verbunden mit Massenarmut –, die den Einsatz neuartiger Lösungsstrategien erzwingen bzw. beschleunigen.
- Die Take-off-Phase bis etwa 1873, die durch eine sprunghafte Steigerung der Investitionstätigkeit in einem bestimmten Industriezweig („Schrittmacherindustrie") gekennzeichnet und unmittelbar mit radikalen Veränderungen in den Herstellungsmethoden verknüpft ist. Das ist die Phase der eigentlichen „industriellen Revolution".

- Das Reifestadium, in dem die Wirtschaft über die Schrittmacherindustrie hinauswächst und zu einem sich selbst tragenden Wirtschaftswachstum gelangt, das im Falle Deutschlands zum Einholen der führenden Industrieländer England und USA im letzten Viertel des 19. Jahrhunderts führt.

Welche Modernisierungsimpulse leiteten die Industrialisierung ein? Mit welchen Methoden wurde die industrielle Aufholjagd durchgeführt? Welche Auswirkungen in Politik, Wirtschaft und Gesellschaft wurden spürbar?

MATERIAL 1 Pauperismus in Oberhessen

Der Historiker Wilhelm Abel analysiert, ausgehend von einer Äußerung des Staatswissenschaftlers Bruno Hildebrand aus dem Jahre 1844, die soziale Lage in der kurhessischen Provinz Oberhessen:

„Sie besitzt nichts von alledem, was gewöhnlich zu den Ursachen des Pauperismus und des Proletariats gerechnet wird. Sie kennt keine Fabriken und Fabrikarbeiter, keine Spinn-, Dampf- und andere Maschinen, keine Gewerbefreiheit und unbeschränkte Konkurrenz der Einzelnen, sondern in alter patriarchalischer Form herrscht hier neben dem Ackerbau noch der alte Handwerksbetrieb, welcher Gesellen und Lehrlinge zu Familienmitgliedern der Meister macht. Es herrschen noch Zünfte, wenn auch nicht geschlossen, aber doch privilegiert für ihren bestimmten Arbeitszweig. Dabei ist diese Gegend nicht etwa von der Natur vernachlässigt [...], nicht eingeschlossen durch enge Zollschranken, nicht mit Steuern überlastet [...], kurz: ohne irgendeine besondere Eigenschaft, welche Ursache einer speziellen Verarmung sein könnte." (Bruno Hildebrand)

In dieser Provinz Oberhessen mit Marburg und einigen anderen Städten, rund 75 v. H. Landbevölkerung, 25 v. H. Stadtbevölkerung, übertraf nur in vier Gewerben die Zahl der Gesellen die der steuerpflichtigen Meister. In sieben anderen Gewerben kam auf zwei Meister nur je ein Geselle, und im großen Rest herrschte der Alleinmeister vor. Da nun aber – so Hildebrand – ein Meister, der ohne alle Gehilfen arbeitet, eigentlich nur eine besondere Art von Tagelöhner sei, müsse „die bei weitem größere Zahl der Handwerksmeister als Proletarier" angesprochen werden. Das ist ein hartes Wort, aber Hildebrand brachte Belege. Ein Schuhmacher- oder Schneidermeister verdiente um das Jahr 1840 in Oberhessen etwa 100 Reichstaler im Jahr. Davon ging ein rundes Drittel für Wohnung, Holz, Licht, Kleidung, Wäsche und einige andere Bedürfnisse ab, sodass für die tägliche Kost der Familie nur 5 1/3 Silbergroschen[1] zurückblieben. Für diese 5 1/3 Silbergroschen konnte man nach den von der Polizei in Hessen festgesetzten Brot- und Fleischtaxen entweder 3,4 kg gewöhnliches Roggenbrot oder 0,8 kg Fleisch (Ochsen-, Schweine- oder Hammelfleisch) kaufen. Davon sollten Mann, Frau und vielleicht noch Kinder leben.

Das glückte selbst in guten Jahren nicht immer. Fiel nun gar eine Teuerung an, wie im Winter 1846/47, so erreichte „die Not eine Höhe, die in den Schilderungen der irischen Armut[2] Epoche machen würde. In Marburg wurden in diesem Winter zweimal bei 10 Grad Kälte Kinder auf der Straße geboren [...]. In Schmalkalden, Schlüchtern, Fulda und Hünfeld schlug man die Zahl der völlig Verarmten auf ein Drittel der ganzen Bevölkerung an. In Hünfeld wurden die Armen von den Behörden zu völligen Bettlerzügen organisiert, welche täglich nach einem festgesetzten Turnus durch regelmäßige Umzüge in den einzelnen Stadtteilen und den angrenzenden Dörfern ihre Almosen zusammenbettelten.

[1] 1 Taler = 30 Silbergroschen = 12 Pfennig

[2] Irland wurde in den 40er Jahren besonders stark von Missernten und Hungersnöten heimgesucht

(Aus: Wilhelm Abel, Massenarmut und Hungerkrisen im vorindustriellen Deutschland, Göttingen 1972, S. 5–8)

MATERIAL 2 Der Aufstand der schlesischen Weber

Wilhelm Wolff berichtet über den Aufstand der schlesischen Weber (1845):

In den großen Dörfern Langenbielau (13 000 E.), Peterswaldau (5 000 E.) und in den übrigen Dörfern, wie Arnsdorf, Peilsau usw. ist besonders die Baumwollenweberei zu Hause. [...]

[Es] wurde die Not und das Drängen nach Arbeit von einzelnen Fabrikanten möglichst benutzt, um für geringen Lohn viel Ware zu erhalten. Unter diesen ragten die Gebrüder Zwanziger in Peterswaldau besonders hervor. Für eine Webe Kattun von 140 Ellen, woran ein Weber 9 Tage zu arbeiten hat und wofür andere Lohnherren 32 Sgr.[1] zahlten, gaben sie nur 15 Sgr. Für 160 Ellen Barchent, welches 8 volle Tage angestrengter Arbeit erfordert, entrichteten sie 12 1/2 und 12 Sgr. Lohn. Ja, sie erklärten sich bereit, noch 300 Weber in Arbeit zu nehmen, wofern diese ebenso viel für 10 Sgr. arbeiten wollten. Das bitterste Elend zwang die Armen, auch unter dieser Bedingung zu arbeiten. Von seinen 12 oder resp. 10 Sgr. musste der Weber noch 2 1/2 bis 3 Sgr. an den Spuler entrichten, alle Staats-, Gemeinde- und gutsherrlichen Lasten tragen und – leben. [...]
Das anfangs nicht allzu große Vermögen der Zwanziger war in kurzer Zeit zu großem Reichtum angewachsen. Sechs prächtige Gebäude gaben Zeugnis davon. Herrliche Spiegelscheiben, Fensterrahmen von Kirschbaumholz, Treppengeländer von Mahagoni, Kleider- und Wagenpracht sprachen der Armut der Weber Hohn. Bei der letzten Lohnverkürzung sollen die Zwanziger auf der Weber ihre Vorstellung, dass sie nun gar nicht mehr bestehen und selbst nicht mehr Kartoffeln kaufen könnten, geäußert haben, sie würden noch für eine Quarkschnitte arbeiten müssen, oder, wie andere sagen: Die Weber möchten nur, wenn sie nichts anderes hätten, Gras fressen: Das sei heuer reichlich gewachsen. [...]

Ein Gedicht, nach der Volksmelodie „Es liegt ein Schloss in Österreich“ abgefasst und von den Webern gesungen, ward gleichsam die Marseillaise der Notleidenden. Sie sangen es zumal vor Zwanzigers Hause wiederholt ab. Einer ward ergriffen, ins Haus genommen, durchgeprügelt und der Ortspolizei überliefert. Endlich, um 2 Uhr nachmittags, den 4. Juni, trat der Strom über seine Ufer. Eine Schar Weber erschien in Nieder-Peterswaldau und zog auf ihrem Marsche alle Weber aus den Wohnungen rechts und links an sich. Alsdann begaben sie sich nach dem wenig entfernten Kapellenberge und ordneten sich paarweise und rückten so auf das Zwanziger'sche Wohngebäude los. Sie forderten höheren Lohn und – ein Geschenk! Mit Spott und Drohen schlug man's ihnen ab. Nun dauerte es nicht lange, so strömte die Masse ins Haus, erbrach alle Kammern, Gewölbe, Böden und Keller und zertrümmerte alles [...] und stürzte die Waren und Vorräte zu den Fenstern hinaus, wo sie zerrissen, zerstückt und mit Füßen getreten oder [...] an die Umstehenden verteilt wurden. Zwanziger flüchtete sich mit seiner Familie in Todesangst nach Reichenbach. [...]
(Danach) begab sich der Haufen zum Fabrikant F. W. Fellmann jun., Fellmann beschwichtigte die Leute, indem er jedem 5 Groschen zahlte und Brot und Butter nebst einigen Speckseiten an sie verabreichte. Ein Stück Brot und ein Viergroschenstück reichten hin, die Wut der von Hunger und Rache Getriebenen im Zaune zu halten! Nun ging's weiter zu E. G. Hofrichters Witwe und Söhne. Die Masse der Weber betrug hier schon 3 000. Auch Hofrichter zahlte ein Geschenk von 5 Groschen für den Einzelnen, doch erhielten dies nur die Ersten, die Letzten weniger. Von hier bewegte sich der Zug nach Bielau. [...]

Unterdessen hatten die Kommis ihre Fabrikknechte und andere Leute versammelt, mit Knütteln und was sonst zur Hand lag, bewaffnet und drangen nun unter Anführung des Bauerngutsbesitzers Werner auf die Weber los. Nach einem heftigen Gefecht flohen die Weber unter Zurücklassung mannigfaltiger Blutspuren und mit zerschlagenen Köpfen zu dem Gebäude hinaus und fort. Indes fanden sich die Entwichenen mit neu Angekommenen bald vor dem zweiten Haus Dierigs ein. Besonders hatten sich viele Weber von denen, die bei Dierig arbeiten, versammelt. Letzterer hatte allen, die sein Eigentum beschützen und somit sich selbst die Gelegenheit, weiter zu arbeiten, erhalten würden, ein Geschenk von 5 Sgr. zugesagt. [...]
Unterdes rückte das schon vor 24 Stunden aus Schweidnitz requirierte Militär in Bielau ein. [...] Der Major, welcher Dierigs Haus und seine Truppen mehr und mehr bedroht sah, ließ Feuer geben. Infolge dreier Gewehrsalven blieben sofort 11 Menschen tot.

[1] Sgr. = Silbergroschen
(Aus: Ernst Schraepler, Quellen zur Geschichte der sozialen Frage in Deutschland 1800–1870, Göttingen 1955, S. 70ff.)

MATERIAL 3 **Schusterwerkstatt am Sonntagmorgen (1845)**

MATERIAL 4 **Kaufkraftschwankungen der Zimmergesellenlöhne in Leipzig**

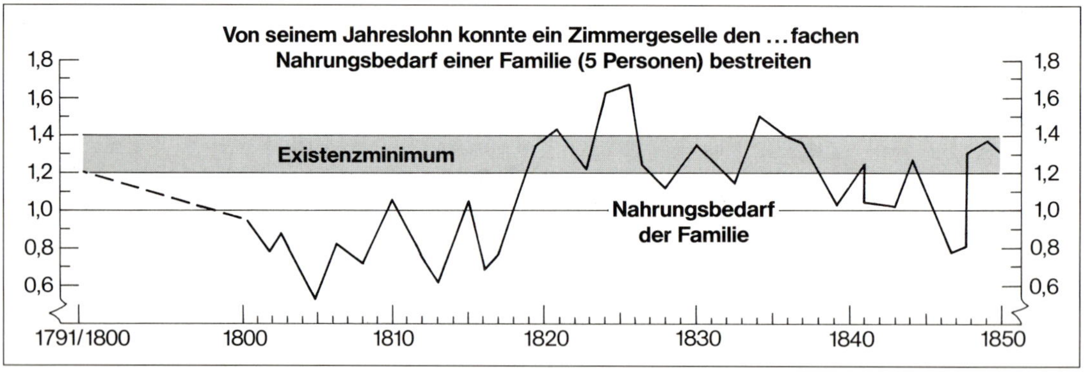

(Aus: Handbuch der deutschen Wirtschafts- und Sozialgeschichte, Hrsg. W. Zorn, Stuttgart 1976, Bd. 2, S. 349)

1. Zeigen Sie Erscheinungsformen und mögliche Ursachen der vorindustriellen Massenarmut mit Hilfe der Materialien 1 bis 3 auf.
2. Vergleichen Sie die Handwerkereinkommen in Oberhessen und Niederschlesien.
3. Erarbeiten Sie die Unterschiede in den gesellschaftlichen und wirtschaftlichen Verhältnissen Niederschlesiens und Oberhessens.
4. Charakterisieren Sie typische Merkmale der Hungerrevolte als eine vorindustrielle Form sozialen Protests.
5. Worauf führen Sie die unzureichende Kaufkraft, worauf die Kaufkraftschwankungen zurück?

2.2 Die Eisenbahn als Schrittmacher für Industrialisierung und nationale Einheit

Einheitlicher Binnenmarkt

Eines der größten Probleme bei der Industrialisierung in Deutschland war das Fehlen eines großen, einheitlichen Binnenmarktes. Auf der britischen Insel waren seit der Vereinigung Englands mit Schottland im Jahre 1707 die Binnenzölle weggefallen. Aufgrund seiner erfolgreichen Kolonialpolitik im 17./18. Jahrhundert hatte England in Übersee neue Märkte gewinnen können, die das Wachstum der baumwollverarbeitenden Industrie stimuliert hatten. Die große Nachfrage machte rationellere Fertigungsmethoden erforderlich; planmäßig organisierte naturwissenschaftliche Forschungsvorhaben förderten eine Welle von Erfindungen und trieben den Übergang von der Manufakturfertigung zur industriellen Massenproduktion in Fabriken voran.

Eisenbahnbau

Was für England die Textilindustrie war, sollte bei der deutschen Industrialisierung der Eisenbahnbau übernehmen: die Schrittmacherfunktion. Die Erbauer der ersten deutschen Eisenbahnstrecke von Nürnberg nach Fürth (1835) kamen noch nicht ohne englische Unterstützung aus; Lokomotive und Bedienungspersonal waren englischer Herkunft. Der Ausbau des deutschen Streckennetzes wurde jedoch zügig und aus eigener Kraft fortgeführt. Schon um die Jahrhundertmitte waren aus den sechs Kilometern des Jahres 1835 an die 6000 Kilometer geworden. Die erst 1835 gegründete Berliner Maschinenfabrik Borsig stellte allein zwischen 1850 und 1860 über 1600 Lokomotiven her. Bedenkt man, dass neben Borsig noch andere Unternehmen relativ hohe Herstellungszahlen erreichten, so lässt sich ermessen, wie bedeutsam der Eisenbahnbau für die industrielle Entwicklung in Deutschland war. Neue Verhüttungstechniken – Kokshochöfen hatten die mit Holzkohle betriebenen Öfen verdrängt – befriedigten den stark steigenden Bedarf an Roheisen. Die Eisen- und Stahlindustrie suchte die räumliche Nähe zur Kohle im Ruhrgebiet, im Saarland und in Oberschlesien. Die Eisenbahn ermöglichte den schnellen Transport schwerlastiger Massengüter wie Erze und Eisen zu niedrigen Preisen; sie begünstigte so die regionale Arbeitsteilung, erleichterte die regionale wie die überregionale Mobilität der Arbeiterschaft und förderte die Entwicklung großräumiger Märkte. Eine „Transportrevolution" ging – überspitzt formuliert – der industriellen Revolution voraus.

Transportrevolution

Eisenbahnen veränderten aber nicht nur den Alltag der Menschen und die wirtschaftlichen Möglichkeiten, sie enthielten auch eine politische Triebkraft. Aus der Sicht der Ökonomen und Techniker nämlich bildeten die deutschen Klein- und Mittelstaaten mit ihren Grenzen, ihren unterschiedlichen Münz-, Maß- und Zollsystemen, die sie als Symbol ihrer staatlichen Souveränität eifersüchtig verteidigten, nichts anderes als Hindernisse vor einer rationellen Nutzung von Raum und Zeit. Das Streben nach nationaler Einigung, das 1848 noch vorwiegend eine ideelle Kraft war, sollte mit wachsenden Transportkapazitäten und zunehmender Industrialisierung aus wirtschaftlichen Vernunftgründen neue Nahrung erhalten. Einer der publizistischen Wegbereiter eines gemeinsamen Marktes war der Reutlinger Nationalökonom Friedrich List, der schon 1819 die Aufhebung der Binnenzölle im Deutschen Bund gefordert hatte. Er setzte sich zudem für demokratische Verfassungsreformen und nationale Einheit ein, wandte sich gegen den monarchischen Obrigkeitsstaat. Er verlor daraufhin

Aufhebung der Binnenzölle

seine Tübinger Professur und anschließend auch sein Mandat für die Stadt Reutlingen im württembergischen Landtag. Zu zehn Monaten Festungshaft verurteilt floh er nach Frankreich und in die Schweiz, wurde aber bei seiner Rückkehr wieder festgenommen und erreichte nur gegen das Versprechen, in die USA auszuwandern, seine Freilassung. In Amerika beteiligte er sich so erfolgreich am Bau von Eisenbahnlinien, dass er die Bekanntschaft des amerikanischen Präsidenten Jackson machte, der ihn 1832 als amerikanischen Konsul nach Leipzig entsandte. Hier nahm Friedrich List in zahlreichen Veröffentlichungen seinen Kampf um die Schaffung eines deutschen Zollvereins und Eisenbahnnetzes wieder auf. „Siamesische Zwillinge“ sowie „Stärkungsmittel des Nationgeistes“ nannte er Zollverein und Eisenbahn. Auf preußische Initiative kam es schließlich zu Handelsverträgen mit den süd- und mitteldeutschen Staaten. Am 1. Januar 1834 wurde der Deutsche Zollverein gegründet, in dem sich 18 Staaten zu einem einheitlichen Zollgebiet zusammenschlossen. Bis 1854 traten auch die übrigen deutschen Staaten mit Ausnahme Österreichs, Mecklenburgs sowie der drei Hansestädte Hamburg, Bremen und Lübeck bei.

Deutscher Zollverein

Die Schaffung eines einheitlichen Zollgebietes war eine der wichtigsten politischen Entscheidungen zur Förderung der Industrialisierung. Daneben gab es noch zahlreiche weitere Maßnahmen der deutschen Staaten, die direkt oder indirekt den Prozess der Industrialisierung förderten. So veränderten z. B. die Stein-Hardenberg'schen Reformen schon im ersten Viertel des Jahrhunderts durch die Einführung der Gewerbefreiheit und durch die Bauernbefreiung die wirtschaftlichen und sozialen Rahmenbedingungen in Preußen entscheidend. Deutsche Staaten gründeten in den 20er Jahren gewerbliche und technische Fachschulen. Staatliche Banken vergaben Kredite an Handelsgesellschaften und kapitalschwache Gewerbebetriebe; sie gaben Zinsgarantien beim Bau privater Eisenbahnlinien. Die Staaten ließen Flüsse begradigen und schiffbar machen, Kanäle anlegen und Straßen aus Steinen (Chausseen) bauen. Die großherzoglich badische Regierung beispielsweise beauftragte den Bauingenieur Tulla mit der Regulierung des Rheins seit den 20er Jahren. Um 1800 gab es in Deutschland knapp 1300 km schiffbare Wasserstraßen, in der Mitte des 19. Jahrhunderts waren es im Gebiet des späteren Deutschen Reiches schon über 35000 km.

Stein-Hardenberg'sche Reformen

Staatliche Banken

Woher stammte das Kapital zur Einleitung der Industrialisierung in Deutschland? Da trotz großer Risiken in Deutschland hohe Gewinne erzielt wurden, floss auch ausländisches Kapital in Form von Krediten nach Deutschland. Als mit fortschreitender Industrialisierung der Kapitalbedarf erheblich zunahm, war der einzelne Unternehmer oder Privatbankier mit der Finanzierung überfordert. Einen Ausweg bot der Zugriff auf kleine und mittlere Vermögen mit Hilfe der Aktie. Durch die Ausgabe von Anteilscheinen an Unternehmungen konnte das bis dahin in Sparstrümpfen brachliegende Geld zusammengefasst und in Gebäude und Maschinen, also in renditeträchtiges Sachkapital, umgewandelt werden.

Ausländisches Kapital

Aktie

Aktien spielten erstmals bei der Finanzierung von Eisenbahnen eine wichtige Rolle. Die Banken, die sich bis dahin vor allem mit Staatsanleihen sowie Geldwechsel betätigt hatten, übernahmen die Funktion einer Kapitalsammelstelle auch für relativ kleine Geldanleger. Das Kredit- und Aktiengeschäft erlaubte es ihnen, zunehmend selbst Einfluss auf industrielle Vorhaben zu nehmen.

Gränzverlegenheit.

„Sie sehen, Herr Gränzwächter, daß ich nix zu verzolle hab', denn was hinte auf'm Wagen ist, hat die Lippi'sche Gränz noch nit überschritten, in der Mitt' ist nix, und was vorn drauf is, ist schon wieder über der Lippischen Gränze drüben."

MATERIAL 5 Wie Industrie entsteht – und was sie bewirkt: Eine Fallstudie aus der Zeit der württembergischen Frühindustrialisierung

Als auf dem Landtag von 1842/43 der Eisenbahnbau auf die Tagesordnung gesetzt wurde, hatte Bayern bereits 65 km und Baden 19 km Bahn gebaut. Württemberg und seine Industrie drohten in Isolation zu geraten, da der Transitverkehr über das Rheintal immer mehr am Königreich vorbeilief und die hohen Transportkosten auf Straßen und Flüssen die württembergische Wirtschaft übermäßig belasteten. [...]

Es waren vor allem die Vertreter des industriellen und handeltreibenden Bürgertums, die schon früh (1835/36) energisch auf den Bau eines zeitgemäßen und konkurrenzfähigen Verkehrsnetzes drängten. Wegen des niedrigen Entwicklungsstandes privater Kapitalakkumulation in Württemberg und der Unmöglichkeit, derart aufwendige infrastrukturelle Grundlageninvestitionen privat zu organisieren, sollte der Staat finanziell in die Bresche springen. Denn eines der größten Probleme bei fast jedem württembergischen Industrieprojekt war die Frage der Kapital- und Kreditbeschaffung. Die höchste Sachwertekonzentration fand sich immer noch in den Händen der feudalen Oberschicht, zum überwiegenden Teil in Form von Grundbesitz und Nutzungsrechten. Flüssige Geldmittel wurden in der Regel in das landwirtschaftliche Hypothekar- und Kreditwesen oder in risikolose Staatspapieranlagen investiert. Der bürgerliche Kapitalbesitz lag dekonzentriert in den Händen vieler Kleinunternehmer und Gewerbebetreibender, veraltete Anlageformen wurden bevorzugt, und Kredit- und Kapitalbeschaffung über den Rahmen der eigenen Familie hinaus eher als Zeichen von Unsolidität denn als unternehmerische Initiative gewertet. Ein kreditvermittelndes und Anlagekapital organisierendes Banksystem fehlte ebenso wie die Regelung allgemeinverbindlicher Kreditbedingungen und ein Sicherheit bietendes Pfandrecht. [...]
Hinzu kamen andere Startnachteile, die in Württemberg eine ‚industrielle Revolution' etwa englischen Ausmaßes in der ersten Hälfte des Jahrhunderts verhinderten. Es fehlten einmal die Rohstoffe – vor allem die Kohle –, die eine Schwerindustrie hätten entstehen lassen können; die Wasserkraft der Flüsse war anfangs noch für viele Jahrzehnte die einzige oder hauptsächliche Energiequelle – dies wiederum brachte eklatante Standortnachteile. Zum anderen stellte sich das Problem der Qualifikation der Arbeitskraft und ihrer Mobilität.

Für die Städte des dichtbesiedelten Neckarraumes, deren Industrialisierungsgrad vergleichsweise fortgeschritten war, wurde die Eisenbahnfrage angesichts dieser Verhältnisse zunehmend zur Lebensfrage. Heilbronn und Esslingen zum Beispiel gehörten zu den Städten mit der größten Gewerbedichte und mit den höchsten betrieblichen Gewerbesteuersätzen in Württemberg. Anfangs der dreißiger Jahre verfügte Heilbronn über 20 Fabriken mit rund 500 Arbeitern und Esslingen über 8 Fabriken mit insgesamt 676 Arbeitern. Ähnlich große Fabrikanlagen finden sich damals in Württemberg nur noch in Stuttgart, Ulm und Heidenheim. [...]

Am 18. April 1843 wurde in Württemberg das erste grundlegende Eisenbahngesetz erlassen, nach dem „auf Staatskosten Eisenbahnen erbaut" werden sollten, „welche den Mittelpunkt des Landes, Stuttgart und Cannstatt, auf der einen Seite durch das Filsthal mit Ulm, Biberach, Ravensburg und Friedrichshafen, auf der anderen Seite mit der westlichen Landesgrenze, sowie in nördlicher Richtung mit Heilbronn verbinden". Am 3. Oktober 1845 fand zwischen Cannstatt und Untertürkheim die erste Probefahrt unter Anwesenheit des Königs statt. [...] Der Anschluß an das badische und bayerische Eisenbahnnetz beendete 1853/54 die wichtigste Etappe der ersten Eisenbahnbauperiode. [...] Der Güterverkehr, der zunächst in den Krisenjahren 1846/47 aufgrund der noch kurzen Strecken nur zögernd mit einer Einnahme von 48 Mark pro Bahnkilometer in Gang kam, nahm rasch zu, so daß er bereits 1852/53 mit 6704 Mark pro Bahnkilometer über den Einnahmen aus dem Personenverkehr (5342 Mark) lag und sich noch ständig steigerte. [...]

In England hatte die Industrie die Eisenbahn hervorgerufen, in Württemberg sollte die Eisenbahn Geburtshelfer der industriellen Entwicklung sein. Sie machte auf breiter Grundlage mit moderner Technik vertraut, begünstigte die Entstehung industrieller Mentalität und war selbst ein realer Wirtschaftsfaktor, ein Investitionsobjekt bisher nie dagewesener Größe, das den Kapitalmarkt in Württemberg grundlegend veränderte. Zum ersten Mal wurden größere Kapitalmengen, angelockt durch staatlich abgesicherte Rendite – für den Bau der Strecke Heilbronn-Friedrichshafen mußten 67 059 439 Mark, für die Anschlußstrecke nach Baden 10 006 294 Mark meistenteils über Staatsverschuldungen aufgebracht werden –, aus dem bevorzugten Anlagesektor Landwirtschaft abgezogen und in ein industrielles Projekt investiert. [...]

Ein Produkt dieser Klimaveränderung und gleichzeitig eine nationalökonomisch logische Ergänzung des Eisenbahnkonzeptes war dann 1846 die Gründung der Maschinenfabrik Esslingen. Aufgabe der Fabrik war die Herstellung der von der Staatsbahn benötigten „Lokomotiven, Eisenbahnwagen und anderer Requisiten". Die Maschinenfabrik Esslingen brachte von der Art und Weise ihres Entstehens (als Objekt gezielter Investitionspolitik) als auch im Umfang ihres Kapitals und dem erreichten technologischen Standard her neue Dimensionen in die württembergische Wirtschaft. [...] Staatliche Zuschüsse und langfristige staatliche Absatzgarantien auf 15 Jahre sowie das Monopol für den Eisenbahnmaschinenbau in Württemberg schufen erst die Voraussetzungen für private Kapitalakkumulation in diesem Sektor. [...] Der Beginn industriellen Wachstums ist aber nicht alleiniges Ergebnis der Veränderungen der materiellen Infrastruktur. Eine direkte Kausalbeziehung läßt sich am ehesten herstellen zu den Veränderungen auf dem Sektor der Energieversorgung, wo die neuen Transportmöglichkeiten den Einsatz des effektiveren Energieträgers Steinkohle für die industrielle Nutzung der Dampfkraft auch in Württemberg rentabler machten. Steinkohle begann deshalb seit den vierziger Jahren zu den wichtigsten Einfuhrgütern der württembergischen Industrie zu zählen, in der bis dahin aus Kostengründen die Wasserkraft fast alleinige Energiebasis der Maschinisierung war.

(W. Kaschuba, C. Lipp u. M. Scharfe in: Der Bürger im Staat, Heft 1/1977, S. 45–49)

1. Untersuchen Sie die Fallstudie zur Industrialisierung Württembergs unter folgenden Gesichtspunkten: entwicklungsfördernde und -hemmende Faktoren; Kapitalbildung; Schrittmacherindustrie; Rolle des Staates. Berücksichtigen Sie dabei auch die Karikatur Seite 37.

3. Die Revolution von 1848/49 – ein Entwurf für ein modernes Deutschland

3.1 Der Weg zur Nationalversammlung

Der Anstoß zur deutschen Revolution von 1848 kam aus Frankreich. Das „Bürgerkönigtum" Louis Philippes wurde durch eine Volkserhebung gestürzt, die 2. Republik ausgerufen. Über das Großherzogtum Baden griff die Revolution auf den Deutschen Bund über. Die blutigen Kämpfe in Wien (13. 3.) und Berlin (18. 3.) sowie die meist unblutigen Aufstände in den übrigen deutschen Bundesstaaten führten in kürzester Zeit zum völligen Umsturz der „vormärzlichen" Verhältnisse:

Umsturz der vormärzlichen Verhältnisse

- In fast allen Staaten wurden die „Märzforderungen", Pressefreiheit, Versammlungsfreiheit, Volksbewaffnung und Schwurgerichte, bewilligt.
- Liberale „Märzminister" ersetzten die verhassten Repräsentanten des vormärzlichen Polizeistaats.
- Zugesagt wurde auch die Wahl einer deutschen Nationalversammlung, die eine Verfassung auf nationalstaatlicher Grundlage schaffen sollte.

Die parlamentarische Initiative ergriff eine Versammlung von 51 „Vaterlandsfreunden", größtenteils Abgeordneten der süddeutschen Landtage und liberalen Publizisten, am 5. März in Heidelberg. Sie erklärte die Einberufung einer deutschen Nationalversammlung für „unaufschiebbar" und regte eine Versammlung von „Vertrauensmännern aller deutschen Nationalstämme" an, die die Wahlen vorbereiten sollte. Ein Siebenerausschuss verschickte Einladungen an alle „jetzigen und früheren" deutschen Landtagsabgeordneten sowie an eine Reihe weiterer „durch das Vertrauen des deutschen Volkes ausgezeichneter Männer". Das „Vorparlament" trat am 30. März in Frankfurt zusammen.

Vaterlandsfreunde

Vorparlament

Hier zeigte sich, dass eine demokratische Minderheit sehr weitgehende programmatische Vorstellungen hatte. Der badische Abgeordnete Struve legte ein radikales 15-Punkte-Programm vor; sein Mitstreiter Friedrich Hecker beantragte, dass sich die Versammlung für permanent erklären sollte, um die Zügel nicht aus der Hand zu geben. Die Mehrheit lehnte sowohl die inhaltliche Diskussion in diesem Rahmen als auch die Permanenzerklärung aus Gründen der Legitimität ab und richtete lediglich einen „Fünfzigerausschuss" ein, der die Wahlen der Nationalversammlung vorbereiten sollte. Nach dem gescheiterten Versuch Heckers und Struves, die Volksrevolution gegen diese Beschlüsse erneut zu mobilisieren (Aprilrevolution in Baden), stand der „Verrechtlichung der Revolution" (W. Siemann) nichts mehr im Wege.

Verrechtlichung der Revolution

In allen deutschen Bundesstaaten, auch in den nicht zum Deutschen Bund gehörenden Ländern Schleswig, Ost- und Westpreußen sollte auf je 50 000 Einwohner ein Abgeordneter gewählt werden. Der Wahlmodus wurde den Einzelstaaten überlassen. So gab es in einigen Ländern indirekte und öffentliche Wahl; Zensuswahl oder Wahl nach Ständen war aber ausdrücklich ausgeschlossen. Unterschiedliche Auslegungen fand auch die Forderung, dass nur „selbständige" Männer wählen sollten. An Frauenwahlrecht dachten zu

Wahlen zur Nationalversammlung

dieser Zeit nicht einmal die Radikaldemokraten. Etwa 75–80 % der Männer über 25 waren nach den bisherigen Erkenntnissen der Forschung wahlberechtigt. Gleichzeitig wurden auch eine preußische und eine österreichische Nationalversammlung gewählt; die beiden größten deutschen Teilstaaten sollten nun ebenfalls Verfassungsstaaten werden.

MATERIAL 1 **Am 10. September 1847 hatten die südwestdeutschen Demokraten in Offenburg ihr Programm veröffentlicht**

Die Forderungen des Volkes in Baden:

I. Wiederherstellung unserer verletzten Verfassung.

Art. 1. Wir verlangen, daß sich unsere Staatsregierung lossage von den Karlsbader Beschlüssen vom Jahr 1819, von den Frankfurter Beschlüssen von 1831 und 1832 und von den Wiener Beschlüssen von 1834. Diese Beschlüsse verletzen gleichmäßig unsere unveräußerlichen Menschenrechte wie die deutsche Bundesakte und unsere Landesverfassung.

Art. 2. Wir verlangen Preßfreiheit; das unveräußerliche Recht des menschlichen Geistes, seine Gedanken unverstümmelt mitzutheilen, darf uns nicht länger vorenthalten werden.

Art. 3. Wir verlangen Gewissens- und Lehrfreiheit. Die Beziehungen des Menschen zu seinem Gotte gehören seinem innersten Wesen an, und keine äußere Gewalt darf sich anmaßen, sie nach ihrem Gutdünken zu bestimmen. Jedes Glaubensbekenntniß hat daher Anspruch auf gleiche Berechtigung im Staate.

Keine Gewalt dränge sich mehr zwischen Lehrer und Lernende. Den Unterricht scheide keine Confession.

Art. 4. Wir verlangen Beeidigung des Militärs auf die Verfassung.

Der Bürger, welchem der Staat die Waffen in die Hand gibt, bekräftige gleich den übrigen Bürgern durch einen Eid seine Verfassungstreue.

Art. 5. Wir verlangen persönliche Freiheit.

Die Polizei höre auf, den Bürger zu bevormunden und zu quälen. Das Vereinsrecht, ein frisches Gemeindeleben, das Recht des Volkes sich zu versammeln und zu reden, das Recht des Einzelnen sich zu ernähren, sich zu bewegen und auf dem Boden des deutschen Vaterlandes frei zu verkehren — seien hinfüro ungestört.

II. Entwickelung unserer Verfassung.

Art. 6. Wir verlangen Vertretung des Volks beim deutschen Bunde.

Dem Deutschen werde ein Vaterland und eine Stimme in dessen Angelegenheiten. Gerechtigkeit und Freiheit im Innern, eine feste Stellung dem Auslande gegenüber gebühren uns als Nation.

Art. 7. Wir verlangen eine volksthümliche Wehrverfassung. Der waffengeübte und bewaffnete Bürger kann allein den Staat schützen.

Man gebe dem Volke Waffen und nehme von ihm die unerschwingliche Last, welche die stehenden Heere ihm auferlegen.

Art. 8. Wir verlangen eine gerechte Besteuerung.

Jeder trage zu den Lasten des Staates nach Kräften bei. An die Stelle der bisherigen Besteuerung trete eine progressive Einkommensteuer.

Art. 9. Wir verlangen, daß die Bildung durch Unterricht allen gleich zugänglich werde.

Die Mittel dazu hat die Gesammtheit in gerechter Vertheilung aufzubringen.

Art. 10. Wir verlangen Ausgleichung des Mißverhältnisses zwischen Arbeit und Capital.

Die Gesellschaft ist schuldig die Arbeit zu heben und zu schützen.

Art. 11. Wir verlangen Gesetze, welche freier Bürger würdig sind und deren Anwendung durch Geschwornengerichte.

Der Bürger werde von dem Bürger gerichtet. Die Gerechtigkeitspflege sei Sache des Volkes.

Art. 12. Wir verlangen eine volksthümliche Staatsverwaltung.

Das frische Leben eines Volkes bedarf freier Organe. Nicht aus der Schreibstube lassen sich seine Kräfte regeln und bestimmen. An die Stelle der Vielregierung der Beamten trete die Selbstregierung des Volkes.

Art. 13. Wir verlangen Abschaffung aller Vorrechte.

Jedem sei die Achtung freier Mitbürger einziger Vorzug und Lohn.

Offenburg, 12. September 1847.

1. Ziehen Sie aus den Offenburger Forderungen Rückschlüsse auf die Zustände in Deutschland.
2. Gewichten Sie die Forderungen nach dem Grad der Radikalität.
3. Wer Forderungen durchsetzen will, braucht Macht: Über welche Machtmittel verfügten die Revolutionäre, über welche nicht?

MATERIAL 2 Der Abgeordnete Bassermann begründet in der 2. Badischen Kammer seinen Antrag auf ein gemeinsames deutsches Parlament (12. 2. 1848)

Lassen Sie mich die Wahrheit sagen: Deutschlands oberste Behörde hat kein Vertrauen im Volke. Tief beklage ich einen solchen Zustand. [...] Eine Nation, wenn sie sich zu Größe und Macht entfalten soll, muß an ihrer Spitze einen obersten Führer, eine Regierung haben, die stark ist durch das allgemeine Vertrauen, welcher die Besten mit Hingebung folgen, mit welcher die Nation steht und fällt. [...]

Ja die Gesinnungen der Nationalität und der Einheit in erhöhter Kraft verleihenden Stärke werden in einem gemeinsamen Zusammenwirken von Vertretern der Fürsten und der Völker entspringen, und wie der Navarese mit dem Andalusier – der Gascogner mit dem Normannen, ja selbst mit dem deutschen Elsässer – der Schotte neben dem Engländer auf gemeinsamen Bänken, in gemeinsamen Räumen, sich in gemeinsamer Berathung verbrüdern und so völlig zu einem Volke zusammenwachsen – wie dagegen umgekehrt wir an Oesterreich sehen, daß der Mangel einer gemeinsam-politischen Verfassung die einzelnen Nationalitäten zum Verderb des Ganzen, zur allmähligen Ablösung führt, so würde aus einem allgemeinen deutschen Ständesaal mehr Schutz für das gemeinsame Vaterland erblühen, als alle unsere stehenden Heere je gewähren können. [...]

Als die Nordamerikaner nach beendigtem Unabhängigkeitskrieg die Ueberzeugung gewonnen hatten, daß ihre Conföderation nicht diejenige Einheit und Festigkeit darbiete, wie sie für eine kräftige Pflege der Interessen einer werdenden Nation erheischt wird, verloren sie keine Zeit. Auch in Amerika gab es widerstreitende Interessen und viele Parteien, worunter auch eine, welcher – wie jetzt vielen in Deutschland – ein bloßer Zollverein genügte. [...] Aber der gute Genius Amerika's siegte über das Widerstreben kleinlicher Provinzial-Souveränitäten (anders als am Wiener Congreß): der Staatenbund wurde in einen Bundesstaat verwandelt, und nach 60 Jahren ist das Urtheil beider Welten, daß George Washington als Befreier Amerika's vom Joch des Mutterlandes nur ein halbes Verdienst hätte, wenn er nicht durch sein Ansehen auch der Gründer geworden wäre jener großen Nationaleinheit und Bundesmacht, unter deren stolzem Sternenbanner Amerika sich in die Zahl der Weltmächte eingereiht hat. [...] Wie viele Vergleichspunkte finden sich in der Geschichte dieses Landes nicht mit unseren Verhältnissen [...] Sind doch der vereinigten Staaten von Nordamerika fast so viel als der vereinigten Staaten von Deutschland und der Bundeszweck der einen wie der anderen ist derselbe: die Aufrechterhaltung der Interessen und der Würde einer großen Nation. Das monarchische Deutschland kann bleiben wie es ist, es braucht sich nicht zu demokratisiren, aber offenbar ist ein Bund, der inmitten der kriegsgerüsteten Großmächte der alten Welt seine Bestimmung erfüllen soll, in noch höherem Grade einheitsbedürftig als dieses Amerika. [...]

Ja, Deutschlands größtes Bedürfniß ist – nicht eine Revolution – eine Reform, eine Reform seiner Verfassung. [...] Diese Überzeugung, diese Einsicht auszusprechen, ist die Aufgabe der Vertreter des Volks, ist unsere Pflicht. Ich thue es in der mir gebotenen Form und stelle den Antrag:

„Die Kammer möge in einer Adresse an Seine Königliche Hoheit den Großherzog die Bitte richten, auf geeignete Weise dahin wirken zu wollen, daß durch Vertretung der deutschen Ständekammern am Bundestage ein sicheres Mittel zur Erzielung gemeinsamer Gesetzgebung und einheitlicher National-Einrichtungen geschaffen werde.“ [...]

(Aus: Verhandlungen der Stände-Versammlung des Großherzogthums Baden. Protokolle der 2. Kammer, 6. Beilagenheft, Karlsruhe 1848, S. 317ff.)

„Wie sie zu Frankfurt a. M. den deutschen Adler nach langer Gefangenschaft freigeben: Meine Herren! – aufgepasst! – ich glaube, er beißt!“ Karikatur aus den „Fliegenden Blättern“ (1848)

MATERIAL 3 Aus der Debatte über die Bassermannsche Motion

Staatsminister von Dusch:

[...] Ich muß Sie aber, meine Herren, aufmerksam machen auf das Bedenkliche der Bahn, auf welche mir Ihre Berathung zu führen scheint. – Die Begründung des Antrags sagt es klar, daß es dabei auf eine völlige Umgestaltung der Verfassung des deutschen Bundes abgesehen ist, auf die Umwandlung des Staatenbundes in einen Bundesstaat. Der Antrag geht nicht etwa blos auf eine engere Verknüpfung, auf eine festere Umschlingung, sondern auf eine gänzliche Aufhebung und Verwerfung des deutschen Particularismus, der so alt ist als die Geschichte der Deutschen, und den auch der deutsche Bund nicht aufgeben wird. Man schlägt Ihnen vor, Sie sollen bitten, daß Ihnen der größte, der wesentliche Theil Ihrer verfassungsmäßigen Rechte entzogen wird, daß 29/30 Theile davon auf Andere übertragen werden, und – täuschen Sie sich nicht – daß so zuletzt in unaufhaltsam fortgehender Entwickelung Baden aus einer blühenden Selbstständigkeit zu einer verkümmerten Grenzprovinz herabsinke. [...]

Knapp:

[...] Die Motion verlangt, daß Deputirte aus allen deutschen Ländern zum Bunde geschickt werden; allein die deutschen Fürsten werden sich entgegen erklären, weil dieses einen Bund gäbe, der sich bald souverän erklärte, und aus Deutschland eine Republik machte, an deren Spitze sich dieser Bund als deutsche zweite Kammer stellen würde. [...] Und wie sollte endlich dieser Antrag zum Vollzug kommen, da sich die deutschen Regierungen und die Ersten Kammern entgegen erklären werden? Der Vollzug könnte nur durch einen Umsturz alles Bestehenden erfolgen, und deßhalb erkläre ich mich mit aller Entschiedenheit gegen diese Motion, die keine Reform, sondern eine Revolution bezweckt.

Weller:
[...] Der Herr Minister glaubt selbst nicht, daß der Bund uns schützen wird, wenn die nächste Crisis über Europa hereinbricht. Sind wir aber in dieser Lage [...] – So verhandeln wir mit dieser Motion die Frage unserer Selbsterhaltung. [...] Wenn Sie mir dieß nicht glauben wollen, so glauben Sie es wenigstens den Feinden Deutschlands; hören Sie denn nicht die französischen Kammern jeden Tag ausrufen: die Verträge von 1815 geben uns das Recht darauf, daß Deutschland schwach und zerstückelt sey und bleibe!? [...] Unsere kleinen souveränen Staaten sollen ohne festes Band bleiben, damit man uns appetitlich zubereitet leichter verzehren kann. Wer dieß nicht einsieht, ist kein Staatsmann! Wie steht es mit dem Ansehen des deutschen Bundes in Europa? Die Diplomaten Europa's kennen den Bund nicht. Wenn man den fremden Diplomaten im Auslande, etwa sich vergessend, von Deutschland spricht, so lächeln sie, und sagen: Sie träumen. Wo liegt denn dieses Land? Wir kennen es nicht; wir wissen nur etwas von Preußen, von Oesterreich, etwa noch von Bayern, allein ein Deutschland existirt auf der diplomatischen Karte Europa's nicht mehr. [...]

(Aus: Verhandlungen der Stände-Versammlung der Großherzogthums Baden. Protokolle der 2. Kammer, 2. Protokollheft, Karlsruhe 1848, S. 116, 118, 126f., 129)

1. Welche Hoffnungen und Erwartungen verbinden Bassermann und seine Befürworter mit einem deutschen Nationalparlament?
2. Worin sieht Bassermann die Gemeinsamkeiten der USA und Deutschlands?
3. Beurteilen Sie die Argumente seiner Gegner.

3.2 Parlament und politische Öffentlichkeit

In 585 Wahlkreisen hatten Wahlen zur Nationalversammlung stattgefunden, die sich am 18. Mai 1848 feierlich in der Frankfurter Paulskirche konstituierte. Die Wahl war eine reine Persönlichkeitswahl gewesen, da Parteien und politische Verbände in der Vormärzzeit verboten waren. Die einzigen „Richtungen", zwischen denen der Wähler entscheiden konnte, waren die konstitutionellen Liberalen und die linken Demokraten. Letztere waren in der Minderheit; allenfalls 130–150 Abgeordnete kann man zur parlamentarischen Linken zählen.

Konstitutionelle Liberale, linke Demokraten

Zu den hartnäckigen Vorurteilen gegenüber der Paulskirche gehört die Vorstellung vom weltfremden „Professorenparlament", das Diskussionen auf hohem theoretischen Niveau geführt und darüber die soziale und politische Wirklichkeit aus den Augen verloren habe. Dieses Zerrbild, das von Konservativen und von radikalen Revolutionären gleicherweise gepflegt wurde, entspricht nicht der Realität. Obwohl die Abgeordneten höchstens in den Länderparlamenten Erfahrungen hatten sammeln können, beherrschten sie bald moderne parlamentarische Verfahrensweisen. Schon nach kurzer Zeit bildeten sich Fraktionen, die nach ihren Tagungslokalen, Frankfurter Wirtshäusern, benannt wurden. Zur intensiveren Beratung der Einzelprobleme wurden Ausschüsse und Kommissionen gebildet, von denen der Verfassungsausschuss und der volkswirtschaftliche Ausschuss die größte Bedeutung erlangten. Zum ersten Präsidenten wurde der Wortführer der Konstitutionellen, Heinrich von Gagern, gewählt.

Fraktionen

Ausschüsse

Wahl einer Provisorischen Zentralgewalt

Eine der ersten Maßnahmen und zugleich eine Vorentscheidung für die künftige Verfassung war die Wahl einer Provisorischen Zentralgewalt, eines Exekutivorgans der Nationalversammlung. Die Konstitutionellen wollten im Einvernehmen mit den Länderregierungen ein Kollegium aus drei Fürsten bilden, die der Nationalversammlung nicht verantwortlich sein sollten. Die Linke schlug einen verantwortlichen Exekutivausschuss aus Abgeordneten vor. Als Kompromiss setzte sich Gagerns „kühner Griff" durch: Die Versammlung beschloss zwar, die Exekutivgewalt aus eigener Souveränität zu schaffen, an ihrer Spitze sollte jedoch ein Fürst stehen, der dem Parlament nicht verantwortlich war. Am 29. Juni wurde der volkstümliche, als liberal geltende Erzherzog Johann von Österreich gegen die Stimmen der Linken zum „Reichsverweser" gewählt. Er berief eine Provisorische Reichsregierung unter Fürst Karl von Leiningen, der die Befugnisse des für beendet erklärten alten Bundestags übertragen wurden.

Schwäche der Nationalversammlung

Die Nationalversammlung genoss zwar aufgrund ihrer demokratischen Legitimation hohes Ansehen in der Bevölkerung, hatte aber keine reale Machtbasis. Sie verfügte über keine eigenen Streitkräfte, keinen Beamtenapparat und keine eigenen Steuereinnahmen. Bei der Finanzierung und Durchsetzung ihrer Beschlüsse war sie von den Länderregierungen abhängig. Nur die kleineren Staaten vereidigten ihre Armeen auf die Reichsfarben schwarz-rot-gold und auf den Reichsverweser. Diplomatische Anerkennung fand die neue Reichsregierung nur bei den USA und einigen kleineren Ländern.

Politisches Engagement

Mit der Märzrevolution waren alle polizeistaatlichen Beschränkungen des politischen Lebens gefallen; zugleich war ein mächtiger Anstoß zu politischem Engagement erfolgt. In kurzer Zeit bildete sich ein breites Vereinswesen aus, das bereits alle Kennzeichen künftiger Parteien trug. Die befreite Presse und große Volksversammlungen trugen ihre Diskussionen in die Öffentlichkeit.

Die liberale Opposition des Vormärz blieb gespalten. Gemäßigte Konstitutionelle, die die konstitutionelle Monarchie, Zensuswahlrecht und weitgehende Abstimmung der politischen Veränderungen mit den Fürsten anstrebten („Vereinbarungsstrategie"), hatten sich schon nach dem Hambacher Fest mehr und mehr von den Demokraten distanziert; diese beriefen sich auf die unumschränkte Volkssouveränität und strebten die Republik mit allgemeinem Wahlrecht an, konnten sich höchstens aus taktischen Gründen zur Monarchie „auf breitester demokratischer Grundlage" bekennen.

Demokraten

Die Demokraten hatten durch die Niederlagen im Vorparlament, beim Hecker-Aufstand und bei den Wahlen zur Nationalversammlung schwere Rückschläge erlitten. Aber schon auf der zweiten Offenburger Versammlung (19. 3. 1848) hatten sie weitreichende Beschlüsse zu einer Organisation in Bezirks-, Kreis-

Volksvereine

und Landesvereinen gefasst. Die Gründung von „Volksvereinen" geschah mit erstaunlicher Schnelligkeit. Im Juni 1848 tagte in Frankfurt der erste Demokratenkongress; er richtete eine zentrale Leitung in Berlin ein, die bereits hauptamtliche Funktionäre beschäftigte. Der zweite Demokratenkongress Ende Oktober 1848 in Berlin stand schon im Zeichen der Bedrohung durch die preußische Gegenrevolution. Die linken Fraktionen der Nationalversammlung (Deutscher Hof, Donnersberg und Westendhall) suchten dieser Bedrohung durch die Ausrufung einer breiten Verteidigungsfront zu begegnen, die sich „Centralmärz-

Centralmärzverein

verein" nannte. Dieser umfasste im Frühjahr 1849 bereits 500000 Mitglieder in 950 Ortsvereinen, „die erste deutsche Partei moderner Prägung".

Der Abgeordnete Piepmeyer übt eine Rede nebst den dazugehörenden Redensarten und Gesten ein. Karikatur von J. H. Detmold und A. Schröder

Frauen

Im Rahmen der demokratischen Bewegung wurden auch Frauen politisch tätig. Obwohl sie vom aktiven und passiven Wahlrecht ausgeschlossen waren, bildeten sie demokratische Frauenvereine; sogar an bewaffneten Auseinandersetzungen wie den Berliner Barrikadenkämpfen oder der Reichsverfassungskampagne (s. u. S. 56) nahmen Frauen teil. Als Begründerin der modernen Frauenbewegung in Deutschland gilt Louise Otto-Peters, die 1849 die „Frauenzeitung für höhere weibliche Interessen" herausgab und später eine eigene Organisation, den „Allgemeinen Deutschen Frauenverein" (1865), gründete.

Konstitutionelle

Sehr viel weniger effizient war die Organisation der Konstitutionellen. Zwar gab es in vielen Gemeinden „Konstitutionelle Clubs", doch blieben alle Versuche überregionaler Zusammenschlüsse erfolglos, bis am 5. 11. 1848 in Kassel der „Nationale Verein" ausgerufen wurde; dieser erreichte aber nie die Stärke des Centralmärzvereins.

Katholiken

Konflikte zwischen Staat und katholischer Kirche in der Vormärzzeit führten dazu, dass sich auch die Katholiken als politische Bewegung organisierten. Nach Papst Pius IX. benannte „Pius-Vereine" konnten allein in Baden 100 000 Mitglieder erfassen. Ihre Hauptsorge war die Freiheit der katholischen Kirche von staatlichem Einfluss. Auf ihren „Katholikentagen" und in breiten Petitionsbewegungen setzen sie sich für den konfessionellen Religionsunterricht, aber auch für sozialpolitische Belange ein.

Handwerker- und Gewerbekongress

Allgemeine deutsche Arbeiterverbrüderung

Uneinheitlich ist das Bild der politisch aktiven Handwerker und Arbeiter. Während ein „Handwerker- und Gewerbekongress", der ausschließlich von Handwerksmeistern getragen war, am 15. 7. 1848 in Frankfurt die Rückkehr zu vormodernen Organisationsformen in Zünften forderte, veranstalteten die ausgeschlossenen Gesellen einen Gegenkongress und schlossen sich im Herbst der „Allgemeinen deutschen Arbeiterverbrüderung" an, die im Frühjahr 1849 etwa 15 000 Mitglieder in 170 Ortsvereinen zählte. Eine einheitliche Arbeiterklasse war aber noch nicht einmal in Ansätzen vorhanden. Die Industrialisierung steckte noch in den Anfängen und die meisten Arbeiter waren im Kleingewerbe beschäftigt. Der sozialrevolutionäre „Bund der Kommunisten" um Karl Marx blieb daher eine Randgruppe.

Konservative Vereine

Angesichts dieser breiten Massenmobilisierung sahen auch die konservativen Verteidiger der alten Ordnung die Notwendigkeit gekommen, sich politisch zu organisieren, da mit dem Machtapparat des Staates allein die Revolution nicht zu unterdrücken war. Vor allem in Preußen und Bayern bemühte man sich erfolgreich um eine Massenbasis im Kleinbürgertum. Der „Treubund für König und Vaterland" hatte allein in Berlin 10 000 Mitglieder. Konservative Politiker sahen allerdings auch den Widerspruch, die Demokratie mit demokratischen Methoden bekämpfen zu wollen. Ein Autor drückte das Dilemma in einem Vergleich aus: „Ja, manches Moment, was in unberufenen Händen als Gift wirkt, verwandelt sich von berufenen angewendet in gesunden Nahrungsstoff." Man scheute sich aber auch nicht, andere Methoden der modernen Massenbeeinflussung anzuwenden; symptomatisch ist die Gründung der „Neuen Preußischen Zeitung", wegen des Eisernen Kreuzes in der Kopfzeile auch „Kreuzzeitung" genannt. Sie blieb für fast ein Jahrhundert das Sprachrohr der preußischen Konservativen.

Das fünfgliedrige Parteiensystem, das ein Ergebnis der Revolution war, blieb in seinen Grundzügen bis weit ins 20. Jahrhundert hinein erhalten. Die Schnelligkeit und Intensität, mit der sich die politische Mobilisierung vollzog, widerlegt zugleich das Vorurteil von der politischen Unreife des deutschen Volkes.

MATERIAL 4 Der Abgeordnete Eisenmann über die Fraktionen

Die Bildung von Parteien in größeren gesetzgebenden Versammlungen entspricht nicht nur der menschlichen Natur, sondern sie ist sogar zur Förderung des Zweckes solcher Versammlungen nötig, denn dadurch, dass die Gleichgesinnten sich vereinigen und in ihren

Parteiversammlungen (Clubs) die auf die Tagesordnungen der Sitzungen kommenden Fragen vorher beraten, ergeben sich verschiedene Vorteile. Während in den Sitzungen des Parlaments viel unnützer Wortprunk aufgewendet wird, hält man sich in den vertraulichen Beratungen der Parteiversammlungen mehr an die Sache selbst; es spricht hier mancher, der in der allgemeinen Sitzung Bedenken trägt, die Tribüne zu besteigen, und dessen Worte oft mehr wert sind als lange Reden. Ergreift dann einer von der Partei das Wort in der allgemeinen Sitzung, so kann er in seine Rede alles aufnehmen, was die Partei-Beratung Belehrendes ergeben hat. Durch diese Parteiberatungen wird aber auch die Arbeit in den allgemeinen Sitzungen befördert und abgekürzt; denn die Parteien lassen ihre Mitglieder keine Anträge stellen, die nicht von der Partei genehmigt sind, und überdies wählen die Parteien gewöhnlich bei den einzelnen Fragen ihre Redner für die allgemeine Sitzung. Die Teilnahme an einer Partei hat freilich für die Abgeordneten das Unangenehme, dass sie ihre individuelle Neigung teilweise opfern und oft gegen ihre Neigung stimmen müssen, ja was noch schlimmer ist, sie müssen dadurch zuweilen den Schein einer politischen Farbe annehmen, die sie nicht haben; aber wie im Staate jeder Einzelne etwas von seiner unbedingten Freiheit opfern muss, damit die Freiheit aller bestehen könne, so opfert auch hier in den Clubs der Abgeordnete einen Teil seiner Unabhängigkeit zur Förderung des Ganzen.

(Aus: Johann Gottfried Eisenmann, Die Parteyen der teutschen Nationalversammlung, hier nach: Werner Boldt, Die Anfänge des deutschen Parteienwesens. Fraktionen, politische Vereine und Parteien in der Revolution von 1848, Paderborn 1971, S. 193f.)

MATERIAL 5 Programmatische Erklärungen von Vereinen

a) Programmatische Erklärung des „Deutschen Vereins" in Leipzig:

[Es ist die Aufgabe des Vereins], aufgeklärte, gemäßigte und Ruhe wahrende Staatsbürger zu bilden. Die niederen Klassen, namentlich die Arbeiter, werden begreifen lernen, daß sie nur bei Achtung vor dem Gesetze [...] und durch gerechte, mäßige Ansprüche, bei der gehörigen Bereitwilligkeit, tätig zu sein, wahrhaft zu dem allerdings berechtigten Ziele gelangen können, eine geachtetere, ebenbürtigere Stellung unter den übrigen Staatsbürgern einzunehmen.

b) Rundschreiben des Zentralkomitees der Allgemeinen deutschen Arbeiterverbrüderung vom 18. 8. 1848:

[...] Auch in Deutschland ist aus dem Kampfe politischer Umgestaltungen die Bewegung der arbeitenden Classe, als historisch berechtigt, mit jedem Tage mehr hervorgetreten. [...] Denn auch in Deutschland ist die Macht des Kapitals zu einer solchen Höhe gelangt, daß es der schaffenden Hand nicht mehr gelingen kann, ihre Concurrenz zu ertragen, daß vielmehr der Arbeiter in allen Gewerbezweigen schon der gebeugte Diener, der Sklave des Kapitals geworden.

Brüder! So kann es nicht länger bleiben! [...] Wir Arbeiter müssen uns selbst helfen. [...]

Deutschlands Arbeiter müssen dahin streben, eine moralische Macht im Staate zu bilden, ein starker Körper zu werden, der jedem Sturm trotzt, [...] der Jeden in sich aufnimmt, wer ein Herz hat für die Noth der Bedrückten und selbst gefesselt ist von der Macht des Kapitals, dessen körperliche und geistige Kräfte sich verdingen müssen an einen Glücklichen der Erde: einen Jeden, der arbeitet oder arbeiten will. Der Allgemeine deutsche Arbeitercongreß zu Berlin nahm keine Gegensätze von Meistern und Gesellen an, wie das mittelalterliche Zunftwesen uns aufbewahrt hat, für ihn gab es nur die modernen gesellschaftlichen Gegensätze von Kapitalisten und Arbeitern. Die Arbeiter zur Höhe des Lebens, die Arbeit zu ihrer hohen Berechtigung im Staate zu führen, das war seine Aufgabe, das ist die Aufgabe von Allen, die schaffen, von Allen, die arbeiten. [...]

((a)Zit. bei Wolfram Siemann, Die deutsche Revolution von 1848/49, Frankfurt 1985, S. 106.
(b) Aus: Die Allgemeine deutsche Arbeiterverbrüderung 1848–1850. Dokumente des Zentralkomitees, Hrsg. Horst Schlechte, Weimar, 1979, S. 338f.)

1. Welche Vorteile sieht Eisenmann in der Fraktionsbildung, welches Spannungsverhältnis zwischen freiem Mandat und Fraktionsbindung (Material 4)?
2. Vergleichen Sie in Material 5 die Erwartungen der Arbeiterverbrüderung mit den Äußerungen des Deutschen Vereins. Lässt sich die Einstellung der Arbeiter aus der des Deutschen Vereins begründen?

MATERIAL 6 Fraktionen der Paulskirche

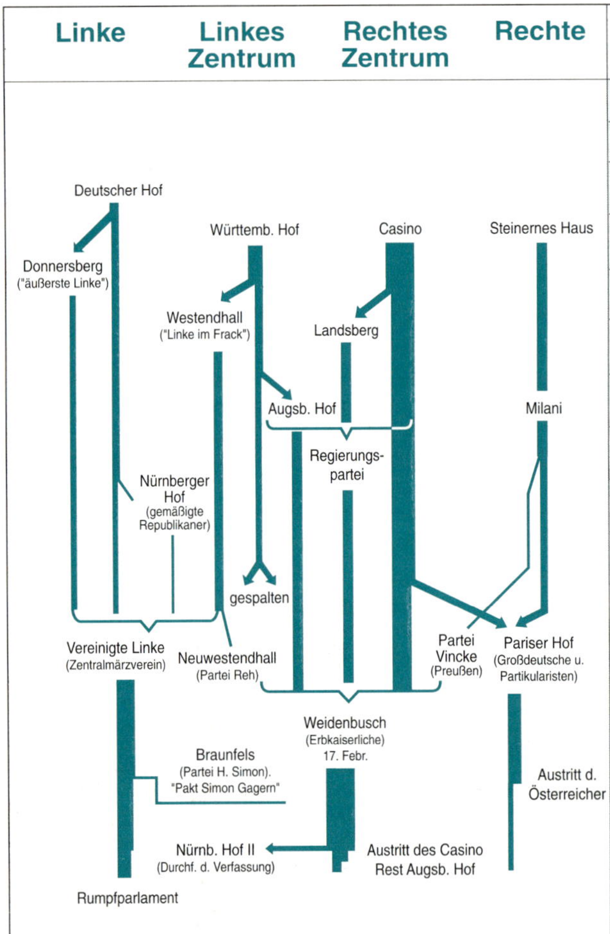

1848	
März	Revolution im Deutschen Bund Vorparlament in Frankfurt
April	Badische Revolution (Hecker, Struve)
Mai	Zusammentritt der Nationalversammlung; Preußische Offensive in Dänemark
Juni	Reichsverweserwahl
Juli	Polendebatte; Beginn der Grundrechtsdebatte
Aug.	Waffenstillstand von Malmö
Sept.	5.9. Ablehnung des Waffenstillstands; Rücktritt des Ministeriums Leiningen; 18.9. Anerkennung des Waffenstillstands; Aufstände in Frankfurt und Südwestdeutschl. (Struve); Ministerium Schmerling
Okt.	Beginn der Verfassungsberatung; Sieg der Gegenrevolution in Österreich
Nov.	Einmarsch preußischer Truppen in Berlin, Verlegung der preußischen Nationalversammlung
Dez.	"Oktroyierte Verfassung" für Preußen; Verkündung der Grundrechte; Rücktritt Schmerlings, Ministerium Gagern
1849	
Jan.	Debatte über das Reichsoberhaupt
Febr.	Wahlrechtsdebatte
März	Verkündung des allgemeinen Wahlrechts Österreich fordert Eintritt ins Deutsche Reich; Durchbruch der kleindeutschen Lösung; Wahl Friedrich Willhelms IV. zum Kaiser
April	Ablehnung der Kaiserwürde durch Friedrich Wilhelm IV.
Mai	Beginn der Reichsverfassungskampagne; Verlegung des Rumpfparlaments nach Stuttgart
Juni	Auflösung des Rumpfparlaments
Juli	Niederschlagung der Revolution in Baden

Rechte (Café Milani): *Vereinbarung: Gültigkeit der Reichsverfassung nur mit Zustimmung der Einzelstaaten, deren Selbständigkeit möglichst wenig eingeschränkt werden soll, konstitutionelle Monarchie*
Rechtes Zentrum (Casino): *Konstitutionelle Monarchie, Anerkennung der Besonderheiten der Einzelstaaten, Nationalversammlung als alleiniges verfassunggebendes Organ*
Linkes Zentrum (Württemberger Hof u. a.): *keine Vereinbarung, Volkssouveränität, Bundesstaat*
Linke (Westendhall, Deutscher Hof, Donnersberg): *Volkssouveränität, allgemeines Wahlrecht, keine Vereinbarung, „demokratische Monarchie" oder Republik, Volksbewaffnung, soziale Reformen, föderalistisches Gesamtdeutschland, Gleichberechtigung aller Nationalitäten, Selbstbestimmungsrecht der Völker*

1. Vergleichen Sie Stärke und Stabilität der einzelnen Fraktionen. Welche Schlüsse auf die Abstimmungsergebnisse lassen sich daraus ziehen?
2. Welche Probleme und Ereignisse wirkten in der Paulskirche fraktionsbildend und -spaltend?
3. Vergleichen Sie die einzelnen Programmpunkte und erläutern Sie deren Bedeutung für die Verfassung.
4. Informieren Sie sich über die Entwicklung des deutschen Parteienwesens nach 1860. In welchen Fraktionen der Paulskirche könnten die Ursprünge der späteren Parteien zu suchen sein?

MATERIAL 7 **Louise Otto-Peters in der „Frauen-Zeitung" (21. 4. 1849)**

Mitten in den großen Umwälzungen, in denen wir uns alle befinden, werden sich die Frauen vergessen sehen, wenn sie selbst an sich zu denken vergessen! Wohlauf denn, meine Schwestern, vereinigt euch mit mir, damit wir nicht zurückbleiben, wo alles um uns und neben uns vorwärts drängt und kämpft. Wir wollen auch unsern Teil fordern und verdienen an der großen Welt-Erlösung, welche der ganzen Menschheit, deren eine Hälfte wir sind, endlich werden muss.

Wir wollen unser Teil fordern: das Recht, das Rein-Menschliche in und in freier Entwicklung aller unserer Kräfte auszubilden, und das Recht der Mündigkeit und Selbständigkeit im Staat.

Wir wollen unser Teil verdienen: Wir wollen unsere Kräfte aufbieten, das Werk der Welt-Erlösung zu fördern, zunächst dadurch, dass wir den großen Gedanken der Zukunft: Freiheit und Humanität [...] auszubreiten suchen in allen Kreisen, welche uns zugänglich sind, in den weiteren des größeren Lebens durch die Presse, in den engeren der Familie durch Beispiel, Belehrung und Erziehung.

Wir wollen unser Teil aber auch dadurch verdienen, dass wir nicht vereinzelt streben, nur jede für sich, sondern vielmehr jede für alle, und dass wir vor allem derer zumeist uns annehmen, welche in Armut, Elend und Unwissenheit vergessen und vernachlässigt schmachten. [...]

(Zit. nach: Margrit Twellmann (Hrsg.), Die deutsche Frauenbewegung. Ihre Anfänge und ihre Entwicklung 1843–1889, Meisenheim (Glan) 1972, S. 34)

1. Mit welchen Problemen werden sich politisch aktive Frauen 1849 konfrontiert sehen?
2. Welche Gemeinsamkeiten sehen Sie zwischen Arbeiter- und Frauenbewegung? Vergleichen Sie mit Material 5.

3.3 Was ist des Deutschen Vaterland?

„Was ist des Deutschen Vaterland?", fragt Ernst Moritz Arndts populäres Lied aus der Zeit der Befreiungskriege, das zum Schluss die Antwort selbst gibt: „Das ganze Deutschland soll es sein." Die Schwierigkeit, Deutschland territorial zu definieren, stellte sich aber überall da, wo die sprachlichen und ethnischen Grenzen nicht mit den politischen übereinstimmten. Dies stellte die Nationalversammlung vor große Probleme, die auch das europäische Machtgefüge betrafen. Der Deutsche Bund konnte nicht mehr als Modell dienen, da einerseits nichtdeutsche Bevölkerungsteile wie die Tschechen auf seinem Gebiet lebten, andererseits deutsche Minderheiten jenseits seiner Grenzen Untertanen nichtdeutscher Fürsten waren, wie im zu Dänemark gehörenden Schleswig.

Böhmen und Mähren

Die meisten Wahlkreise Böhmens und Mährens hatten die Aufforderung zur Wahl der deutschen Nationalversammlung abgelehnt, da die Tschechen die eigene Unabhängigkeit anstrebten oder, wie der Historiker František Palacky es ausdrückte, zum Schutz gegen das übermächtige Russland den „Völkerverein" der Donaumonarchie einem deutschen Nationalstaat vorzogen. Der Aufstand der Prager gegen die österreichische Herrschaft (12.–16. 6. 1848) endete mit dem ersten militärischen Sieg der Gegenrevolution und einer Militärdiktatur.

Polen

Die Behandlung des Polenproblems zeigt, dass viele Abgeordnete nicht mehr auf die internationale Solidarität der freien Völker, sondern auf deutsche Machtpolitik zu Lasten der Nachbarvölker setzten. Noch das Vorparlament hatte die Wiederherstellung eines unabhängigen Polen als eine „heilige Pflicht" bezeichnet. Konsequent forderte die demokratische Linke, dass die preußische Provinz Posen nicht zum künftigen Deutschen Reich gehören sollte. Die preußische Armee hatte im Mai 1848 den polnischen Aufstand in Posen niedergeschlagen und den größten Teil des Landes als Deutsch-Posen abgetrennt. Mit großer Mehrheit nahm die Nationalversammlung diese Teilung an und gab damit die traditionelle Polenfreundschaft der deutschen Liberalen auf.

Südtirol

Ähnlich stellte sich das Problem in den Gebieten Südtirols, die vorwiegend italienisch besiedelt waren, aber zum Deutschen Bund gehörten. Nur die demokratische Linke forderte den Verzicht auf diese Region; die übrigen Fraktionen billigten die Feldzüge des österreichischen Feldmarschalls Radetzky, der die Revolution in Oberitalien niederschlug.

Schleswig und Holstein

Folgenreich für den Fortgang der Revolution war der Konflikt um die Herzogtümer Schleswig und Holstein. Die beiden Länder, von denen nur Holstein zum Deutschen Bund gehört hatte, waren in Personalunion der Krone Dänemark unterstellt. Versuche, sie dem dänischen Staat vollends einzuverleiben, führten im Frühjahr 1848 zur Proklamation einer provisorischen Regierung, die den Anschluss an das künftige Deutsche Reich verkündete und Preußen um militärische Hilfe bat. Im Auftrag des damals noch bestehenden Deutschen Bundes besetzten preußische Truppen Schleswig und stießen weit nach Jütland vor. Dieses Vorgehen rief die Großmächte England und Russland auf die Bühne. Unter ihrem Druck musste Preußen am 26. August den Waffenstillstand von Malmö abschließen und seine Truppen zurückziehen. Die europäischen Mächte hatten der deutschen Nationalbewegung ihre Grenzen gezeigt. Eine Welle nationaler Leidenschaft war die Folge; diese richtete sich auch gegen Preußen, das weder die Nationalversammlung noch die Provisorische Zentralgewalt konsultiert hatte. Die Debatten um eine Anerkennung des Waffenstillstands spalteten die Nationalversammlung. Konservative und viele Liberale votierten aus Einsicht in die Machtlage, aber auch im Hinblick auf ein künftiges preußisches Kaisertum für die Annahme, während die Linke vor allem aus Sorge um den Fortgang der Revolution dagegen stimmte. Am 16. September wurde der Waffenstillstand mit knapper Mehrheit (257:236) angenommen. Diese Entscheidung vertiefte die Spaltung zwischen den Konstitutionellen und den Demokraten, die sich von einem Krieg neuen revolutionären Schwung

Frage: Aber Gevatter Michel, was bleibt nun übrig von Eurer deutschen Pastete, wenn Ihr so fortmacht?
Antwort: Na, die Philosophie werden sie mir wohl lassen.
Karikatur auf Arnold Ruges (von Beruf Philosophiedozent) Eintreten für die Rechte der Nachbarvölker.

erhofften. Sie hatten die Zeit seit der Märzrevolution zur Organisation ihrer demokratischen Volksvereine genutzt und drängten auf die „2. Revolution".

Gegenrevolution

Der österreichische Vielvölkerstaat

Am 18. September kam es vor der Paulskirche zu einer Demonstration gegen die liberalen „Volksverräter", die sich nach dem Eingreifen österreichischer und preußischer Truppen aus der Reichsfestung Mainz zum Volksaufstand gegen die Nationalversammlung und die Provisorische Zentralgewalt ausweitete. Der Mord an zwei konservativen Abgeordneten und der zweite Versuch Struves, im Südwesten die Republik im Handstreich zu errichten (Lörrach, 21. September), diskreditierten die demokratische Linke, schwächten aber auch die Position der Nationalversammlung ingesamt gegenüber der jetzt einsetzenden Gegenrevolution. Man brauchte nun die Monarchien zur Aufrechterhaltung von Ruhe und Ordnung, zur Verhinderung der sozialen Revolution, ohne ihnen glaubwürdig mit dem Druck der Volksmassen drohen zu können. Die gegenrevolutionären Kräfte in Preußen und Österreich gewannen damit an Handlungsspielraum. Vor allem Österreich, das die nationalen Revolutionen in Italien und Böhmen mit militärischer Gewalt niedergeworfen hatte, machte sich nun daran, auch in Ungarn und in Wien die Uhr zurückzudrehen. In blutigen Straßenkämpfen schlugen kroatische Truppen die zweite Wiener Revolution nieder (Oktober 1848); die Erschießung des demokratischen Paulskirchenabgeordneten Robert Blum zeigte der Welt, was die neue österreichische Regierung unter Fürst Schwarzenberg vom Parlament hielt. Im März 1849 löste Schwarzenberg die österreichische Nationalversammlung auf und forderte von der

Paulskirche ultimativ, dass der gesamte österreichische Staat zu Deutschland gehören müsse.

Damit war eine Grundfrage des künftigen Deutschland angesprochen. Eine Aufnahme der gesamten Donaumonarchie mit ihren neun Nationalitäten hätte die Aufgabe der Nationalstaatsidee bedeutet. Solange die Nationalversammlung damit rechnen konnte, dass der österreichische Vielvölkerstaat ohnehin an seinen nationalen Konflikten zerbrechen würde, hatte man die „großdeutsche" Lösung favorisiert, d. h. den Anschluss Deutschösterreichs an das Deutsche Reich. Von der wieder erstarkten Habsburgermonarchie konnte man kaum erwarten, dass sie sich selbst auflösen würde, denn dies hätte eine lose Personalunion zwischen deutschen und nichtdeutschen Landesteilen mit Sicherheit bewirkt. Schwarzenbergs Vorstoß zwang daher die Nationalversammlung, sich für die „kleindeutsche" Lösung zu entscheiden, d. h. für ein preußisch geführtes Deutsches Reich ohne Österreich. Die Paulskirchenfraktionen formierten sich neu (s. Material 6). Da die neue kleindeutsche Fraktion Weidenbusch der Linken in der Frage des allgemeinen Wahlrechts entgegenkam, fand die kleindeutsche Lösung schließlich am 27. März 1849 eine knappe Mehrheit (267:263). Die entscheidenden vier Stimmen waren die von vier demokratischen Österreichern, die damit gegen die Gegenrevolution in ihrem Land protestierten.

Kleindeutsche Lösung

MATERIAL 8 **Aus der Debatte über die Provinz Posen, 24./25. 7. 1848**

Die preußische Provinz Posen, die nicht zum Deutschen Bund gehörte, hatte Abgeordnete in die Nationalversammlung entsandt. Die Linke verlangte, daß die Provisorische Zentralgewalt auf die Wiederherstellung eines unabhängigen Polen hinarbeiten sollte.

Blum, Deutscher Hof:

[...] Meine Herren! Vergessen wir es doch ja nicht, wie lange Polen einen Wall gebildet zwischen der nordischen Barbarei und der westlichen Bildung, vergessen wir es doch ja nicht in dem gegenwärtigen Augenblick, wie viel wir ihnen zu danken haben in den früheren Jahrhunderten [...].

Ich will nicht hinweisen auf die Gefahren, die uns von Rußland drohen, und nicht ausführen, wie wir denselben einen Damm entgegenstellen können, indem wir zugleich unsre Schuld und unser Gewissen sühnen. Ich will nur fragen, wenn wir hier die Angelegenheiten der europäischen Politik, Angelegenheiten von dem gewaltigsten Gewichte nicht bloß für unser Vaterland, sondern für das gesamte Europa entscheiden, nach welchem Principe handeln Sie denn da? Ist es die territoriale Auffassung der Dinge, die Sie bestimmt, wie das z. B. hinsichtlich Schleswig-Holstein's, der Slaven und Triest's der Fall gewesen zu sein scheint? Warum sind Sie dann nicht von demselben Princip ausgegangen, wenn es sich darum handelt, ein anderes Volk zu beurtheilen, dem eine Anzahl Deutscher einverleibt ist wie uns eine Anzahl Dänen und Slaven und Italiener und wie sie heißen mögen? Oder ist es der National-Gesichtspunkt, der Sie leitet? – Nun, dann seien Sie auf der anderen Seite so gerecht, und wenn Sie Posen durchschneiden, um die Deutschen zu reclamiren, so schneiden Sie auch Schleswig durch, geben Sie die Slaven los, die zu Österreich gehören und trennen Sie auch Südtyrol von Deutschland. – Ja, ich sage mehr: wenn Sie so ein lebhaftes Nationalgefühl haben und durch dasselbe allein sich leiten lassen sollen, so befreien Sie die deutschen Ostseeprovinzen von der Herrschaft Rußland's und befreien Sie die 600 000 unglücklichen Deutschen im Elsaß, die sogar unter der Herrschaft einer Republik schmachten. *(Anhaltender Beifall)*

Entweder das Eine, oder das Andere ist richtig, denn sich die Politik zurechtmachen in der Art und Weise, wie sie einem eben für den Augenblick paßt, das ist nach meiner Ansicht gar keine Politik [...].

Jordan (Deutscher Hof):

[...] Soll eine halbe Million Deutscher unter deutscher Regierung, unter deutschen Beamten leben und zum großen deutschen Vaterlande gehören,

oder sollen sie sich in der secundären Rolle naturalisirter Ausländer in die Unterthänigkeit einer anderen Nationalität, die nicht soviel humanen Inhalt hat, als das Deutschthum, gegeben und hinausgestoßen werden in die Fremde? – Wer die letztere Frage mit ja beantwortet; wer da sagt, wir sollen diese deutschen Bewohner Posens den Polen hingeben und unter polnische Regierung stellen, den halte ich mindestens für einen unbewußten Volksverräther. *(Bravo!)* [...]
Polen bloß deßwegen herstellen zu wollen, weil sein Untergang uns mit gerechter Trauer erfüllt, das nenne ich eine schwachsinnige Sentimentalität. *(Bravo von der Rechten, Zischen von der Linken)*
[...] Ich sage, die Politik, die uns zuruft: gebt Polen frei, es koste, was es wolle, ist eine kurzsichtige, eine selbstvergessene Politik, eine Politik der Schwäche, eine Politik der Furcht, eine Politik der Feigheit. Es ist hohe Zeit für uns, endlich einmal zu erwachen, aus jener träumerischen Selbstvergessenheit, in der wir schwärmten für alle möglichen Nationalitäten, während wir selbst in schmachvoller Unzufriedenheit darniederlagen und vor aller Welt mit Füßen getreten wurden, zu erwachen zu einem gesunden *Volksegoismus,* um das Wort einmal gerade heraus zu sagen, welcher die Wohlfahrt und Ehre des Vaterlandes in allen Fragen oben anstellt. [...]
Nein, ich gebe es ohne Winkelzüge zu: Unser Recht ist kein anderes als das Recht des Stärkeren, das Recht der Eroberung. Ja, wir haben erobert, aber diese Eroberungen sind auf einem Wege, auf eine Weise geschehen, daß sie nicht mehr zurückgegeben werden können. Es sind, wie man es schon so oft gesagt hat, nicht sowohl Eroberungen des Schwerdtes als Eroberungen der Pflugschaar. Im Westen sind wir nur erobert worden, im Osten haben wir das große Malheur gehabt, selbst zu erobern, und dadurch ganzen Schwärmen deutscher Poeten Gelegenheit zu geben zu rührenden Jeremiaden über die verschiedenen Nationalitäten, die der Wucht des deutschen Stammes erliegen mußten. *(Gelächter auf der Rechten, Zischen auf der Linken. Jordan ging später zur rechten Fraktion Landsberg über.)*

Ruge (Donnersberg):
[...] Die Polen sind das Element der Freiheit, das in das Slawenthum geworfen wurde. [...] Die Polen sind deshalb [...] nicht aus der Geschichte zu streichen. Im Gegenteil, im Namen der Humanität und der Gerechtigkeit verlange ich, daß Polen wieder hergestellt werde, und daß wir das Vorparlament nicht Lügen strafen, welches erklärt hat, die Theilung Polens sei ein schmachvolles Unrecht. Die Wiederherstellung Polens müssen *wir* anbahnen. [...]
An der Ehre Deutschlands ist es, daß Deutschland die Freiheit nach Osten propagiere und nicht an der Grenze von Rußland und Polen damit stehen bleibe. An unserer Ehre ist es, daß wir aufhören, Unterdrücker zu sein, daß wir Freunde aller befreiten Völker werden, daß wir die Italiener befreien und ihre Freunde werden und daß wir die Polen befreien und ihre Freunde werden. [...]
Man hat viel von dem historischen Recht gesprochen. Hier handelt es sich aber um das wahre historische Recht, um das Recht, welches die Historie erzeugt hat, und zwar, meine Herren, die größte Begebenheit der Historie, die jemals in die Welt kam, denn noch ist über den Erdball keine größere Revolution hingegangen, als die Revolution von 1848. Sie ist die humanste, in ihren Principien, die humanste in ihren Decreten und Proclamationen, die humanste in ihrer Existenz. Es ist also unser historisches Recht, jenes furchtbare Unrecht aufzuheben. [...]
Derselbe Fall ist es mit Italien. Die Italiener werden eine Nation werden und die Radetzky's werden aus Italien verjagt werden [...]. Die Herstellung Italiens gehört zu dem neuen Völkerrecht, und wir, die wir die Ausführung des neuen Völkerrechts, die wir die Freiheit der europäischen Völker wollen, müssen wünschen, daß die Tyrannen der Italiener, [...] die Radetzky's geschlagen werden. *(Großer Lärm; Stimmen: „Zur Ordnung! Zur Ordnung! Wir protestiren allgemein gegen einen solchen Ausspruch! – Es ist eine Schande, von einer deutschen Tribüne das zu hören!" Fortwährender Lärm)*

(Aus: Stenographischer Bericht über die Verhandlungen der deutschen constituirenden Versammlung zu Frankfurt am Main, Bd. 2, S. 1141ff., 1184ff., 1200)

1. Von welchen Gesichtspunkten lassen sich die Redner bei ihrer Stellungnahme zur Polenfrage leiten? Erläutern Sie ihr Politikverständnis und ihre Auffassung von der Nation.

3.4 Volksstaat oder Fürstenstaat?

Grundrechtsdebatte

Kernstücke der neuen Verfassung waren die Grundrechte und das Regierungssystem. Der Verfassungsausschuss begann bereits im Mai mit der Formulierung der Grundrechte, deren parlamentarische Beratung sich über ein halbes Jahr hinzog. Man hat daher der Nationalversammlung oft den Vorwurf gemacht, mit dieser langwierigen Debatte Zeit „verschwendet" und der Gegenrevolution das Spiel erleichtert zu haben. Dabei wird aber übersehen, dass das schnelle Erstarken der alten Gewalten nicht vorherzusehen war und gerade die Grundrechte die Klammer sein sollten, die die Deutschen untereinander verband. Die Erfahrungen der Vormärzzeit hatten die Notwendigkeit von Grundrechtsgarantien mehr als deutlich bewiesen.
Der Grundrechtskatalog, der später als erster Teil der Verfassung vorgeschaltet wurde, formuliert in 14 Artikeln und 60 Paragraphen die Rechte der Deutschen, die jetzt den westlichen Völkern gleichgestellt wurden. Mit der Verkündung der Freiheits- und Gleichheitsrechte des Individuums, der politischen Grundrechte der Koalitions-, Versammlungs- und Meinungsfreiheit wurden das vormärzliche Polizeisystem und die letzten Reste der Feudalordnung beseitigt. Durch die Einführung der Zivilehe und staatlichen Schulaufsicht gingen wesentliche Rechte der Kirchen auf den Staat über. Soziale Grundrechte wurden jedoch nicht in den Katalog aufgenommen.

Regierungssystem

Die Beratungen über das Regierungssystem des Deutschen Reiches fanden zwischen Oktober 1848 und März 1849, in einer Phase entscheidender machtpolitischer Verschiebungen, statt. Die parlamentarische Schwäche der Linken ließ jedes Konzept einer republikanischen Verfassung, wie sie Struve vor dem Vorparlament gefordert hatte, illusorisch werden. Eine Mediatisierung der kleineren Monarchien, eine Verringerung des preußischen Übergewichts waren undurchsetzbare Forderungen. Ein Bundesstaat sollte das Deutsche Reich werden; die Einzelstaaten waren durch das Staatenhaus, in dem je zur Hälfte Vertreter der Länderparlamente und der Länderregierungen saßen, repräsentiert. Die Einheit der Nation verkörperte das direkt gewählte Volkshaus, beide zusammen bildeten die Legislative. Die Einheit des Reiches wurde ferner durch die Unterordnung der Länderrechte unter das Reichsrecht und die starke Reichsspitze garantiert; Letztere sollte die völkerrechtliche Vertretung und den Oberbefehl über die Reichsarmee innehaben sowie über Krieg und Frieden entscheiden. Zu den umstrittensten Fragen gehörte die des Vetorechts. Nach langen Debatten verwarf die Versammlung das absolute Veto, das in Verbindung mit dem Recht zur Auflösung des Reichstags die Stellung der Legislative entscheidend geschwächt hätte, und entschied sich für ein suspensives (aufschiebendes) Veto.

Bundesstaat

Starke Reichsspitze

Wahlrecht

Ähnlich umstritten war die Frage des Wahlrechts. Obwohl die Paulskirchenabgeordneten ihr Mandat einem (fast) allgemeinen Wahlrecht verdankten, waren die Fraktionen der Rechten und des rechten Zentrums für eine Beschränkung auf „Selbständige"; Empfänger von Armenunterstützung, Tagelöhner, Dienstboten, Handwerksgesellen und Fabrikarbeiter, nicht aber Beamte sollten ausgeschlossen bleiben. Einige Abgeordnete forderten auch indirekte und öffentliche Wahlen, setzen sich aber damit nicht durch.

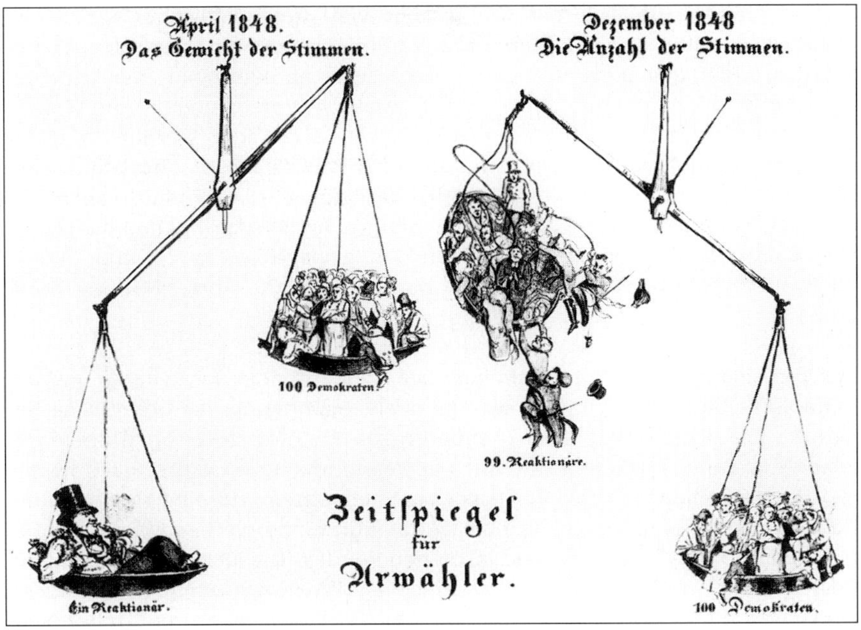

Zeitgenössische Karikatur

Reichsoberhaupt

Dass sich die Versammlung trotz eindeutiger Mehrheitsverhältnisse für das allgemeine, gleiche und geheime Männerwahlrecht entschied, war Ergebnis eines Kompromisses in einer dritten Streitfrage, der über das Reichsoberhaupt. Auch in dieser Frage war die Linke mit ihren republikanischen Vorstellungen ohne Chance; schon die Wahl des Reichsverwesers hatte gezeigt, dass die Mehrheit die Monarchie wollte. Die einzige Alternative war schließlich, den Kaiser jeweils aus der Reihe der Reichsfürsten zu wählen (Wahlmonarchie), oder diese Würde durch eine einmalige Wahl einer Dynastie erblich zu übertragen (Erbmonarchie). Dies waren die Positionen des linken und rechten Zentrums. Im Frühjahr 1849 kam der entscheidende Kompromiss zustande. Mit ihrer Zustimmung zum erblichen Kaisertum „erkaufte" eine Gruppe von 15 demokratischen Abgeordneten den Verzicht der Konstitutionellen auf das absolute Veto und die Einschränkung des Wahlrechts („Pakt Simon-Gagern"), die Verfassung wurde somit demokratischer als es die Mehrheitsverhältnisse eigentlich zugelassen hätten.

Wahlmonarchie oder Erbmonarchie

Preußische Lösung

Der Grund für diesen Umschwung liegt in der gewandelten Machtlage, vor allem im Verhalten Österreichs (s. o. S. 51f.). Nach Schwarzenbergs Vorstoß blieb nur die „preußische" Lösung übrig. König Friedrich Wilhelm IV. wurde am 28. März 1849 mit 290 Stimmen bei 249 Enthaltungen zum Kaiser gewählt. Vielen Abgeordneten erschien diese Wahl als eine natürliche Folge der Ereignisse, hatte doch der König nach der blutigen Märzrevolution in Berlin erklärt, dass „Preußen künftig in Deutschland" aufgehe. Zwar hatte er die preußische Nationalversammlung im November 1848 gewaltsam auflösen lassen und eine Verfassung „oktroyiert" (gewährt), aber diese entsprach durchaus den Vorstellungen der meisten Abgeordneten und enthielt sogar das allgemeine Wahlrecht, das aber schon 1850 zugunsten des Dreiklassenwahlrechts abgeschafft wurde. Privat hatte sich der König aber viel drastischer über die Krone geäußert, die ihm von der Nationalversammlung angeboten wurde: „dieser imaginäre Reif, aus Dreck und Letten gebacken", an dem noch „der Ludergeruch der Revolution" hafte. Eine Krone, die seinen Vorstellungen vom Gottesgnadentum entspreche, müsse von den Fürsten übertragen werden. In seiner ausweichenden Antwort an die Deputation der Paulskirche, die ihm am 3. April 1849 die Krone antrug, machte Friedrich Wilhelm IV. die Annahme auch von der Zustimmung der übrigen Fürsten abhängig. Am 14. April nahmen 28 deutsche Staaten in einer gemeinsamen Note die Reichsverfassung an, aber gerade die größeren Monarchien waren nicht darunter. Am 28. April lehnte auch der preußische König Verfassung und Krone definitiv ab.

Rumpfparlament

Niederschlagung der Revolution

Der Verfassung war damit gescheitert. Die Abgeordneten der Rechten und der Mitte verließen nach und nach die Nationalversammlung, die preußische Regierung berief die preußischen Abgeordneten ab. Etwa 100 Abgeordnete der linken Fraktionen verlegten den Sitz der Versammlung nach Stuttgart, wo sie als „Rumpfparlament" den Reichsverweser absetzten und eine revolutionäre Reichsregentschaft wählten, ehe sie durch württembergisches Militär auf Befehl des „Märzministers" Römer vertrieben wurden. Die letzten revolutionären Bewegungen in Sachsen, den preußischen Westprovinzen und Südwestdeutschland („Reichsverfassungskampagne") wurden von preußischen und „Reichstruppen" niedergeschlagen. Als letzter Stützpunkt kapitulierte die Festung Rastatt am 23. Juli 1849. Standgerichte, Erschießungen und Zuchthausstrafen erwarteten diejenigen, die nicht rechtzeitig ins Exil entkommen waren. Dasselbe Schicksal traf auch die Revolution in Ungarn, die im August 1849 der Übermacht der russischen und österreichischen Armeen erlag.
Grundsätze und Errungenschaften der Verfassung blieben aber trotz ihres Scheiterns verbindliche Leitlinien für künftige Zeiten. Obwohl die Reichsverfassung von 1871 keinen Grundrechtskatalog enthielt, war deren prinzipielle Geltung nicht umstritten. 1919 und 1949 griff man bei der Gestaltung demokratischer Verfassungen auf das Modell von 1849 zurück.

MATERIAL 9 **Die Reichsverfassung von 1849**

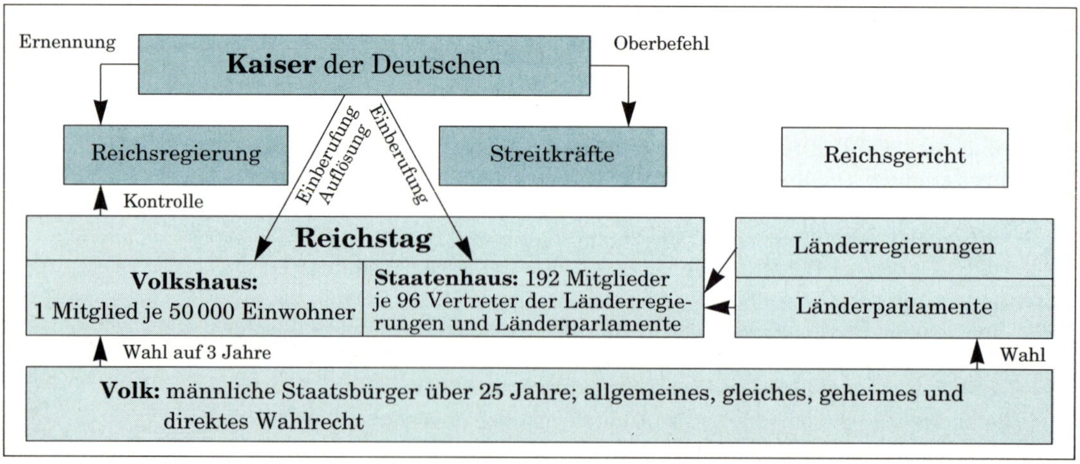

MATERIAL 10 Aus den Debatten um das Wahlrecht zum Volkshaus

Reichsminister von Beckerath (Casino):
[...] Wir können es nicht erkennen, und wir müssen es beklagen, daß in unserem Vaterlande doch ein großer Theil der Bevölkerung sich in einem Zustande befindet, in welchem er alle ihm zu Gebote stehenden Kräfte dazu zu verwenden hat, daß die äußerste Nothdurft des Lebens befriedigt werde, in welchem der Blick nicht über dieses nächste Ziel hinausreicht, und in welchem der geringste Grad von Einsicht in politischen Dingen nicht anzutreffen ist. [...] Die Klassen also, die nun urplötzlich [...] berufen werden, eine so wichtige Entscheidung zu treffen, werden entweder das blinde Werkzeug Anderer, die sie zu ihren Zwecken mißbrauchen, oder sie verfallen irgend einem anderen Irrthum. [...] Wenn wir aber diese Ueberzeugung gewinnen, [...] so können wir andererseits die Aufgabe des Staates nicht verkennen, durch alle ihm zu Gebote stehenden Mittel, durch Schuleinrichtungen nicht allein, sondern auch durch andere Bildungsanstalten und selbst durch Beförderung geeigneter Associationen dahin zu wirken, daß Einsicht und Befähigung sich in immer weiteren Kreisen verbreiten; denn [...] alle Staatsangehörigen sind gleichmäßig berufen, an dem Staatsleben durch thätige Mitwirkung Antheil zu nehmen, und es ist Pflicht des Staates, auf alle mögliche Weise mitzuwirken, daß sie zu dem Berufe auch die Fähigkeit, ihn auszuüben, erlangen. [...]

Pfeiffer (Württemberger Hof):
[...] Ich kenne nur eine Selbständigkeit, und Das ist die Selbständigkeit der Gesinnung, allerdings ein sehr erwünschtes Erforderniß bei Ausübung des Wahlrechts; aber ich kenne keine äußere Lebensstellung, von der aus man mit Sicherheit, mit entschiedener Gewißheit einen Rückschluß auf diese Selbständigkeit der Gesinnung, auf das Vorhandensein derselben, oder ihren Mangel, machen kann. Kein Lebensverhältniß, kein Beruf enthält an sich eine Bürgschaft selbständiger Gesinnung, am Wenigsten oft die der höher Gestellten. [...] Das Andere, worauf ich Sie hinweisen wollte – es ist eine Erinnerung an unsere Revolution. [...] welche Ansicht man auch von ihr haben mag, soviel steht fest, daß wir sie auch heute noch als den Anfang einer neuen und größeren Epoche unseres Vaterlandes ansehen. Und wer waren denn Diejenigen, welche diese Revolution durchgefochten haben? Meine Herren! Ich war wenige Tage nach jener furchtbaren Katastrophe in Berlin unter den Verwundeten, ich stand unter der langen Reihe der Leichen, diesen Opfern einer verblendeten Politik; hierher hatten die privilegirten Stände nur hier und da einen einzelnen Vertreter gesendet. [...]
Aber die überwiegende Mehrzahl Derer, die ihr Leben, ihr Blut für die Revolution, für die Sache der Freiheit und der Rechte des Volkes eingesetzt hatten – es waren eben Handwerksgehülfen, Fabrikarbeiter, Tagelöhner. *(Bravo auf der Linken)* Sie werden ihnen das Recht, daß sie für sich und ihren Stand auf den Barrikaden erkämpften, nicht durch die Annahme eines Paragraphen wieder nehmen *(Bravo auf der Linken)*, und wenn Sie es thun, dann werfen Sie die Saat aus zu einer neuen Revolution. [...]

Bassermann (Casino):
[...] Und nicht minder war es im letzten Jahrzehnt das Bürgerthum, der gebildete Theil der Nation, und nicht Ihre Arbeiter, welche den Kampf für die Freiheit kämpften. [...] Welche Stände waren es denn, die in den Ständekammern, die in der Presse und sonst uns bisher geführt haben? Gehörten die: Eisenmann, gehörten die: Behr, etwa zu den Arbeitern? *(Auf der Linken: Ja! Ja! Eisenmann vom Platze: Ja! Jawohl!)* Gehörten denn die Welcker, die Rotteck, nicht zu den Professoren? Nein,! meine Herren! Die Weltordnung wird nicht anders, und es wird eben [...] immer verschiedene Schichten in der menschlichen Gesellschaft geben.

Und Solche wird es geben müssen, die das Banner der Intelligenz vorantragen und die Führung haben; und es wird immer eine Masse bleiben, welche statt selbst zu führen, den Führern zu folgen hat *(Bravo auf der Rechten)*. [...] Wenn Sie aber in die Volksvertretung diejenigen Klassen rufen, welche ohne alles Besitzthum kein Interesse an der Familienfortdauer, kein Interesse an der Zukunft haben, vielmehr sich den socialistischen Lehren des bloß thierischen, augenblicklichen Genießens hingeben, dann, meine Herren, stürzen Sie auch den Staat um, der ja allein auf dem Begriffe der Zukunft beruht *(Bravo auf der Rechten, Gelächter auf der Linken).* [...] Die Geschichte hat gezeigt, daß die Ouvriers im Staate nicht herrschen können. [...] Wie kam es doch, daß, da die Vertreter der arbeitenden Klassen in Folge des allgemeinen Stimmrechts zu Paris tagten, die Arbeiter damit dennoch nicht zufrieden waren und im Juni aufs Neue einen blutigen Kampf begannen, in welchem nur die Bravour des Säbels das gesittete Europa vor dem Regiment einer Tyrannei rettete, die größer wäre, als irgend eine! *(Auf der Rechten: Sehr gut)* [...]

Vogt (Donnersberg):
Dieses Wahlgesetz zeigt uns einmal unumwunden, daß unsere Constitutionellen *nicht mit der Majorität* des Volkes, sondern mit einem *Extract der Minorität* des Volkes regieren wollen; es zeigt uns, daß jene Redensarten von der Herrschaft der Majorität, die man durchführen wolle, die Unwahrheit sagten und daß die Behauptung, daß Princip des constitutionellen Systems sei die Herrschaft der Majorität, wirklich eine Lüge, eine offizielle Lüge ist *(von der Linken: sehr gut!)*; denn, meine Herren, was ist denn dieses jetzige constitutionelle Regierungssystem, dieses Regierungssystem, welches nach einem solchen Wahlgesetz eingeführt werden soll, was ist es Anders, als das *legislative Regieren* mit einer Vetretung der Minorität und das *factische Regieren* mit der bewaffneten Minorität über die unbewaffnete Majorität. [...] Freilich, meine Herren, für solche Staatspolitiker der niedrigsten Stufe, die *nur in der Dauer den Zweck des Staates* sehen, wie uns eben gesagt wurde, für Solche gilt jedes Mittel gleich, um die Dauer ihres Staates zu bezwecken. Ich glaube, meine Herren, den Zweck des Staates darin zu finden, daß der Staat *alle Rechte* der Bürger gleichmäßig und *gerecht* erhält, und daß er jedem Bürger *gleichmäßige Rechte* gibt; – ich meine, daß es besser sei, ein Staate ginge zu Grunde, der die gleichmäßigen Rechte aller Bürger vernichten muß, um dauern zu können. [...]
Es ist wahr, meine Herren, es gehört Intelligenz dazu, um die Masse zu führen; es gehört aber auch die Masse dazu, um die Intelligenz heranzubilden und der Intelligenz die Kraft zum Vorschreiten zu geben. Wenn Sie die Masse nicht hinter sich haben, können Sie mit all Ihrer Intelligenz und Weisheit sitzen und tagen und reden und sprechen, und es wird nichts geschehen. [...] Man hat uns gefragt, wer denn in den Ständekammern gekämpft habe für die Freiheit? – Ih! meine Herren, da haben diejenigen gekämpft, die man hineinließ und die Arbeiter, die nicht hineinkommen konnten, wie hätten sie denn in den Ständenkammern kämpfen sollen? *(Große Heiterkeit)* [...]

Meine Herren! Man hat uns gesagt, die Arbeiter sollen sich durch Genügsamkeit aufschwingen zu den Bedingungen, unter welchen sie das Wahlrecht ausüben können. Ich sollte meinen, daß diese Classen genug gehungert hätten und daß sie wahrlich keine weitere Genügsamkeit aufbieten könnten, als die, welche sie bis zum Zerreißen der Geduld gewahrt haben. *(Zuruf: sehr gut!)* [...] Dieser Constitutionalismus, von dem ich am Anfang sprach, mag mir auch das Wort zum Schlusse leihen; er stellt erst sein System auf und sagt: „Das meine ist das beglückende System; die Majorität soll mir helfen, dieses System durchzuführen.“ Wenn dann die Majorität dieses System nicht will, dann sagt er: „Ich, vermöge meiner höheren Einsicht und Vernunft, bin doch der Berechtigte; du, Majorität des Volkes, bist nicht berechtigt, weil du die Vortrefflichkeit des Systemes nicht einsiehst und es zurückstößt!“ [...] Weil die Stimme des Volkes in seiner Majorität gegen das System ist, deßhalb will man die Majorität nicht zulassen und deßhalb verwirft man das allgemeine Stimmrecht. Das ist, meine Herren, der Schlüssel zum Räthsel, das Sie uns in ihrem Reichswahlgesetz aufzutischen versucht haben. *(Lang anhaltender, rauschender Beifall auf der Linken und im linken Centrum)*

Hildebrand (Westenhall):
[...] Meine Herren! Der Verfassungsausschuß hat offenbar unter Selbständigkeit nicht die der Gesinnung oder des Charakters, sondern die ökonomische Selbständigkeit verstanden; er hat

die Wahl gegen Bestechung, gegen unberechtigte Einflüsse sichern wollen; aber eben diese Definition ist ihm durchaus nicht gelungen. Gerade die Personen, welche er ausschließt, sind großentheils ökonomisch selbständiger, als diejenigen, welche er zur Wahl zuläßt. Die Ursache liegt in unseren eigenthümlichen socialen Verhältnissen. Das deutsche Proletariat ist kein Fabrik-, sondern ein Handwerksproletariat. Es sind in den mittleren und kleineren Städten die vielen kleinen Meister, welche heruntergekommen sind, darben und gegenwärtig als Proletarier gelten müssen; es sind namentlich die zahlreichen unglücklichen Meister, welche mit der Hausindustrie beschäftigt sind und mit den Maschinen concurriren, vor allen Anderen die Weber. [...]

Meine Herren! Nun frage ich Sie: wer ist selbständiger, wer ist ökonomisch unabhängiger gestellt? der einzelne kleine Schuhmachermeister, der mit seiner ganzen Habe dem Lederhändler verfallen ist und von dem Wohlwollen seines Gläubigers abhängt, oder der Handwerksgeselle, der jeden Augenblick seine Contracte kündigen kann? wer ist selbständiger, die Tausende von Webermeistern, die jede Woche von ihrem Brodherrn ihr Garn zur Arbeit holen und mit ihrer ganzen Existenz an dessen Gnade gebunden sind, oder die Fabrikarbeiter, die im Wetteifer mit den Maschinen ihre Kraft geübt haben und überall neue Contracte eingehen können? Ich frage: wo ist mehr Bestechlichkeit möglich? wo mehr? bei den Fabrikanten in den Fabriken, wo jeder Fabrikarbeiter sofort wahrnimmt, welchen Einfluß der Fabrikant bei der Wahl auf seine Genossen auszuüben beabsichtigt, oder bei den Webermeistern, wo der Brodherr auf jeden Einzelnen in der Stille wirken kann? [...]

Scheller (Casino):

[...] Es ist auf sehr gelehrte Weise aus mehreren Paragraphen der Grundrechte zusammengestellt, daß dort, wo vom Deutschen die Rede, auch *die* Deutsche gemeint sei, und daß, wenn man keinen Unterschied mache, man nach Maßgabe der Grundrechte dahin kommen würde, auch das weibliche Geschlecht für wahlberechtigt zu erklären.
Dieser Argumentation steht aber entgegen, daß ein Gesetz, wenn es von politischen Rechten redet, nur das männliche Geschlecht meinen kann. [...] Will man aber aussprechen, daß das weibliche Geschlecht ausgeschlossen sei, so wird man in den Grundrechten Aenderungen vornehmen müssen; denn auch in den Grundrechten kommt unter Anderem die Bestimmung vor, daß die Wehrpflicht allgemein sei, Niemandem aber wird es einfallen, daß diese Bestimmung auch auf das weibliche Geschlecht ausgedehnt werden soll. Ebenso kommt in den Grundrechten die Bestimmung vor, daß Jeder, der fähig sei, ein Amt antreten könne, es wird aber Niemandem in der Versammlung einfallen, dieß Recht auch dem weiblichen Geschlecht einzuräumen. [...]

(Aus: Stenographischer Bericht über die Verhandlungen der deutschen constituirenden Nationalversammlung zu Frankfurt am Main, Bd. 7, S. 5246f., 5248f. 5252, 5254ff., 5285ff., 5329)

1. Beurteilen Sie Argumente der Redner und kennzeichnen Sie eigens die von ihnen verwendeten Urteilskriterien (z. B. Menschenbild, Geschichtsbild, soziales Vorurteil, Ideologie, Revolutionserfahrungen).
2. Vergleichen Sie die Rolle des Abgeordneten Bassermann mit der, die er in der Märzrevolution spielte (s. o. S. 41, Material 2).
3. In der Debatte werden wichtige historisch-politische Grundbegriffe verwendet (Selbständigkeit, Gemeinwohl, Öffentlichkeit u. a.). Versuchen Sie mit Hilfe von Lexika Herkunft und Bedeutungswandel dieser Begriffe unserer politischen Alltagssprache zu bestimmen.
4. Halten Sie die an das allgemeine Wahlrecht geknüpften Erwartungen bzw. Befürchtungen für berechtigt?

3.5 Bauern und Arbeiter im bürgerlichen Staat

Im März 1848 kommentierte Metternich die Vorgänge im Deutschen Bund mit der Feststellung, es handele sich nicht mehr um Politik, sondern „um die soziale Frage". Der konservative Staatsmann war sich hierin mit dem demokratischen Mediziner Rudolf Virchow einig, der ebenfalls feststellte, „dass diese Revolution nicht einfach eine politische, sondern wesentlich eine soziale ist". Die Hungerkrise von 1846/47 gehört zu den entscheidenden Voraussetzungen der Revolution; erst durch sie wurden die Massen für revolutionäre Ideen empfänglich. Die Furcht vor der sozialen Revolution trieb die Herrscher zu den Zugeständnissen an die liberale Opposition, band aber auch diejenigen Liberalen, die mit den politischen Veränderungen zufrieden waren und keine weitergehenden Veränderungen wünschten, an die Machtpositionen der Fürsten.

Hungerkrise

Bauernfrage

Vor allem die Bedeutung der Bauernfrage wird bei der Beurteilung der Revolution häufig übersehen. Fast zwei Drittel der Erwerbstätigen im Deutschen Bund arbeiteten noch in der Landwirtschaft; der überwiegende Teil des Volkseinkommens und der Staatsfinanzen wurde von ihnen erwirtschaftet. Probleme erwuchsen den Bauern entweder aus den Folgen der Agrarreformen, vor allem in Preußen, oder aus dem Fortbestehen feudaler Herrschaftsverhältnisse, vor allem in Süddeutschland. Die preußischen Reformen hatten sich keineswegs ausschließlich zum Wohl der Bauern ausgewirkt, da die Ablösesummen für Güter und Dienste ihre Möglichkeiten oft weit überstiegen. Zahlreiche Gutsbesitzer hatten ihre Güter auf Kosten der zahlungsunfähigen Bauern vergrößert. Sanken diese zum Landarbeiter herab, so waren sie weiterhin der Herrschaft des Gutsbesitzers unterworfen.

Standesherren

Im Südwesten hatten vor allem diejenigen Bauern, die auf den Gebieten der „Standesherren", der mediatisierten Fürsten, lebten, Grund zur Unzufriedenheit, denn hier waren Reformen gänzlich unterblieben. In Baden betraf dies fast ein Fünftel der Bevölkerung; diese Bauern leisteten neben Steuern an Staat und Gemeinde Frondienste, Grundzinsen, Natural- und Zehntabgaben und litten außerdem unter dem herrschaftlichen Jagdrecht. Gerade in diesen Gebieten Nordbadens, Hessens und Württembergs – im Zentrum des Bauernkrieges von 1525, auf den man sich berief – kam es schon Anfang März 1848 zu Aufständen; Schlösser wurden gestürmt, Akten und Urkunden verbrannt, Gewalttaten, vor allem gegen Juden, waren eine häufige Begleiterscheinung. Verängstigt verzichteten die Standesherren auf ihre Privilegien, die Einzelstaaten des Deutschen Bundes erließen entsprechende Reformgesetze. Die Agrarrevolution hatte bereits gesiegt, als die Nationalversammlung die Aufhebung der Feudalrechte in die Verfassung schrieb.

Agrarrevolution

Genutzt hatte sie aber nur den größeren Bauern; die Forderungen der armen Bauern nach Verteilung des Großgrundbesitzes und Wiedereinführung der genossenschaftlichen Allmende blieben unerfüllt. Ein weitergehendes politisches Interesse an der Revolution hatten die Bauern nun nicht mehr; sie schieden aus der Revolution aus, noch ehe diese richtig begonnen hatte.

Arbeiter

Anders die Arbeiter. Von Anfang an waren Arbeiter die zuverlässigsten Parteigänger der Revolution; bei allen Straßenkämpfen entstammten die meisten Opfer dem Arbeiterstand. Nur wenige waren Arbeiter im modernen Sinn, d. h.

in einem Industriebetrieb tätig. Als Arbeiter galten alle Unselbständigen, also auch Tagelöhner, Handwerksgesellen, Heimarbeiter und Bedienstete; aber auch die am Rande des Ruins stehenden selbständigen Handwerksmeister kann man dazu zählen. Die meisten von ihnen empfanden sich als Opfer der wirschaftlichen und sozialen Entwicklung. Uneinheitlich waren ihre Vorstellungen von der Zukunft. Verarmte Handwerksmeister wünschten die Wiederherstellung vorindustrieller Zustände, vor allem der Zünfte. Andere verlangten nach aktivem Eingreifen des Staates, nach Sozialgesetzgebung und Selbstbestimmungsrecht. Nur eine Minderheit bezog damals schon grundsätzlich antikapitalistische sozialrevolutionäre Positionen.

Der Erfolg der Arbeiterbewegung ist mit dem der Bauernrevolution nicht zu vergleichen. Der Versuch der parlamentarischen Linken, in den Grundrechtskatalog auch soziale Grundrechte wie das Recht auf Arbeit und Unterhalt einzubringen, scheiterte an der überwältigenden Mehrheit der liberalen Fraktionen, die derartige Staatsinterventionen ablehnten. Sie wurden dabei aber nicht von kapitalistischem Klassendenken geleitet, sondern waren vielmehr einem vorindustriellen Menschenbild verpflichtet, für das eine selbständige bürgerliche Existenz das Ideal darstellte. Die soziale Entwicklung entzog diesem Gesellschaftsbild aber bald die Grundlagen.

MATERIAL 11 **Oberrheinische Zeitung 1848**

Darmstadt. 10. März. Aus dem Odenwald erhalten wir Nachrichten von bedeutenden Störungen der öffentlichen Ordnung, hervorgegangen aus der beharrlichen Opposition der Bauern gegen die Standesherren der drei gräflichen Häuser Erbach, Fürstenau und Schönberg. Vorgestern tobte die Meute zu Erbach, wo gegen 2000 Bauern dem Grafen Eberhard vor das Schloß rückten und ihm durch eine Deputation ihre sehr ungestümen Forderungen erkennen geben ließen, und zwar in Übereinstimmung mit der von derselben bei der zweiten Kammer letzthin übergebenen Petition, in welcher Abschaffung aller standesherrlichen Rechte ohne weiteres gefordert wird. Die drohende Haltung so vieler, wie es schien, zum Äußersten entschlossenen Menschen war für den Grafen und sein Eigenthum eine sehr gefahrvolle, und im Drange des Augenblicks mußte er der Gewalt weichen und einen Revers ausstellen, in welchem er förmlich verzichtete auf das Präsentationsrecht bei Besetzung geistlicher und weltlicher Stellen in der Grafschaft Erbach-Erbach, auf alle Jagden, die schon in vier Wochen gänzlich freigegeben werden sollen, auf Zehnten, Grundrenten etc., so daß dem Grafen, wenn diese ihm abgerungene Verzichtleistung gerichtliche Gültigkeit haben könnte, von seinem Vermögen weiter nichts übrig bleiben würde als sein Immobiliarbesitz an Feldern, Wäldern etc. Der Graf Albert zu Erbach-Fürstenau sollte eine Urkunde ausstellen, wonach er bei Auflösung der Grundrenten mit dem sechsfachen Betrage des Werthes derselben zufrieden sei. Der Graf verweigerte dieses Ansinnen und erklärte, daß er lieber gar nichts dafür nehmen wolle.

MATERIAL 12 **Karikatur: Wehe! Wehe! steht der Bauer auf!!, 1848**

MATERIAL 13 Aus den Debatten über das Recht auf Arbeit und Unterstützung (8./9. 2. 1849)

Degenkolb (Casino) als Sprecher des Volkswirtschaftlichen Ausschusses:
Kann der Staat aber, wie der Handwerker-Congreß will, „Jedem, der arbeiten will, eine seine Kräften angemessene Arbeit und menschlichen Bedürfnissen angemessenen Lohn verbürgen?" Ihr Auschuß glaubt nicht, daß irgend ein Staat eine solche Bürgschaft übernehmen kann. Wäre es möglich, dann dürfte er es nicht wollen! [...] Wir wollen nicht auf die Summen hinweisen, welche in Zeiten allgemeiner Verkehrsstockungen dazu gehören würden, um nur für den dritten Theil der Fabrikarbeiter, Handwerksgehülfen und Handarbeiter Arbeit und Lohn für Rechnung des Staates zu schaffen [...]. (Wir müssen) entschieden die Idee und jeden Versuch zur Ausführung verwerfen. Bedürfnisse schaffen die Arbeit, aber weder Bedürfnisse noch Arbeit lassen sich durch Decrete schaffen, so wenig das Capital sich zwingen läßt, der Arbeit in einer bestimmten vorgeschriebenen Weise zu dienen. – So wie man ihm Zwang anthun will, zieht es sich empfindlich zurück und verweigert der Arbeit seine Unterstützung. [...] Wollte der Staat jedem eine seinen Kräften angemessene Arbeit und dieser entsprechenden Lohn verbürgen, so würden die Arbeiter zur Unmündigkeit herab- und in gänzlicher Schlaffheit versinken. – Jeder Sporn zur Thätigkeit, des Vorwärtsstrebens, jede Anstrengung zur Ueberwindung von Schwierigkeiten würde vermieden, der Trieb zur Selbsthülfe, Selbstsorge, die ganze Intelligenz würde vernichtet werden, die große Masse würde sich mit dem täglichen Brode begnügen, den Staat als Vormund betrachten und diesem die Sorge überlassen, es herbeizuschaffen. [...]

Die Arbeitskraft ist das Capital des Arbeiters, die Benutzung dieser Kraft muß ihm im Arbeitslohn die Zinsen bringen, um sich und seine Familie erhalten zu können; so wie nun der Staat das Eigenthum schützt, so ist er auch verpflichtet, das Eigenthum des Arbeiters zu schützen, d. h. er darf nicht dulden, daß ihm sein Capital – seine Arbeitskraft – entzogen oder die Zinsen davon – sein Arbeitslohn – vorenthalten werden. Ebenso aber wie der Staat nur eine gewaltsame oder betrügerische Verkürzung des Eigenthums zu verhindern die Aufgabe hat, nicht aber positiv einwirken und feststellen kann, daß ein Capital ein Zinsminimum, oder überhaupt Zinsen bringen müsse, [...] so vermag er auch nicht vorzubeugen, daß die Arbeitskraft vermindert oder vernichtet werde; durch einen Armbruch, durch Alter etc., noch wird er anordnen können, daß *jede* Arbeitskraft stets Verwendung und Lohn bringen müsse. [...] Kann der Staat direkt eine Bürgschaft für ausreichende Arbeit und Lohn nicht übernehmen, so vermag er doch mittelbar darauf einzuwirken und ist in doppelter Weise dazu verpflichtet:
1. durch die geistige Förderung und Ausbildung der Arbeiter [...]
2. Vermittelung und Vermehrung der Erwerbsquellen und der Absatzwege.
Insbesondere wird der Staat, wenn er die Arbeit productiver machen und schützen will, dieses durch Wahrnehmung folgender Punkte erreichen:
1. durch besondere Fürsorge eines guten Schulunterrichts [...]
2. durch Förderung lohnender Erwerbszweige [...]
3. durch Vermittelung des Absatzes deutscher Gewerbsproducte nach fremden Märkten [...]
11. durch Inslebenrufen der ganzen deutschen Zolleinheit unter Gesetzen, welcher der nationalen Arbeit angemessenen Schutz gewähren. [...]

Schütz (Donnersberg):
Meine Herren! [...] Während wir hier an dem künftigen Staatsgebäude arbeiten, stürzt das sociale Gebäude in Deutschland überall zusammen. Täglich kommen Verlangen auf Aenderungen in den socialen Verhältnissen, auf Schutz für Handel und Gewerbe. Die Einen verlangen Freihandel, die Anderen Schutzzölle, die Einen verlangen wieder Herstellung der früheren Zustände des Mittelalters, sie verlangen die Zünfte, die Andern verlangen eine vollkommene Gewerbefreiheit. Offenbar beweisen alle diese Ansprüche an die Nationalversammlung, daß außer den bloß politischen Rechten, es andere Bedürfnisse zu befriedigen gibt in unserem Vaterlande. [...]

Kommen Ihnen nicht täglich in allen Verlangen, in allen Petitionen Ausdrücke des Uebels, das überall an der Gesellschaft nagt, vor? Allerdings wäre es die größte Ungerechtigkeit, leugnen zu wollen, daß die Herrschaft der Bürgerclasse, die Herrschaft des Capitals Großes und Herrliches geschaffen hat; aber neben dem Großen liegt auch unendlich Trauriges, und wenn wir in einem Staate nur *einen* Menschen sterben sehen, weil er nicht die Mittel des Lebens durch Arbeit finden kann, so ist das das Todesurteil einer solchen Gesellschaft. [...] Wir verlangen in unserm Antrag, daß dem unfreiwillig Arbeitslosen von der Gemeinde und beziehungsweise vom Staat die Arbeit gesichert werde. Es ist das, wie es hier genannt wurde, das berüchtigte Recht auf Arbeit.[...] Ich aber sage: das heilige Recht auf Arbeit, [...] was ich durch die Aufnahme dieses Artikels in unserer Verfassung erstrebe, das ist der Beginn einer neuen Epoche, die Möglichkeit, daß der Staat, der früher Militärstaat, Priesterstaat oder bloß königlicher Staat war, der nun bloß Geldstaat ist, daß die menschliche Gesellschaft endlich werde, was sie sein soll, d. h. eine Gesellschaft von Arbeitern, eine Gesellschaft, welche jedem Menschen die Möglichkeit eröffnet, durch Anwendung seiner geistigen oder physischen Fähigkeiten den seiner Thätigkeit gebührenden Gewinn zu finden.

Das ist für mich das Recht auf Arbeit und nicht die Unterstützung der Faulheit, nicht die Aufforderung an den Arbeiter, an den Staat höhere Forderungen zu stellen, als sie ihm die Privatindustrie geben kann [...] das können Sie nicht läugnen, daß in die Gegenwart ein neues Princip eingetreten ist. Sie können es verfolgen, Sie können es aber nicht vernichten; gegen eine Idee kämpft man nicht mit Kanonen, eine Idee streckt man nicht nieder durch den Ausspruch eines Kriegsgerichtes; je mehr man sie verfolgt, desto kräftiger, desto größer wird sie. Es bleibt Ihnen also, meine Herren, nur die Wahl übrig: Wollen Sie hier als Gesetzgeber den alten traurigen Weg der Ereignisse verfolgen, wollen Sie die Entwicklung einer Idee wieder auf den Weg der Gewalt weisen [...] oder wollen Sie anerkennen, daß diese Idee, ob es Ihnen lieb ist oder nicht lieb ist, eine Folge der Entwickelung der Menschheit ist; wollen Sie sie demnach in Ihrer Verfassung aufnehmen, damit sie nicht das Mittel einzelner Parteien, nicht die Waffe Einzelner werde, sondern daß sie der Besitz der ganzen Gesellschaft sei, daß die ganze Gesellschaft berufen werde, auf friedliche und redliche Art an

A: Guten Tag ooch, Herr Hofrath Gumpel.
H: Ihr Diener! Bester Freund, ein Wort im Vertrauen – nennen Sie mich einfach Herr Gumpel und lassen Sie den Hofrath weg.

A: Guten Tag ooch, Herr Gumpel.
H: Guten Tag! Lieber Mann, ein Wort im Vertrauen – nenne Er mich einfach Herr Hofrath und lasse Er den Gumpel weg!

der Ausführung, Ausbildung und Belebung dieser Idee mitzuarbeiten. [...]

Sobald Sie aus dem Staate einen Theil, ja nur einen Menschen ausschließen und sagen, in diesem Vaterland ist es dir nicht gegönnt, dein Leben durch Anwendung deiner Kräfte zu gewinnen, dann geben Sie ihm das Recht des Naturmenschen, dann kann er Ihnen und dem Staate gegenüber sagen: „wo ich kein Recht finde, da habe ich auch keine Verpflichtungen", und dann werden Sie darauf zurückgeführt, diese ganze Classe mit dem alten Systeme des Zwanges zu unterdrücken [...] Es bleiben nur zwei Mittel übrig, entweder eine friedliche gesetzliche Entwickelung des neuen Gedankens oder die Revolution. [...]

Merck (Casino):
[...] Eine Regierung aber, meine Herren, mag sie noch so gut, mag sie noch so stark sein, mag sie auch zu den besten gehören, kann und darf niemals so viel Macht besitzen, daß man ihren Maßregeln allein das Fortschreiten der Nation, das Wohlergehen der arbeitenden Klassen zuschreibt. Es würde dieß ernste Gefahren für jede Regierung haben, und unabweislich den Keim zu künftigen Staatsumwälzungen legen; denn wenn man das Volk glauben machen wollte, daß die Maßregeln der Regierung die alleinigen Agenten, die alleinigen Faktoren seines Wohlergehens wären, so würde es in Zeiten der Noth die Regierung auch für alle seine Sorgen, für allen seinen Kummer, für alle seine Entbehrungen verantwortlich machen. Die Motive des Antrags der Majorität des volkswirthschaftlichen Ausschusses lassen aber solche Absichten durchblicken, und anstatt die Menschen auf sich selbst, auf ihre eigene Thatkraft hinzuweisen, empfiehlt diese Majorität [...] auch solche Maßregeln, welche nach meiner Ansicht weder vom staatsmännischen, noch vom national-ökonomischen Gesichtspunkt aus vertheidigt werden können. Die Concurrenz des Auslandes soll beseitigt werden, die Concurrenz, welche den Menschen unaufhörlich daran erinnert, daß er sich selbst sein Geschick zu bestimmen hat, die Concurrenz, welche ihm den unaufhörlichen Kampf auferlegt, aus welchem alle industriellen Vervollkommnungen hervorgehen [...].

Unter dem Namen „Schutz der nationalen Arbeit" empfiehlt man uns ein System, welches Überfluß und Wohlfeilheit verbieten soll, – aber die Freiheit der Arbeit ist das Recht des Eigenthums, ist die Gleichheit vor dem Gesetze. Der Schutz der nationalen Arbeit [...] ist eine Phrase, gegen die man sich waffnen muß, denn Arbeit ist die menschliche Macht, welche die Natur zwingt, sich unseren Bedürfnissen herzuleihen, und wenn Fabricanten und Producenten zu uns kommen und sagen: „Räumt die Hindernisse hinweg, welche der freien Entwickelung im Inneren entgegenstehen", so sind wir auf das Heiligste verpflichtet, Das zu thun; wenn Sie aber verlangen, die Nation zu monopolisiren, wenn Sie verlangen, daß die Nation sich ihrer Fabricate gut oder schlecht, theuer oder billig bedienen soll, so ist Ihr Verlangen Tyrannei, der man sein gutes Recht nicht zu unterwerfen hat, denn die Freiheit ist der Grund jeden Rechtes, nichts darf ihr widerstehen! *(Beifall auf der Rechten und im Centrum)*

(Aus: Stenographischer Bericht über die Verhandlungen der deutschen constituirenden Nationalversammlung zu Frankfurt am Main, Bd. 7, S. 5101ff., S. 5127ff., 5139)

1. Erläutern Sie die Aussage der Karikatur (Material 12) und versuchen Sie anhand von Material 11 zu erklären, warum der Bauer nicht aufstand.
2. Erläutern Sie das Menschen- und Gesellschaftsbild der Redner in Material 13. Welche politischen Konsequenzen ergeben sich daraus?
3. Erlauben die Stellungnahmen Rückschlüsse auf die Einstellung der Redner zu anderen Problemen?

4. Moderne Antworten auf die soziale Frage

MATERIAL 1 Friedrich Engels, Grabrede auf Karl Marx, 17. März 1883

Am 14. März, nachmittags ein Viertel vor drei, hat der größte lebende Denker aufgehört zu denken. Was das streitbare europäische und amerikanische Proletariat, was die historische Wissenschaft an diesem Mann verloren hat, das ist gar nicht zu ermessen. [...]

Wie Darwin das Gesetz der Entwicklung der organischen Natur, so entdeckte Marx das Entwicklungsgesetz der menschlichen Geschichte; die bisher unter ideologischen Überwucherungen verdeckte einfache Tatsache, dass die Menschen vor allen Dingen zuerst essen, trinken, wohnen und sich kleiden müssen, ehe sie Politik, Wissenschaft, Kunst, Religion usw. treiben können; dass also die Produktion der unmittelbaren materiellen Lebensmittel und damit die jedesmalige ökonomische Entwicklungsstufe eines Volkes oder eines Zeitabschnittes die Grundlage bildet, aus der sich die Staatseinrichtungen, die Rechtsanschauungen, die Kunst und selbst die religiösen Vorstellungen der betreffenden Menschen entwickelt haben, und aus der sie daher auch erklärt werden müssen – nicht, wie bisher geschehen, umgekehrt.
Marx entdeckte auch das spezielle Bewegungsgesetz der heutigen kapitalistischen Produktionsweise und der von ihr erzeugten bürgerlichen Gesellschaft: den Mehrwert. [...]

Die Wissenschaft war für Marx eine geschichtlich bewegende, eine revolutionäre Kraft. [...] Denn Marx war vor allem Revolutionär. Mitzuwirken, in dieser oder jener Weise, am Sturz der kapitalistischen Gesellschaft und der durch sie geschaffenen Staatseinrichtungen, mitzuwirken an der Befreiung des modernen Proletariats, dem er zuerst das Bewusstsein seiner eigenen Lage und seiner Bedürfnisse, dass Bewusstsein der Bedingungen seiner Emanzipation gegeben hatte – das war sein wirklicher Lebensberuf. Der Kampf war sein Element. [...] Und deswegen war Marx der bestgehasste und bestverleumdete Mann seiner Zeit. Regierungen, absolute wie republikanische, wiesen ihn aus, Bourgeois, konservative wie extrem-demokratische, logen ihm um die Wette Verlästerungen nach. [...] Und er ist gestorben, verehrt, geliebt, betrauert von Millionen revolutionärer Mitarbeiter, die von den sibirischen Bergwerken an über ganz Europa und Amerika bis Kalifornien hin wohnen. [...] Sein Name wird durch die Jahrhunderte fortleben und so auch sein Werk!“

(Aus: Karl Marx/Friedrich Engels, Werke, Bd. 19, Berlin 1956ff., S. 335–337)

1. Worin sieht Engels den entscheidenden Beitrag von Marx zur Arbeiterbewegung in der Epoche der Industrialisierung?
2. „Sein Name wird durch die Jahrhunderte fortleben und so auch sein Werk.“ Erörtern Sie diese Einschätzung.

Karl Marx, Zeichnung von Shukov (1948)

4.1 Der Kommunismus – das aufgelöste Rätsel der Geschichte?

> „Der Kommunismus ist das aufgelöste Rätsel der Geschichte und weiß sich auch als diese Lösung.“ Karl Marx

Karl Marx

Karl Marx, geboren am 5. Mai 1818 in Trier, entstammte einer alten Rabbinerfamilie. Nach juristischen und philosophischen Studien arbeitete er als Journalist bei der Rheinischen Zeitung, in der er schonungslos die sozialen Missstände seiner Zeit anprangerte. Nach dem Verbot der Rheinischen Zeitung durch die preußische Regierung emigrierte er zunächst nach Paris. Bald darauf lernte er in Brüssel Friedrich Engels (1820–1895) kennen, den lebenslangen Freund und Mitarbeiter. Als Sohn eines Textilfabrikanten war dieser mit Arbeit und Elend in den Fabriken zu Beginn der Industrialisierung unmittelbar vertraut. Während eines zweijährigen Aufenthaltes in Manchester setzte sich Engels mit den Lebens- und Arbeitsbedingungen der englischen Arbeiter auseinander. Seine Beobachtungen beschrieb er in seinem Buch „Die Lage der arbeitenden Klasse in England“.

Friedrich Engels

Kommunistisches Manifest

Marx und Engels traten in Brüssel dem „Bund der Kommunisten“ bei, für den sie das „Manifest der Kommunistischen Partei“ ausarbeiteten. Dieses Kommunistische Manifest wurde im Februar 1848, am Vorabend der revolutionären Erhebungen in Frankreich und Deutschland, veröffentlicht. Auf knappem Raum ist dort in drängender Sprache niedergeschrieben, was den Kern der Lehre des Marxismus ausmacht, die im 20. Jahrhundert dann in zahlreichen Ländern der Erde zur maßgeblichen Ideologie erhoben werden sollte. Warum erzielten Marx und Engels mit ihren Gedanken eine so nachhaltige Wirkung? Worin besteht ihre historisch-politische Bedeutung?

Wissenschaftlicher Sozialismus

„Die Philosophen haben die Welt immer nur unterschiedlich interpretiert, es kommt darauf an, sie zu verändern.“ Mit diesen Worten umriss Karl Marx die Maxime seines Wirkens. Wissenschaft und Politik bildeten für den Begründer des „wissenschaftlichen Sozialismus“ eine Einheit. „Wissenschaftlicher Sozialismus“ war für Marx theoretische Analyse und politische Agitation zugleich, Schlüssel zur Erkenntnis und zur Beherrschung der Welt. Seine Analysen des Kapitalismus ergaben, dass die ökonomischen und sozialen Krisen seiner Zeit aus Gesetzmäßigkeiten des kapitalistischen Wirtschaftssystems entstehen, daher nicht wie Naturkatastrophen als unabänderliche Schicksalsschläge hingenommen werden müssen, sondern durch die Umgestaltung dieses Systems vermieden werden können. Die Eigentumsfrage erlangte in diesem Zusammenhang eine zentrale Bedeutung. Marx erblickte in der Abschaffung des Privateigentums an Produktionsmitteln den Schlüssel zur Lösung der systembedingten sozialen und wirtschaftlichen Krisen der modernen bürgerlichen Gesellschaft. Sein Anliegen war es, diesen Befund seiner Studien dem Proletariat als Beitrag zur politischen Bewusstseinsbildung zu vermitteln. Die Arbeiterklasse sollte befähigt und motiviert werden, eine langfristig angelegte, auf den Sturz des kapitalistischen Systems zielende politische Strategie zu verfolgen.

Eigentumsfrage

Marx war zutiefst davon überzeugt, dass die von ihm zur fortschrittlichsten Bewegungskraft der Geschichte erklärte Arbeiterklasse den Kapitalismus überwinden werde. Diese die politische Kampfbereitschaft des Proletariats beflügelnde Zukunftsgewissheit erklärt sich aus seinem deterministischen Geschichtsverständnis: Nach Marx nimmt die Geschichte einen gesetzmäßigen Verlauf; er deutete diesen als eine Veränderung vom Niederen zum Höheren; er erblickte die Triebkräfte dieser geschichtlichen Entwicklung in sozio-ökonomischen Widersprüchen, insbesondere in dem immer wieder aufs Neue auftretenden Widerspruch zwischen der Dynamik der Produktivkräfte und der Beharrungskraft der Produktionsverhältnisse, d. h. der Eigentumsverhältnisse: Der technische Fortschritt erzwinge in gewissen Abständen eine Umgestaltung der sozialen Beziehungen, in denen die Menschen produzieren; dieser Zwang, die Produktionsverhältnisse an die Weiterentwicklung der Produktionskräfte anzupassen, führe zu Klassenkämpfen, die letztlich immer mit dem Sieg der fortschrittlichen Klassen endeten und zur Umgestaltung der sozio-ökonomischen Gegebenheiten führten.

Deterministisches Geschichtsverständnis

Klassenkämpfe

Die Veränderungen in der ökonomischen Basis hätten auch Veränderungen im politischen Überbau zur Folge. Für Marx war der Staat nämlich nichts anderes als ein Unterdrückungsinstrument der jeweils herrschenden Klasse zur Durchsetzung ihrer Interessen. Im Kapitalismus werde der Klassenkampf zwischen der konservativ gewordenen Bourgeoisie und dem zukunftsorientierten Proletariat ausgetragen. Das siegreiche Proletariat werde – nach einer Übergangsphase des Sozialismus – die klassenlose kommunistische Zukunftsgesellschaft schaffen; in ihr würden die Menschen auf der Basis gemeinschaftlicher Produktionsmittel ohne Unterdrückung, Ausbeutung und Entfremdung sich selbst verwirklichend in einer Welt ewigen Friedens zusammenleben.

Rolle des Staates

Klassenlose kommunistische Zukunftsgesellschaft

MATERIAL 2 **Aus dem Kommunistischen Manifest (1848)**

Manifest
der
Kommunistischen Partei.

Ein Gespenst geht um in Europa – das Gespenst des Kommunismus. Alle Mächte des alten Europa haben sich zu einer heiligen Hetzjagd gegen dies Gespenst verbündet, der Papst und der Zar, Metternich und Guizot, französische Radikale und deutsche Polizisten. […]

Es ist hohe Zeit daß die Kommunisten ihre Anschauungsweise, ihre Zwecke, ihre Tendenzen vor der ganzen Welt offen darlegen, und den Mährchen vom Gespenst des Kommunismus ein Manifest der Partei selbst entgegenstellen. […]

Die Kommunisten verschmähen es, ihre Ansichten und Absichten zu verheimlichen. Sie erklären es offen, daß ihre Zwecke nur erreicht werden können durch den gewaltsamen Umsturz aller bisherigen Gesellschaftsordnung. Mögen die herrschenden Klassen vor einer kommunistischen Revolution zittern. Die Proletarier haben nichts in ihr zu verlieren als ihre Ketten. Sie haben eine Welt zu gewinnen.

Proletarier aller Länder vereinigt Euch!

MATERIAL 3 Die revolutionäre Rolle der Bourgeoisie

Die Geschichte aller bisherigen Gesellschaft ist die Geschichte von Klassenkämpfen. Freier und Sklave, Patrizier und Plebejer, Baron und Leibeigener, Zunftbürger und Gesell, kurz Unterdrücker und Unterdrückte standen in stetem Gegensatz zueinander, führten einen ununterbrochenen, bald versteckten, bald offenen Kampf, der jedesmal mit einer revolutionären Umgestaltung der ganzen Gesellschaft endete oder mit dem gemeinsamen Untergang der kämpfenden Klassen. [...]
Die aus dem Untergang der feudalen Gesellschaft hervorgegangene moderne bürgerliche Gesellschaft hat die Klassengegensätze nicht aufgehoben. Sie hat nur neue Klassen, neue Bedingungen der Unterdrückung, neue Gestaltung des Kampfes an die Stelle der alten gesetzt.
Unsere Epoche, die Epoche der Bourgeoisie, zeichnet sich jedoch dadurch aus, dass sie die Klassengegensätze vereinfacht hat. Die ganze Gesellschaft spaltet sich mehr und mehr in zwei große feindliche Lager, in zwei große, einander direkt gegenüberstehende Klassen: Bourgeoisie und Proletariat. [...]

Die Bourgeoisie hat in der Gesellschaft eine höchst revolutionäre Rolle gespielt.
Die Bourgeoisie, wo sie zur Herrschaft gekommen, hat alle feudalen, patriarchalischen, idyllischen Verhältnisse zerstört. Sie hat die buntscheckigen Feudalbande, die den Mensch an seinen natürlichen Vorgesetzten knüpften, unbarmherzig zerrissen und kein anderes Band zwischen Mensch und Mensch übrig gelassen als das nackte Interesse, als die gefühllose „bare Zahlung". [...] Sie hat, mit einem Wort, an die Stelle der mit religiösen und politischen Illusionen verhüllten Ausbeutung die offene, unverschämte, direkte, dürre Ausbeutung gesetzt. [...]

Die Produktions- und Verkehrsmittel, auf deren Grundlage sich die Bourgeoisie herausbildete, wurden in der feudalen Gesellschaft erzeugt. Auf einer gewissen Stufe der Entwicklung dieser Produktions- und Verkehrsmittel entsprachen die Verhältnisse, worin die feudale Gesellschaft produzierte und austauschte, die feudale Organisation und Manufaktur, mit einem Wort die feudalen Eigentumsverhältnisse, den schon entwickelten Produktivkräften nicht mehr. Sie hemmten die Produktion, statt sie zu fördern. Sie verwandelten sich in ebenso viele Fesseln. Sie mussten gesprengt werden, sie wurden gesprengt.
An ihre Stelle trat die freie Konkurrenz mit der ihr angemessenen gesellschaftlichen und politischen Konstitution, mit der ökonomischen und politischen Herrschaft der Bourgeoisieklasse.

Unter unseren Augen geht eine ähnliche Bewegung vor. Die bürgerlichen Produktions- und Verkehrsverhältnisse, die bürgerlichen Eigentumsverhältnisse, die moderne bürgerliche Gesellschaft, die so gewaltige Produktions- und Verkehrsmittel hervorgezaubert hat, gleicht dem Hexenmeister, der die unterirdischen Gewalten nicht mehr zu beherrschen vermag, die er heraufbeschwor. Seit Dezennien ist die Geschichte der Industrie und des Handels nur die Geschichte der Empörung der modernen Produktivkräfte gegen die modernen Produktionsverhältnisse, gegen die Eigentumsverhältnisse, welche die Lebensbedingungen der Bourgeoisie und ihrer Herrschaft sind. Es genügt, die Handelskrisen zu nennen, welche in ihrer periodischen Wiederkehr immer drohender die Existenz der ganzen bürgerlichen Gesellschaft selbst in Frage stellen. [...]
Aber die Bourgeoisie hat nicht nur die Waffen geschmiedet, die ihr den Tod bringen; sie hat auch die Männer erzeugt, die diese Waffen führen werden, die modernen Arbeiter, die *Proletarier*.

(Aus: Karl Marx/Friedrich Engels, Manifest der Kommunistischen Partei, 1848, Werke, Bd. 4, Berlin 1956ff.)

1. Erläutern Sie das Geschichts- und Gegenwartsverständnis von Marx und Engels.

4.2 Der Kapitalismus – zum Untergang verurteilt?

In seinem 1867 erschienenen Hauptwerk „Das Kapital" analysierte Marx die Entwicklungsgesetze des Kapitalismus; er radikalisierte darin die Wirtschafts- und Gesellschaftstheorie des Wegbereiters des Wirtschaftsliberalismus, des schottischen Nationalökonomen Adam Smith (1723–1790). Adam Smith hatte gelehrt, dass das egoistische Ziel des Einzelnen, bei seinen wirtschaftlichen Aktivitäten einen möglichst hohen Nutzen zu erlangen, zugleich zum größtmöglichen Nutzen aller beitrage. Marx verwarf diese Lehre. Nach seinen Analysen stehen sich in der kapitalistischen Gesellschaft zwei Klassen von sehr unterschiedlichem Gewicht gegenüber: die Kapital besitzende Bourgeoisie und das Proletariat, dessen Angehörige nur über die eigene Arbeitskraft verfügten, die sie, um zu überleben, an die Kapitalisten verkaufen müssten. Deren Bestreben sei es, die Arbeitskraft ihrer Arbeiter nach Kräften auszubeuten. Der Unternehmer zwinge seine Arbeiter zu einer möglichst langen Arbeitszeit, um möglichst hohe Werte zu schaffen, er entlohne sie aber nur insoweit, als es zur Erhaltung des Wertes ihrer Ware Arbeitskraft erforderlich sei. Der durch die Arbeitsleistung der Proletarier darüber hinaus geschaffene Mehrwert, nämlich die Differenz zwischen dem Wert der Arbeit und dem Arbeitslohn, falle dem Kapitalisten zu. Dies sei der die kapitalistische Gesellschaft beherrschende Grundwiderspruch: die privatkapitalistische Aneignung des durch die gemeinschaftliche Arbeit der Proletarier hervorgebrachten Mehrwerts.

Adam Smith

Bourgeoisie
Proletariat

Mehrwert

Wie Adam Smith erblickte auch Karl Marx in dem freien Konkurrenzkampf der Unternehmen die entscheidende Bewegungskraft der kapitalistischen Gesellschaft. Während jedoch Adam Smith im Vertrauen auf die Selbstheilungskräfte des Marktes annahm, dass Angebot und Nachfrage sich immer wieder ausgleichen würden, sprach Karl Marx von einer zunehmenden Verschärfung periodisch wiederkehrender Überproduktionskrisen. Der freie Konkurrenzkampf erzwinge immer gewaltigere Rationalisierungsanstrengungen und führe wegen der sich daraus ergebenden ständigen Steigerung der Investitionskosten zu einem Fallen der Profitrate. In diesem unerbittlichen Wettbewerb überlebten nur die Leistungsstärksten; der Konzentrationsprozess in der Wirtschaft schreite immer weiter voran; zugleich komme es zu einer Kapitalakkumulation bei wenigen Großkapitalisten. Die Kapitalisten versuchten, die fallende Profitrate durch eine Ausweitung der Produktion aufzufangen, bereiteten damit aber nur die nächste, noch schärfere Krise vor. Als Krisentendenzen diagnostizierte Marx eine fortschreitende Proletarisierung und Verelendung der Massen.

Gesetzmäßigkeit des Kapitalismus

Verelendung

Die anonymer werdende arbeitsteilige Produktion in Großbetrieben fördere einerseits die Entfremdung in der modernen Arbeitswelt und andererseits das Entstehen eines Klassenbewusstseins bei der Arbeiterschaft. Mehr und mehr erfahre und erkenne diese den Grundwiderspruch des Kapitalismus. Das dadurch entstehende Klassenbewusstsein befähige die Arbeiter, sich im Kampf gegen die kapitalistische Ausbeutung zu organisieren und zu solidarisieren. Marx lässt es offen, ob sich der Sozialismus auf revolutionärem oder evolutionärem Weg durchsetzt. Damit deutet sich bereits bei Marx selbst die spätere Spaltung der Arbeiterbewegung in eine reformerische sozialdemokratische und eine revolutionäre kommunistische Richtung an.

Entfremdung

Klassenbewusstsein

MATERIAL 4 **Protest eines Arbeiters**

Der Kapitalist beruft sich also auf das Gesetz des Warenaustausches. Er wie jeder andere Käufer sucht, den größtmöglichen Nutzen aus dem Gebrauchswert seiner Ware herauszuschlagen. Plötzlich aber erhebt sich die Stimme des Arbeiters, die im Sturm und Drang des Produktionsprozesses verstummt war.

Die Ware, die ich dir verkauft habe, unterscheidet sich von dem anderen Warenpöbel dadurch, dass ihr Gebrauch Wert schafft und größeren Wert, als sie selbst kostet. Dies war der Grund, warum du sie kauftest. Was auf deiner Seite als Verwertung von Kapital erscheint, ist auf meiner Seite überschüssige Verausgabung von Arbeitskraft. Du und ich kennen auf dem Marktplatz nur ein Gesetz, das des Warenaustausches. Und der Konsum der Ware gehört nicht dem Verkäufer, der sie veräußert, sondern dem Käufer, der sie erwirbt. Dir gehört daher der Gebrauch meiner täglichen Arbeitskraft.
Aber vermittelst ihres täglichen Kaufpreises muss ich sie täglich reproduzieren und daher von neuem verkaufen können. Abgesehen von dem natürlichen Verschleiß durch Alter usw. muss ich fähig sein, morgen mit demselben Normalzustand von Kraft, Gesundheit und Frische zu arbeiten wie heute. Du predigst mir beständig das Evangelium der Sparsamkeit und Enthaltung. Nun gut! Ich will wie ein vernünftiger sparsamer Wirt mein einziges Vermögen, die Arbeitskraft, haushalten und mich jeder tollen Verschwendung derselben enthalten. Ich will täglich nur so viel von ihr flüssig machen, in Bewegung, in Arbeit umsetzen, als sich mit ihrer Normaldauer und gesunden Entwicklung verträgt.

Durch maßlose Verlängerung des Arbeitstages kannst du in einem Tage ein größres Quantum meiner Arbeitskraft flüssig machen, als ich in drei Tagen ersetzen kann. Was du so an Arbeit gewinnst, verliere ich an Arbeitssubstanz. Die Benutzung meiner Arbeitskraft und die Beraubung derselben sind ganz verschiedene Dinge. Wenn die Durchschnittsperiode, die ein Durchschnittsarbeiter bei vernünftigem Arbeitsmaß leben kann, 30 Jahre beträgt, ist der Wert meiner Arbeitskraft, den du mir einen Tag in den andren zahlst $\frac{1}{365 \times 30}$ oder $\frac{1}{10950}$ ihres Gesamtwertes. Konsumierst du sie aber in 10 Jahren, so zahlst du mir täglich $\frac{1}{10950}$ statt $\frac{1}{3650}$ ihres Gesamtwertes, also nur ein Drittel ihres Tageswertes und stiehlst mir daher täglich zwei Drittel des Wertes meiner Ware. Du zahlst mir eintägige Arbeitskraft, wo du dreitägige verbrauchst.
Ich verlange also einen Arbeitstag von normaler Länge, und ich verlange ihn ohne Appell an dein Herz, denn in Geldsachen hört die Gemütlichkeit auf. Du magst ein Musterbürger sein, vielleicht Mitglied des Vereins zur Abschaffung der Tierquälerei und obendrein im Geruch der Heiligkeit stehen, aber dem Ding, das du mir gegenüber repräsentierst, schlägt kein Herz in seiner Brust. Was darin zu pochen scheint, ist mein eigner Herzschlag. Ich verlange den Normalarbeitstag, weil ich den Wert meiner Ware verlange, wie jeder andere Verkäufer.

(Aus: Karl Marx, Das Kapital, Werke, Bd. 23, Berlin 1956ff., S. 247f.)

1. Welche Vorhaltungen macht der Arbeiter in seiner Rede dem Unternehmer?
2. Zeigen Sie, inwiefern die Kritik des Arbeiters eine Radikalisierung der liberalen Wirtschaftslehre von Adam Smith darstellt.
3. Was könnte der angesprochene Unternehmer aus seinem wirtschaftlichen und gesellschaftlichen Rollenverständnis dem Arbeiter antworten?
4. Diese fiktive Rede des Arbeiters wurde auch als Flugblatt verwendet. Beurteilen Sie seine Wirkung.
5. Ist die Botschaft des Flugblattes revolutionär?

MATERIAL 5 Wie Metallarbeiter um 1910 ihre Arbeit empfanden

Sozialdemokratisch organisierte Metallarbeiter wurden in einer Enquête 1907–11 gefragt: „Macht Ihnen Ihre Arbeit Vergnügen oder haben Sie kein Interesse an derselben?“ – Einige Antworten (nach dem Semikolon immer die tägliche Arbeitszeit und der durchschnittliche Wochenverdienst):

Ein 20-jähriger Schlosser; 10 Std., 20 M.:
„Diese Frage unterliegt einer schwankenden Antwort. Vergnügen macht sie insofern, wenn sie fertig ist und auf mich einen wohlgefälligen Eindruck macht. Interesse habe ich daran keins, wenn ich an den Zweck und Nutzen dieses meines Produkts in seiner jetzt beginnenden Funktion denke.“

Ein 24-jähriger Schlosser; 9 Std., 35 M.:
„Diese Frage kann ich mit einem glatten Nein beantworten. Der privatkapitalistische Produktionsprozess hat mir das Interesse an der Arbeit gründlich ausgetrieben, da ich nur einen Bruchteil des mir von Rechts wegen zustehenden wirklichen Wertes meiner Arbeit in der Form von Lohn erhalte.“

Ein 25-jähriger Stanzer; 9 Std., 31 M.:
„Ich gleiche der Maschine, die durch Kraft angetrieben wird.“

Ein 26-jähriger Dreher; 9 1/2 Std., 43 M.:
„Interesse habe ich an der Arbeit wohl nur aus dem Bestreben, Geld zu verdienen.“

Ein 32-jähriger Werkzeugschlosser; 9 3/4 Std., 36 M.:
„Die Arbeit an sich macht mir sehr viel Freude. Ich glaube sogar, sie zur Erhaltung meines Gleichgewichts zu bedürfen. Es ist dies allerdings nicht der Fall, wenn ich anhaltende monotone Arbeit verrichten muss. Dann kann sich die Unlust bis zum Ekel steigern.“

Ein 33-jähriger Schmied; 9 1/2 Std., 35 M.:
„Ich habe mich mit der Arbeit insofern abgefunden, da ich weiß, dass jeder Kulturfortschritt nur auf der Arbeit beruht und die meine ebenso wertvoll ist wie jede andere.“

Ein 36-jähriger Dreher; 10 Std., 32 M.:
„Ja, solange ich nicht daran denke, für wen ich arbeite und dass ich als Entgelt nur eine Entschädigung erhalte. Gern würde ich nur für die Allgemeinheit arbeiten.“

Ein 35-jähriger Eisendreher; 8 Std., 40 M.:
„Meine Arbeit bereitet mir kein Vergnügen, da mich stets der Gedanke dabei plagt, dass ich nur so weit besoldet werde, um meine körperliche Energie in Harmonie zu halten. Also bin ich ein Sklave. Folglich geht mir das Interesse an der Arbeit verloren.“

Ein 39-jähriger Dreher; 8 Std., 40 M.:
„Interesse habe ich an der Arbeit, aber Vergnügen macht sie schon lange nicht mehr, wenn man mit ansehen muss, wie schwache Kollegen von minderwertigen Meistern schikaniert werden.“

Ein 46-jähriger Modellschlosser; 9 1/2 Std., 36 M.:
„Ich freue mich immer, wenn es mir gelungen ist, die mir gemachten Aufträge nach gelieferten Zeichnungen genau passend und sauber fertig zu stellen. Ich finde darin eine gewisse Befriedigung und habe das Bewusstsein, dass ich meinen Teil zur Erhaltung und Verschönerung des Ganzen beigetragen habe.“

Ein 47-jähriger Metallarbeiter; 9 1/2 Std., 21 M.:
„O ja. Aber man müsste als Arbeiter nur bessere Behandlung haben, aber die meisten Chefs grüßen ihre Arbeiter morgens und mittags nicht, wenn sie in den Arbeitsraum treten.“

Summarisch:	a) Die Lust an der berufsmäßigen Arbeit überwog bei:	307	=	17,0%
	b) Die Unlust an der berufsmäßigen Arbeit überwog bei:	1027	=	56,9%
	c) Gleichgültig verhielten sich:	308	=	17,1%
	d) Nicht beantwortet haben diese Frage:	161	=	9,0%
		Summa: 1803	=	100,0%

(Aus: Adolf Levenstein, Die Arbeiterfrage mit besonderer Berücksichtigung der sozialpsychologischen Seite des modernen Großbetriebes und der psychophysischen Einwirkungen auf die Arbeiter, München 1912, S. 68–75)

Marx erblickt in der Arbeit einen Akt freier Selbstverwirklichung des Menschen; der Kapitalismus behindere jedoch diese Selbstverwirklichung. Marx nennt diesen Vorgang „Entfremdung", die sich als „Entfremdung des Arbeiters vom Produkt seiner Arbeit", als „Entfremdung des Arbeiters von seiner Arbeit selbst", als „Entfremdung des Menschen von sich in der Lohnarbeit" und als „Entfremdung vom Mitmenschen" äußere.

1. Konkretisieren sie Marxens Lehre der Entfremdung an den Meinungsäußerungen der Industriearbeiter.

MATERIAL 6 Die kommunistische Zukunftsgesellschaft

Die nachfolgenden Bemerkungen aus der „Kritik des Gothaer Programms" sind eine der wenigen Äußerungen von Marx zur kommunistischen Zukunftsgesellschaft.

In einer höheren Phase der kommunistischen Gesellschaft, nachdem die knechtende Unterordnung der Individuen unter die Teilung der Arbeit, damit auch der Gegensatz geistiger und körperlicher Arbeit verschwunden ist; nachdem die Arbeit nicht nur Mittel zum Leben, sondern selbst das erste Lebensbedürfnis geworden; nachdem mit der allseitigen Entwicklung der Individuen auch ihre Produktivkräfte gewachsen und alle Springquellen des genossenschaftlichen Reichtums voller fließen – erst dann kann der enge bürgerliche Rechtshorizont ganz überschritten werden und die Gesellschaft auf ihre Fahne schreiben: Jeder nach seinen Fähigkeiten, jedem nach seinen Bedürfnissen!

(Aus: Karl Marx, Kritik des Gothaer Programms, 1875, Werke Bd. 19, Berlin 1956ff., S. 21)

1. Kennzeichnen Sie zusammenfassend die Unterschiede von kapitalistischer, sozialistischer und kommunistischer Gesellschaft nach Marx.

Karikatur auf das Ende des „real existierenden" Sozialismus, 1990

4.3 Zwischen liberaler Arbeiterpolitik und Staatssozialismus

MATERIAL 7 **Bundeslied für den Allgemeinen Deutschen Arbeiterverein (1863)**

Im Oktober 1863 schrieb Herwegh das Bundeslied für den Allgemeinen Deutschen Arbeiterverein im Auftrag seines Freundes Ferdinand Lassalle, des ersten Präsidenten des Vereins.

You are many, they are few. (Eurer sind viele, ihrer sind wenige)

Bet und arbeit! ruft die Welt,
Bete kurz! denn Zeit ist Geld.
An die Türe pocht die Not –
Bete kurz! denn Zeit ist Brot.

Und du ackerst, und du säst,
Und du nietest, und du nähst,
Und du hämmerst, und du spinnst,
Sag, o Volk, was du gewinnst!

Wirkst am Webstuhl Tag und Nacht,
Schürfst im Erz- und Kohlenschacht,
Füllst des Überflusses Horn,
Füllst es hoch mit Wein und Korn –

Doch wo ist *dein* Mahl bereit?
Doch wo ist *dein* Feierkleid?
Doch wo ist *dein* warmer Herd?
Doch wo ist *dein* scharfes Schwert?

Mann der Arbeit, aufgewacht!
Und erkenne deine Macht!
Alle Räder stehen still,
Wenn dein starker Arm es will.

Brecht das Doppeljoch entzwei!
Brecht die Not der Sklaverei!
Brecht die Sklaverei der Not!
Brot ist Freiheit, Freiheit Brot!

1. Das Kampflied ist Ausdruck des politischen Bewusstwerdens der Arbeiterschaft und einer Arbeitergegenkultur. Weisen Sie das nach.

Liberale Arbeiterbewegung

Fünfzehn Jahre nach dem Aufruf des Kommunistischen Manifests an die Proletarier aller Länder, sich zum Kampf gegen die Bourgeoisie zu vereinigen, wurde in Deutschland die Initiative zur Bildung einer Arbeiterpartei ergriffen. Nach dem Scheitern der Revolution 1849 waren Arbeiterparteien verboten. Die Arbeiter konnten sich allenfalls in Arbeiterbildungsvereinen oder in Genossenschaften zusammenschließen, deren Gründung liberale Politiker wie Hermann Schulze-Delitzsch anregten. Schulze-Delitzsch betrachtete die sozialen Probleme als „Kinderkrankheiten" der kapitalistischen Entwicklung, nicht als deren Resultat. Dem überzeugten Liberalen galt die freie wirtschaftliche Entfaltungsmöglichkeit als Vorbedingung für wirtschaftlichen Fortschritt und damit auch als Vorbedingung für soziale Verbesserungen. Nicht Klassenkampf war in dieser Sicht das Gebot der Stunde. Arbeiter und Bürger sollten sich vielmehr von ihren gemeinsamen Interessen leiten lassen und im Kampf gegen den reglementierenden Obrigkeitsstaat zusammenstehen. Liberalen Prinzipien gemäß wollte er die Lösung der sozialen Probleme nicht dem Staat anvertrauen. Er propagierte vielmehr Selbsthilfeeinrichtungen der Arbeiter in Form von Kranken- und Invalidenkassen, Konsum- und Kreditgenossenschaften (Volksbanken). Eine besondere Bedeutung kam im liberalen Konzept auch den Arbeiterbildungsvereinen zu, mit deren Hilfe die berufliche Qualifikation der Arbeiter verbessert und ihre Allgemeinbildung gefördert werden sollte.

Arbeiterbildungsvereine

Arbeiter-Bildungs-Verein.

Dessen Mitglieder werden benachrichtigt, daß die Unterhaltungs- und Unterrichtsstunden, von heute an, allwöchentlich in folgender Weise beginnen und fortgesetzt werden: Montag 8 Uhr Abends: Allgemeine Versammlung für die Arbeiterinteressen, Tagesgeschichte und Geographie. Dienstag 8 Uhr: Gesang. Mittwoch 8 Uhr: Stylübungen. Donnerstag 8 Uhr: Gesang. Freitag 8 Uhr: Geometrie. Samstag 7 Uhr: Oeffnung des Lesezimmers. Sonntag von 1/2 2 bis 3 Uhr Rechnen, und von 1 bis 9 Uhr Oeffnung des Lesezimmers. An allen Abenden ist daneben zur Benützung der Zeitungen Gelegenheit gegeben. (1183)

Der Ausschuss.

Anzeige des Augsburger Arbeiterbildungsvereins 1849

Diese liberalen Ideen wurden vor allem von handwerklich ausgebildeten Arbeitern positiv aufgenommen. Ihr Wille zum sozialen Aufstieg war besonders ausgeprägt. Diese Vereine, die die Integration der Arbeiter in die liberale Bewegung fördern sollten, wurden später jedoch zu Keimzellen einer sozialistischen Arbeiterbewegung. Die Sprengkraft der sozialen Interessengegensätze, die sich etwa in der Frage um die Lohnhöhe entluden, war letztlich zu groß. Die Unnachgiebigkeit weiter Kreise der Liberalen in der Frage des allgemeinen Wahlrechts machte diese zudem für viele Arbeiter unglaubwürdig.

Sozialistische Arbeiterbewegung

Erste Signale für eine bevorstehende Trennung von Arbeiterschaft und liberaler Bewegung kamen aus Sachsen. Hier war 1861 das Koalitionsverbot, das Verbot, Vereinigungen zu sozialen und wirtschaftlichen Zwecken zu gründen, aufgehoben worden. Die Rücknahme dieses Verbots begünstigte Bestrebungen einer Minderheit im Leipziger Arbeiterbildungsverein nach Unabhängigkeit von den Liberalen. Mitglieder dieser Gruppe baten den Publizisten Ferdinand Lassalle, die Gegensätze zu den Liberalen um Schulze-Delitzsch schriftlich zu artikulieren. Lassalle reagierte 1863 in einem „Offenen Antwortschreiben", in dem er seine Vorstellungen niederlegte und die Gründung einer eigenständigen Arbeiterpartei anregte. Die Gründung erfolgte wenige Wochen später unter dem Namen „Allgemeiner Deutscher Arbeiterverein" (ADAV); Lassalle wurde der erste Präsident.

Allgemeiner Deutscher Arbeiterverein

Ferdinand Lassalle

Ferdinand Lassalle (1825–1864), ein bürgerlicher Linksintellektueller, Revolutionär von 1848 und radikaler Demokrat, beschäftigte sich nach dem Scheitern der Revolution zunehmend mit Problemen der Arbeiterschaft. Mit ihr hoffte er seine demokratischen Ideale durchzusetzen. Er hatte Kontakt zu Marx und Engels aufgenommen; mit diesen war er sich weitgehend in der Analyse der Gesetze des Kapitalismus einig. Meinungsverschiedenheiten bestanden in zwei Punkten:

Gegensätze zu Marx

- Im Gegensatz zu Marx und Engels, die für ein Bündnis mit den demokratischen Kräften des Bürgertums gegen die Reaktion eintraten, lehnte Lassalle entschieden jede Form der Zusammenarbeit mit den Liberalen ab, denn diese hätten 1848/49 aus Angst vor der Revolution von unten die Despotie von oben vorgezogen.
- Lassalle hatte ein anderes Staatsverständnis als Marx und Engels; für ihn war der Staat unerlässlich für die sittliche Vervollkommnung des Menschen. Lassalle forderte einen sozial tätigen Staat, der sich – entgegen liberalem Staatsverständnis – nicht auf die Rolle eines Wächters oder gar eines „Nachtwächters" zurückziehen und seine Funktionen nicht auf den Schutz von Freiheit und Eigentum beschränken sollte. Lassalle rechnete mit dem bestehenden Staat bei der Lösung der sozialen Probleme und hatte darüber auch mit Bismarck verhandelt.

MATERIAL 8 Ferdinand Lassalle, Offenes Antwortschreiben vom 1. März 1863

Das eherne ökonomische Gesetz, welches unter den heutigen Verhältnissen, unter der Herrschaft von Angebot und Nachfrage nach Arbeit, den Arbeitslohn bestimmt, ist dieses: dass der durchschnittliche Arbeitslohn immer auf den notwendigen Lebensunterhalt reduziert bleibt, der in einem Volke gewohnheitsmäßig zur Fristung der Existenz und zur Fortpflanzung erforderlich ist. Dies ist der Punkt, um welchen der wirkliche Tageslohn in Pendelschwingungen jederzeit herumgravitiert, ohne sich jemals lange über denselben erheben, noch unter denselben herunterfallen zu können. Er kann sich nicht dauernd über diesen Durchschnitt erheben – denn sonst entstünde durch die leichtere, bessere Lage der Arbeiter eine Vermehrung der Arbeiterehen und der Arbeiterfortpflanzung, eine Vermehrung der Arbeiterbevölkerung und somit des Angebots von Händen, welche den Arbeitslohn wieder auf und unter seinen früheren Stand herabdrücken würde.

Der Arbeitslohn kann auch nicht dauernd tief unter diesen notwendigen Lebensunterhalt fallen, denn dann entstehen Auswanderungen, Ehelosigkeit, Enthaltung von der Kinderzeugung und endlich eine durch Elend erzeugte Verminderung der Arbeiterzahl, welche somit das Angebot an Arbeiterhänden noch verringert und den Arbeitslohn wieder auf seinen früheren Stand zurückbringt. [...]

Den Arbeiterstand zu seinem eigenen Unternehmer machen – das ist das Mittel, durch welches – und durch welches allein – wie Sie jetzt sofort sehen, jenes eherne und grausame Gesetz beseitigt würde, das den Arbeitslohn bestimmt!
Wenn der Arbeiterstand sein eigner Unternehmer ist, so fällt jene Scheidung zwischen Arbeitslohn und Unternehmergewinn und mit ihr der bloße Arbeitslohn überhaupt fort, und an seine Stelle tritt als Vergeltung der Arbeit: der Arbeitsertrag!
Die Aufhebung der Unternehmergewinne in der friedlichsten, legalsten und einfachsten Weise, indem sich der Arbeiterstand durch freiwillige Assoziationen als sein eigener Unternehmer organisiert, [...] das ist die einzig nicht illusionäre Verbesserung der Lage des Arbeiterstandes. [...]

Und gewiss ist nichts sicherer, nichts feststehend, als dass Sie dies niemals ermöglichen würden, wenn Sie ausschließlich und lediglich auf Ihre isolierten Anstrengungen als Individuen reduziert bleiben. Ebendeshalb ist es Sache und Aufgabe des Staates, Ihnen dies zu ermöglichen, die große Schar der freien und individuellen Assoziationen des Arbeiterstandes fördernd und entwickelnd in seine Hand zu nehmen und es zu seiner heiligsten Pflicht zu machen, Ihnen die Mittel und Möglichkeiten zu dieser ihrer Selbstorganisation und Selbstassoziation zu bieten. [...]

Wie aber den Staat zu dieser Intervention vermögen?
Und hier wird nun sofort sonnenhell die Antwort vor ihrer aller Augen stehen: Dies wird nur durch das allgemeine und direkte Wahlrecht möglich sein. Wenn die gesetzgebenden Körper Deutschlands aus dem allgemeinen und direkten Wahlrecht hervorgehen – dann und nur dann werden Sie den Staat bestimmen können, sich dieser Pflicht zu unterziehen. [...]

Wie nun aber die Einführung des allgemeinen und direkten Wahlrechts bewirken? [...]
Organisieren Sie sich als ein allgemeiner deutscher Arbeiterverein zu dem Zwecke einer gesetzlichen und friedlichen, aber unermüdlichen, unablässigen Agitation für die Einführung des allgemeinen und direkten Wahlrechts in allen deutschen Ländern. Von dem Augenblicke an, wo dieser Verein auch nur 100 000 deutsche Arbeiter umfasst, wird er bereits eine Macht sein, mit welcher jeder rechnen muss.

[...] Das allgemeine Wahlrecht von 89 bis 96 Prozent der Bevölkerung als Magenfrage aufgefasst und daher auch mit der Magenwärme durch den ganzen nationalen Körper hinverbreitet – seien Sie ganz unbesorgt, meine Herren, es gibt keine Macht, die sich dem lange widersetzen würde!

Dies ist das Zeichen, das Sie aufpflanzen müssen! Dies ist das Zeichen, in dem Sie siegen werden. Es gibt kein anderes für Sie!

(Aus: Susanne Miller/Heinrich Potthoff, Kleine Geschichte der SPD, Bonn 1981, S. 279–81)

1. Worin besteht für Lassalle die soziale Frage? An wen ist sie gerichtet? Womit beantwortet er sie?
2. Stimmen die Voraussetzungen der These vom „ehernen Lohngesetz"? (Begründung)
3. Vergleichen Sie die Vorstellungen von Lassalle zur Lösung der sozialen Frage mit denen von Marx.
4. Überprüfen Sie, ob sich die hohen Erwartungen, die Lassalle an das allgemeine Wahlrecht knüpfte, tatsächlich erfüllt haben (Material 12, S. 91).

4.4 Spaltung und Einigung der Arbeiterbewegung

Verband deutscher Arbeitervereine

Die Gründung des Allgemeinen Deutschen Arbeitervereins (ADAV) stärkte zunächst auch die liberale Arbeiterbewegung. Auf Betreiben ihrer liberalen Führer schlossen sich die Arbeiterbildungsvereine im Gegenzug zu einem Verband deutscher Arbeitervereine zusammen, der seinen Standort im liberalen Lager bekräftigte. Dieser Zusammenschluss war eine Absage der Arbeiterbildungsvereine an eine eigenständige Arbeiterpartei. Sechs Jahre später, 1869, sollte aus diesem Verband jedoch eine zweite sozialistische Partei hervorgehen. Diese Entwicklung wurde maßgeblich von August Bebel und Wilhelm Liebknecht vorangetrieben.

August Bebel

Wilhelm Liebknecht

Sozialdemokratische Arbeiterpartei

August Bebel (1840–1913), von Beruf Drechsler, war im Leipziger Arbeitsbildungsverein aktiv und hatte sich dort zunächst gegen eine Politik der Trennung von den Liberalen gestellt. Unter dem Einfluss Wilhelm Liebknechts (1826–1900), der zum Freundeskreis von Karl Marx gehörte, aber vor allem durch seine Beschäftigung mit den Schriften von Lassalle, wurde Bebel zum Sozialisten. Er benutzte sein Amt als Präsident des Verbandes deutscher Arbeitervereine, um diese sozialistisch auszurichten. Es gelang ihm, eine Mehrheit der Arbeitervereine auf seine Seite zu ziehen; der Bruch mit den Liberalen wurde 1868 vollzogen. Ein Jahr später wurde in Eisenach die Sozialdemokratische Arbeiterpartei (SDAP) gegründet („Eisenacher").

Spaltung der Arbeiterbewegung

Die junge Partei orientierte sich ideologisch an Marx. Im Gegensatz zum ADAV trat die SDAP auch der von Marx maßgeblich beeinflussten Internationalen Arbeiterassoziation bei. Die stärkere ideologische Ausrichtung an marxistischem Gedankengut war jedoch eher eine Folge als die Ursache der Spaltung der Arbeiterbewegung in zwei Arbeiterparteien. Kernpunkte der Meinungsverschiedenheiten waren vielmehr:

- Die deutsche Frage: die Lassalleaner waren für eine kleindeutsche Lösung unter preußischer Führung; die Anhänger Bebels waren föderalistisch großdeutsch eingestellt.
- Das Zusammengehen mit den Liberalen: die Eisenacher bekämpften die Idee der Lassalleaner, die soziale Frage mit Hilfe des preußischen Staates, also von oben zu lösen. Sie wollten – ungeachtet der erst vollzogenen Trennung vom Liberalismus – zusammen mit den liberal-demokratischen Kräften freiheitlich demokratische Verhältnisse schaffen. Erst auf dieser Basis schien ihnen sozialer Fortschritt möglich zu sein.

Durch die Reichsgründung von 1871 hatten sich die Gegensätze weitgehend von selbst erledigt: Die nationale Frage war entschieden, die Nationalliberalen, und mit ihnen der größte Teil des Liberalismus, war zu Bismarcks wichtigstem Verbündeten geworden – eine „sozial-liberale" Partnerschaft war auf absehbare Zeit politisch chancenlos. An einen „Staatssozialismus", der den Vorstellungen Lassalles nahe gekommen wäre, war nicht zu denken. Zudem wurde jetzt, nach der Reichsgründung, der Kurs gegenüber den sozialistischen Parteien zunehmend härter. In dieser Situation schlossen sich 1875 beide Parteien in Gotha zur „Sozialistischen Arbeiterpartei Deutschlands" zusammen.

Vereinigung der Arbeiterparteien

Neben eigenständigen Arbeiterparteien entwickelten sich in der zweiten Hälfte der sechziger Jahre auch die Gewerkschaften. Beide Vorgänge sind nicht voneinander zu trennen. So hatte Bebel den Gedanken propagiert, die Mitglieder der Arbeitervereine sollten sich zu „Gewerkgenossenschaften" zusammenschließen, um ihre Interessen im wirtschaftlichen Bereich wirksamer vertreten zu können.

Gewerkschaften

MATERIAL 9 **Das Eisenacher Programm der SDAP**

Demokratisches Wochenblatt.

Organ der sozial-demokratischen Arbeiterpartei.

No. 33. Leipzig, den 14. August. 1869.

Programm und Statuten der sozial-demokratischen Arbeiter-Partei.

I. Die sozial-demokratische Arbeiter-Partei erstrebt die Errichtung des freien Volksstaats.

II. Jedes Mitglied der sozial-demokratischen Arbeiter-Partei verpflichtet sich, mit ganzer Kraft einzutreten für folgende Grundsätze:

1) Die heutigen politischen und sozialen Zustände sind im höchsten Grade ungerecht und daher mit der größten Energie zu bekämpfen.
2) Der Kampf für die Befreiung der arbeitenden Klassen ist nicht ein Kampf für Klassenprivilegien und Vorrechte, sondern für gleiche Rechte und gleiche Pflichten und für die Abschaffung aller Klassenherrschaft.
3) Die ökonomische Abhängigkeit des Arbeiters von dem Kapitalisten bildet die Grundlage der Knechtschaft in jeder Form und es erstrebt deshalb die sozial-demokratische Partei unter Abschaffung der jetzigen Produktionsweise (Lohnsystem) durch genossenschaftliche Arbeit den vollen Arbeitsertrag für jeden Arbeiter.
4) Die politische Freiheit ist die unentbehrlichste Vorbedingung zur ökonomischen Befreiung der arbeitenden Klassen. Die soziale Frage ist mithin untrennbar von der politischen, ihre Lösung durch diese bedingt und nur möglich im demokratischen Staat.
5) In Erwägung, daß die politische und ökonomische Befreiung der Arbeiterklasse nur möglich ist, wenn diese gemeinsam und einheitlich den Kampf führt, gibt sich die sozial-demokratische Arbeiter-Partei eine einheitliche Organisation, welche es aber auch jedem Einzelnen ermöglicht, seinen Einfluß für das Wohl der Gesammtheit geltend zu machen.
6) In Erwägung, daß die Befreiung der Arbeit weder eine lokale noch nationale, sondern eine soziale Aufgabe ist, welche alle Länder, in denen es moderne Gesellschaft gibt, umfaßt, betrachtet sich die sozial-demokratische Arbeiter-Partei soweit es die Vereinsgesetze gestatten, als Zweig der Internationalen Arbeiterassoziation, sich deren Bestrebungen anschließend.

III. Als die nächsten Forderungen in der Agitation der sozial-demokratischen Arbeiter-Partei sind geltend zu machen:

1) Ertheilung des allgemeinen gleichen direkten und geheimen Wahlrechts an alle Männer vom 20. Lebensjahre an, zur Wahl für das Parlament, die Landtage der Einzelstaaten, die Provinzial- und Gemeindevertretungen, wie alle übrigen Vertretungskörper. Den gewählten Vertretern sind genügende Diäten zu gewähren.

1. Vergleichen Sie das Eisenacher Programm der SDAP mit den Zielen von Lassalle.

5. Das deutsche Kaiserreich

5.1 Mit Eisen und Blut: die deutsche Einigung durch Preußen

Versuch einer preußischen Union

Mit dem Scheitern der Verfassung von 1849 waren die Bestrebungen zur deutschen Einheit nicht beendet. Auch die konservativen deutschen Großmächte verfolgten auf ihre Weise Pläne, die über die Wiederherstellung des Deutschen Bundes hinausgingen. Am weitesten wagte sich 1849–1850 Preußen vor. Der Plan, die deutsche Einheit über eine Union der Fürsten zu begründen, fand die Unterstützung der erbkaiserlichen Fraktion der Paulskirche, die im Juni 1849 in Gotha tagte und bereit war, zugunsten der Einheit wesentliche Verfassungsprinzipien der Paulskirche aufzugeben. Gegen die preußische Konzeption stand immer noch Schwarzenbergs Projekt eines Eintritts von Gesamtösterreich in den Bund; seinem Plan einer entsprechenden Bundesreform folgten jedoch nur 10 deutsche Regierungen. Die Spannungen zwischen den beiden Großmächten führten sie im Herbst 1850 an den Rand des Krieges, ehe Preußen von Russland und Österreich gezwungen wurde, seine Pläne aufzugeben (Vertrag von Olmütz, 29.11.1850). Aber auch Schwarzenbergs Plan eines „70-Millionen-Reichs" ließ sich nicht realisieren.
Drei Hindernisse, so lautete die Lehre der Jahre 1848–1850, standen der deutschen Einigung entgegen:

- Der preußische Militärstaat machte den demokratischen Weg zum Nationalstaat unmöglich.
- Der österreichische Vielvölkerstaat hielt seinen übernationalen Herrschaftsanspruch aufrecht.
- Das europäische Gleichgewichtssystem reagierte auf jede Veränderung seines Machtgefüges mit Krisen.

Ein erneuter Anlauf zur deutschen Einigung war erst möglich, nachdem sich die außenpolitischen Gewichte verschoben hatten und in Preußen der innenpolitische Stillstand der nachrevolutionären Zeit überwunden war.

Krimkrieg

Das Verhältnis der Großmächte veränderte sich durch die russische Niederlage im Krimkrieg (1854–56). Russland brach mit den Westmächten, die durch ihr Eingreifen den Krieg entschieden hatten, und mit Österreich, das jede Unterstützung verweigert hatte. Für einige Zeit war Russland geschwächt und mit inneren Reformen beschäftigt.

Italienische Einigung

Frankreich wurde dagegen durch den Staatsstreich Louis Napoleons und seine plebiszitäre Erhebung zum Kaiser erneut zu einem Unruhefaktor der europäischen Politik. Im Bestreben, die innere Instabilität seiner Herrschaft durch außenpolitische Erfolge zu überdecken, warf er sich zum Schutzherrn europäischer Nationalbewegungen gegen die Ordnung des Wiener Kongresses auf. Sein größter Erfolg war die Einigung Italiens: Im Zusammenspiel mit dem Ministerpräsidenten des Königreichs Piemont-Sardinien, Graf Camillo Cavour, gelang es 1859, Österreich zur Kriegserklärung zu provozieren und dann militärisch aus der Lombardei zu verdrängen. Viele deutsche Liberale sahen in dieser Politik ein Modell zur Lösung der deutschen Frage, andere wiederum sahen es als nationale Pflicht an, Österreich beizustehen. Preußen verweigerte aber jedes Eingreifen in den italienischen Krieg, aus dem Österreich deutlich geschwächt hervorging.

In Preußen schien sich ein innenpolitischer Kurswechsel anzubahnen. Für den psychisch kranken Friedrich Wilhelm IV. hatte sein Bruder, Wilhelm I., die Regentschaft übernommen und ein liberales Kabinett eingesetzt. Man sprach von einer „Neuen Ära". Durch seine stürmische Industrialisierung begann Preußen, Österreich auch wirtschaftlich zu überflügeln. Mit diesem Aufschwung stärkte sich der Einfluss der großbürgerlichen Führungsschicht, die die deutsche Einigung aus wirtschaftlichen Motiven erstrebte. Die alten Träger der Nationalidee, Turner und Sänger, feierten wieder ihre Massenfeste. Die nationale Publizistik führte leidenschaftliche Diskussionen über das Für und Wider einer preußischen Einigungspolitik. Im September 1859 wurde der Deutsche Nationalverein gegründet, der an die kleindeutsche Tradition von 1849 anknüpfte und in kurzer Zeit 15 000 Mitglieder zählte. Einem Bündnis zwischen der deutschen Nationalbewegung und der preußischen Führung schien nichts mehr im Wege zu stehen.

Wilhelm I.

Deutscher Nationalverein

Aber statt zu einer Annäherung kam es zu einem Grundsatzkonflikt, dessen Ausgang ähnlich folgenreich werden sollte wie das Scheitern der Revolution von 1848. Seit 1859 planten Wilhelm I. und seine Regierung eine Heeresreform; neben einer allgemeinen Erhöhung der Truppenstärke und einer Verbesserung der Wehrgerechtigkeit war auch die Verlängerung der Wehrdienstzeit auf drei Jahre und eine engere Einbindung der Landwehr in die militärische Organisation vorgesehen. Die liberale Mehrheit des Abgeordnetenhauses lehnte die Haushaltsvorlage ab. Der Streit wurde zum Verfassungskonflikt über das Verhältnis von Volksvertretung und Monarchie. Auf dem Höhepunkt des Konflikts berief der König Otto von Bismarck zum neuen Ministerpräsidenten (22.9.1862). Aus märkischer Adelsfamilie stammend war Bismarck (1815–1898) 1848–1850 als konservativer Monarchist und Revolutionsgegner bekannt geworden. Als preußischer Bundestagsgesandter machte er seine Erfahrungen mit der Vormacht Österreich und wandelte seine politische Einstellung zu einem Konservativismus neuen Typs, der ohne ideologische Bindungen „Realpolitik", rational kalkulierte Macht- und Interessenpolitik, betrieb.

Verfassungskonflikt

Bismarck

Als Ministerpräsident schlug Bismarck zunächst einen scharf antiparlamentarischen Kurs ein. Das Abgeordnetenhaus wurde aufgelöst; in den folgenden Jahren regierte er ohne gesetzlich genehmigtes Budget. Verfolgungs- und Einschüchterungsmaßnahmen gegen Oppositionelle trugen ihm den Hass der Liberalen ein. Noch einmal hatte sich die alte preußische Auffassung der Monarchie gegen die liberalen Vorstellungen durchgesetzt.

In der Außenpolitik schien es, als handele Bismarck nach seinem Ausspruch von 1862, die „großen Fragen der Zeit" würden „durch Eisen und Blut" entschieden. In Wirklichkeit führte Bismarck das deutschlandpolitische Programm der Liberalen durch. Nach geschickter diplomatischer Vorbereitung – so unterstützte er Russland bei der Niederschlagung des polnischen Aufstands von 1863 – führte Preußen unter seiner Regierung drei Kriege, die die außenpolitischen Hindernisse der deutschen Einigung aus dem Weg räumten:

Deutschlandpolitik

- Als der Konflikt um Schleswig-Holstein durch Dänemark von neuem entbrannte (1864), gelang es, Österreich in eine gemeinsame Front einzubeziehen. Nach der dänischen Niederlage wurde dieses alte Problem durch die endgültige Trennung der beiden Herzogtümer von der Krone Dänemark gelöst.
- Der schwelende Konflikt zwischen Preußen und Österreich verschärfte sich durch die gemeinsame Verwaltung der beiden Länder. Nachdem preußische

Truppen vertragswidrig Holstein besetzt hatten, erwirkte Österreich eine Bundesexekution gegen Preußen. Militärisch wurde der Krieg durch den preußischen Sieg bei Königgrätz (Sadowa) am 3. Juli 1866 entschieden. Österreich musste die Auflösung des Deutschen Bundes und die Annexion seiner Verbündeten Hannover, Nassau, Kurhessen und Frankfurt hinnehmen. Mit der Gründung des Norddeutschen Bundes, einer Föderation aller nördlich des Mains gelegenen deutschen Staaten unter preußischem Präsidium mit einem nach allgemeinem Wahlrecht gewählten Reichstag, zeichnete sich die künftige Reichseinigung bereits ab.

Deutsch-Französischer Krieg

● Dieser stand aber noch der entschiedene Widerstand Frankreichs entgegen. Ein Konflikt um die Kandidatur eines Hohenzollern für den spanischen Königsthron gab den Anlass zum Krieg. Den massiven Druck der französischen Regierung gegen diesen Plan nutzte Bismarck zu einem diplomatischen Schachzug – die verfälschte Wiedergabe der „Emser Depesche" –, um Frankreich vor der Weltöffentlichkeit ins Unrecht zu setzen und zur Kriegserklärung zu provozieren. An diesem Krieg, der als deutscher Nationalkrieg angesehen wurde, nahmen auch die süddeutschen Staaten teil. Die Gefangennahme Napoleons III. beim Fall der Festung Sedan (3.9.1870) führte zur Ausrufung der 3. Französischen Republik.

Kaiserproklamation

Noch während des Feldzugs in Frankreich begannen die Verhandlungen zwischen Preußen und den süddeutschen Fürsten um die künftige Verfassung des Deutschen Reiches. Bayern und Württemberg sicherten sich unter anderem eine eigene Armee, Post und Eisenbahn. Gegen eine Summe von 5 Millionen Goldmark bot König Ludwig II. von Bayern dem preußischen König offiziell die Krone an. Als Staatsoberhaupt führte dieser künftig den Titel „Deutscher Kaiser". Im Spiegelsaal des Versailler Schlosses erfolgte am 18.1.1871 die Kaiserproklamation vor den deutschen Fürsten. Drei Monate später wurde die Reichsverfassung verkündet.

MATERIAL 1 **Erklärung freisinniger Vaterlandsfreunde (Hannover, 19.7.1859)**

Diese Erklärung gilt als eines der Gründungsdokumente des Deutschen Nationalvereins.

[...] Nur eine größere Konzentrierung der militärischen und politischen Gewalt, verbunden mit einem deutschen Parlament, wird eine Befriedigung des politischen Geistes in Deutschland, eine reiche Entwicklung seiner inneren Kräfte und eine kräftige Vertretung und Verteidigung seiner Interessen gegen äußere Mächte herbeiführen können. Solange das deutsche Volk an einer Reform seiner Verfassung noch nicht verzweifelt und nicht allein von einer revolutionären Erhebung Rettung vor inneren und äußeren Gefahren sucht, ist der natürliche Weg: dass eine der beiden großen deutschen Regierungen die Reform unserer Bundesverfassung ins Leben zu führen unternimmt. [...] Ein großer Teil von Deutschland – und wir mit ihm – hegt daher die Erwartung, dass Preußen [...] die Initiative für eine möglichst rasche Einführung einer einheitlichen und freien Bundesverfassung ergreift. [...]

Umgeben von autokratisch regierten, stark zentralisierten Militärstaaten, können in Mitteleuropa nur straffer organisierte Völker und Staaten ihre Unabhängigkeit und Existenz auf die Dauer retten. Und besser ist es doch, einen Teil seiner Regierungsbefugnisse

auf eine deutsche Bundesgewalt zu übertragen, als sie ganz an Frankreich oder Russland zu verlieren.
Groß sind die Gefahren für Europa und Deutschland. Nur rasche Entschlüsse können Hilfe bringen. Möge daher Preußen nicht länger zögern, möge es offen an den patriotischen Sinn der Regierungen und den nationalen Geist des Volkes sich wenden und schon in nächster Zeit Schritte tun, welche die Einberufung eines deutschen Parlaments und die mehr einheitliche Organisation der militärischen und politischen Kräfte Deutschlands herbeiführen [...].

(Aus: Hans Fenske (Hrsg.), Der Weg zur Reichsgründung 1850–1870. Quellen zum politischen Denken der Deutschen im 19. und 20. Jahrhundert, Band V, Darmstadt 1977, S. 172ff.)

MATERIAL 2 Ferdinand Lassalle über die Krise von 1859

Wenn es irgendeine feststehende Tatsache gibt, so ist es die, dass die deutsche Einheit bisher durch nichts anderes verhindert wurde als durch den Dualismus von Preußen und Österreich. Der deutsche Bund war eine streng logische Schöpfung. Er war nicht eine Herstellung der deutschen Einheit; er war nur die organisierte Form der deutschen Uneinigkeit. [...]
In die Wirklichkeit übersetzt heißt jenes „Kein Österreich, kein Preußen" nichts anderes als: Österreich muss zerfetzt, zerstückt, vernichtet, zermalmt – wir sprechen nur von dem Staatsbegriffe Österreich – seine Asche muss in alle vier Winde zerstreut werden! Wir sprechen hier durchaus nicht in einem spezifisch-preußischen, wir sprechen in dem rein deutschen Bewusstsein von der Welt. Wir würden ebenso sprechen, wenn wir Österreicher wären. Dies ist der einzige Weg zur deutschen Einheit. Die selbständige Weltstellung, welche Österreich gestützt auf seine außerdeutschen Besitzungen einnimmt – das ist die Ursache des deutschen Dualismus und der Unmöglichkeit der deutschen Einheit.
Mit der Zerstückelung von Österreich fällt das besondere Preußen von selbst, wie der Satz mit seinem Gegensatz verschwindet. Österreich vernichtet – und Preußen und Deutschland decken sich! [...]
Wie man auch über die Form dieser Einheit denke, ob man sie sich denke als deutsche Republik, als deutsches Kaisertum, oder endlich als straffe Föderation unabhängiger Staaten, – alle diese Fragen können zur Zeit offene bleiben. Alle diese Parteien müssen jedenfalls, wenn sie die Intelligenz des Selbstverständnisses haben, zusammenwirken zu der für jeden dieser Fälle unerlässlichen Vorbedingung, zu der Vernichtung Österreichs. [...]
Der italienische Krieg ist also nicht nur geheiligt durch alle Prinzipien der Demokratie – er ist auch im höchsten Grade im Vorteil der deutschen Nation gelegen. [...]

(Aus: Ferdinand Lassalle, Der italienische Krieg und die Aufgabe Preußens (1859), in: Ders., Gesammelte Reden und Schriften, Bd. 1, hrsg. von Eduard Bernstein, Berlin 1919, S. 54ff.)

1. Vergleichen Sie den in Material 1 vorgeschlagenen Weg zur deutschen Einigung mit dem Bassermanns (s.o. S. 41). Gehen Sie insbesondere auf den Stellenwert der deutschen Nationalbewegung und des deutschen Parlaments ein.
2. Welche Konsequenzen würden sich hieraus für die Stellung der Liberalen im künftigen deutschen Reich ergeben?
3. Worin sieht Lassalle (Material 2) die Hemmnisse der deutschen Einheit? Vergleichen Sie sein Politikverständnis mit dem des Nationalvereins.

MATERIAL 3 Eine württembergische Zeitung über die Feiern zu Schillers 100. Geburtstag

Die Feier galt nicht dem dichterischen Genius Schillers allein. Ihre großartigen Dimensionen, die lebendige und aufopfernde Theilnahme in Kreisen, wohin vielleicht kaum der Name Schillers gedrungen, die Feuer auf den Bergen, wie sie am 18. Oktober da und dort noch emporlodern, die schwarzrothgoldenen Fahnen in den Festzügen und auf den Häusern [...] – all dies bestätigt: das Fest hatte die Bedeutung einer Demonstration für die politische Einigung Deutschlands. Die Einheit des deutschen Volks ist vorhanden in seinem geistigen Leben, in Sprache, Bildung, Literatur; nur unsere politischen Zustände entziehen sich ihr. Schiller ist der größte Repräsentant jener geistigen Einheit seines Volks, aber nicht als solchem allein wurde ihm gehuldigt. Der nationale Geist strebt mächtig nach einem politischen Dasein, aber der Held fehlt, die Nation in diesem Streben zu leiten und dem hohen Ziele sieghaft zuzuführen. So hat die deutsche Nation, bis der Held sich findet, die deutsche Fahne in die Hände ihres Lieblingsdichters gegeben und huldigte in der Feier Schillers dem Fahnenträger und der Fahne. [...]

(Aus: „Der Beobachter“ vom 16.11.1859)

MATERIAL 4 Bismarck über die Nationalbewegung

Preußen, gestützt nur auf die Waffen und Genossen von 1848, öffentliche Meinung, Landtage, Vereine, Freischaaren und die kleinen Contingente in ihrer damaligen Verfassung, hätte sich auf ein hoffnungsloses Beginnen eingelassen und unter den großen Mächten nur Feinde gefunden, auch in England. Ich hätte den Minister als Schwindler und Landesverräther betrachtet, der in die falsche Politik von 1848, 49, 50 zurückgefallen wäre [...]. Sobald aber Oestreich mit uns war, schwand die Wahrscheinlichkeit einer Coalition der anderen Mächte gegen uns. Wenn auch durch Landtagsbeschlüsse, Zeitungen und Feste die deutsche Einheit nicht hergestellt werden konnte, so übte doch der Liberalismus einen Druck auf die Fürsten, der sie zu Concessionen für das Reich geneigter machte. [...]

(Aus: Gedanken und Erinnerungen von Otto Fürst von Bismarck. Volksausgabe, Stuttgart und Berlin 1915, Bd. 2, S. 26)

Österreichische Karikatur, 1870

1. Erklären Sie, warum Schiller als „Repräsentant der geistigen Einheit“ Deutschlands angesehen wird.
2. Wie stellt sich der Autor den Weg zur politischen Einheit Deutschlands vor? Welcher Unterschied zu den Vorstellungen von 1848 wird erkennbar?
3. Welche Rolle schreibt Bismarck dem deutschen Liberalismus zu? Vergleichen Sie mit Material 1.

5.2 Die Verfassung des Kaiserreichs – Spiegel seiner Modernität?

Im Bündnis mit den deutschen Fürsten, aber auch mit der bürgerlichen nationalen und liberalen Bewegung hatte Preußen unter Bismarcks Führung die deutsche Einheit zustande gebracht. Wie würde es gelingen, diese heterogenen Elemente in einer Verfassung zu integrieren? Wie föderalistisch, wie national, wie monarchisch, wie liberal, wie demokratisch, wie preußisch-konservativ würde das neue Deutsche Reich werden?

Bundesrat

Die Verfassung von 1871 war ein Versuch, diese verschiedenen Elemente zu verbinden, ins Gleichgewicht zu bringen oder gegeneinander auszuspielen. Nach der Präambel war das Reich ein Bund der 22 souveränen Fürsten und der drei freien Hansestädte; die Staatsgewalt ging also nicht aus der Volkssouveränität hervor. Föderales Organ war der Bundesrat, in dem weisungsgebundene Vertreter der Fürsten an der Legislative teilnahmen. Er konnte die Gesetzesinitiativen des Reichstags abblocken und diesen, zusammen mit dem Kaiser, sogar auflösen, diente also auch als Bollwerk gegen den Parlamentarismus. Als solches war er in seiner Stellung unangreifbar, durch keine Wahl, kein Misstrauensvotum zu beeinflussen. Zugleich war er aber auch ein Instrument der preußischen Hegemonie. Mit 17 von 58 Stimmen hatte Preußen zwar scheinbar nur wenige Vertreter – es stellte mehr als zwei Drittel der deutschen Einwohner – doch genügten 14 Stimmen als Sperrminorität gegen jede Verfassungsänderung. Gesetzesinitiativen des Bundesrats stammten häufig aus den preußischen Ministerien, die in Berlin parallel zu den Reichsämtern fungierten; Letztere wurden nicht von Ministern, sondern von weisungsgebundenen Staatssekretären geleitet, die häufig gleichzeitig zu preußischen Ministern ohne Geschäftsbereich ernannt wurden. Preußens Hegemonie zeigt sich auch daran, dass der Reichskanzler, der den Vorsitz im Bundesrat führte, fast immer mit dem preußischen Ministerpräsidenten identisch war. Bismarck trat im Reichstag meistens als Sprecher des Bundesrats auf. Durch das Übergewicht Preußens mit seinen vormodernen, feudalen Strukturen war dem Reich eine schwere Hypothek auferlegt.

Stellung des Kaisers

Integrationsfigur und Verkörperung der Reichseinheit war der Kaiser – zugleich immer preußischer König – der von den Bürgern als der wahre Souverän angesehen wurde. Seine Macht war an Verfassung und Rechtsstaatlichkeit gebunden, doch reichten seine Befugnisse an die vorkonstitutioneller Monarchen heran. Er ernannte nach eigenem Gutdünken den Reichskanzler und Staatssekretäre, hatte den Oberbefehl über die Armee, entschied über Krieg und Ausnahmezustand und vertrat das Reich nach außen. Sein Vertrauen allein trug den Reichskanzler, der den Kurs der Politik bestimmte.

Reichstag

Das nationale und demokratische Element verkörperte der Reichstag, der zugleich ein unitarisches Gegengewicht gegen den Föderalismus darstellte. Aus vorwiegend taktischen Gründen hatte Bismarck das allgemeine, gleiche, direkte und geheime (Männer-)Wahlrecht eingebracht, nämlich in der Erwartung, dass die Unterschichten konservativ wählen würden, während die besitzbürgerlichen Liberalen durch ein Zensuswahlrecht Vorteile gehabt hätten. Das absolute Mehrheitswahlrecht und die Wahlkreiseinteilung begünstigten allerdings einseitig die ländlichen Wahlkreise; sozialdemokratische Kandidaten in Industriestädten benötigten ein Mehrfaches der Stimmen zum Mandatsgewinn. Abgeordnetendiäten konnten erst 1907 durchgesetzt werden.

Budgetrecht

Nur im Zusammenwirken mit dem Bundesrat übte der Reichstag die Gesetzgebung aus; gegen den Bundesrat und den Kaiser konnte er keine Gesetze durchsetzen, diese allerdings auch nicht gegen ihn. Auch sein grundsätzlich anerkanntes Budgetrecht war eingeschränkt. Auf der Ausgabenseite war festgelegt, dass die Militärausgaben – der weitaus größte Posten im Reichshaushalt – nur alle sieben (später fünf) Jahre bewilligt wurden (Septennat), eine Kürzung faktisch also nicht möglich war. Auf der Einnahmeseite war auch wenig Spielraum gegeben, da sich das Reich aus indirekten Steuern, Zöllen und den Matrikularbeiträgen der Einzelstaaten finanzierte, die nur schwer zu verändern waren. Das Kontrollrecht über die Reichsleitung war zwar gegeben, hatte aber keine Konsequenzen für den Verbleib im Amt. Trotzdem konnte der Reichstag seine Stellung auf die Dauer ausbauen, wurde er Ort der Diskussion, der Integration divergierender Interessen und Strömungen. Auf Dauer war auch keine Regierung gegen die Reichstagsmehrheit möglich. Die Stärke der Exekutive war indes so groß, dass schon zeitgenössische Kritiker von „Scheinkonstitutionalismus“ oder „Semiabsolutismus“ sprachen. Erst im Angesicht der drohenden Niederlage im 1. Weltkrieg wurde die Reichsverfassung reformiert, das Reich für wenige Tage eine parlamentarische Monarchie.

MATERIAL 5 **Die Verfassung des Deutschen Reiches von 1871**

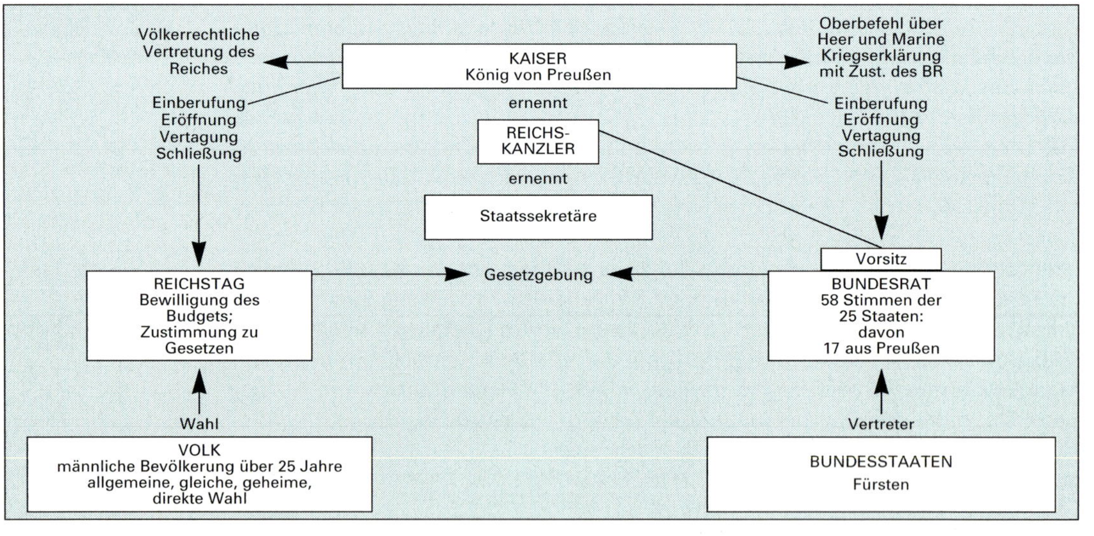

1. Vergleichen Sie die Verfassung von 1871 mit der von 1849 (s. S. 56) unter folgenden Aspekten: Stellung der Volksvertretung; Befugnisse der Exekutive; Befugnisse des Bundesrats. Stellen Sie auch fest, wieweit liberale, demokratische, föderative, hegemoniale, zentralistische (unitarische) Prinzipien jeweils zum Tragen kommen.

MATERIAL 6 Karikatur aus dem Kladderadatsch (1878)

Friß, Vogel, oder stirb!

1. Erläutern Sie die Darstellungsabsicht der Karikatur und vergleichen Sie deren Aussage mit den Bestimmungen der Reichsverfassung von 1871 (Verfassungsschema).

MATERIAL 7 Ein konservativer Reichstagsabgeordneter zum Verhältnis von militärischer zu ziviler Gewalt

[...] Der Aufbau des Bismarck'schen Reiches zeigt zwei ganz getrennte Seiten, eine zivile, demokratische und eine militärische, autokratische. Die erste Seite hatte ihre stärkste Verkörperung in dem auf Grund des allgemeinen, gleichen und geheimen Wahlrechts gewählten Reichstage. Die zweite bestand aus der Krone und dem Heer. Die Verbindung zwischen Krone und Heer bildete die kaiserliche Kommandogewalt. [...] Mit ihr war der Kaiser, der die Verfassung ja nicht beschworen hatte, jederzeit imstande, natürlich nur im Notfall, durch einfachen Befehl an die Armee die Staatsordnung wiederherzustellen.

[...] Diese Dinge kannten die Linken und im Zentrum die Leute um Erzberger sehr genau. Sie wussten, was sie taten, wenn sie mit ihren Angriffen auf die Abschaffung der kaiserlichen Kommandogewalt abzielten. Umso mehr hielt ich es für meine Aufgabe, für ihre Erhaltung mit aller Entschiedenheit einzutreten.

[...] Der freisinnige Abgeordnete Müller-Meiningen war geschickt genug, um seinen Angriff gegen die kaiserliche Kommandogewalt in einen Angriff gegen das Offizierskorps überhaupt einzuhüllen. Zur Verteidigung dieses Offizierskorps sagte ich damals in der vollen Öffentlichkeit einer Reichstagssitzung: „Wie ist es jetzt? Wenn ein Leutnant an einer Ecke laut hustet, hat er die Besorgnis, dass es im Reichstag zur Sprache kommt. Das ginge ja noch. Aber wir wollen doch dafür sorgen, dass er nicht die Besorgnis haben muss, dass nun auf das Urteil des Reichstages ein Gewicht gelegt wird, was früher nicht der Fall war. Meine Herren, darunter leidet der Offiziersstand. Er muss darunter leiden, ein Stand, der persönlich mit dem allerhöchsten Kriegsherrn zusammenhält, und den im Übrigen die Öffentlichkeit nichts angeht! [...]

Ja, meine Herren, das ist auch eine preußische Tradition, und dass Ihnen diese Tradition nicht

passt, das glaube ich Ihnen sehr gern. Der König von Preußen und der deutsche Kaiser muss jeden Moment imstande sein, zu einem Leutnant zu sagen: „Nehmen Sie zehn Mann und schließen Sie den Reichstag!“ [...]
Das Wort vom Leutnant und den 10 Mann erregte großes Aufsehen. [...] Zu meinem eigenen Erstaunen hatte dieses Wort auch bei der Masse gezündet. Denn als wenige Tage später eine neue Reichstagssitzung stattfand, war der Platz vor dem Wallotbau schwarz vor Menschen. Es gelang mir aber, ohne erkannt zu werden, in den Reichstag hineinzukommen. Drinnen hörte ich dann von den Fraktionsgenossen, man habe irgendeinen Unbekannten für mich gehalten und verdroschen.

(Aus den Erinnerungen des Reichstags-Abgeordneten Oldenburg-Januschau, in: Historisches Lesebuch 2 (1871–1917), hrsg. von G.A. Ritter; S. 88ff.)

MATERIAL 8 Erklärung des Abgeordneten von Zoltowski-Kröben namens der Polnischen Fraktion im Deutschen Reichstag, 1.4.1871

Ich und diejenigen Herren, welche mit mir die Interessen der unter preußischer Herrschaft stehenden polnischen Landesteile in diesem hohen Hause zu vertreten haben – wir wissen recht wohl das großartige Werk der Vereinigung Deutschlands zu würdigen. Wir begreifen, wie groß die Freude sein muss, welche eines jeden Deutschen Herz erfüllt bei dem Gedanken an die glänzenden Ereignisse des jüngsten Krieges und an die Resultate, welche er durch das Zustandekommen der deutschen Einheit mit sich gebracht hat. Diese Freude, wir teilen sie sogar mit Ihnen von unserem Standpunkte aus. Denn wir finden in dem gedachten Einigungswerke Deutschlands die kräftigste Bestätigung eines Prinzips, für dessen Aufrechterhaltung wir von jeher stets aufgetreten sind und aus dem wir unsere unverjährbaren Rechte herleiten: Ich meine das Nationalitätsprinzip.
(Der Redner bekräftigt mit dem Nationalitätsprinzip die deutschen Ansprüche auf Elsass-Lothringen.)
Wir werden offenbar die Letzten sein, meine Herren, welche einer solchen Auffassung entgegentreten. Ist dieselbe aber einmal als richtig anerkannt, so muss man, der Logik der Tatsache folgend, auch den Mut haben, die aus derselben sich ergebenden Konsequenzen anzunehmen.
Meine Herren, in der Thronrede sind folgende Worte ausdrücklich aufgenommen: Die Achtung, welche Deutschland für seine eigene Selbständigkeit in Anspruch nimmt, zollt es bereitwillig der Unabhängigkeit aller anderen Staaten und Völker, der schwachen wie der starken.

[...] Wir hegen daher die Hoffnung, dass bei der jetzt vorgenommenen Regulierung der deutschen Verhältnisse die Proteste endlich berücksichtigt werden, welche seit dem Jahre 1848 unsrerseits bei jedem Versuche einer Gebietserweiterung des Deutschen Bundes erhoben worden sind, gegen die Einverleibung der unter preußischer Herrschaft stehenden polnischen Landesteile in den Norddeutschen, respektive in den Deutschen Bund. [...] Wir können uns daher unmöglich mit einem Verfassungsentwurf zufrieden erklären, welcher das Werk der nationalen Konstituierung Deutschlands damit beginnt, dass er den Polen die ihnen auf Grund internationaler Verträge unbestritten zustehenden Rechte verkennt. [...]

(Aus: Hans Fenske (Hrsg.), Im Bismarckschen Reich 1871–1890. Quellen zum politischen Denken der Deutschen im 19. und 20. Jahrhundert, Bd. VI, Darmstadt 1978, S. 43ff.)

1. Erläutern Sie Oldenburg-Januschaus Politik- und Verfassungsverständnis (Material 7).
2. Welchen Widerspruch zwischen den Prinzipien der Reichsgründung und der Realität sucht der Redner (Material 8) zu entlarven?

5.3 Integrieren und Ausgrenzen – die politische Kultur des Deutschen Reiches

25 Staaten mit 41 Millionen Einwohnern sollten zu einer Nation verschmelzen – eine Integrationsleistung von ungeahntem Ausmaß war zu erbringen. Nach der äußeren Reichsgründung von 1871 musste eine „innere" folgen, wenn der neue Staat Bestand haben sollte. Nicht nur um eine Angleichung der Strukturen und Institutionen ging es, sondern auch darum, einen Grundkonsens herzustellen, mit dem die politische Ordnung sich legitimieren konnte.
Von großer Bedeutung für den wirtschaftlichen Fortschritt war die Errichtung eines einheitlichen Währungsraums. Sieben verschiedene Währungen wurden durch eine, die Mark, ersetzt; die Preußische Bank wurde zur Reichsbank umgewandelt. Schon der Norddeutsche Bund hatte Vorarbeiten für die Rechtseinheit geleistet; sein Strafgesetzbuch, das von manchen Staaten ein hohes Maß an Anpassung verlangte, wurde nun zum Reichsstrafgesetzbuch erweitert. Schon vor 1871 war das Handelsrecht vereinheitlicht worden, umfasste der Zollverein bis auf Hamburg und Bremen alle deutschen Staaten. Krönung der Rechtspolitik wurden die Gründung des Reichsgerichts (1877) und das Bürgerliche Gesetzbuch (1896), dessen Ausarbeitung fast ein Vierteljahrhundert dauerte. Liberale Politiker waren an den Einheitsgesetzen maßgeblich beteiligt – sollte sich ihr Ziel, regierungsfähig zu werden, auf diesem Wege verwirklichen lassen? Wie sah es mit der Integration politischer und gesellschaftlicher Gruppen aus?

Einheitlicher Wirtschafts- und Rechtsraum

Liberale

Der deutsche Liberalismus hatte sich 1866 im Streit um die „Indemnität" der Regierung Bismarck, die Straflosigkeit für die mehrjährige Regierung ohne Budget, gespalten. Unter dem Eindruck des Erfolgs gegen Österreich hatte sich die Nationalliberale Partei von der Fortschrittspartei abgespalten und trug nun Bismarcks Politik bis 1879 mit, während die Linksliberalen in der Opposition blieben.
Beide waren einem langfristigen Wählerschwund ausgesetzt. Das Ziel der Einigung war erreicht, ihr zweites großes Ziel, die Parlamentarisierung, wurde nicht verwirklicht. Zudem war ihre soziale Basis nach der Gründung der Arbeiterparteien auf das Bürgertum beschränkt. Die „konservative Wende" von 1878/79, die man sogar eine „zweite Reichsgründung" genannt hat, machte allen liberalen Illusionen ein Ende.

Konservative

Die Politik des Jahres 1866 hatte auch zur Spaltung der Konservativen geführt. Während die altpreußischen Legitimisten Bismarcks Annexionen als Verstoß gegen göttliches Recht verurteilten, unterstützte ihn die neue Freikonservative Partei ohne Vorbehalt. 1876 erst gründeten auch die Altkonservativen eine Partei, die Deutschkonservative Partei. Obwohl beide zusammen nie mehr als 26 % der Wählerstimmen erreichten, ging ihr Einfluss weit über den anderer Parteien hinaus.

Eliten

Zur Struktur des Kaiserreichs gehörte die informelle Herrschaft nichtparlamentarischer Eliten. Hier hatten die adligen Konservativen ihre Bastion. Ihre Stellung im ostelbischen Grundbesitzeradel, in der Bürokratie, in der evangelischen Kirche und im Militär war unangreifbar. Vor allem die verfassungsmäßige Sonderstellung des Militärs, die direkte Unterstellung unter den kaiserlichen Oberbefehl, das Fehlen einer wirksamen parlamentarischen Kontrolle – es gab auch keinen Reichskriegsminister – führte zu einer Verselbständigung, der auch das gesellschaftliche Prestige des Offiziersberufs entsprach, der seit den Einigungskriegen zum Leitbild geworden war. Eine bürgerliche Karriere in Staat oder Wirtschaft war ohne den Reserveoffiziersgrad nicht mehr vorstellbar. Aber auch Bauern oder Arbeiter sollten über die allgemeine Wehrpflicht, die „Schule der Nation", integriert und diszipliniert, vor allem gegen sozialdemokratische Tendenzen immunisiert werden. Der Soldat müsse, so Kaiser Wilhelm II., im Falle „sozialistischer Umtriebe" sogar die eigenen Brüder und Eltern niederschießen. Mitgliederstarke Kriegervereine trugen das militärische Denken weiter und führten zu einer Militarisierung der Gesellschaft, die sich in der Episode des „Hauptmanns von Köpenick" entlarvte und lächerlich machte. Schließlich war auch der Tag von Sedan (2. September), nicht der Tag der Reichsgründung der eigentliche Nationalfeiertag. Nur die Sozialdemokraten feierten unter sich den 18. März als Gedenktag des Berliner Aufstands von 1848.

Beamte

„Staatstragende" Funktion hatte im Obrigkeitsstaat auch das Beamtentum; der Zugang zu dieser Laufbahn wurde, vor allem unter dem preußischen Innenminister von Puttkamer (1881–1888), mit strenger Gesinnungskontrolle verbunden. Liberalen und Katholiken waren die oberen Ränge in der Regel versperrt, die Zugehörigkeit zur Sozialdemokratie führte zum Ausschluss.

Interessenverbände

Zu den modernen Zügen des Kaiserreichs, in denen sich die Zugeständnisse an die Bedürfnisse der Industriegesellschaft zeigen, gehört die Entstehung von Verbänden. Vor allem der „Centralverband deutscher Industrieller" (1876) und der „Bund der Landwirte" (1893) übten großen Einfluss aus. Die wirtschaftliche Langzeitkrise von 1873–1896, die zugleich eine Agrarkrise und eine industrielle Wachstumskrise war, führten zur Abkehr von der Freihandelspolitik und zum Protektionismus (s. S. 97–98). Die „Allianz von Rittergut und Hochofen" wurde von Bismarck als ein Gegengewicht zu den parlamentarischen Parteien gefördert. Im Bund der Landwirte wie auch besonders in der 1878 gegründeten „Berliner Bewegung" des Hofpredigers Stoecker machte sich im Lauf der Wirtschaftskrise ein lautstarker Antisemitismus vernehmbar; 1890 wurde sogar eine Antisemitische Volkspartei gegründet.

Diskriminierung von Minderheiten

Bismarcks Politik in diesem vielfältigen Kräftefeld war ein Balanceakt, ein Regieren mit wechselnden Mehrheiten, ein Ausspielen der verschiedenen Gruppen gegeneinander. Integration der Mehrheit wurde oft durch Diskriminierung von Minderheiten erkauft, durch die Konfrontation von „staatstragenden" Gruppen mit „Reichsfeinden" oder „vaterlandslosen Gesellen", zu denen neben den ethnischen Minderheiten wie Dänen und Polen auch Elsässer, Lothringer und Welfen (Anhänger des Hauses Hannover), schließlich Katholiken (s.u. S. 92 ff.), Linksliberale, Sozialisten und Gewerkschafter (s.u. S. 108f.) gehörten. Diese wurden nicht nur politisch, sondern auch gesellschaftlich vielfach benachteiligt. Zur Ideologie des Kaiserreichs gehörte aber die Vorstellung von der Überparteilichkeit des Kaisers und der Staatsorgane. Ein Kritiker nannte dies später die „Lebenslüge des Obrigkeitsstaates". Bindeglied dieser Gesellschaft war der Nationalismus, der einen Funktionswandel erfuhr: Ursprünglich eine demokratische Emanzipationsideologie gegen das Wiener Restaurationssystem wurde er nun eine konservative Integrationsideologie, die nach innen und außen immer aggressiver wurde.

Der Pfeil ist auf die Socialdemokraten gerichtet; wie aber, wenn er über das Ziel hinausfliegt?

Karikatur aus dem Kladderadatsch

MATERIAL 9 Ludwig Bamberger über „National" (1888)

[...] Mit der Nationalität allein läßt sich praktische Politik überhaupt nicht treiben. Die Nationalität im heutigen Sinn ist ein staatenbildendes Prinzip, aber nur eins neben anderen. [...]

Die mächtigsten Faktoren der Zeit bilden die Elemente, aus deren Mischung die gestaltende Macht der Nationalität hervorgegangen ist; Demokratie und Natursinn. Ihnen kam als Dritte im Bunde die moderne, raumverschlingende Technik zu Hilfe, welche den Staat zur großen Dimension hindrängt.

Den Sinn des Nationalen lehrt die Geschichte mit unverkennbarer Deutlichkeit. Was die Erhebung gegen Napoleon eingeleitet hatte, ward durch den Wiener Kongreß weiter entwickelt. Dieser weckte im Innern dieselbe Gegenströmung, welche die Eroberung von Außen wachgerufen hatte. [...] National sein bedeutete von da an, das Werk des Wiener Kongresses zu zerstören. Wenn bei uns im Gegensatz zu allen anderen modernen Großstaaten noch das Gespenst der Zersplitterung auftauchen kann, so läßt dieses Gespenst sich nur in der Gestalt des Wiener Kongresses denken, mit dem Gefolge des alten deutschen Bundestags und seiner großen und kleinen selbstherrlichen Dynastien. Nur diese und ihr Anhang von feudalen und spießbürgerlichen Hintersassen waren antinational, wurden deshalb auch überwunden und zur nationalen Einheit hingezwungen vom liberalen Geist, der sich gegen sie auflehnte. Wenn wir deshalb sehen, daß heute gerade diese damals überwundenen Elemente im nationalen Mantel drapiert auftreten, so springt es in die Augen, daß wir es nur mit einer Maskerade zu thun haben. [...]

Das nationale Banner in der Hand der preußischen Ultras und der sächsischen Zünftler ist die Karikatur dessen, was es einst bedeutet hat, und diese Karikatur ist ganz einfach so zustande gekommen, daß die überwundenen Gegner sich das abgelegte Gewand des Siegers angeeignet und dasselbe nach ihrer Fasson gewendet, aufgefärbt und zurecht gestutzt haben, um als die lachenden Erben der nationalen Bewegung darin einherstolzieren zu können. [...]

Von nun an geht es unaufhaltsam weiter, und Herz, was begehrst du? Wenn nur das Wort „national" davorgesetzt wird, ist das Unwiderstehliche geschaffen. [...]

(Aus: Ludwig Bamberger, National. „Die Nation" vom 22.9.1888, in: Gesammelte Schriften, Bd. V, Berlin 1897, S. 215ff.)

1. Wie hat sich laut Bamberger die nationale Idee nach 1871 verändert? Wer ist nach seiner Meinung dafür verantwortlich?
Welche Folgen für die politische Kultur in Deutschland ergeben sich daraus?

MATERIAL 10 Die Wandlung eines Liberalen 1863–1866

Der Historiker Hermann Baumgarten in einem Brief über Bismarck, 22.5.1863:

[...] Menschen, die Verfassung, Vernunft und Recht wie böse Buben verachten, muss man zittern machen. Man muss ihnen die lebhafte Besorgnis erregen, dass sie eines Tages wie tolle Hunde totgeschlagen werden. [...] Lassen Sie Bismarck auch nur vorübergehend aufkommen, so erscheint mir die Revolution unvermeidlich. [...]

Baumgarten 1866 in seiner Schrift „Der deutsche Liberalismus. Eine Selbstkritik":

An den größten Erlebnissen, die unsere Augen gesehen haben, sind wir gewahr geworden, wie höchst hinfällig doch selbst diejenigen Hypothesen waren, auf die wir wie auf Felsengrund unsere nationale und liberale Politik in den letzten Jahren gebaut hatten. Fast alle Elemente unseres politischen Systems sind durch die Tatsachen als irrtümlich erwiesen.
Wir würden diese Belehrung schwerlich akzeptieren, wenn sie mit unserem Unglück verknüpft wäre. Aber uns ist das fast Beispiellose widerfahren, dass unser Sieg unser Elend gewesen wäre, unsere Niederlage aber uns überschwengliches Heil gebracht hat [...] Ich bin der festen Überzeugung, dass eine befriedigende Lösung unserer politischen Aufgaben nur dann gelingen wird, wenn der Liberalismus aufhört, vorwiegend Opposition zu sein, wenn er dazu gelangt, gewisse unendlich wichtige Anliegen der Nation, für die nur er ein volles und aufrichtiges Verständnis hat, in eigener gouvernementaler Tätigkeit zu befriedigen, wenn wir einen wohltätigen, erfrischenden Wechsel liberaler und konservativer Regierungen bekommen. Der Liberalismus muss regierungsfähig werden. [...]
Kaum etwas wird bei meinen Parteigenossen größeren Anstoß erregen, als was ich über die notwendige Stellung des Adels in der konstitutionellen Monarchie sagte. [...] Mir scheint, die deutsche Art, der die neidische Gleichmacherei der Franzosen vollkommen fern liegt, würde es in jeder Weise erleichtern, wenn unser hoher Adel aus der falschen Stellung [...] zurückkehrte zu dem unendlich ehrenvollen und segensreichen Beruf einer wahren Aristokratie. [...]

(Aus: P. Wentzcke – Julius Heyderhoff (Hrsg.), Deutscher Liberalismus im Zeitalter Bismarcks. Eine politische Briefsammlung. Bd. I, Bonn-Leipzig 1925, S. 151; und: Geschichte in Quellen, Das bürgerliche Zeitalter 1815–1914, hrsg. v. Günter Schönbrunn, München 1980, S. 855f.)

MATERIAL 11 Liberale Bilanz nach 10 Jahren Reichstag. Der badische Nationalliberale Julius Jolly

[...] Verhältnißmäßig den geringsten Erfolg hatten bisher die Versuche des Reichstags, auf den Gang der Regierung als solcher (abgesehen vom Budget und der Gesetzgebung) einzuwirken. Bei der Besetzung der obersten politischen Reichsämter kamen, weit entfernt von den leisesten Anfängen des sogenannten parlamentarischen Systems, Wünsche und Bestrebungen des Reichstags so wenig zur Berücksichtigung, daß er re-

gelmäßig über Grund und Ziel eingetretener Personalveränderungen nicht einmal irgend eine Auskunft erhielt. [...]
Es versteht sich so ziemlich von selbst, daß bei dieser Lage der Verhältnisse dem Reichstag eine Einflußnahme auf die Leitung der auswärtigen Politik, auch wenn er eine solche ernstlich versucht hätte, höchst wahrscheinlich nicht gelungen wäre; es ist aber bekannt, daß das deutsche Volk gerade auf diesem Gebiet dem Reichskanzler eben so unbedingtes Vertrauen schenkt, wie es ihm zu unbegrenztem Danke verpflichtet ist, und von dieser Gesinnung ließen auch alle Partheien des Reichstags [...] sich leiten. [...]
Einen weit umfassenden und tief eingreifenden Einfluß hat der Reichstag von dem ersten Tage seines Bestehens auf die Gesetzgebung ausgeübt. Auch in dieser Beziehung bietet allerdings die junge Praxis des deutschen Reiches manche Erscheinung dar, welche mit den vorherrschenden konstitutionellen Anschauungen und Gebräuchen nicht immer in Einklang stehen. Man kann eine ziemliche Anzahl von Gesetzentwürfen der Regierung aufzählen, welche von dem Reichstag zum Theil fast einstimmig abgelehnt wurden, andere von diesem kraft seiner Initiative beschlossen, welchen umgekehrt zum Theil trotz ihrer öfteren Wiederholung die Regierung keine Folge gab. [...]

(Aus: Julius Jolly, Der Reichstag und die Partheien. Berlin 1880, S. 23ff.)

1. Fassen Sie die Folgerungen, die Baumgarten aus den Vorgängen von 1866 zieht (Material 10), zusammen. Welche Zukunftsperspektive ergibt sich für ihn daraus?
2. Wie beurteilen Sie den Gesinnungswandel vieler Liberaler nach 1866?
3. Vergleichen Sie Jollys Bilanz (Material 11) mit den Erwartungen Baumgartens.

MATERIAL 12 **Ergebnisse der wichtigsten Parteien in Reichstagswahlen 1871–1912**

Jahr	Wahlbeteiligung	Konservative[1]		National liberale		Linksliberale[2]		Zentrum		Sozialdemokratie	
		a	b	a	b	a	b	a	b	a	b
1871	50,7 %	23	94	30	125	9,3	47	18,6	63	3,2	2
1874	60,8 %	14,1	55	29,7	155	9	50	27,8	91	6,8	9
1877	60,3 %	17,7	78	27,2	128	8,5	39	24,8	93	9,1	12
1878	63,1 %	26,6	116	23,1	99	7,8	29	23,1	94	7,5	9
1881	56,1 %	23,7	78	14,6	47	23,1	115	23,2	100	6,1	12
1884	60,3 %	22	106	17,6	51	19,3	74	22,6	99	9,7	24
1887	77,2 %	25	121	22,3	99	14,1	32	22,1	98	7,1	11
1890	71,2 %	19,1	93	16,3	42	18	76	18,6	106	19,7	35
1893	67,7 %	19,2	100	13	53	14,3	48	19	96	23,3	44
1898	67,7 %	15,4	79	12,5	46	11,1	49	18,9	102	27,2	56
1903	75,3 %	13,4	75	13,9	51	9,3	36	19,7	100	31,7	81
1907	84,3 %	13,6	84	14,4	54	11	49	19,4	105	29	43
1912	84,5 %	12,2	57	13,7	45	12,3	42	16,4	91	34,8	110

1) Deutsche Konservative Partei und Deutsche Reichspartei (Freikonservative)
2) Liberale Vereinigung (1893 Freisinnige Vereinigung, 1910 Fortschrittliche Volkspartei), Deutsche Fortschrittspartei (1893 Freisinnige Vereinigung). Deutsche Volkspartei
a = Stimmenanteil in v. H.; b = Zahl der Mandate

(Nach: Informationen zur politischen Bildung 163, 1987, S. 28)

5.4 Der Kulturkampf – ein innenpolitischer Präventivkrieg gegen den politischen Katholizismus?

Bald nach der Reichsgründung entwickelte sich der Kulturkampf gegen die katholische Kirche; Hauptschauplätze waren die Bundesstaaten, bei denen die Kulturhoheit lag, insbesondere Preußen, aber auch das liberal regierte Baden, ferner Bayern und Hessen. Auf dem Höhepunkt dieses Kampfes waren in Preußen zeitweilig alle katholischen Bischöfe verhaftet oder ausgewiesen, etwa ein Viertel der Gemeinden war ohne Pfarrer.

Der Kulturkampf zwischen Staat und katholischer Kirche hatte viele Wurzeln und war keineswegs ein spezifisches deutsches, sondern ein gesamteuropäisches Phänomen in der Zeit zwischen 1870 und 1914. Kern des Konfliktes war das Verhältnis von Staat und Kirche. Der moderne Nationalstaat war religiös neutral, war ein säkularer Staat. Zugleich war er umfassend in seinem Anspruch, die öffentlichen Angelegenheiten zu regeln, etwa im Familienrecht oder im Schulwesen; diesbezügliche Ansprüche der Kirche auf Mitsprache musste er zurückweisen. Darin steckte ein gewaltiges Konfliktpotential. Es wurde noch angereichert durch ein unter den Katholiken weit verbreitetes Gefühl der Gefährdung und Bedrohung, eine Folge des seit der Französischen Revolution und der Säkularisation eingetretenen Machtverlustes der Kirche, der im Untergang des Kirchenstaates 1870 gipfelte. Als Reaktion darauf bemühte sich Papst Pius IX. (1846–1878), die wesentlichen Elemente der katholischen Glaubenslehre und ihren Unterschied zu den Weltanschauungen der modernen Zeit klar herauszustellen.

Papst Pius IX.

Syllabus errorum

Infallibilitätsdogma

Der Widerstand des Papstes artikulierte sich insbesondere gegen den vom Geist der Aufklärung durchdrungenen Liberalismus, den er 1864 in seiner Enzyklika „Syllabus errorum“ als Irrlehre der Zeit geißelte. Er bekämpfte auch die Ansicht, dass die Leitung der öffentlichen Schule allein dem Staat zustehe. Ein weiterer Schritt war das vom 1. Vatikanischen Konzil 1870 verkündete Infallibilitätsdogma; es stellte die Unfehlbarkeit des Papstes fest, wenn er sich lehrend in Glaubens- und Sittenfragen äußerte; solche „ex cathedra“ verkündeten Lehrsätze waren damit für alle Katholiken verbindliches Glaubensgut.

Ultramontanismus

Kulturkampf

Für die Liberalen war das Unfehlbarkeitsdogma ein Anschlag auf die Gewissensfreiheit. Entschlossen wollten sie „das Individuum in seiner Freiheit gegen den Missbrauch der Gewalt der Kirche“ schützen. Der von Rom aus hierarchisch organisierte Katholizismus wurde von deutschen Antiklerikalen – in polemischer Anspielung auf den jenseits der Alpen („ultra montes“) residierenden Papst – als Ultramontanismus bezeichnet. Der Kampf gegen ihn wurde für sie zum „Kulturkampf“, der, wie einer der herausragenden Liberalen, der Arzt Rudolf Virchow, verkündete, sich „aus der großen Entwicklung der Jahrtausende“ ergebe. Von der Prämisse ausgehend Religion sei Privatsache, wollten die Liberalen den kirchlichen Einfluss aus dem öffentlichen Leben verbannen. Die Kirche hielt dagegen an ihrem Anspruch fest, Individuum, Gesellschaft und Staat an die christliche Lehre zu binden. In dieser Auseinandersetzung verbündeten die Liberalen sich mit dem staatskonservativ geprägten Bismarck, der stets daran interessiert war, die staatliche Autorität durchzusetzen.

Bismarck hatte für seinen Kampf gegen die katholische Kirche andere Gründe als die Liberalen; für ihn war der Kulturkampf ein innenpolitischer Präventivkrieg gegen den politischen Katholizismus, der sich in der Zentrumspartei organisiert hatte. Den politischen Katholizismus – katholische Fraktionen und Zusammenschlüsse – gab es schon seit den 30er Jahren des 19. Jahrhunderts. Die Zentrumspartei ist aber erst 1870 gegründet worden; konkrete Bedrohungsgefühle im Rahmen des schon lange gewachsenen konfessionell-säkularen Gegensatzes und die Minderheitenposition der Katholiken im neuen Kaiserreich waren der Anlass.

Politischer Katholizismus

Die als Defensivaktion der Katholiken gedachte Parteigründung wurde von den Liberalen als Massenmobilisierung des Antimodernismus gedeutet. Bismarck dagegen erblickte in der föderalistisch und weitgehend großdeutsch orientierten Partei einen gefährlichen Angriff auf das kleindeutsch-preußische Reich, zumal sich das Zentrum mit den nichtdeutschen katholischen Minderheiten innerhalb des Reiches, den Polen und den Elsässern, verbündete. Darüber hinaus wählte es in der Person von Ludwig Windthorst einen Anhänger der 1866 durch Preußen aus Hannover vertriebenen Welfen zum Vorsitzenden. Bismarck hielt die Bildung einer antipreußischen Koalition um die großdeutsch gesonnenen Katholiken für möglich, denen sich auch die Gegner in den Kriegen von 1866 und 1870/71, Österreich und Frankreich, sowie die nationalpolnische Bewegung anschließen könnte. Deshalb bekämpfte er das Zentrum: Mit dem Kampf gegen die katholische Kirche wollte er deren Distanzierung vom Zentrum erreichen.

Ludwig Windhorst

Der von Bismarck vorangetriebene Kulturkampf hatte zwei Stoßrichtungen. Einerseits ging es um die Trennung von Kirche und Staat und darum, die Kirche aus dem öffentlichen Leben herauszudrängen: Die Kirche verlor im Wesentlichen ihre Funktionen in der Schulaufsicht; die Zivilehe wurde obligatorisch, die Möglichkeit eines Kirchenaustritts gesetzlich geregelt; im „Kanzelparagraphen" wurde den Priestern bei Strafe verboten, in Ausübung ihres Amtes die staatliche Politik zu kritisieren. Zum anderen griff der Staat in die inneren Angelegenheiten der Kirche ein und nahm den Kampf gegen das Zentrum auf: Reichsweit wurde der Jesuitenorden verboten, in Preußen auch fast alle übrigen katholischen Ordensgemeinschaften. Der Klerus wurde der staatlichen Aufsicht unterstellt; verschärfte Strafgesetze gaben dem Staat die Möglichkeit zu Polizeiaktionen und Verhaftungen. Das Zentrum konnte zwar an den Wahlen teilnehmen, doch wurde es als „reichsfeindlich" eingestuft und sollte so moralisch diffamiert werden; in den Parlamenten wurde es von den übrigen Parteien weitgehend boykottiert.

Stoßrichtung des Kulturkampfes

Mit seinen Maßnahmen erreichte Bismarck allerdings nur eine breite Unterstützung der Kirche durch die Gläubigen; außerdem förderte er auf diese Weise die Entstehung einer starken innerparteilichen Solidarität in der Zentrumspartei. Bismarck musste erkennen, dass seine Ziele im Kulturkampf weitgehend zum Scheitern verurteilt waren. Mit dem diplomatisch geschmeidigen neuen Papst Leo XIII. (1878–1903) kam es trotz des Widerstands der Liberalen schließlich zu einer Verständigung. Die meisten Kulturkampfgesetze wurden nach und nach aufgehoben; allerdings wurde an der staatlichen Schulaufsicht und an der Zivilehe festgehalten.

Scheitern des Kulturkampfes

MATERIAL 13 Verein der deutschen Katholiken, Aufruf 1872

Wir leben in Zuständen, welche man Verfolgung der Kirche zu nennen berechtigt ist. [...] Damit wir [...] über die Tragweite der kirchenfeindlichen Anstrengungen nicht länger im Unklaren bleiben, entzieht man der Kirche ihr heiliges tausendjähriges Recht auf die Schule, deren Gründerin sie ist; man tastet sogar ihre göttliche Mission auf die Erziehung überhaupt an. Daneben werden Ausnahmegesetze gegen den Klerus erlassen [...] und zum Hohne allen Rechts die ehrwürdigen Orden der katholischen Kirche verfolgt. [...]
Der Staat, das heißt jener Staat, wie ihn die Gegner der geoffenbarten Religion und der Kirche sich mit Willkür konstruieren und mit Leidenschaft zur Geltung zu bringen suchen, leidet keine günstige Macht in seinem irdischen Bereiche, welche ihm die Wahrheit sagt, wenn er irrt, sein Unrecht rügt, wenn er frevelt.

Wir dagegen stehen fest in unseren kirchlich-politischen Grundsätzen, welche uns Vernunft und Glauben lehren. Wir halten daran, dass es auf Erden zwei Gewalten gebe, die von Gott zum Heile des Menschengeschlechts bestellt sind; dass es aber der Wille Gottes ist, [...] beide Ordnungen nicht getrennt zu sehen. [...] Das richtige Verhältnis von Staat und Kirche aber erkennen wir aus den Zielen, welche beiden gesteckt sind: dort ein Ziel in der Irdischkeit, das sich notwendigerweise dem höheren ewigen Ziele des Menschen unterordnet, hier dieses ewige Ziel, das unendlich weit über dieses endliche Dasein hinausreicht und zu welchem sich jenes verhält wie das Mittel zum Zweck. Darum halten wir fest an der Weisung des göttlichen Stifters unserer heiligen Religion, dem Kaiser zu geben, was des Kaisers, und Gott, was Gottes ist.

(Aus: Hans Fenske (Hrsg.), Im Bismarckschen Reich 1871–1890, Darmstadt 1978, S. 83–86)

MATERIAL 14 Bismarck über den Kulturkampf

Rede im preußischen Herrenhaus (1873):
Die Frage, in der wir uns befinden, wird meines Erachtens gefälscht, und das Licht, in dem wir sie betrachten, ist ein falsches, wenn man sie als eine konfessionelle, kirchliche betrachtet. Es ist wesentlich eine politische, es handelt sich nicht um den Kampf, wie unseren katholischen Mitbürgern eingeredet wird, einer evangelischen Dynastie gegen die katholische Kirche, es handelt sich nicht um den Kampf zwischen Glauben und Unglauben, es handelt sich um den uralten Machtstreit zwischen Königtum und Priestertum [...] Es handelt sich um die Verteidigung des Staates, es handelt sich um die Abgrenzung, wie weit die Priesterherrschaft und wie weit die Königsherrschaft gehen soll, und diese Abgrenzung muss so gefunden werden, dass der Staat seinerseits dabei bestehen kann. Denn in dem Reiche dieser Welt hat er das Regiment und den Vortritt.

Rede im preußischen Abgeordnetenhaus (1872):
Ich habe [...] die Bildung dieser Fraktion (des Zentrums) nicht anders betrachten können als im Lichte der Mobilmachung der Partei gegen den Staat. [...] Wir hatten gehofft, an einer streng kirchlichen Partei eine Stütze für die Regierung zu gewinnen, die dem Kaiser gibt, was des Kaisers ist, die die Achtung vor der Regierung auch da, wo man glaubt, dass die Regierung irrt, in allen Kreisen, namentlich in den Kreisen des politisch weniger unterrichteten gemeinen Mannes, zu erhalten sucht. Ich musste mit Betrübnis und Befremden hören, dass die Wahlreden [...], die Presserzeugnisse, die auf die Wahlen hinwirkten, gerade an die Leidenschaft der unteren Classen, der Masse, appellierten, um sie zu erregen gegen die Regierung.

(Aus: Otto von Bismarck, Die gesammelten Werke, Band 11, Berlin 1929, S. 298, S. 225ff.)

1. Vergleichen sie die in beiden Texten zum Ausdruck kommenden Auffassungen über den Kulturkampf, das Verhältnis von Staat und Kirche und über den Staat.

MATERIAL 15 **Karikatur aus dem Kladderadatsch**

Die zeitgenössische Karikatur zeigt Bismarck und Papst Pius IX. beim Schachspiel.

1. Deuten Sie die Überlegungen und Schachzüge der Kontrahenten.

2. Informieren Sie sich über den Ausgang dieses Schachspiels.

MATERIAL 16 **Der Historiker Thomas Nipperdey beschreibt die Folgen des Kulturkampfes**

Der Kulturkampf hat die politische Situation in Deutschland wesentlich beeinflusst, vor allem die Position seiner drei Protagonisten. Bismarck hatte seine eigenen Motive, er wollte das Zentrum ausschalten. Aber er ist darüber auch zum Protagonisten einer liberalen Sache geworden. Gewiss hat er damit, eine durchaus erwünschte Nebenfolge, die Liberalen an sich gebunden und sich verpflichtet, aber Bindung und Verpflichtung galten auch umgekehrt. Er, der Konservative, wurde zum Wortführer einer modernen Sache gegen die Tradition, gegen konservative Mächte – das ist paradox genug. Das trennte Bismarck noch einmal scharf von seiner Herkunftspartei, den Konservativen. Das wieder intensivierte umgekehrt sein Bündnis mit den Liberalen und kam deren Einfluss zugute. [...]

Dann die Liberalen, zumal die Nationalliberalen. Sie stürzten sich in den Kulturkampf, er wurde ihnen Herzenssache. [...] Im Kulturkampf entwickelten die Liberalen ein geradezu manichäisches Weltbild, vom Kampf zwischen Licht und Finsternis, Fortschritt und Stagnation. [...] Aber darüber verschob sich ihr Ziel, ihre Priorität. An die Stelle der Veränderung der Machtstruktur rückte die Veränderung der Kultur. Sie haben sich in der Dialektik ihrer Ziele und Mittel verfangen, als sie Prinzipien der Toleranz und die Grundrechtsfreiheiten zugunsten polizeistaatlicher Maßnahmen, sei es auch im Namen der Geistesfreiheit und der Emanzipation vom klerikalen Joch, hintan stellten, nationale Identität und kulturelle Gleichartigkeit vor die Pluralität und das Recht auf Andersheit, Verschiedenheit setzten, ihr elitäres Aufklärungs- und Bildungsbewusstsein gegen die Dumpfheit und Verführtheit abergläubischer Massen. Im Namen der Freiheit wurden sie, wie so viele vor und nach ihnen zu Anwälten des starken Staates und seiner konkreten Freiheitsbeschränkungen. Das band sie an den Staat. Die Frage einer Erweiterung der parlamentarischen Macht trat zurück. Kurz, die liberalen „Siege" im Kulturkampf waren Einbußen an verfassungspolitisch liberaler Substanz. Der Kulturkampf stärkte zwar, einstweilen, die Liberalen, aber er schwächte die Position des Reichstages. [...]

Die wichtigste Folge [...] ist die innere Integration des katholischen Volksteils, die Bildung eines geschlossenen katholischen Milieus, die absolute Loyalität gegenüber der eben noch von der Vaticanum-Krise[1] erschütterten Kirche, die Solidarität mit der einen katholischen Partei, dem Zentrum. [...] Zugleich verschärfte sich für die Katholiken die Erfahrung der Ausgrenzung und Isolierung, des Gegensatzes zu den anderen, sie waren die „Reichsfeinde", ausgeschlossen aus der einen und wahren Nation. [...] Sie gerieten in ein Ghetto und haben sich darin – mit einer gewissen Leidenschaft – eingerichtet, abgegrenzt gegen die gefährlichen „anderen". Was 1870 im Ansatz da war, hat sich gewaltig noch intensiviert und verfestigt.
Das führt ... zu einem Blick auf die langfristigen Tiefenwirkungen für die deutsche Politik und ihre Lebensgrundlagen.

1. Die tiefe Erbitterung des Kulturkampfes, die staatliche Verfolgung, die Stigmatisierung von Oppositionskräften als Reichsfeinde, die Moralisierung der politischen Auseinandersetzung, die Tendenz, ganz unterschiedliche Gegner zu parallelisieren, die rote und die schwarze Internationale z.B. [...], das bestimmt lange den politischen Stil, zwischen Obrigkeitsstaat und Bürgern, Regierung (und Regierungsparteien) und Oppositionsparteien, zumal, weil es sich dann in der Auseinandersetzung mit den Sozialdemokraten wiederholt. Das bleibt ein Erbe Bismarcks.

2. Die Milieus bleiben lange, auch nach dem Ende des Kulturkampfes wirksam, gegeneinander abgeschottet: „wir" und „sie". Das Volk zerfällt in zwei Nationen, wenn man von der dritten, den Sozialdemokraten, absieht. Das anti-katholische und das anti-liberale Sentiment überdauern in vielen und kruden Formen, aufgeladen von Emotionen und gern von Prinzipienreitern und Taktikern angeheizt bis zum Konfessionshass. [...]

3. Die Stabilisierung der Zentrumspartei ist für die Geschichte der Parlamentarisierung in Deutschland eine Blockade und ein Unglück gewesen. Das Zentrum war eine permanente Minderheit, die zugleich Rechte wie Linke in Deutschland Minderheit blieben ließ. Die Bildung jedenfalls von handlungsfähigen Mehrheiten war gewaltig erschwert. Das beließ das Schwergewicht der Politik bei der nichtparlamentarischen Regierung und die Parteien richteten sich dabei ein. Das Zentrum wollte auf die Dauer nicht Macht, sondern Einfluss im fortdauernden konstitutionellen System, das entsprach, so schien es, dem katholischen Interesse. Systempolitisch wurde es, paradox genug, zum Stabilisierer des Bismarck'schen Systems der Regierung über den Parteien.

[1] Vaticanum-Krise: Abspaltung der Altkatholiken. (Aus: Thomas Nipperdey, Deutsche Geschichte 1866–1918, Band 2, Machtstaat vor der Demokratie, München 1992, S. 380f.)

1. Erläutern Sie die Auffassung des Historikers Thomas Nipperdey über die unmittelbaren Folgen und die langfristigen Tiefenwirkungen des Kulturkampfes für die deutsche Politik.

6. Modernisierte Arbeitswelt im Kaiserreich

6.1 Vom „Gründerboom" zur Hochindustrialisierung

Ab etwa 1850 begann in Deutschland – ausgelöst durch den Eisenbahnboom – ein rasches Wirtschaftswachstum, der industrielle „Take-off". So stieg beispielsweise die Roheisenproduktion von 1850 bis 1860 um 250 Prozent. Die eigentliche Hochindustrialisierung, das Reifestadium der Industrialisierung, setzte jedoch erst im letzten Drittel des Jahrhunderts ein. Nimmt man wieder die Roheisenproduktion als Index, so hat sich diese von 1870 bis 1910 in England – bei allerdings hoher Ausgangsbasis – knapp verdoppelt, in Deutschland aber verzehnfacht. „Spät, schnell und gründlich" erfolgte die deutsche Industrialisierung nach einer griffigen Formel des Soziologen Ralf Dahrendorf, und er fragt, ob nicht gar „zu spät, zu schnell und zu gründlich". Als industrieller Nachzügler konnte sich Deutschland den Luxus einer allmählichen kapitalistischen Entwicklung nicht leisten, der Staat selbst engagierte sich zugunsten der Industrialisierung.

„Take-off"

Hoch-industrialisierung

Industrieller Nachzügler

Das Wirtschaftswachstum in Deutschland verlief nicht geradlinig und stetig; Phasen des wirtschaftlichen Aufstiegs wurden von Phasen der Stagnation und der Krisen unterbrochen. Ein markanter Entwicklungsschritt war der Gründerboom im Gefolge des deutsch-französischen Krieges und der Reichsgründung. Rüstungsaufträge und die von Frankreich bar zu leistende Kriegsentschädigung von fünf Milliarden Franken blähten die Wirtschaft gewaltig auf. Doch Börsenmanipulationen, fragwürdige Finanzierungsmethoden, Fehlinvestitionen und übereilte Firmengründungen ließen das Wirtschaftswunder wie ein Kartenhaus zusammenfallen: 1873 kam es zum „Gründerkrach". Damit wurde eine Periode der Verlangsamung des wirtschaftlichen Wachstums eingeleitet, die – zumindestens zeitweise – von Produktionsrückgang und Preisverfall gekennzeichnet war. Wirtschaftswissenschaftler nannten diese bis Mitte der 90er Jahre dauernde Periode „Große Depression".
Angesichts der internationalen Verflechtung der Wirtschaft begann ein gnadenloser Existenzkampf um in- und ausländische Märkte. In manchen Branchen ging man sogar dazu über, die Konkurrenz mit Dumpingpreisen, d.h. dem Verkauf unter dem Selbstkostenpreis, auszustechen.

Gründerboom

Gründerkrach

Große Depression

Dumpingpreise

Lohnsenkungen und Massenentlassungen führten zu einem Kaufkraftschwund, sodass sich trotz sinkender Preise die Absatzmöglichkeiten in engen Grenzen hielten. Zudem wurden neue und oft auch kostspielige Produktionsverfahren und -techniken eingeführt, z.B. in der chemischen und elektrischen Industrie, die Rationalisierungen ermöglichten, gleichzeitig aber den Weg zu Unternehmenskonzentrationen ebneten. Je mehr Kapital nämlich die Investitionen erforderten, desto größer (und damit kapitalkräftiger) musste das Unternehmen sein. Und je größer das Unternehmen war, umso eher waren Banken bereit, Kredite zu gewähren. Auf diese Weise kam es häufig zu einer engen Zusammenarbeit zwischen Banken und Großbetrieben, wobei die Banken über Kredit-

Unternehmenskonzentration

vergabe, Aktienkauf und -verkauf Einfluss auf die Geschäftspolitik der Konzerne und Betriebe nehmen konnten. Charakteristisch für die kapitalistische Wirtschaft in der Hochindustrialisierung war auch die Zunahme von Kartellen. „Kinder der Not" wurden sie damals genannt, denn ohne Absprachen über Preise, Produktionsmengen, Absatzgebiete usw. hätte die brisante Mischung aus Überproduktion und Preisverfall möglicherweise zu noch bedrohlicheren – hauptsächlich auf dem Rücken der Arbeiterschaft ausgetragenen – Wirtschaftskrisen geführt.

Kartelle

Überproduktion und Preisverfall

Landwirtschaft

Ungefähr zur gleichen Zeit geriet die Landwirtschaft in eine viel tiefer greifende Strukturkrise. Sie erfasste vor allem die Großagrarier östlich der Elbe, die sich nicht wie die Masse der Kleinbauern auf Veredelungsprodukte wie Obst, Gemüse, Tabak oder Wein umstellen konnten, sondern – auf relativ schlechten Böden – Getreide anbauen und über den Markt absetzen mussten. Nach dem Ende des amerikanischen Sezessionskrieges (1861–65) wurde das Eisenbahnnetz in den Mittleren Westen zügig ausgebaut. Dort erzielten die Farmer im feuchtheißen Sommerklima bei niedrigem Kapitaleinsatz hohe Erträge im Getreideanbau. Da zugleich die Weltschifffahrtslinien die Frachtraten ihrer Dampfer und Klipper erheblich reduzierten, konnte billiges amerikanisches Getreide den europäischen Markt überschwemmen. Die deutsche Landwirtschaft war auf dem Weltmarkt nicht mehr konkurrenzfähig und auf den deutschen Markt angewiesen. Dieser stand aber infolge der liberalen Wirtschaftspolitik ebenfalls den amerikanischen Getreideexporten offen.

Liberale Wirtschaftspolitik

Den Großagrariern gelang es, ihre seit 1875/76 spürbar schlechtere Ertragslage als Sorge der gesamten Landwirtschaft darzustellen, ja als nationales Überlebensproblem. Organisiert in kampfstarken Interessenverbänden forderten sie die Abkehr von der bis dahin auch von ihnen hochgehaltenen – weil ihren Getreideexporten förderlichen – Freihandelspolitik und die Hinwendung zur Schutzzollpolitik. Unterstützung in ihrem plötzlichen Bekenntnis zum Protektionismus fand die Landwirtschaft von Seiten der traditionellerweise auf außenwirtschaftliche Absicherung bedachten Textil- und Schwerindustrie. Der Druck von „Roggen und Eisen" auf die Reichsregierung wuchs, und trotz des Widerstands der Nationalliberalen, der Außenhandelswirtschaft und vieler anderer Befürworter des Freihandelsprinzips setzte Bismarck 1878/79 seine Schutzzollpolitik durch, wohl überzeugt davon, mit ihr den Absatz deutscher Produkte innerhalb des Reiches sichern und zugleich die geringen Steuereinnahmen des Deutschen Reiches aufbessern zu können. Landwirtschaft und Schwerindustrie konnten nun – durch entsprechend angehobene Außenzölle geschützt – dazu übergehen, die Inlandspreise herauf- und die Exportpreise herunterzusetzen. Auf diese Weise blieben sie auf dem Weltmarkt wettbewerbsfähig und sicherten sich ihren Gewinn auf dem Inlandsmarkt.

Schutzzollpolitik

Steuereinnahmen

Die Schutzpolitik im Agrarbereich, in dem noch immer über 40 Prozent aller Beschäftigten arbeitete, war ganz sicher auch eine Art praktischer Sozialpolitik und federte den Strukturwandel in der Landwirtschaft ab. In abgeschwächter Form galt das auch für die immer wieder von Krisen geschüttelte gewerbliche Industrie, die Schutz im Schatten des Protektionismus fand, und sich erst gegen Ende des Jahrhunderts wirklich stabilisierte und zugleich die Landwirtschaft aus ihrer führenden Stellung verdrängte.

MATERIAL 1 **Die Debatte über Schutzzoll- oder Freihandelspolitik im Reichstag vom 2. bis 9. Mai 1879**

Reichskanzler Fürst von Bismarck:
Einen mäßigen Schutz der einheimischen Arbeit verlangen wir. Wir sind weit entfernt von irgend einem System der Prohibition, wie es in den meisten Nachbarländern stattfindet, wie es in unserem früheren Hauptabnehmer Amerika stattfindet, Zölle von 60–80 Prozent im Durchschnitt. Alles das, was wir Ihnen geben als Schutzzoll, bleibt innerhalb der Grenzen der finanziellen Besteuerung, mit Ausnahme derjenigen, wo das Unterlassen eines höheren Schutzes erhebliche augenblickliche Nachtheile für zahlreiche Klassen unserer Mitbürger nach sich ziehen würde. [...] Wir sind bisher durch die weitgeöffneten Thore unserer Einfuhr die Ablagerungsstätte aller Überproduktion des Auslandes geworden; (und das) ist es, was unsere Preise und den Entwicklungsgang unserer Industrie, [...] am allermeisten drückt. Schließen wir unsere Thüren einmal, errichten wir die etwas höhere Barriere und sehen wir zu, daß wir mindestens den deutschen Markt, das Absatzgebiet, auf dem die deutsche Gutmütigkeit jetzt ausgebeutet wird, der d e u t s c h e n Industrie erhalten. [...] Wenn die Gefahr des Schutzzolles so groß wäre, müßte Frankreich längst seit Colbert ein ruinirtes Lands sein.

Abgeordneter Eugen Richter (Hagen):
Wir sind ein Land, das auf einer ganz anderen und höheren Stufe steht als diejenigen Länder, die man zum Vergleich anruft. Wir sind soweit entwickelt, daß unsere Ausfuhr zu einem großen Theil in Fabrikaten besteht, daß hier bei den Fabrikaten die Ausfuhr die Einfuhr mehr als um das Doppelte, mehr als das Dreifache übersteigt. Was würde denn sein, wenn der geschlossene Handelsstaat sich verwirklichte, wenn die 300 Millionen Fabrikate, die jetzt eingeführt werden, dann allerdings vielleicht theilweise im Land gemacht werden könnten, – aber nicht mehr im Lande hergestellt werden könnten jene 800 bis 900 Millionen Mark Fabrikate, die wir ausführen? Dann würden wir für 500 bis 600 Millionen Mark Fabrikate im Land weniger herstellen können. [...] Man nennt unsere Exportindustrie, den Export unserer Fabrikate prekär. Die Petitionen, die jetzt von allen Seiten unter Protest einlaufen und rufen nach Wahrung der Exportindustrie, finden ihren Handel und Geschäft nichts weniger als prekär. Nein, je größer das Absatzgebiet ist, desto weniger prekär ist es, desto mehr erscheint im Ganzen der Gang der Geschäfte gesichert. [...]

Wessen Interesse steht aber auch mehr gegen diese Zollpolitik [...] als das Interesse des deutschen Handwerkers? Was bringen Sie ihnen durch diesen Zolltarif? Vertheuerung aller ihrer Stoffe, Werkzeuge und Materialien. [...] Auch muß die Verteuerung auf die Konsumtion einschränkend wirken; je mehr man für etwas ausgeben muß, um so weniger hat man übrig für etwas anderes, je weniger dadurch Nachfrage nach anderen Artikeln entsteht, desto weniger ist Gelegenheit für diese anderen Zweige, Arbeiter zu beschäftigen. Also auch in dieser Beziehung muß diese Politik zur Arbeitsentlassung führen, und diese entlassenen Arbeiter werden dann wieder auch auf den Lohn in den Zweigen drücken, die durch die Zollpolitik angeblich in erster Reihe geschützt sind.
Und dann noch eins: wenn wirklich die Löhne steigen, hat da nicht der Arbeitgeber die Möglichkeit, von auswärts Arbeiter hinzu zu ziehen und durch die freie Konkurrenz der Arbeiter unter sich die Löhne wieder niederzudrücken? Wenn einmal Schutzzoll, dann auch Schutzzoll gegen ausländische Arbeiter. [...] Wer hat denn (außer der Großindustrie) Nutzen von diesem Zollsystem? Man spricht von den Landwirthen. Sind es etwa die kleinen Landwirthe, wie wir sie namentlich auch im Westen kennen? [...] Ihr Gemüse, ihre Milch, ihre Kartoffeln können Sie ihnen durch keinen Zolltarif schützen. Der Schwerpunkt liegt in dem Kornzoll, wie Sie sagen. [...] So viel wissen wir doch, daß die Zahl der Besitzer unter 30 Morgen in Preußen 80 Prozent beträgt, und

daß die Zahl in der Rheinprovinz sogar 96 Prozent beträgt, daß also dort nur 4 Prozent der Besitzer in der Lage sind, über 30 Morgen zu bewirthschaften – eine Ziffer, die bisher als diejenige bezeichnet worden ist, wo es erst möglich ist, mehr Korn zu produzieren, als die Haushaltung gebraucht, wo also erst der Nutzen anfängt.

(Aus: Walter Steitz, Quellen zur deutschen Wirtschafts- und Sozialgeschichte von der Reichsgründung bis zum Ersten Weltkrieg, Darmstadt 1985, S. 94–115)

MATERIAL 2 Wachstumsraten des Nettoinlandprodukts in Preisen von 1913

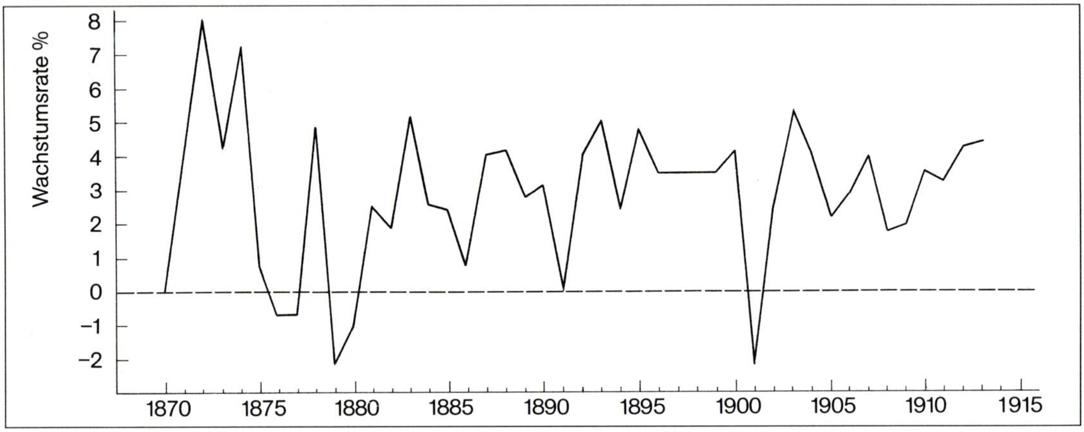

(Aus: G. Hohorst u. a., Sozialgeschichtliches Arbeitsbuch II, München 1978, S. 92)

MATERIAL 3 Der Kladderadatsch zur Schutzzollpolitik: Das Experiment

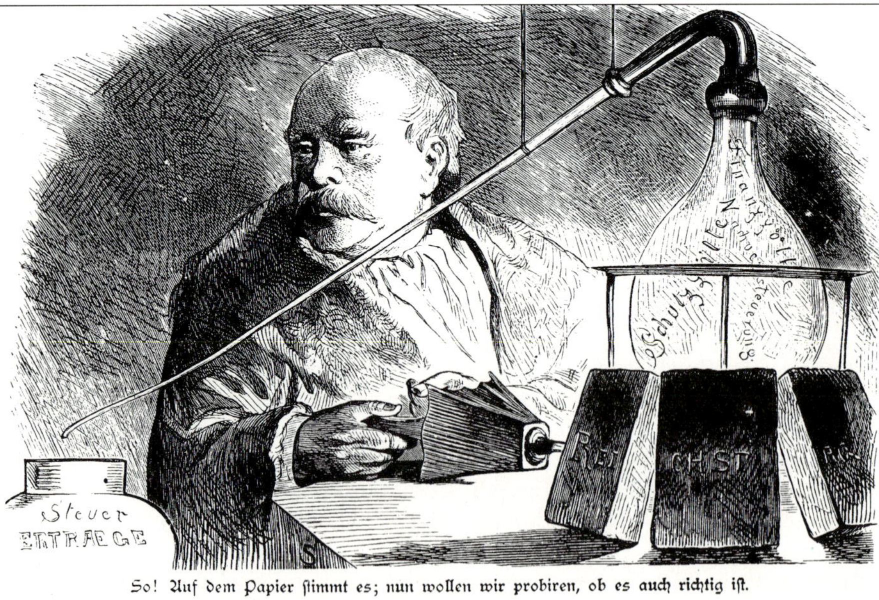

So! Auf dem Papier stimmt es; nun wollen wir probiren, ob es auch richtig ist.

1. Stellen Sie die in Material 1 vorgetragenen Argumente gegenüber und kommen Sie zu einem eigenen Urteil.
2. Welche Aussagen zur sozialen Lage der Bevölkerung lassen sich aus der wirtschaftlichen Entwicklung (Material 2) ableiten? Untersuchen Sie mögliche Zusammenhänge zwischen Wachstumsraten und Schutzzollpolitik.
3. Diskutieren Sie die Aussage der Karikatur zu Bismarcks Zollpolitik.

MATERIAL 4 Anteile der Wirtschaftssektoren an der Beschäftigung

Beschäftigte im	1780	1800	1825	1850	1875	1900	1914
primären Sektor (in %)	65	62	59	55	49	38	34
sekundären Sektor (in %)	19	21	22	24	30	37	38
tertiären Sektor (in %)	16	17	19	21	21	25	28
Gesamtzahl der Beschäftigten in Mio.	10,0	10,5	12,6	15,8	18,6	25,5	31,3

(Aus: F. W. Henning. Die Industrialisierung in Deutschland 1800–1914, Paderborn 1978, S. 30)

MATERIAL 5 Bevölkerungswachstum und wirtschaftliche Entwicklung Deutschlands

	Bevölkerung in 1000				Zuwachs in %		Pro-Kopf-Einkommen 1913	
	1816	1855	1871	1910	1816 bis 1855	1871 bis 1910	Mark	in % des Reichsdurchschnitts
Dtl. insgesamt	23522	34561	41014	64929	46,9	58,2	748	100
Preußen	13679	21316	24655	40165	56,6	62,9	747	99,9
Ostpreußen	1457	2637	1823	2064	81,0	13,2	486	65,0
Westpreußen			1315	1703		29,5	480	64,2
Berlin	198	461	826	2071	132,8	150,8	1254	167,7
Brandenburg	1086	1793	2037	4093	65,1	103,6	962	128,6
Rheinprovinz	1965	3070	3645	7192	56,2	97,3	832	111,2
Bayern	3607	4508	4852	6887	25,0	41,8	629	84,1
Kgr. Sachsen	1194	2039	2556	4807	70,8	88,2	897	119,9
Württemberg	1411	1670	1819	2438	18,4	34,6	672	89,9
Baden	1006	1320	1462	2143	31,2	46,6	710	94,9
Hamburg	154	244	339	1015	58,4	199,3	1313	175,5

(Aus: Telekolleg II, Geschichte, Frankfurt, Bd. 1, S. 83; spezifiziert für einige preußische Provinzen)

1. Beschreiben Sie die Veränderungen zwischen den drei Wirtschaftssektoren (Material 4).
2. Erörtern Sie mögliche Auswirkungen dieser Umschichtungen auf Familie, Verhaltensweisen, Wertorientierungen, soziale Beziehungen.
3. Untersuchen Sie die Tabelle (Material 5) auf Zusammenhänge zwischen Bevölkerungsentwicklung und Pro-Kopf-Einkommen. Erklären Sie die regionalen Unterschiede.

6.2 Die soziale Frage

„Wie schön muss einst die Zukunft werden, wenn die Enkel dieser lumpenumhüllten Arbeiter für das Elend der Gegenwart entschädigt werden!"

Arbeitsbedingungen

Dieser Satz des rheinischen Industriellen Gustav Mevissen konnte den Arbeitern zu Beginn der 2. Hälfte des 19. Jahrhunderts wenig Trost bieten. Sie hatten nicht nur Anlass zur Klage über niedrige und unsichere Löhne. Miserable Arbeitsbedingungen, einseitig von Fabrikanten festgelegte, bis zu 14, 16, ja 17 Stunden Arbeitszeit am Tag, staubige und stickige Fabrikhallen und mangelhafte Schutzvorrichtungen gegen Unfälle an Maschinen kennzeichneten ihre Arbeitswelt. In dem Maße, in dem Industrialisierung und Verstädterung zunahmen und auf dem Land übliche Traditionen, wie familiäre Fürsorgepflicht oder nachbarliche Hilfe an Bedeutung verloren, in demselben Maße wirkte sich auch fehlende Vorsorge für Krankheit, Invalidität oder Alter immer verheerender aus. Das häusliche Leben der großstädtischen Arbeiter spielte sich in hässlichen, lichtlosen und ungesunden Mietskasernen und Hinterhöfen ab, die in der Umgebung der Fabriken angesiedelt waren. Oft wohnten sogar zwei mehrköpfige Familien in einem winzigen Raum, nur durch einen Kreidestrich getrennt.

Krankheit
Invalidität
Alter

Soziale Frage

Proletariat

Die Neuartigkeit des Arbeiterelends, die unmenschlichen Lebens- und Arbeitsbedingungen machten viele Zeitgenossen sensibel für die soziale Ungerechtigkeit. Schon in den 40er Jahren entstand der Begriff „soziale Frage", als Übervölkerung und fehlende Arbeitsmöglichkeiten zum Pauperismus führten. Man sprach nicht mehr vom „Pöbel", sondern vom „Proletariat". Mit dem Scheitern der Revolution von 1848 traten die Fragen nach den Ursachen der Massenverarmung und ihre Abhilfemöglichkeiten zunächst zurück. Die beginnende Industrialisierung, vor allem aber die Auswanderung linderten die schlimmsten Auswirkungen des Massenelends.

„Arbeiterfrage"

In der Zeit der Frühindustrialisierung verdichtete sich die soziale Frage zur „Arbeiterfrage"; die weitgehende Rechtlosigkeit der Arbeiter gegenüber den Unternehmern, ihre menschenunwürdigen Arbeits- und Wohnverhältnisse, die Arbeitszeit und die Lohnhöhe wurden zu zentralen Problemen.

MATERIAL 6 **Erinnerung eines Arbeiters**

Der 36-jährige Hermann Enters wanderte 1882 nach Amerika aus, um dem armseligen Leben eines Arbeiters in Deutschland zu entfliehen. In hohem Alter blickt er in einem langen Brief an seine Geschwister in Deutschland auf die Lage der Arbeiterklasse in Wuppertal um die Mitte des 19. Jahrhunderts zurück und schildert seine Jugendzeit bis zu seiner Lehrzeit beim Schlosser Vogel:

Unsere Mutter hatte einen schweren Stand, da sie nebst dem Haushalt für die zwei Webstühle spulen musste. Auf einem Webstuhl arbeitete sein Bruder (Ohm Karl), auf dem anderen mein Vater selbst. Ich erinnere mich, dass ich da auch schon auf das Spulrad gesetzt wurde und es lernen musste. [...]

Wir führten ein armseliges Leben, Holzschuhe waren unsere Fußbekleidung und dementsprechend auch unsre übrigen Kleider. Vater machte mein Kamisol (Wams) und Hosen selbst vom alten Zeug, und nichts passte recht, sodass die besser Situierten sich immer lustig über meine Kleider machten. Wir waren natürlich nicht die Einzigen, die so arm waren, und der Effekt war nicht so groß, weil wir immer reinlich waren. [...] Aber Vater verdiente sehr wenig, und Mutter musste in Tagelohn gehen, waschen und schrubben, und bald wurde unser Bruder Wilhelm geboren. Die Not war groß, und es wurde davon gesprochen, wenn ich 12 Jahre alt wäre, wollte Mutter zu dem Pastor gehen und bitten, dass ich einen halben Tag aus der Schule käme, ich müsste mithelfen, verdienen. Ich konnte ja gut spulen für Bandstühle, sie würde schon einen Platz für mich finden. Ich war aber noch keine 12 Jahre und so musste dieses Vorhaben auf die lange Bank geschoben werden. [...] Der einzige Lichtstrahl im Dunkel war, wenn Vater ein Kaninchen schlachtete, dann lebten wir in Saus und Braus. Ich musste immer die Kartoffeln schälen. Mutter sah die Schalen nach. Wenn sie nicht so dünn waren, dass man durch die Schalen sehen konnte, schlug sie mir immer links und rechts auf den Kopf und ins Gesicht und sagte: „Sind dat Ärpel geschält?“ [...]

Dann kam Otto auf die Welt, unser waren jetzt 6 Kinder. Eine alte, zweischläfrige Bettstelle, die vor Altertum zusammen mit Stricken gebunden war, und eine kleine Bettstelle, wo wir Kinder drin schliefen. Die Hälfte schlief mit dem Kopf nach oben, die andere Hälfte mit dem Kopf nach unten in beiden Betten. Der Bettraum diente auch als Vaters Arbeitsraum. Die andere Stube diente als Küche und Wohnstube. Beides waren Dachstuben. Kein Wunder, dass unter solcher armseliger Behausung wir körperlich zurückblieben und dass die Nachbarskinder mich einen Schwindsüchtigen nannten. [...]

Mein erster Arbeitsplatz war in der Straße Im Springen bei einem Bandwirker. Sein Name war Winkelströter.
Es waren junge Leute mit 2 kleinen Kindern. Gleich, wenn ich aus der Schule kam und Mittag gegessen hatte, ging ich vom Böckmannsbusch über den Kothen, längs dem Waisenhaus nach dem Springen aufs Spulrad. Zwei Bandstühle hatten die Leute. Ich machte Spulen den ganzen Nachmittag bis abends 7 Uhr, manchmal noch länger, kam dann abends zwischen 8 und 9 Uhr nach Hause, aß und machte meine Schulsachen und ging gegen 10 Uhr zu Bett. [...] Was ich dort verdient habe, weiß ich nicht, aber bestimmt nicht mehr wie 15 oder 20 Groschen, das war das Erste, was meine Eltern von mir ernten taten. [...]

Ich ging in die Kinderlehre und wurde 14 Jahre alt, dann kam die Prüfung in der Schule und ich konnte ganze Tage nach der Arbeit gehen. Das war im Herbst. Nun wäre es Zeit gewesen für eine Stelle aufs Kontor, allein da [ge]hörten Kleider zu und Eltern, die die Fähigkeit hatten und Mut dazu, mir solche Stelle zu suchen. [...]

das Erste Jahr [der Lehrzeit] ging so herum, ohne dass ich eigentlich was lernte. Ich musste die meiste Zeit laufen und holen alles zusammen, was gebraucht wurde, nach Elberfeld, nach der Gemarke, und auch für die Frau musste ich laufen. Wenn mich meine Kameraden fragten, was ich machen müsste, musste ich gestehen, dass das nicht weit her war. Dagegen taten sie an der Dreh- und Hobelmaschine und Schraubstock arbeiten oder an der Bohrmaschine. [...] Der Vogel hatte keine Dampfkraft, die Maschine musste getreten werden oder gedreht, und dazu gebrauchten sie mich. Ich musste auch Porzellanaugen in die Spulen setzen, und ebenso musste ich hinterm Amboss stehen und darauf schlagen, nämlich aufs Eisen. Diese Arbeit war alle zu schwer für mich, sodass ich vor Elend und Müdigkeit zusammenbrach, wenn ich die Drehbank treten musste. Meine Knochen bogen sich; draufschlagen musste ich so lange, bis ich den Hammer nicht mehr heben konnte. Die Gesellen hatten ihre helle Freude daran und taten mich fuchsen den Weg, wo und wie sie konnten. So wurde ich bei dem Vogel gebraucht oder besser missbraucht. Ich musste alles in stummer Resignation dulden und über mich ergehen lassen, denn es war eine niedrig denkende Gesellschaft, wo ich an verkauft war. [...]

Im Anfang der sechziger Jahre war Lassalle aufgetreten, und das ganze Arbeitervolk des Wuppertales wurde aus seiner Lethargie aufgerüttelt. Es hieß, ein neuer Christus wäre aufgestanden. Große Volksversammlungen wurden abgehalten, und es wurde der Allgemeine Deutsche Arbeiterverein gegründet. Unsere Eltern wurden auch gleich aktive und tätige Mitglieder desselben. Dieses rechne ich ihnen im besten Sinne hoch an. [...]

Dann war nach dem Dänischen Krieg, 1864, und dem Österreichischen Krieg, 1866, der Norddeutsche Bund gegründet worden und das allgemeine gleiche Wahlrecht freigegeben. Es war eine Forderung Lassalles. Das Resultat war, dass die Wuppertaler ihren ersten Abgeordneten in den Norddeutschen Reichstag sandten, Dr. von Schweitzer. [...] Nun als Dr. Schweitzer[1] in den Reichstag kam, deckte er gleich die größten Übelstände in seinem Wahlkreis Elberfeld-Barmen auf, vor allem die unmenschlich langen Arbeitstage in den Riemendrehereien, 15 Stunden täglich ohne Mittagspause.
Er hatte Erfolg damit; der Arbeitstag wurde gesetzlich gekürzt. Von da an wurde Schweitzer der Abgott der Wuppertaler Arbeiter, umso mehr hassten ihn die Fabrikanten.

[1] Johann Baptist von Schweitzer (1833–1875), Nachfolger Lassalles als Präsident des Allgemeinen Deutschen Arbeitervereins.
(Aus: K. Goebel, G. Voigt (Hrsg.), Die kleine, mühselige Welt des jungen Hermann Enters, Wuppertal 1979, S. 30ff.)

In den Erinnerungen des Arbeiters Hermann Enters spiegelt sich die alltägliche Lebenswelt einer Arbeiterfamilie in den Frühphasen der Industrialisierung.

1. Nennen Sie typische Merkmale dieser Lebenswelt.
2. Inwiefern handelt es sich nicht nur um eine individuelle, sondern auch um eine soziale Biografie?
3. Versuchen Sie, diesen Lebenslauf und die Lebenslage des Arbeiters auf die Sozialdaten in den Materialien auf S. 100f. anzuwenden.
4. Erläutern Sie, wie der Arbeiter politisch bewusst wird.

Küche einer Berliner Arbeiterwohnung (um 1910)

MATERIAL 7 Ein Armenarzt berichtet aus Berlin (um 1890)

Die Eichendorffstraße, dicht am Nordende der nordsüdlichen Hauptader Berlins, der Friedrichstraße, und am Stettiner Bahnhof gelegen, gehörte damals zum Quartier latin. [...] Das heißt, es gab dort viel Kleinbürgertum, namentlich von alten Leuten, die von der Vermietung der Zimmer an die Studenten lebten, und kolossal viel Prostitution. Es gab außerdem sehr viele Arbeiter, wenn auch nicht gerade von der alleruntersten Schicht der Lumpenproletarier; mehr Gelernte als Ungelernte.

[...] Es war eine Kleineleutepraxis, oft sogar eine Armeleutepraxis; es kam immer öfter vor, dass sich ganz arme Familien an mich statt an den offiziellen Armenarzt wendeten; das ganze Elend der Großstadt entblößte sich vor meinen Augen und die soziale Bedingtheit so vieler Krankheiten drängte sich mir auf. Als Arzt der Sanitätswache hatte ich häufig die Folgen von schweren Schlägereien zu behandeln. [...] Alle paar Wochen wurde ich in eines der finsteren kleinen Absteigequartiere jener Gegend gerufen, um einem Selbstmörderpaare die Totenscheine auszustellen; und ich hatte eine ganz regelmäßige Einnahme aus der Bescheinigung von blauen Flecken und derartigen kleinen Schäden, Attesten, die der erfolgreichen Anstrengung eines Prozesses dienen sollten. Entsetzliche Roheit, beschämende Unbildung, grässliche Unwissenheit!

Und die übrige Praxis? An der Spitze marschierte die tödliche Seuche, die damals noch

die Säuglinge der Großstadt mehr als zehntete: die Kindercholera, die Sommerdiarrhöe, die mir selbst vor langer Zeit meinen geliebten kleinen Bruder Georg geraubt hatte. Wir kannten die Ursachen: verdorbene Milch und schlechte Luft in den überhitzten Mietskasernen, in die auch die Nacht keine Kühlung bringen konnte, weil die aneinander gedrängten Mauermassen nachts die Hitze ausströmten, die sie am Tage aufgesogen hatten.
Vor allem in den engen Höfen mordete die Seuche. Ein berühmter Arzt sagte damals in bitterer Empörung: „Die armen Kinder werden erst auf dem Totenbett kühl.“ Wie viel Totenscheine habe ich ausgestellt für solche Würmchen, die ich vorher nie gesehen hatte! Der Tod hatte sie fast mit der Geschwindigkeit des Blitzes dahingerafft.
An zweiter Stelle kam der Zahl nach die Tuberkulose, namentlich in ihrer Gestalt als Lungenschwindsucht. [...] Hier handelte es sich in der Regel um [...] ursprünglich gesunde und starke Männer und Frauen, die den Einwirkungen des Fabrikstaubes, der licht- und luftlosen Wohnung und der unzureichenden Ernährung verfallen waren oder die sich im Zusammenleben mit anderen Kranken infiziert hatten. Man musste sie sterben und die Familien zugrunde gehen lassen; gelang es einmal, einen in eine der wenigen damals vorhandenen Anstalten zur Aufnahme zu bringen, so war das fast immer nur eine Atempause; er musste zurück in seine Beschäftigung, und das gefräßige Tier in seiner Lunge wurde seiner Herr.
An dritter Stelle stand die Unzahl der künstlich herbeigeführten Fehlgeburten, die ich nachzubehandeln hatte, verbrochen in schmutzigen Winkeln von noch schmutzigeren Weibern, die ihren Opfern den letzten Pfennig aus der Tasche zogen und oft genug ihnen dauerndes Siechtum oder gar den Tod brachten. Und dann das Heer der Geschlechtskrankheiten, die Prostitution aller Schattierungen, von der eleganten Freundin mehrerer Männer bis herab zur völlig verkommenen unseligen „Tippelschickse“: Der Menschheit ganzer Jammer fasst mich noch heute an, wenn ich an all das Elend zurückdenke, das wie ein gespenstischer Film an mir vorbeiglitt.

(Aus: Franz Oppenheimer, Erlebtes, Erstrebtes, Erreichtes, Düsseldorf 1964, S. 100ff.)

MATERIAL 8 „Das gestörte Gleichgewicht“ (1905)

1. Im Bericht des Armenarztes dokumentiert sich die Geschichte der Industrialisierung auch als eine Geschichte sozial verursachter Leiden und Krankheiten. Erörtern Sie folgende Stellungnahmen dazu:
   a. „Auch die kapitalistische Entwicklung hatte ihre ‚Kinderkrankheiten‘; sie waren unvermeidlich.“
   b. „Die Durststrecke musste wohl oder übel im Interesse des wirtschaftlichen Fortschritts in Kauf genommen werden; sie war objektiv notwendig.“
   c. „Die Entwicklungsländer sollten sich daran ein Beispiel nehmen; auch uns fiel der Wohlstand nicht in den Schoß.“
2. Erläutern Sie die Darstellungsabsicht der Karikatur.
3. Ist die soziale Frage nur eine Störung des sozialen Gleichgewichts?

6.3 Sozialgesetzgebung und Sozialistengesetz

MATERIAL 9 **Adolf Damaschke über die sozialen Verhältnisse im frühen Kaiserreich**

Adolf Damaschke (1865–1935) lernte als Lehrer in den Arbeitervierteln Berlins die soziale Bedeutung der Wohnungsfrage kennen; leitete später den „Bund deutscher Bodenreformer".

Am 10. Mai wurde der Friede (mit Frankreich) geschlossen. Am 1. Oktober musste die Polizei feststellen, dass allein in Berlin 10 600 Menschen obdachlos auf der Straße lagen. Wie groß die Verzweiflung der Obdachlosen war, die dann aus den Baracken von Wagen und Spreekähnen, die sie vor den Toren aufgeschichtet hatten, durch Polizei und Feuerwehr entfernt wurden, zeigen die Barrikadenkämpfe am 25.–27. Juli 1872. Sie entstanden, als Obdachlose durch die Blumenstraße zogen und dort gerade ein Tischler aus seiner Wohnung zwangsweise entfernt wurde. 600 Schutzleute in Uniform und ebenso viel in Zivil konnten mit Mühe die Unruhe unterdrücken.

1917 erzählte mir der König von Württemberg, er habe in jener Zeit beim Militär in Potsdam gestanden und wisse noch, wie der Befehl kam, sich marschbereit zu halten wegen der Unruhen in Berlin. Es wäre ein fürchterliches Gefühl gewesen, unter Umständen gegen wohnungslose Volksgenossen, zum Teil heimgekehrte Kriegskameraden, kämpfen zu sollen! [...]

Auf der einen Seite ein Massenelend furchtbarster Art, auf der anderen Seite ungeheure Gewinne ohne jede volkswirtschaftliche Gegenleistung.

Da entstand das bekannte Lied von Georg Herwegh, das in Arbeiterkreisen bald von Mund zu Mund ging:

Achtzehnhundertsiebzig und drei:
Reich der Reichen, da stehst du, juchei.
Aber wir Armen, verkauft und verraten,
Denken der Proletariertaten.
Noch sind nicht alle Märze vorbei – –

Da konnte Friedrich Engels im Organ der Marxisten, im Leipziger Volksstaat, das „Wesen des gegenwärtigen Staates" den Arbeitern so klar machen:
„Wenn also die einzelnen Kapitalisten die Wohnungsnot zwar beklagen, aber kaum zu bewegen sind, ihre erschreckendsten Konsequenzen oberflächlich zu vertuschen, so wird der Gesamtkapitalist, der Staat, auch nicht viel mehr tun."

Es wuchs bald in Hunderttausenden von Arbeiterherzen ein Zweifeln, ein Verzweifeln an diesem vor kurzem noch mit höchster Begeisterung begrüßten Deutschen Reich, und enttäuschte Liebe wird ja stets bitterster Hass. Die Wende zeigt eine Zahl. Im sechsten Wahlkreis Berlin, d.h. im ausgesprochensten Arbeiterviertel, erhielten die Lassalleaner noch 1871 nur 82 Stimmen, 1874 aber schon 2 523, und die Sozialdemokratie trat auf in einer Form, wie sie heute kaum noch in den radikalsten kommunistischen Kreisen gedacht werden kann. Johann Most, der spätere Anarchistenführer, wurde der Liebling der Berliner Arbeiter.

Die alte deutsche Bildungsschicht aber, die auf dem Wirtschaftsgebiete im Wesentlichen dem Liberalismus huldigte, sah auf diese Arbeiterbewegung zwar mit befremdlichem Grauen, aber doch ohne sonderliche Sorge. Einmal hielt man das Kaisertum für unerschütterlich und das kaiserliche Heer für die letzte Versicherung für die „Heilighaltung" allen Eigentums. Dann aber fühlte sich das gebildete Bürgertum in dem Herrschaftskreis, in dem es sich zumeist betätigte, in den Gemeinden, durchaus sicher. Das Grundbesitzer-Vorrecht, das in den Städten die Hälfte, in den Landgemeinden zwei Drittel aller Sitze den glücklichen Bodenbesitzern vorbehielt, schien im Verein mit dem Dreiklassenwahlrecht dieser Herrschaft ewige Dauer zu verbürgen, und man ließ sich auch nicht beirren, als die Ergebnisse des Dreiklassenwahlrechts immer grotesker wurden. [...] Wahrlich, aus Eigennutz brauchte die „Bildung" sich keine Gedanken zu machen, ob die „Masse“ zufrieden wäre oder nicht, solange der Besitz solche Sicherheit genoss. Denn Besitz und Bildung hingen ja aufs engste zusammen. Der „ordentliche“ Weg zur Bildung war nur dem Besitz geöffnet, und die wenigen, die auf selbst gebahnten Wegen in die Bildungsschicht emporstiegen, konnte man wohl durch irgendwelche Anteile an der Herrschaft gewinnen. Die Kölnische Zeitung hatte recht mit ihrem viel angeführten Wort von den „durch Besitz und Bildung maßgebenden Schichten“.

Herrschaft aber bedeutet Verantwortung. Wie stand es damit an der Wiege des neuen Deutschen Reiches? Der Sieg von 1871 führte – zum Teil durch die bis dahin unerhörten Geldquellen der Kriegsentschädigung – zu einer treibhausmäßigen Entfaltung des deutschen Wirtschaftslebens. In künstlicher Treibhauswärme gedeiht aber auch allerlei Giftkraut. Solange es Kriege gibt, spielen schnell reich gewordene Kriegslieferanten dabei eine einflussreiche, gefährliche Rolle. Die Neureichen jener Zeit brachten Lebensgewohnheiten auf und trugen sie mit all dem verletzenden Hochmut der „Parvenus“ zur Schau, der auf die arbeitenden Klassen nur verbitternd wirken konnte. [...]

Unser Volk zerfiel immer mehr in zwei Nationen, die getrennt waren durch verschiedene Welt- und Staatsauffassungen, die verschiedene Feste feierten, verschiedene Ideale im Herzen trugen. Und die Kluft wurde größer von Tag zu Tag.

(Aus: Adolf Damaschke, Aus meinem Leben, Zürich/Leipzig 1925, Bd. 2, S. 50ff.)

1. Der Verfasser kontrastiert die äußere Reichseinigung mit den zwei Nationen im Innern: In welchen Formen, Verhaltensweisen und Einstellungen äußert sich dem Text zufolge der Grundwiderspruch von Bürgertum und Arbeiterschaft?
2. Erörtern Sie den Stellenwert von nationaler Einheit und sozialer Gerechtigkeit in Staat und Gesellschaft des jungen Kaiserreichs.

Polizeieinsatz gegen streikende Arbeiter (um 1910)

Obrigkeitliche Fürsorgepflicht

Aus der Tradition obrigkeitlicher Fürsorgepflicht war Bismarck früh – und gegen liberale Zeitströmungen – für staatliche Maßnahmen gegen die soziale Not eingetreten. Liberale Unternehmer wie Werner v. Siemens (1816–1892) versuchten daher durch Schaffung betrieblicher Sozialeinrichtungen, z.B. betriebliche Pensionskassen, eine ihrer Ansicht nach gefährliche staatliche Sozialpolitik zu unterlaufen. Aber auch konservative Unternehmer, wie der saarländische Schwerindustrielle und Reichstagsabgeordnete Carl Ferdinand Frhr. von Stumm-Halberg (1836–1901), wollten auf diesem Gebiet nur die unternehmerische Privatinitiative gelten lassen. Stumm betrachtete seine Arbeiter als Familienangehörige und erwartete von diesen als Gegenleistung für seine Unterstützung Treue zum Werk und unbedingten Gehorsam (patriarchalische Betriebspolitik). Sein „Herr-im-Haus"-Standpunkt ließ daher auch gewerkschaftliche Aktivitäten nicht zu.

Betriebliche Sozialpolitik

So bedeutsam betriebliche Sozialpolitik im Einzelfall gewesen sein mochte, auf die Dauer musste der Staat, nicht zuletzt als Reaktion auf die politische Herausforderung der Arbeiterbewegung, eingreifen. Bismarcks Reaktion erfolgte, als sich in der Großen Depression nach dem Gründerkrach die Krisensituation verschärfte, und bestand in einer Kombination von begrenztem Entgegenkommen und Unterdrückung, in einer Politik „mit Zuckerbrot und Peitsche".

Sozialistengesetz

- Mit dem Sozialistengesetz von 1878 – der Anlass waren zwei den Sozialdemokraten zu Unrecht angelastete Attentate auf Kaiser Wilhelm I. – sollte die politische Arbeiterbewegung zerschlagen werden: Alle sozialdemokratischen, sozialistischen und kommunistischen Vereine, Versammlungen und Druckschriften wurden verboten; Zuwiderhandlungen konnten mit Haft- oder Geldstrafe geahndet, der Agitation Verdächtigte ausgewiesen werden.

  Das Sozialistengesetz erreichte seine Ziele nicht; die Solidarität der in den Untergrund getriebenen Parteimitglieder wuchs. Die Reichstagswahlen offenbarten trotz des Verbots der Partei eine sprunghafte Zunahme ihrer Anhänger; aufgrund des geltenden Mehrheitswahlrechts mussten keine Parteilisten aufgestellt werden und in den Wahlkreisen konnten (sozialdemokratische) Einzelbewerber kandidieren.

Gesetzliche Sozialversicherung

- Durch Einführung der gesetzlichen Sozialversicherungen für Arbeiter – 1883 die Krankenversicherung, 1884 die Unfallversicherung, 1889 die Alters- und Invalidenversicherung – wollte Bismarck die Arbeiterschaft der Partei und den Gewerkschaften entfremden. Er wollte „in der großen Masse der Besitzlosen die konservative Gesinnung erzeugen, welche das Gefühl der Pensionsberechtigung mitbringt". Bismarck erwartete als Gegenleistung dafür die Dankbarkeit der Arbeiter gegenüber der politischen Führung.

Dieses Kalkül erwies sich als falsch: Der in die Versicherung einbezogene Personenkreis – 1885 erst zehn Prozent der Bevölkerung – war zunächst zu begrenzt; die Lasten für die Versicherung – ihr Eigenanteil betrug zwei Drittel des Beitrags – waren zu hoch; die Leistungen – 1890 betrug die durchschnittliche Jahresrente in der Invaliditäts–, Alters- und Hinterbliebenenversicherung 155 Mark – zu niedrig. Vor allem aber waren die Erwartungen vieler Arbeiter auf sozialreformerische Maßnahmen gerichtet; Bismarck hatte jedoch nur eine Sozialversicherung gewährt.

Die Bedeutung von Bismarcks Sozialpolitik liegt in ihrer Wirkung „über den Tag hinaus". Mit ihr hatte sich der Gedanke einer gesetzlich verordneten sozialen Absicherung gegenüber privaten oder betrieblichen Formen der sozialen Sicherung durchgesetzt. Vor allem aber erhielten die meisten Menschen jetzt einen Rechtsanspruch auf Versicherungsleistungen, während bisher praktizierte Maßnahmen der Sozialfürsorge eher als Almosen empfunden wurden und für viele entwürdigend waren.

Rechtsanspruch

MATERIAL 10 **Werner Siemens in einem Schreiben an Siemens-Brothers, London, am 1.12.1872**

Werner Siemens war liberaler Abgeordneter im Preußischen Abgeordnetenhaus.

Unsere Absicht war, durch die Stiftung einer Pensionskasse in der Lösung des berechtigten Teiles der sozialen Frage einen entscheidenden Schritt vorwärts zu machen und dieselbe in ihrem unvermeidlichen Fortgang dadurch wenigstens für uns ungefährlich zu machen. Für diesen berechtigten Teil halten wir die den Arbeitern zu gebende Sicherheit einer sorgenfreien Existenz im Alter und der Existenz ihrer Familie bei ihrem frühzeitigen Tode. Es wird in immer weiteren Kreisen als eine Pflicht der Arbeitgeber aufgefasst, in diesem Sinne für ihre Arbeiter, deren Kräfte sie ausnützten, Sorge zu tragen, und wahrscheinlich wird hier die Gesetzgebung diese Verpflichtung allgemein gültig auferlegen, wie sie es speziell für den Tod oder Arbeitsunfähigkeit infolge von Unglücksfällen höchstwahrscheinlich schon in der nächsten Reichstagssitzung tun wird. In Erwartung dieser Gesetzgebung werden jetzt schon vorbereitende Schritte überall getan. Es bilden sich große Versicherungsanstalten, in welche die Fabriken pp. ihre Arbeiter durch jährliche Beiträge, ungefähr in der Höhe, wie wir sie festsetzen, einzukaufen haben, und die ihnen dann im Unterstützungsfalle Pensionen auszuzahlen haben. Diese Anstalten werden nun zwar den eigentlichen sozialen Zweck im Allgemeinen erfüllen, sie bringen aber den einzelnen Fabrikanten keinen wesentlichen Vorteil. Da sich bald kein Fabrikant in Deutschland dem Anschluss an diese Kassen wird entziehen können, selbst wenn es ihm gesetzlich gestattet bleibt, so werden die Arbeiter dies als eine Wohltat des Staates und als einen Erfolg ihrer Agitation ansehen, die Kassen werden daher nicht ein neues Band zwischen Arbeitgeber und Arbeitnehmer bilden, und die Arbeiter werden wie bisher von einer Fabrik zur anderen ziehen. Es ist aber – abgesehen selbst von Streiks und anderen Arbeitsstörungen – von höchster Wichtigkeit, einen festen Arbeiterstamm zu schaffen, und zwar umso mehr, je weiter die Arbeitsteilung und die Maschinenarbeit entwickelt wird. Dies soll nun wesentlich durch unsere Pensionskasse bewirkt werden. Es ist zu dem Zwecke aber notwendig, dass die Arbeiter volles Vertrauen zur Kasse und deren Verwaltung haben. Um dies zu erzeugen, haben wir das Kapital der Kasse geschenkt und uns zu bestimmten Beiträgen für die konstanten Arbeiter verpflichtet und bestimmt, dass die Verwaltung mit einer gewählten Kommission geführt werden soll. Die Arbeiter rechnen sich infolgedessen schon jetzt aus, dass für jeden zirka 100 Taler Kapital vorhanden sind, die derjenige aufgibt, welcher fortgeht. Steht bei ihnen erst die Überzeugung unwandelbar fest, dass denen, die bei uns bleiben, die Sorge für ihr Alter und ihre Familie genommen ist, so werden sie dadurch fest an das Geschäft geknüpft, sie werden den Umsturztheorien der Sozialisten abhold, werden sich Streiks widersetzen und haben eigenes Interesse am Gedeihen des Geschäfts. Namentlich die Frauen werden in diesem Sinne auf sie einwirken. Kommt dann später die gesetzliche Pensionierungsverpflichtung, so kann der Beitritt zur allgemeinen Institution nicht erzwungen werden, wenn die bestehende Spezialkasse den Arbeitern bessere Bedingungen als jene gewährt und sie volles Vertrauen zu ihr haben.

(Aus: Werner v. Siemens, Briefe, hrsg. von F. Heintzenberg, S. 248ff.)

1. Aus welchen Überlegungen befürwortet Siemens soziale Einrichtungen in seinen Betrieben?
2. Welches Rollen- und Selbstverständnis des Unternehmens spricht aus diesem Brief? Vergleichen Sie dieses mit dem Unternehmerbild, das Marx in der fiktiven Arbeiterrede zeichnet (Material 4, S. 70).

MATERIAL 11 Bismarck im November 1871 zur sozialen Frage

Die neuere sozialistische Doktrin [... weist] jede Unterstützung und Kooperation der bestehenden Regierungen prinzipiell zurück und stellt an die Spitze ihres Programms die Forderung nach Umgestaltung der bestehenden Staaten in den sozialistischen Volksstaat.
Eine Einmischung der bestehenden Staaten in die sozialistische Bewegung ist deshalb so wenig gleichbedeutend mit dem Sieg der sozialistischen Doktrin, dass mir vielmehr die Aktion der gegenwärtig herrschenden Staatsgewalt als das einzige Mittel erscheint, der sozialistischen Bewegung in ihrer gegenwärtigen Verirrung Halt zu gebieten und dieselbe insbesondere dadurch in heilsamere Wege zu leiten, dass man realisiert, was in den sozialistischen Forderungen als berechtigt erscheint und in dem Rahmen der gegenwärtigen Staats- und Gesellschaftsordnung verwirklicht werden kann. Im Übrigen aber sind die sozialistischen Theorien und Postulate bereits so tief und breit in die Massen eingedrungen, dass es als vergebliches Bemühen erscheint, dieselben ignorieren oder die Gefahren derselben durch Stillschweigen beschwören zu wollen.

Im Gegenteil erscheint es mir als dringend geboten, dieselben so laut und so öffentlich als möglich zu erörtern, damit die irregeleiteten Massen nicht immer lediglich die Stimmen der Agitatoren vernehmen, sondern aus dem Für und Wider lernen, was an ihren Forderungen berechtigt und unberechtigt, möglich und unmöglich ist. Dass hierbei die brennendsten Fragen von Arbeitszeit, Arbeitslohn, Wohnungsnot und dergleichen nicht ausgeschlossen werden dürfen, betrachtete ich als selbstverständlich.

(Aus: Hans Rothfels, Bismarck und der Staat, Stuttgart 1954, S. 303)

MATERIAL 12 Bismarck im März 1884 zur sozialen Frage

Die Frage von Arbeitszeit und Lohnhöhe ist durch staatliche Einwirkung außerordentlich schwierig zu lösen; durch irgendeine Gesetzgebung, die man macht, läuft man Gefahr in die persönliche Freiheit, seine Dienste zu verwerten, sehr erheblich und unnütz einzugreifen. Denn wenn man die Milch gebende Kuh oder die Eier legende Henne mit einem Mal schlachtet, so geht damit die Industrie ein, um die es sich handelt, weil sie die ihr aufzulegende Last der kurzen Arbeit für hohe Löhne nicht tragen kann. Dann leidet darunter der Arbeiter ebenso wie der Unternehmer. Das ist also die Grenze, die geboten ist, und vor der jede gesetzliche Einwirkung Halt machen muss. Ich habe darüber auch nur sporadisch lokale Klagen gehört. Der eigentliche Beschwerdepunkt des Arbeiters ist die Unsicherheit seiner Existenz. Er ist nicht sicher, dass er immer Arbeit haben wird, er ist nicht sicher, dass er immer gesund ist, und er sieht voraus, dass er einmal alt und arbeitsunfähig sein wird. Verfällt er aber der Armut auch nur durch eine längere Krankheit, so ist er darin nach seinen eigenen Kräften vollständig hilflos, und die Gesellschaft erkennt ihm gegenüber bisher eine eigentliche Verpflichtung außer der ordinären Armenpflege nicht an, auch wenn er noch so treu und fleißig die Zeit vorher gearbeitet hat. Die ordinäre Armenpflege lässt aber viel zu wünschen übrig. [...]

Für den Arbeiter ist da immer eine Tatsache, dass der Armut und der Armenpflege in einer großen Stadt zu verfallen gleichbedeutend ist mit Elend, und diese Unsicherheit macht ihn feindlich und misstrauisch gegen die Gesellschaft. Das ist menschlich nicht unnatürlich, und solange der Staat ihm da nicht entgegenkommt oder solange er zu dem Entgegenkommen des Staates kein Vertrauen hat, da wird er, wo er es finden mag, immer wieder zu dem sozialistischen Wunderdoktor laufen und ohne großes Nachdenken sich von ihm Dinge versprechen lassen, die nicht gehalten werden. Deshalb glaube ich, dass die Unfallversicherung, mit der wir vorgehen, sobald sie namentlich ihre volle Ausdehnung bekommt auf die gesamte Landwirtschaft, auf die Baugewerbe vor allem, auf alle Gewerbe, wie wir das erstreben, doch mildernd auf die Besorgnis und auf die Verstimmung der arbeitenden Klassen wirken wird. Ganz heilbar ist die Krankheit nicht, aber durch die Unterdrückung äußerer Symptome derselben, durch Zwangsgesetze halten wir sie nur auf und treiben sie nach innen.

Wenn man mir dagegen sagt, das ist Sozialismus, so scheue ich das gar nicht. Es fragt sich nur, wo liegt die erlaubte Grenze des Staatssozialismus? Ohne eine solche können wir überhaupt nicht wirtschaften. Jedes Armenpflegegesetz ist Sozialismus. [...] Wer den Staatssozialismus als solchen vollständig verwirft, [...] der muss überhaupt dem Staate das Recht absprechen, da, wo sich Gesetz und Recht zu einer Kette und zu einem Zwang, der unsere freie Atmung hindert, verbinden, mit dem Messer des Operateurs einzuschneiden und neue und gesunde Zustände herzustellen. Ich tue aus eigenem Antriebe meine Pflicht und werde dafür kämpfen, solange ich hier das Wort nehmen kann.

(Aus: Otto v. Bismarck, Gesammelte Werke, Friedrichsruher Ausgabe, Berlin 1925–1934, Band Reden, S. 319ff.)

Sozialdemokratische Abgeordnete im Reichstag der 80er Jahre, von links nach rechts: Dietz, Kühn, Liebknecht, Grillenberger, Singer, sitzend: Schumacher, Harm, Bebel, Meister, Frohme.

1. Welche grundsätzlichen und welche politisch-taktischen Überlegungen stellt Bismarck in Material 11 zur Bekämpfung der sozialistischen Bewegung an?
2. Wie begründet Bismarck in Material 12 den „Staatssozialismus"? Welche Maßnahmen ergreift Bismarck? Wo sieht er Grenzen?
3. Vergleichen Sie Bismarcks und Lassalles Vorstellungen von Staatssozialismus (S. 73–75).
4. Erklären Sie, warum Sozialgesetzgebung und Sozialistengesetz im Verständnis Bismarcks keine Widersprüche sind.
5. Gegen welche parteipolitische Kritik verteidigt Bismarck die staatliche Sozialpolitik?

MATERIAL 13 Flugblatt des Reichstagsabgeordneten Singer nach seiner Ausweisung

Parteigenossen!

Nachdem ich Berlin verlassen habe, drängt es mich, Euch noch ein Wort des Abschieds zu sagen.

Die Polizei hat mich auf Befehl des Ministers des Innern ausgewiesen.

Ich bin ausgewiesen, weil ich die Thätigkeit des Spitzelthums aufgedeckt habe und ich mußte dem Ausnahmegesetz zum Opfer fallen, weil man Leute, die ehrliche durchdringende Verbesserung der Lage des arbeitenden Volkes fordern und welche die **Scheinreform der Regierung** unerbittlich bekämpfen, die Haltlosigkeit derselben nachweisen, in Berlin nicht duldet.

Man zwingt mich, die Stätte meiner Wirksamkeit zu verlassen. Es ist nicht gelungen, mir das Vertrauen der Genossen zu rauben, es ist **trotz der gehässigsten Verläumdungen** nicht möglich gewesen, meine Wähler zu beeinflussen.

Parteigenossen! So wie Ihr stets darauf rechnen könnt, mich für die Befreiung der Menschheit von politischem und wirthschaftlichem Joch kämpfen zu sehen so rechne auch ich fest darauf, daß Ihr unserer Fahne treu und ergeben bleibt und daß Ihr mannhaft zusammensteht, wenn es gilt, unsere heilige Sache zu fördern.

Laßt Euch — dies rufe ich Euch warnend zu — **durch keine Provokationen, welche nicht ausbleiben werden, verleiten, den Gegnern gefällig zu sein, behaltet die Köpfe klar!**

Stets das erhabene Ziel im Auge, laßt die Frucht reifen, auch für uns kommt die Zeit der Ernte!

Bis dahin unaufhörlichen Kampf gegen die Feinde auf allen Gebieten; wir müssen und werden siegen unter dem Rufe:

Hoch die Sozialdemokratie!

Paul Singer.

MATERIAL 14 Der Historiker Hans Ulrich Wehler zu Bismarcks Sozialpolitik

Von vornherein wurde diese Sozialpolitik nicht als Sozialreform im Sinne des Arbeiterschutzes und einer Humanisierung der industriellen Arbeitswelt, geschweige denn als Umbau der Gesellschaftsordnung begriffen. Der Reichskanzler lehnte bekanntlich den Ausbau der erst 1871 eingeführten Fabrikinspektion, die Verkürzung der Arbeitszeit, die Einschränkung der Frauen- und Kinderarbeit, die Einführung von garantierten Mindestlöhnen usw. bis 1890 rigoros ab. [...] Vielmehr teilte Bismarck den Standpunkt zahlreicher Unternehmer, dass die Industrie zwecks Erhaltung ihrer internationalen Konkurrenzfähigkeit nicht ernsthaft belastet werden dürfe. Nicht nur wurde die betriebliche Sozialpolitik förmlich auf Eis gelegt, sondern die Förderung der augenblicklichen Unternehmerinteressen galt ihm [...] geradezu „als Quintessenz der Sozialpolitik". Ganz offen wurde die Versicherungsgesetzgebung der 80er Jahre von Anfang an „als das notwendige Korrelat" [...] zum repressiven Sozialistengesetz konzipiert. [...] Bismarck wollte „physische Bedürfnisse befriedigen, um die Geister einzuschläfern und den Willen zu brechen".

(Aus: Hans Ulrich Wehler, Das Deutsche Kaiserreich 1871–1918, Göttingen 1973, S. 136–138)

1. Welches Selbstverständnis und welche Zukunftserwartungen der Sozialdemokraten dokumentiert dieses Flugblatt?
2. Aus welchen Motiven lehnen die Sozialdemokraten Bismarcks Sozialgesetzgebung als Scheinreform ab?

1. Vergleichen Sie Wehlers Einschätzung der Bismarck'schen Sozialgesetzgebung mit Bismarcks Stellungnahmen. Wird Wehlers Urteil Bismarcks Sozialgesetzgebung voll gerecht?

6.4 Zwischen revolutionärer Theorie und reformerischer Praxis – die SPD im Kaiserreich nach 1890

MATERIAL 15 Karikatur aus dem Wahren Jakob (1890)

Szene
aus dem geistigen Kampf gegen die Sozialdemokratie.

1. Welches Selbstverständnis der Partei dokumentiert diese Karikatur aus dem Jahr 1890?

SPD

Erfurter Programm

Revolutionäre Programmatik

Reformpolitik

1890, im Jahr der Entlassung Bismarcks, wurde das Sozialistengesetz nicht mehr verlängert. In der Zwischenzeit hatte sich auch die Sozialdemokratie verändert. Sie gab sich nicht nur einen neuen Namen – Sozialdemokratische Partei Deutschlands, SPD – sondern auch ein neues Programm, das auf dem Erfurter Parteitag 1891 beschlossen wurde. Das Erfurter Programm öffnete sich der revolutionären Sprache von Marx und Engels; Lassalles Ideen traten zurück.
Der theoretische Teil des Erfurter Programms, von Karl Kautsky verfasst, stützte sich z.T. wörtlich auf „Das Kapital" von Marx. Im von Eduard Bernstein erarbeiteten praktischen Teil wurden konkrete Forderungen zum Schutz und zur Besserstellung der Arbeiterklasse und zur Demokratisierung von Staat und Gesellschaft erhoben. Dieser Teil des Programms bestimmte fortan das politische Handeln der SPD. An der Widersprüchlichkeit von revolutionärer Programmatik und reformerischer Praxis nahm zunächst niemand Anstoß. Karl Kautsky, der führende Parteitheoretiker, stellte gar fest: „Die SPD ist eine revolutionäre, nicht aber Revolution machende Partei."

Revisionismusstreit

Um die Jahrhundertwende unterzog Eduard Bernstein das Erfurter Programm einer Kritik und gab damit Anstoß zum Revisionismusstreit, der die Partei bis in den Ersten Weltkrieg beschäftigen sollte. Bernstein bezweifelte die Gültigkeit der Marx'schen Prognosen zur Entwicklung der Gesellschaft, insbesondere die Notwendigkeit einer Revolution als Weg in den Sozialismus. Er bestand darauf, dass die Partei ihre Reformarbeit auch theoretisch begründete.
Diese Forderung berührte die Wurzeln des Selbstverständnisses der SPD, denn sie erschütterte den Glauben an den naturnotwendigen Sieg des Sozialismus. Bernsteins Gedanken wurden daher auch offiziell verworfen. Die revolutionäre Rhetorik blieb weiterhin gültige Programmsprache.

Ebert
Scheidemann

Gegensätze der SPD

Ungeachtet dieser Auseinandersetzungen setzte die Partei ihre praktische Reformarbeit verstärkt fort; sie schuf so selbst die Voraussetzungen für eine programmatische Weiterentwicklung. Diesen Kurs verfolgten insbesondere jüngere Kräfte wie Ebert und Scheidemann.
Die verstärkte Reformpraxis löste aber auch Widerspruch bei der Linken aus, die, auf die revolutionäre Programmatik pochend, eine Politik der Verschärfung der Klassengegensätze forderte, um so den Zusammenbruch des kapitalistischen Systems zu beschleunigen. Damit wurden die Gegensätze innerhalb der SPD zwischen einem reformerischen und einem revolutionären Flügel immer deutlicher. Die Spaltung vollzog sich dann im Ersten Weltkrieg.

MATERIAL 16 **Erfurter Programm der SPD (1891)**

Die ökonomische Entwicklung der bürgerlichen Gesellschaft führt mit Naturnotwendigkeit zum Untergang des Kleinbetriebes, dessen Grundlage das Privateigentum des Arbeiters an seinen Produktionsmitteln bildet. Sie trennt den Arbeiter von seinen Produktionsmitteln und verwandelt ihn in einen besitzlosen Proletarier, indes die Produktionsmittel das Monopol einer verhältnismäßig kleinen Zahl von Kapitalisten und Großgrundbesitzern werden.
Immer größer wird die Zahl der Proletarier, immer massenhafter die Armee der überschüssigen Arbeiter, immer schroffer der Gegensatz zwischen Ausbeutern und Ausgebeuteten, immer erbitterter der Klassenkampf zwischen Bourgeoisie und Proletariat, der die moderne Gesellschaft in zwei feindliche Heerlager trennt

und das gemeinsame Merkmal aller Industrieländer ist.

Der Abgrund zwischen Besitzenden und Besitzlosen wird noch erweitert durch die im Wesen der kapitalistischen Produktionsweise begründeten Krisen, die immer umfangreicher und verheerender werden [...] Nur die Verwandlung des kapitalistischen Privateigentums an Produktionsmitteln [...] in gesellschaftliches Eigentum und die Umwandlung der Warenproduktion in sozialistische, für und durch die Gesellschaft betriebene Produktion kann es bewirken, dass der Großbetrieb und die stets wachsende Ertragsfähigkeit der gesellschaftlichen Arbeit für die bisher ausgebeuteten Klassen zu einer Quelle der höchsten Wohlfahrt und allseitiger harmonischer Vervollkommnung werde. [...]

1. Erläutern Sie die Stellen aus dem Erfurter Programm, in denen die marxistische Analyse und Kritik der kapitalistischen Gesellschaft besonders deutlich zum Ausdruck kommt.

MATERIAL 17 Karl Kautsky, Zur Frage der Revolution (1893)

Die Sozialdemokratie ist eine revolutionäre, nicht aber Revolution machende Partei. Wir wissen, dass unsere Ziele nur durch eine Revolution erreicht werden können, wir wissen aber auch, dass es ebenso wenig in unserer Macht steht, diese Revolution zu machen, als in der unserer Gegner, sie zu verhindern. Es fällt uns daher auch gar nicht ein, eine Revolution anstiften oder vorbereiten zu wollen. Und da die Revolution nicht von uns willkürlich gemacht werden kann, können wir auch nicht das Mindeste darüber sagen, wann, unter welchen Bedingungen und in welchen Formen sie eintreten wird. Wir wissen, dass der Klassenkampf zwischen Bourgeoisie und Proletariat nicht enden wird, ehe nicht das Letztere in den vollen Besitz der politischen Macht gelangt ist, die es dazu benützen wird, die sozialistische Gesellschaft einzuführen. Wir wissen, dass dieser Klassenkampf immer ausgedehnter und intensiver werden muss; dass das Proletariat an Zahl und moralischer und ökonomischer Kraft immer mehr wächst, dass daher sein Sieg und die Niederlage des Kapitalismus unausbleiblich ist, aber wir können nur höchst vage Vermutungen darüber haben, wann und wie die letzten entscheidenden Schlachten in diesem sozialen Krieg geschlagen werden. Das ist alles nichts Neues. [...]

Die Demokratie kann die Klassengegensätze der kapitalistischen Gesellschaft nicht beseitigen und deren notwendiges Endergebnis, den Umsturz der Gesellschaft, nicht aufhalten. Aber eins kann sie: Sie kann nicht die Revolution, aber sie kann manchen verfrühten, aussichtslosen Revolutionsversuch verhüten und manche revolutionäre Erhebung überflüssig machen. Sie verschafft Klarheit über die Kräfteverhältnisse der verschiedenen Parteien und Klassen; sie beseitigt nicht deren Grundsätze und verschiebt nicht deren Endziele, aber sie wirkt dahin, die aufstrebenden Klassen zu hindern, dass sie sich jeweilen an die Lösung von Aufgaben machen, denen sie noch nicht gewachsen sind, und sie wirkt auch dahin, die herrschenden Klassen davon abzuhalten, Konzessionen zu verweigern, zu deren Verweigerung sie nicht mehr die Kraft haben. Die Richtung der Entwicklung wird dadurch nicht geändert, aber ihr Gang wird stetiger, ruhiger. [...]

Die demokratisch-proletarische Methode des Kampfes mag langweiliger erscheinen als die Revolutionszeit der Bourgeoisie; sie ist sicher weniger dramatisch und effektvoll, aber sie erfordert auch weit weniger Opfer. [...] Diese so genannte friedliche Methode des Klassenkampfes, die sich auf die unmilitärischen Mittel Parlamentarismus, Streiks, Demonstrationen, Presse und ähnliche Pressionsmittel beschränkt, hat in jedem Land umso mehr Aussicht beibehalten zu werden, je wirksamer dort die demokratischen Institutionen sind, je größer politische und ökonomische Einsicht und die Selbstbeherrschung der Bevölkerung. [...]

(Aus: Karl Kautsky, Der Weg zur Macht, 1910, Nachdruck: Frankfurt 1972, S. 15ff.)

1. Erläutern Sie die Aussagen Kautskys zur historischen Lage, zum ideologischen Selbstverständnis, zu den Zielsetzungen und zu den Kampfformen der Sozialdemokraten. Erörtern Sie seine programmatischen Aussagen zum Verhältnis von Demokratie und Sozialismus.
2. Kritiker werfen Kautsky Widersprüchlichkeit in der politischen Konzeption vor. Für wie berechtigt halten Sie solche Vorwürfe?

MATERIAL 18 Eduard Bernstein: Zuschrift an den Parteitag der SPD (1898)

Ich bin der Anschauung entgegengetreten, dass wir vor einem in Bälde zu erwartenden Zusammenbruch der bürgerlichen Gesellschaft stehen und dass die Sozialdemokratie ihre Taktik durch die Aussicht auf eine solche bevorstehende große soziale Katastrophe bestimmen, beziehungsweise von ihr abhängig machen soll. [...]
Die Zuspitzung der gesellschaftlichen Verhältnisse hat sich nicht in der Weise vollzogen, wie sie das [kommunistische] „Manifest“ schildert. Es ist nicht nur nutzlos, es ist auch die größte Torheit, sich dies zu verheimlichen. Die Zahl der Besitzenden ist nicht kleiner, sondern größer geworden. [...] Die Mittelschichten ändern ihren Charakter, aber sie verschwinden nicht aus der gesellschaftlichen Stufenleiter. [...]

Politisch sehen wir das Privilegium der kapitalistischen Bourgeoisie in allen vorgeschrittenen Ländern Schritt für Schritt demokratischen Einrichtungen weichen. Unter dem Einfluss dieser und getrieben von der sich immer kräftiger regenden Arbeiterbewegung hat eine gesellschaftliche Gegenaktion gegen die ausbeuterischen Tendenzen des Kapitals eingesetzt. Fabrikgesetzgebung, die Demokratisierung der Gemeindeverwaltungen und die Erweiterung ihres Arbeitsgebiets, die Befreiung des Gewerkschafts- und Genossenschaftswesens von allen gesetzlichen Hemmungen, Berücksichtigung der Arbeiterorganisationen bei allen von öffentlichen Behörden vergebenen Arbeiten kennzeichnen diese Stufe der Entwicklung.

Je mehr aber die politischen Einrichtungen der modernen Nationen demokratisiert werden, umso mehr verringern sich die Notwendigkeiten und Gelegenheiten großer politischer Katastrophen. Wer an der Theorie der Katastrophen festhält, muss die hier gezeichnete Entwicklung nach Möglichkeit bekämpfen und zu hemmen suchen, wie das die konsequenten Verfechter dieser Theorie übrigens früher auch getan haben. Heißt aber die Eroberung der politischen Macht durch das Proletariat bloß die Eroberung dieser Macht durch eine politische Katastrophe? [...] Kein Mensch hat die Notwendigkeit der Erkämpfung der Demokratie für die Arbeiterklasse in Frage gestellt. Worüber gestritten wurde, ist die Zusammenbruchstheorie und die Frage, ob bei der gegebenen wirtschaftlichen Entwicklung Deutschlands und dem Reifegrad seiner Arbeiterklasse in Stadt und Land der Sozialdemokratie an einer plötzlichen Katastrophe gelegen sein kann. Ich habe die Frage verneint und verneine sie noch, weil meines Erachtens im stetigen Vormarsch eine größere Gewähr für dauernden Erfolg liegt, wie in den Möglichkeiten, die eine Katastrophe bietet.

Und weil ich der festen Überzeugung bin, dass sich wichtige Epochen in der Entwicklung der Völker nicht überspringen lassen, darum lege ich auf die nächsten Aufgaben der Sozialdemokratie, auf den Kampf um das politische Recht der Arbeiter, auf die politische Betätigung der Arbeiter in Stadt und Gemeinde für die Interessen ihrer Klasse sowie auf das Werk der wirtschaftlichen Organisation der Arbeiter den allergrößten Wert. In diesem Sinne habe ich seiner Zeit den Satz niedergeschrieben, dass mir die Bewegung alles, das was man gemeinhin Endziel des Sozialismus nennt, nichts sei, und in diesem Sinne unterschreibe ich ihn noch heute. [...]

(Aus: Eduard Bernstein, Die Voraussetzungen des Sozialismus und die Aufgaben der Sozialdemokratie, 1899, S. V ff.)

1. Bernstein überprüft die Prognosen von Marx und Engels über die Entwicklung der Gesellschaft. Erläutern Sie, worin seine Kritik besteht.
2. Erläutern Sie die Bemerkung Bernsteins über die Bewegung und das Endziel des Sozialismus. Was bedeutet seine Haltung für das Selbstverständnis der SPD?
3. Vergleichen Sie die Position Bernsteins und Kautskys auf Übereinstimmungen und Unterschiede. Wer von beiden treibt den Revisionismus am weitesten?
4. Erläutern Sie die Darstellungsabsicht der Karikatur (Vorstellung von, Einstellung zur Revolution).
5. Kommentieren Sie diese Karikatur aus der Sicht der beiden SPD-Parteitheoretiker Kautsky und Bernstein.

MATERIAL 19 Der Simplicissimus (1919)

„Halb sechs – sie muss kommen, die Weltrevolution!“

MATERIAL 20 Selbstverständnis sozialdemokratischer Industriearbeiter 1910

Mehr als tausend sozialdemokratisch organisierte Textilarbeiter wurden in einer Enquête 1910 gefragt: *Welche Hoffnungen und Wünsche haben Sie?*

Textilarbeiter	Berlin	Forst/ Lausitz	Summe
keine	19	7	26
auf den Sieg der Sozialdemokratie	162	356	518
mehr zu verdienen	180	291	471
auf den Sieg des Guten	2	39	41

Sozialdemokratische Arbeiter, nach ihrer politischen Haltung befragt:

Metallarbeiter, 29 Jahre:
„Wer vom Sozialismus so durchdrungen ist [...], der glaubt an eine Befreiung wie an ein neues Evangelium.“

Metallarbeiter, 39 Jahre:
„Die politische und gewerkschaftliche Bewegung hat erst meinem Wesen Ziel gegeben, meinem Leben Inhalt.“

Bergarbeiter, 33 Jahre, 8 Kinder:
„Ich glaube an die soziale Revolution auf evolutionistischem Weg. [...] Die moderne Arbeiterbewegung beglückt mich und alle meine Freunde durch den wachsenden Strahl der Erkenntnis. Wir begreifen, dass wir nicht mehr Amboss, sondern Hammer sind, die unserer Kinder Zukunft schmieden, und dieses Gefühl wiegt Gold nicht auf.“

(Aus: Adolf Levenstein, Die Arbeiterfrage, München 1912, S. 232, 292ff.)

1. Erörtern Sie auf der Basis der oben genannten Enquête, ob die SPD gut beraten war, Bernsteins Revisionismus offiziell zu verurteilen?

7. Das Deutsche Reich zwischen Kontinentalpolitik und Weltpolitik

7.1 Bismarcks Außenpolitik

Nachbar dreier Großmächte

Mit der Gründung des Deutschen Reiches war die alte Gleichgewichtsordnung der europäischen Großmächte zerbrochen. Auch gab es nun kein völkerrechtliches System mehr, dessen Normen allgemein anerkannt waren. An die Stelle des machtlosen, zersplitterten Mitteleuropa war ein starker Nationalstaat getreten, dessen Bevölkerung ständig wuchs, dessen Industrie der englischen den Rang abzulaufen begann, ein Staat mit der stärksten Armee des Kontinents. Trotz seiner „halbhegemonialen" Stellung war er aber aufgrund seiner geografischen Lage ständig gefährdet; als Nachbar dreier Großmächte war ein Zwei- oder gar Dreifrontenkrieg eine stets Besorgnis erregende Perspektive. Der außenpolitische Handlungsspielraum war aber durch die Annexion von Elsass-Lothringen im Frieden von Frankfurt (10.5.1871) entscheidend eingeschränkt; kein französischer Staatsmann konnte von nun an eine Annäherung an Deutschland riskieren. In dieser Lage diskutierte man in der deutschen Führung drei mögliche Konzeptionen:

- eine Politik der Kompensationen, die Frankreich für seine Verluste entschädigt und Russland für sein Stillhalten belohnt hätte
- eine offene Hegemoniepolitik, zu der auch rasche Offensivschläge gegen potentielle Gegner gehört hätten
- eine behutsame Politik der Bewahrung des Status quo, die die Rivalitäten unter den anderen Großmächten ausnutzte und die Spannungen an die Peripherie des europäischen Mächtesystems abzuleiten suchte.

„Saturiert"

Kissinger Diktat

Obwohl Kaiser Wilhelm I. in der von Bismarck verfassten Kronrede schon 1871 verkündet hatte, dass das Deutsche Reich jetzt „saturiert" sei, erzwang erst eine europäische Krise 1875 die Entscheidung für das dritte Konzept. Bismarck hatte versucht, gegen eine Modernisierung der französischen Armee diplomatisch vorzugehen. Dadurch löste er die „Krieg-in-Sicht-Krise" aus (so genannt nach einem von Bismarck lancierten Zeitungsartikel). Der energische Widerstand Englands und Russlands zwang Bismarck zum Einlenken; die Konsequenzen aus dieser Niederlage formulierte er 1877 in seinem „Kissinger Diktat" (s. Material 1).

Berliner Kongress

Spannungen auf dem Balkan führten 1877/78 zu einer zweiten Krise. Die Schwäche des Osmanischen Reiches hatte hier zu nationalen Erhebungen geführt, die von Russland – mehr und mehr im Sinne der panslawistischen Ideologie – unterstützt wurden. Hierdurch wurden auch englische und österreichische Interessen auf dem Balkan und im Mittelmeer berührt. Als der russisch-türkische Krieg mit einer Niederlage des Osmanischen Reiches endete, intervenierte England gegen ein weiteres russisches Vordringen auf dem Balkan. In dieser Lage suchte sich Bismarck als „ehrlicher Makler" ohne eigene Interessen einzuschalten. Der von ihm gelenkte Berliner Kongress (1878) war ein Versuch, zu einem Ausgleich aller Interessen auf dem Balkan zu kommen. Das Ergebnis entsprach aber eher den englischen als den russischen Vorstellungen:

- Rumänien, Serbien und Montenegro wurden ganz, Bulgarien teilweise vom Osmanischen Reich unabhängig.
- Die Verwaltung von Bosnien-Herzegowina wurde Österreich übertragen.
- England erwarb Zypern und festigte damit seine Position im östlichen Mittelmeer.

In Russland empfand man dieses Ergebnis als schwere Niederlage, die einer starken antideutschen Stimmung Auftrieb gab (s. S. 201f.). Die Spannungen verschärften sich, als der Zar dem Kaiser, seinem Onkel, einen drohenden Brief schrieb („Ohrfeigenbrief") und der Übergang Deutschlands zur Schutzzollpolitik die russischen Getreideexporte nach Deutschland erschwerte. In dieser gespannten Situation sah Bismarck die Notwendigkeit gekommen, die Zeit der Bündnislosigkeit zu beenden:

- Ein geheimer Zweibund mit Österreich-Ungarn sollte der Gefahr von seiten Russlands vorbeugen (1879).
- Italien, dass sich durch die französische Mittelmeerpolitik bedroht glaubte, verbündete sich 1882 im Dreibund mit Deutschland und Österreich.
- 1883 schloss sich Rumänien in einem Militärbündnis Deutschland und Österreich an.

Spannungen auf dem Balkan

Das problematische Verhältnis zu Russland erfuhr durch den Dreikaiservertrag zwischen Deutschland, Österreich und Russland (1881) eine Verbesserung. Die dauernden Spannungen auf dem Balkan führten jedoch dazu, dass er 1887 nicht erneuert, sondern durch den geheimen Rückversicherungsvertrag ersetzt wurde. Für drei Jahre sollte dieser die russische Neutralität bei einem französischen Angriff auf Deutschland, die deutsche bei einem österreichischen Angriff auf Russland sichern. Ferner wurden die russischen Ansprüche auf die Meerengen unterstützt. Diese Verpflichtung stand wiederum im Widerspruch zu dem von Bismarck geförderten Mittelmeerabkommen zwischen England, Italien und Österreich, das die territoriale Integrität des Osmanischen Reiches gegen die russischen Expansionstendenzen sichern sollte.

Labiles System

Dieses komplizierte, teilweise in sich widersprüchliche Sicherheitssystem sollte Bündnisse gegen Deutschland verhindern, es entsprang „dem Bestreben, das Deutsche Reich vor den bedrohlichen Folgen seiner Gründung zu bewahren". Es nutzte die Spannungen unter den Großmächten zur eigenen Sicherheit, war auf Friedenssicherung hin konzipiert. Es war aber auch ein labiles System. Insgesamt acht große Krisen erlebte Europa zwischen 1871 und 1914, von denen jede zum europäischen oder gar zum Weltkrieg hätte führen können.

MATERIAL 1 **Bismarcks Kissinger Diktat vom 15. Juni 1877**

Ein französisches Blatt sagte neulich von mir, ich hätte „le cauchemar des coalitions"; diese Art Alp wird für einen deutschen Minister noch lange, und vielleicht immer, ein sehr berechtigter bleiben. Koalitionen gegen uns können auf westmächtlicher Basis mit Zutritt Österreichs sich bilden, gefährlicher vielleicht noch auf russisch-österreichisch-französischer; eine große Intimität zwischen zweien der drei Letztgenannten würde der Dritten unter ihnen jederzeit das Mittel zu einem sehr empfindlichen Drucke auf uns bieten. In der Sorge vor diesen Eventualitäten, nicht sofort, aber im Lauf der Jahre, würde ich als wünschenswerte Ergebnisse der orientalischen Krisis für uns ansehen:

1. Gravitierung der russischen und der österreichischen Interessen und gegenseitigen Ri-

valitäten nach Osten hin, 2. der Anlass für Russland, eine starke Defensivstellung im Orient und an seinen Küsten zu nehmen, und unseres Bündnisses zu bedürfen, 3. für England und Russland ein befriedigender Status quo, der ihnen dasselbe Interesse an Erhaltung des Bestehenden gibt, welches wir haben, 4. Loslösung Englands von dem uns feindlich bleibenden Frankreich wegen Ägyptens und des Mittelmeeres, 5. Beziehungen zwischen Russland und Österreich, welche es beiden schwierig machen, die antideutsche Konspiration gegen uns gemeinsam herzustellen, zu welcher zentralistische oder klerikale Elemente in Österreich etwas geneigt sein möchten.
Wenn ich arbeitsfähig wäre, könnte ich das Bild vervollständigen und feiner ausarbeiten, welches mir vorschwebt: nicht das irgendeines Ländererwerbs, sondern das einer politischen Gesamtsituation, in welcher alle Mächte außer Frankreich unser bedürfen, und von Koalitionen gegen uns durch unsere Beziehungen zueinander nach Möglichkeit abgehalten werden. [...]

(Aus: Michael Stürmer (Hrsg.), Bismarck und die preußisch-deutsche Politik, München 1970, S. 100f.)

MATERIAL 2 Wilhelm Liebknecht über die Lage des Deutschen Reichs (1872)

Seit 1866 steht die Existenz Preußens auf der Spitze des Schwerts. Die Schlacht von Königgrätz verloren, und Preußen hatte als Großmacht aufgehört. Eine entscheidende Niederlage in Frankreich, und Preußen war von der Landkarte Europas gestrichen. Ein Staat wie Preußen kann aber des Krieges nicht entbehren, vom Kriege sich nicht emanzipieren, und für jeden Erobererstaat, von dem die Geschichte uns Kunde gibt, ist noch der Moment gekommen, wo der Krieg keine Siege brachte. Und *nicht siegen* ist für den Erobererstaat gleichbedeutend mit Untergang.
Ein Staat wie das Bismarck'sche Preußen-Deutschland ist durch seinen Ursprung mit fatalistischer Notwendigkeit dem gewaltsamen Untergang geweiht. Das Schicksal des französischen Empire, dessen sklavische, jedenfalls nicht verbesserte Kopie es ist, kündet ihm seine Zukunft. Auf dem Schlachtfeld geboren, das Kind eines Staatsstreichs, des Krieges und der Revolution von oben, muss es ruhelos von Staatsstreich zu Staatsstreich, von Krieg zu Krieg eilen und entweder auf dem Schlachtfeld zerbröckeln oder der Revolution von unten erliegen. Das ist Naturgesetz.

(Zitiert nach: Immanuel Geiss, Der lange Weg in die Katastrophe. Die Vorgeschichte des Ersten Weltkriegs 1815–1914, München 1990, S. 143)

Bismarck als Weichensteller zwischen England und Russland (Punch 1878)

1. Erläutern und beurteilen Sie anhand des Kissinger Diktats die Konzeption der Bismarck'schen Außenpolitik. Welcher Friedensbegriff liegt ihr zugrunde?
2. Worin stimmen Bismarck und Liebknecht überein, worin unterscheiden sie sich?

7.2 Ein Platz an der Sonne oder Weltherrschaft?

1891 schrieb ein Student über ein Gespräch mit dem entlassenen Bismarck: „Uns, uns Jungen hatte er offenbar nichts mehr zu sagen. [...] Er bot uns jungen Deutschen als Lebenszweck ein politisches Rentnerdasein, die Verteidigung und den Genuss des Erworbenen; unser Schaffensdrang ging leer aus." Solche Stimmen mehrten sich seit Bismarcks letzten Regierungsjahren; immer mehr Deutsche waren unzufrieden mit der Politik der Bewahrung und Friedenssicherung. Der Wettlauf der Großmächte hatte längst die Grenzen Europas überschritten; die Expansion in überseeische Räume, die Bildung großer Imperien waren nun die Ziele. Nicht nur die formelle Aneignung und Besetzung fremder Länder, sondern auch ihre wirtschaftliche Durchdringung und Ausbeutung zählte zu den Zielen imperialistischer Herrschaft. Innen- und außenpolitische, ideologische und ökonomische Motive wirkten zusammen. Die Furcht, bei der Verteilung der Welt zu spät zu kommen und zu einer Macht zweiten Ranges zu werden, beherrschte die Großmächte. Wirkte die imperialistische Politik in Übersee oder auf dem Balkan anfangs noch spannungsmindernd – Bismarcks Konzept beruhte auf dieser Annahme – so schlugen die außereuropäischen Konflikte bald auf Europa zurück: Der gesamte afrikanische Kontinent wurde zum Spannungsgebiet; der englisch-russische Gegensatz in Indien, Persien, Afghanistan und im östlichen Mittelmeer, der russisch-österreichische Konflikt auf dem Balkan schufen dauernde Kriegsgefahr.

Imperialismus

Die imperialistische Politik des Deutschen Reiches begann mit einem Rückstand gegenüber den Westmächten. Obwohl Bismarck grundsätzlich gegen Kolonialpolitik war, fielen die ersten Erwerbungen noch in seine Amtszeit (1884). Sie waren aber offiziell nur staatlicher Schutz privater Kolonialunternehmungen; außerdem blieben sie in das außenpolitische Konzept Bismarcks eingebunden. Mitte der achtziger Jahre förderte Bismarck französische Kolonialansprüche, um auf diese Weise Druck auf England ausüben zu können; auch der Erwerb deutscher Kolonien in Südwest- und Ostafrika, also in englischem Interessengebiet, diente diesem Zweck.

Bismarcks Kolonialpolitik

Auch Bismarcks Nachfolger Caprivi (1890–1894) verzichtete auf koloniale Abenteuer. Anstelle von Kolonialerwerb suchte er Deutschlands Stellung durch bilaterale Handelsverträge mit europäischen Staaten zu verbessern; langfristig sollte eine mitteleuropäische Zollunion auch die politische Vorherrschaft Deutschlands begründen. Da seine Politik einseitig die Industrie begünstigte, wurde Caprivi auf Betreiben der ostelbischen Agrarier gestürzt. Erst danach kam der „Neue Kurs", den Kaiser Wilhelm II. 1890 verkündet hatte, zum Durchbruch. 1897 verkündete der Staatssekretär des Äußeren und spätere Reichskanzler Bülow anlässlich der Annexion von Kiautschou im Reichstag: „Wir wollen niemand in den Schatten stellen, aber wir verlangen auch unseren Platz an der Sonne." Verbände wie die Deutsche Kolonialgesellschaft propagierten den Kolonialgedanken; der 1891 gegründete Alldeutsche Verband kritisierte gar die offizielle Reichspolitik als zu zurückhaltend.

Kaiser Wilhelm II.

Alldeutscher Verband

Eine Lieblingsidee des Kaisers förderte der Deutsche Flottenverband, den Aufbau einer deutschen Schlachtflotte. Unter Leitung des Staatssekretärs im Marineamt, Admiral Tirpitz, entstand ab 1898 die deutsche „Risikoflotte"; sie sollte

Ausbau der Flotte

Entente cordiale

so stark sein, dass sie auch für die englische Flotte eine Gefahr darstellte. Doch die Flotte wurde zum politischen Desaster: Ihr weiterer Ausbau, der von England als Bedrohung empfunden wurde, führte in wenigen Jahren dazu, dass sich England Frankreich annäherte (Entente cordiale, 1904) und sich mit Russland über die Einflusssphären im Mittleren Osten einigte (1907). Russland hatte sich seit der Nichtverlängerung des Rückversicherungsvertrages (1890) wirtschaftlich und militärisch Frankreich angeschlossen. Das Deutsche Reich hatte sich isoliert: Als Partner blieb ihm unter den Großmächten nur die wirtschaftlich und militärisch schwächste übrig: Österreich-Ungarn, das aufgrund seiner Strukturprobleme eher eine Belastung als eine Hilfe war.

Krisen

Mit der Verfestigung der beiden Lager überstürzten sich die Krisen; an allen war das Deutsche Reich direkt oder indirekt beteiligt:

- Deutschlands Rivalität mit Frankreich um die Vorherrschaft in Marokko führte zu den beiden Marokkokrisen (1905/6 und 1911); diese festigten die Entente cordiale zwischen England und Frankreich.
- Die Annexion Bosniens durch Österreich-Ungarn (1908) wurde durch eine deutsche Kriegsdrohung gegen Russland ermöglicht. Dies führte zu einer beschleunigten russischen Aufrüstung.
- Aus zwei Balkankriegen (1912/13) ging Serbien als Hauptgewinner hervor.

Schlieffen-Plan

Militärische Planungen des deutschen Generalstabs für einen Blitzkrieg im Westen unter Verletzung der belgischen Neutralität (Schlieffen-Plan) schufen ein Übergewicht des Militärs über die Politik. Ein letzter Versuch Englands, den deutsch-englischen Antagonismus abzubauen, die Mission des Kriegsministers Haldane (1912), wurde von Tirpitz hintertrieben. Als im selben Jahr die SPD nach den Reichstagswahlen zum ersten Mal die stärkste Fraktion stellte, forderte der Alldeutsche Verband den Krieg aus innenpolitischen Gründen. Es scheint daher folgerichtig, dass die Reichsleitung bei der nächsten Krise, die durch das Attentat von Sarajevo (28.6.1914) ausgelöst wurde, den „Sprung ins Dunkle“ – so Reichskanzler Bethmann Hollweg – wagte und damit einen Großteil der Verantwortung für die „Urkatastrophe des 20. Jahrhunderts“ übernahm.

MATERIAL 3 Max Weber, Freiburger Antrittsrede (1895)

[...] Nachdem die Einheit der Nation errungen war und ihre politische „Sättigung“ feststand, kam über das aufwachsende erfolgstrunkene und friedensdurstige Geschlecht des deutschen Bürgertums ein eigenartig „unhistorischer“ und unpolitischer Geist. Die deutsche Geschichte schien zu Ende. [...] An unserer Wiege stand der schwerste Fluch, den die Geschichte einem Geschlecht als Angebinde mit auf den Weg zu geben vermag: das harte Schicksal politischen Epigonentums. [...]

Entscheidend ist auch für *unsere* Entwicklung, ob eine große Politik uns wieder die Bedeutung der großen politischen Machtfragen vor Augen zu stellen vermag. Wir müssen begreifen, dass die Einigung Deutschlands ein Jugendstreich war, den die Nation auf ihre alten Tage beging und seiner Kostspieligkeit halber besser unterlassen hätte, wenn sie der Abschluss und nicht der Ausgangspunkt einer deutschen Weltmachtpolitik sein sollte. [...] Auch angesichts der gewaltigen Not der Massen der Nation, welche das geschärfte soziale Gewissen der neuen Generation belastet, müssen wir aufrichtig bekennen: schwerer noch lastet auf uns das Bewusstsein unserer Verantwortlichkeit vor der Geschichte. Nicht unserer Generation ist beschieden zu sehen, ob der Kampf, den wir führen, Früchte trug, ob sich die Nachwelt zu uns als ihren Ahnen bekennt. Es wird uns nicht gelingen, den Fluch zu bannen, unter dem wir stehen: Nachgeborene zu sein einer politisch großen Zeit, es müsste denn sein, dass wir verstünden, etwas anderes zu werden: Vorläufer einer größeren [...].

(Aus: Max Weber, Gesammelte Politische Schriften, Hrsg. J. Winckelmann, Tübingen 1971, S. 4f.)

MATERIAL 4 Ein deutscher Diplomat über die Weltpolitik

Die heutige Politik der Großmächte kann ganz allgemein als die Politik des Aufschubs kriegerischer Auseinandersetzungen bezeichnet werden. Die Organisation des Aufschubs kann als der Sinn der meisten Abmachungen gelten, die in den letzten Jahrzehnten zwischen den Großmächten abgeschlossen wurden. Diese Politik des Aufschubs ist natürlich begründet in der allgemeinen Möglichkeit einer parallelen Expansion. Das ist aber nicht ihr einziger Grund. Ein weiterer liegt in der allgemeinen Interessenverflechtung, die eine kriegerische Auseinandersetzung erschwert, und ein dritter, vielleicht der wesentlichste Grund, in der Eigenart der modernen Kriege selbst. [...] Die Kriege früherer Jahrhunderte wurden mit viel geringerem Aufwand an Menschen und Geld geführt und griffen viel weniger tief in das gesamte Leben des Volkes ein. Die modernen Staaten setzen Millionenheere in Bewegung und geben Milliarden aus. Sie rühren, wenn sie Kriege führen, an die Grundlagen ihres verwickelten Wirtschaftslebens; über die wirtschaftlichen Folgen eines modernen Krieges zwischen Großmächten besitzt das Zeitalter noch so gut wie keine Erfahrung. [...] Im Ganzen hat sich aber doch wohl durch diese Entwicklung die Kalkulation der Kriege verschoben. Das Risiko ist stärker gewachsen als der Nutzen. [...]

Man kann ruhig an den defensiven Charakter der modernen Rüstungen glauben, wenn man darunter versteht, dass nirgends die Absicht auf kriegerische Eroberung hinter ihnen lauert. Die modernen Staaten bedürfen ihrer, um bei der Konkurrenz des Nebeneinander der Stimme ihrer Unterhändler Gewicht zu verleihen. [...] Daher ist unser Zeitalter das der größten Kriegsrüstungen und des längsten Friedens. Dieser eigenartige Zustand erscheint vielen als widersinnig, ist es aber nicht. Es ist nicht wahr, dass die modernen Großstaaten zwar rüsten, aber von ihren Rüstungen keinen Gebrauch machen. Die Kriege werden zwar nicht mehr gefochten, aber kalkuliert – und das Ergebnis der Kalkulationen entscheidet heute, wie früher das Ergebnis der Schlachten, über die Vorteile, die der eine erringt, oder die Beeinträchtigung, die der andere auf sich nehmen muss. Die Kanonen schießen nicht, aber sie reden mit in den Verhandlungen. [...] Je mehr gerüstet wird, desto mehr verschiebt sich das Missverhältnis zwischen den Vorteilen eines Krieges und seinen Nachteilen zugunsten der Letzteren und damit zugunsten des Friedens.

(Aus: J. J. Ruedorffer (= Kurt Riezler), Grundzüge der Weltpolitik der Gegenwart, Stuttgart und Berlin 1914, S. 214ff.)

1. Wie beurteilt Weber die Lage des Deutschen Reiches am Ende des 19. Jahrhunderts und welche Rolle in der Weltpolitik weist er ihm zu?
2. Welchen Unterschied zwischen dem bisherigen und dem künftigen Krieg erkennt Ruedorffer?
3. Wie beurteilen Sie seine Prognose auf dem Hintergrund des tatsächlichen Geschehens? Ist ihm ein Trugschluss unterlaufen?

USA – Demokratie und Nation

200 Jahre nach der Unterzeichnung der Unabhängigkeitserklärung erinnerte Präsident Gerald R. Ford seine Landsleute im Jahre 1976 an den Mut jener Frauen und Männer der dreizehn Kolonien, die es gewagt hatten, „die Fessel abzuschütteln, die sie an ihr Mutterland band". Den Grund für dieses Wagnis sah er in ihrer „Sehnsucht nach Freiheit", die stärker gewesen sei als die „Angst vor der Zukunft". Und er vergaß nicht, den Kernsatz der Unabhängigkeitserklärung zu zitieren, das Recht jeden Bürgers auf „Leben, Freiheit und das Streben nach Glück".

Auch heute sind die USA immer noch Idee, Traum und Realität einer freien demokratischen Gesellschaft für viele, manchen aber auch ein Vorbote neuer Probleme. Kaum ein Land der Welt hat die heutige Menschheit so herausgefordert und die Phantasie der Menschen so beschäftigt wie die USA. Für viele Menschen in aller Welt sind sie ein Land mit einer Botschaft geblieben, ein Ort der Hoffnung und der Zuflucht geworden. Die dominanten Entwicklungslinien des schnell wachsenden Landes beruhen dabei hauptsächlich auf den Ideen der europäischen Aufklärung, wurzeln in dem auf sie zurückgehenden „American Dream" und dem „Manifest Destiny". Sie versprechen materielle Sicherheit, politische Freiheit und Gleichheit und sind Ausdruck eines vielen eigenen Sendungsbewusstseins.

Was sind die Voraussetzungen und Gründe für die Entstehung dieser neuen Nation, ihre leitenden Ideen und Kräfte? Und wie weit wurde das in der Unabhängigkeitserklärung verheißene Recht eines jeden Bürgers auf Streben nach Glück verwirklicht?

Give me your tired, your poor, Your huddled masses, yearning to breathe free, The wretched refuse of your teeming shore. Send these, the homeless, tempest-tost to me, I lift my lamp beside the golden door!	Schick mir deine müden, deine armen und zusammengepferchten Massen, die frei atmen wollen, den elenden Abfall deiner übervollen Küsten. Schick diese, die Heimatlosen, die Sturmgepeitschten zu mir, ich halte meine Lampe hoch an der goldenen Tür.

(Inschrift am Sockel der Statue. Aus dem Sonett „The New Colossus" von Emma Lazarus, 1883. Übers. R. Renz)

MATERIAL 1 **Aus der Inaugurationsrede Präsident Reagans vom 20. Januar 1981**

Wenn wir nach der Antwort suchen, warum wir so viele Jahre lang so viel erreicht haben und aufgeblüht sind wie kein anderes Volk auf der Erde, dann war es darum, weil wir hier in diesem Land die Energie und das persönliche Genie des Menschen in einem größeren Ausmaß freigesetzt haben, als dies je zuvor getan wurde. Freiheit und Würde des Einzelnen sind hier mehr verfügbar und garantiert gewesen als an irgendeinem anderen Ort der Erde. Der Preis für diese Freiheit war zu allen Zeiten hoch, aber wir waren niemals unwillig, diesen Preis zu zahlen. Es ist kein Zufall, dass unsere gegenwärtigen Schwierigkeiten parallel laufen und proportional sind mit der Einmischung und dem Eindringen in unser Leben, die sich aus dem unnötigen und übertriebenen Anwachsen der Regierung ergeben haben. Es ist an der Zeit, dass wir erkennen, dass wir ein zu großes Volk sind, um uns auf zu kleine Träume zu beschränken. Wir sind nicht, wie manche uns glauben machen wollen, zum unausweichlichen Niedergang verurteilt. Ich glaube nicht an ein Geschick, dem wir ausgeliefert sind – gleichgültig, was wir tun. Wollen wir also mit all der schöpferischen Energie, die uns zur Verfügung steht, eine *Ära der nationalen Erneuerung* einleiten. Wollen wir unsere Entschlossenheit, unseren Mut und unsere Stärke neu bekräftigen. Und wollen wir unseren Glauben und unsere Hoffnung neu bekräftigen. Wir haben jedes Recht, heroische Träume zu träumen. [...]

Am Vorabend unseres Kampfes um die Unabhängigkeit hat ein Mann [...] seinen amerikanischen Mitbürgern gesagt: „Unser Land ist in Gefahr, aber es braucht nicht verzweifelt zu sein. [...] Von euch hängt das Geschick Amerikas ab. Ihr müsst die wichtige Frage entscheiden, von der das Glück und die Freiheit von Millionen noch Ungeborener abhängt. Handelt eurer würdig." Ich glaube, dass wir, die Amerikaner von heute, bereit sind unserer würdig zu handeln, bereit sind das zu tun, was getan werden muss, um das Glück und die Freiheit unserer selbst, unserer Kinder und unserer Kindeskinder zu gewährleisten. Und wenn wir uns hier in unserem eigenen Lande selbst erneuern, dann werden wir von den anderen als im Besitz größerer Stärke in der ganzen Welt gesehen werden. Wir werden wieder das Beispiel der Freiheit und ein Leuchtfeuer der Hoffnung für jene sein, die heute keine Freiheit haben. [...] Wir werden Loyalität mit Loyalität vergelten.

[...] Was die Feinde der Freiheit angeht, jene, die potentielle Gegner sind, so werden sie daran erinnert werden, dass der Frieden der höchste Wunsch des amerikanischen Volkes ist. Wir werden um den Frieden verhandeln, wir werden Opfer für ihn bringen, wir werden jedoch niemals um des Friedens willen kapitulieren – weder heute noch je. Unsere Geduld sollte nie falsch verstanden werden. Unser Zögern vor einem Konflikt sollte nicht fälschlicherweise als ein Mangel an Willen beurteilt werden. Wenn es notwendig ist zu handeln, um unsere nationale Sicherheit zu erhalten, dann werden wir handeln. Wir werden eine ausreichende Stärke aufrechterhalten, um, wenn es notwendig ist, die Oberhand zu behalten – in dem Wissen, dass wir, wenn wir das tun, die beste Chance haben, diese Stärke nicht einsetzen zu müssen. Vor allem müssen wir jedoch begreifen, dass keine Waffe in den Arsenalen der Welt so gewaltig ist wie der Wille und der moralische Mut freier Männer und Frauen. Das ist eine Waffe, die unsere Gegner in der heutigen Welt nicht besitzen. Das ist eine Waffe, die die Amerikaner besitzen.

(Aus: Archiv der Gegenwart vom 20.1.1981, S. 24207ff.)

1. Welche Faktoren und Ideen waren nach Reagan bestimmend für die Geschichte und Gegenwart der USA?
2. Erörtern Sie die Merkmale des amerikanischen Selbstbewusstseins und die daraus abgeleitete internationale Stellung und Außenpolitik der USA.

1. Die Entstehung der USA

1.1 Der Kampf um die Unabhängigkeit – eine Revolution?

Fünf Jahre nach Kolumbus erforschte der Genueser Giovanni Caboto (John Cabot) in britischem Auftrag die Küste Neufundlands und des heutigen South Carolina. Seit dieser Zeit erhob Großbritannien Anspruch auf Nordamerika.
1584 erschien in England ein Traktat, das mit merkantilistischen Argumenten den Erwerb von Kolonien forderte und auf deren Bedeutung als Rohstoffquelle, Markt und Siedlungsgebiet für einen erwarteten Bevölkerungsüberschuss hinwies. Im gleichen Jahr landete Sir Walter Raleigh an der Küste von North Carolina. Das Territorium nannte er zu Ehren der Königin Elisabeth I. „Virginia", 1624 wurde es englische Kronkolonie. Jamestown war dort seit 1607 die erste ständige Siedlung der Engländer. Gleichzeitig oder wenig später entstanden französische, holländische und schwedische Ansiedlungen. Spanien war schon 1565 durch die Gründung von San Agostino in Florida vorangegangen. In einer Reihe von Kriegen, die meist ein Reflex europäischer Konflikte waren, gewann Großbritannien in den folgenden Jahren Kanada, das westliche Hinterland der Appalachen und das östliche Mississippital.

Kronkolonie

Für das amerikanische Selbstverständnis sind Jamestown und die Ankunft der Pilgerväter 1620 von großer Bedeutung geworden. Die Gründer von Jamestown waren Kaufleute und Auswanderer, die sich 1606 zu einer Gesellschaft, der Virginia Company von London, zusammengeschlossen und einen königlichen Freibrief erhalten hatten. Wirtschaftsinteressen waren die Triebfeder dieses Unternehmens. Die Siedler lernten von den Indianern den Anbau von Mais, Kartoffeln und Tabak; von der Tabakernte des Jahres 1617 konnten fast 19 000 Pfund nach dem Mutterland exportiert werden.

Pilgerväter und Kaufleute

Die puritanischen Pilgerväter dagegen hatten ihre Heimat vor allem aus religiösen Gründen verlassen. Besonders die Verfolgung durch die Regierung Jakobs I. zwang sie zur Auswanderung. Im November 1620 landete ihr Schiff, die „Mayflower", am Cape Cod. Mit dem „Mayflower Compact" legten die Puritaner entsprechend ihrem kalvinistischen Gemeindeverständnis Selbstverwaltung und freiwillige Unterordnung unter das Gesetz fest. Sie wurden so Vorbild für andere Siedlungen und zeigten zukünftige Entwicklungslinien in den dreizehn Kolonien auf. Ihr erstes Erntedankfest im November 1621 wurde 1863 von Lincoln zum nationalen Feiertag erhoben (Thanksgiving Day).
Die Puritaner gründeten Plymouth, 1623 folgten New Hampshire, 1630 Massachusetts, 1635 Connecticut und ein Jahr später Rhode Island.

Mayflower Compact 1620

Die britische Regierung übernahm im Laufe des 17. Jh. von den Handelsgesellschaften die Kontrolle über alle Kolonien, ließ diesen jedoch für ihre innere Ausgestaltung viel Freiraum. Eine genaue Aufgabenverteilung zwischen den Gouverneuren als den Staatsorganen des Mutterlandes und den Selbstverwaltungsorganen der Kolonie erfolgte nie. Dies kam den Wünschen der Siedler entgegen, legte aber auch den Keim für den späteren Konflikt. Die Zahl der Siedler nahm rasch zu: 1640 gab es etwa 25 000, 1690 schon 200 000, um 1750 eine Million.

Das britische Interesse an den Kolonien war besonders wirtschaftlicher Natur. Sie sollten Rohstoffe für die Manufakturen auf der Insel sowie für den britischen Handel liefern und Fertigprodukte abnehmen. Ihre Währungen mussten sie an das Pfund Sterling binden. In Listen wurde festgehalten, welche Rohstoffe ins Mutterland ausgeführt werden durften, die Kolonisten konnten sich nicht den besten Markt mit dem besten Preis aussuchen. Auch die Navigationsakte Cromwells von 1651 band die Kolonien wirtschaftlich fest an das Mutterland. Sie bestimmte, dass ausländische Ware nur auf englischen Schiffen oder Schiffen des Ursprungslandes nach England eingeführt werden durften.

Navigationsakte 1651

Trotz solcher Einschränkungen überschritt schon im 18. Jh. das Reallohnniveau der Siedler das europäische, da Arbeitskräfte knapp und Boden im Überfluss vorhanden war. Früh entwickelte sich ein gewerbetreibender Mittelstand.

13 Kolonien

Die dreizehn Kolonien waren nur durch die britische Krone politisch miteinander verbunden. In den religiösen Überzeugungen, in Sozialstruktur und Wirtschaftsform entwickelten sie sich unterschiedlich:

- In den Neuenglandstaaten, in denen Landwirtschaft, Fischerei und Überseehandel die Wirtschaft bestimmten, blieb bis ins 18. Jahrhundert das Puritanertum maßgebend für Kirche und Erziehung, die in der britischen Tradition stehende Harvard Universität wurde schon 1636 gegründet.
- In den mittleren Kolonien gedieh der Handel mit Europa und den Westindischen Inseln; Farmer, Kaufleute und Handwerker bestimmten die Wirtschafts- und Sozialstruktur.
- Im Süden entstanden neben Bauernhöfen die Plantagen für Tabak und Reis, später für Baumwolle und den Farbstoff Indigo. Der Einsatz von Negersklaven seit 1619 ermöglichte die neue Betriebsform. Es bildete sich die Aristokratie der Plantagen- und Sklavenbesitzer heraus, eine Schicht, die meist der anglikanischen oder katholischen Kirche angehörte.

Selbstverwaltung

In zweierlei Beziehung aber wiesen die Kolonien gemeinsame Züge auf. Die Fortentwicklung der englischen Selbstverwaltung durch die Wahl von Repräsentativorganen mit legislativer Gewalt prägte sie politisch. Die wachsende Einwanderung aus Europa und der „Zug nach Westen“ bestimmten ihr soziales und wirtschaftliches Gefüge.

Ursachen des Konflikts

Die Ursachen des Konflikts zwischen Großbritannien und seinen Kolonien waren politischer und wirtschaftlicher Natur. Im Siebenjährigen Krieg in Europa und Übersee 1756–1763 verlor Frankreich fast alle seine Besitzungen in Nordamerika an England. Die Indianer, die von den Franzosen mehr Rücksicht erfahren hatten, waren über die neue Lage unzufrieden. Um Spannungen zu entschärfen, wurde den Kolonisten daher von der britischen Regierung die Besiedlung des Landes westlich der Appalachen verboten. Der Krieg hatte auch die britischen Staatsschulden stark anwachsen lassen. Geldzahlungen der Kolonien sollten die Finanzlast verringern. Die Stempelsteuer von 1765, der Stamp Act, sollte ein Drittel der Ausgaben für das Militär in den Kolonien einbringen. Sie besteuerte alle Arten offizieller Urkunden und Papiere, ebenso Zeitungen und andere Druckwerke. Dagegen erhob sich Widerstand, der sich durch ein Einquartierungsgesetz für die Armee verschärfte. Besonders in Neuengland schlossen sich Bürger zu den „Sons of Liberty“ zusammen, Geheimgesellschaften, die auch vor Gewalt nicht zurückschreckten. Die Bevölkerung übte weithin passiven Widerstand und boykottierte britische Waren.

No taxation without representation

Die Empörung der Kolonisten war auch politisch und rechtlich begründet. Sie richtete sich gegen die Regierung und das Parlament in London, das Steuern bewilligte, ohne dass die Kolonien in ihm vertreten waren. Die Forderung nach eigener Vertretung im Unterhaus, der Grundsatz „no taxation without representation“ fand aber kein Gehör. Zwar hob London schon 1766 die Stempelsteuer wieder auf, verschärfte die Lage jedoch 1767 erneut durch die Erhebung von Einfuhrzöllen auf Güter aus den anderen Kolonien nach Nordamerika. Bis auf den symbolischen Teezoll musste es auch diese wegen des allgemeinen Widerstandes 1770 aufheben. In diesem Jahr kam es zu Zusammenstößen zwischen Kolonisten und britischen Truppen in Boston, die fünf Menschenleben forderten. Das „Boston Massacre“ rief allgemeine Empörung hervor. 1773 eskalierte der Konflikt: Als Indianer verkleidete Bürger versenkten im Bostoner Hafen die Teeladung von drei Schiffen und gaben das Signal zum offenen Kampf. Damals schrieb John Adams, der spätere zweite Präsident der USA, in sein Tagebuch: „Das Volk sollte niemals aufstehen, ohne etwas zu tun, was man nie vergisst – etwas Bemerkenswertes, etwas Eindrucksvolles. Diese Vernichtung des Tees ist so kühn, so gewagt, so eindeutig, unerschrocken und unabänderlich, und sie muss so bedeutsame und so andauernde Folgen haben, dass ich sie nur als Epoche machendes Ereignis der Geschichte bezeichnen kann.“ Großbritannien antwortete darauf mit dem Ausnahmezustand, der Schließung des Hafens von Boston und weiteren Repressalien. Gegen seine „Intolerable Acts“ einigten sich die Kolonien auf eine gemeinsame Verteidigung ihrer Rechte.

Unabhängigkeitskrieg 1775–1783

George Washington

1774 trat der 1. Kontinentalkongress in Philadelphia zusammen, die 55 Delegierten – Georgia war nicht vertreten – beschlossen den Abbruch der Handelsbeziehungen mit London. Nach gewaltsamen Auseinandersetzungen in Massachusetts wurden Vorbereitungen für den zu erwartenden Krieg getroffen. 1775 ernannte der 2. Kontinentalkongress George Washington zum Oberbefehlshaber der aufständischen Miliz. Mit den Gefechten bei Concord und Lexington begann ein achtjähriges Ringen mit den Truppen des Mutterlandes. England warb in Europa Soldaten gegen die Rebellen an, allein 30 000 deutsche Söldner wurden bis 1783 eingesetzt. Deren Einsatz trug wesentlich zur Verbitterung und zum Wunsch der Mehrheit nach Unabhängigkeit bei. Ein Drittel der 1780 auf 2,8 Millionen geschätzten Bevölkerung setzte sich aktiv für den ungleichen Kampf ein, ein Drittel blieb unentschlossen, ein Drittel verhielt sich loyal zur Krone. Thomas Paine, der republikanisch gesinnte und streitbare Publizist, klagte Georg III. in seiner in mehr als einer halben Million Exemplaren verbreiteten Flugschrift „Common Sense“ als tierischen Tyrannen an und verwarf die Monarchie. Seinem Einfluss ist es mit zuzuschreiben, dass der Kongress in Philadelphia am 4. Juli 1776 die Unabhängigkeitserklärung, das neben der Verfassung wichtigste Dokument der amerikanischen Geschichte, verkündete.

Unabhängigkeitserklärung

Drei Gründe verhalfen in dem langen, anfangs aussichtslos erscheinenden Krieg den Rebellen zum Sieg:

- Die Deklaration vom 4. Juli gab moralischen Halt. Sie wurde als Rechtfertigung eines gerechten Krieges zur Herstellung der naturrechtlich begründeten Freiheit begriffen.
- Washington, der großes Ansehen genoss, gelang es immer wieder, seine Truppen zusammenzuhalten und Hilfe bei den einzelnen Kolonien zu finden. Die vielen Niederlagen und großen Verluste – 70 000 Gefallene – schwächten seine Autorität nicht.

Britische Soldaten schießen auf die aufständischen Bürger von Boston (1770).

– Frankreich unterstützte die Rebellen, anfangs geheim mit Material und ab 1778 offen durch militärische Hilfe. Auch Spanien und die Niederlande stellten sich 1780 gegen Großbritannien.

Frieden von Paris 1783

Im Friedensvertrag von Paris am 3. September 1783 musste Großbritannien die amerikanische Unabhängigkeit anerkennen. Kanada, der amerikanische Nordwesten und Neuschottland blieben britisch. Die Westgrenze des neuen Staates wurde bis an den Mississippi vorgeschoben.

Thomas Jefferson

Die Amerikaner nennen ihren Kampf um die Unabhängigkeit „American Revolution" oder „Revolutionary War". Sie hatten nicht nur die britische Weltmacht herausgefordert und einen neuen Staat gegründet. Thomas Jefferson, der Vater der Unabhängigkeitserklärung, war sich bewusst gewesen, mit der Formulierung der Menschenrechte und des Rechts auf Widerstand gegen die Staatsgewalt grundsätzlich Neues geschaffen zu haben.

MATERIAL 1 Der Mayflower Compact (1620)

In Gottes Namen, Amen. Wir, deren Namen unterzeichnet sind, die getreuen Untertanen unseres erhabenen Herrschers König Jakob, durch Gottes Gnade König von Großbritannien, Frankreich und Irland, Hüter des Glaubens etc., die wir zum Ruhme Gottes, zur Ausbreitung des christlichen Glaubens und zur Ehre unseres Königs und Landes eine Fahrt unternommen haben, um die erste Kolonie in den nördlichen Teilen von Virginia zu gründen, kommen durch den gegenwärtigen Vertrag feierlich und gegenseitig vor Gottes Angesicht und untereinander überein und verbinden uns zu einem bürgerlichen Gemeinwesen, zu unserer besseren Ordnung, Bewahrung und Förderung der genannten Ziele; und Kraft dessen erlassen wir, setzen fest und entwerfen solche gerechten und billigen Gesetze, Verordnungen, Akte, Satzungen und Ämter, von Zeit zu Zeit, wie wir sie für am geeignetsten und zweckmäßigsten für das allgemeine Wohl der Kolonie halten; und welchen wir alle gebührende Unterwerfung und Gehorsam geloben. Zum Zeugnis dessen haben wir hier unsere Namen unterschrieben bei Cape Cod, am elften November ...
Anno Domini, 1620.

(Es folgen 41 Unterschriften.)

(Aus: Henry Steele Commager (Hrsg.), Documents of American History, Band 1, New York [9]1973, S. 15 f.)

Benjamin Franklin

George Washington

Thomas Jefferson

James Madison

1. Wozu verpflichten sich die Pilgerväter in diesem Vertrag? Schaffen sie mit diesem „Gesellschaftsvertrag" nicht auch eine neue Staatsidee?
2. Erörtern Sie die Bedeutung dieser Ausgangslage für den Aufbau von Gesellschaft und Herrschaft in den amerikanischen Kolonien.

MATERIAL 2 **Die „Declaration of Independence" vom 4. Juli 1776**

Wenn es im Laufe der Geschichte der Menschen für ein Volk notwendig wird, die politischen Bande zu lösen, die es mit einem anderen verbunden haben, und unter den Mächten der Erde den selbständigen und gleichberechtigten Rang einzunehmen, zu dem Naturrecht und göttliches Gesetz es berechtigen, so erfordert eine geziemende Rücksichtnahme auf die Meinung der Menschheit, dass es die Gründe darlegt, die es zu der Trennung veranlassen.

Folgende Wahrheiten erachten wir als selbstverständlich: dass alle Menschen gleich geschaffen sind; dass sie von ihrem Schöpfer mit gewissen unveräußerlichen Rechten ausgestattet sind; dass dazu Leben, Freiheit und das Streben nach Glück gehören; dass zur Sicherung dieser Rechte Regierungen unter den Menschen eingesetzt werden, die ihre rechtmäßige Macht aus der Zustimmung der Regierten herleiten; dass, wenn immer eine Regierungsform sich als diesen Zielen abträglich erweist, es das Recht des Volkes ist, sie zu ändern oder abzuschaffen und eine neue Regierung einzusetzen und diese auf solchen Grundsätzen aufzubauen und ihre Gewalten in der Form zu organisieren, wie es ihm zur Gewährleistung seiner Sicherheit und seines Glücks geboten zu sein scheint. [...]

So haben die Kolonien geduldig ausgeharrt und so stehen sie jetzt vor der zwingenden Notwendigkeit, ihre bisherige Regierungsform zu ändern. Die Regierungszeit des jetzigen Königs von Großbritannien ist von wiederholtem Unrecht und ständigen Übergriffen gekennzeichnet, die alle auf die Errichtung einer absoluten Tyrannei über diese Staaten abzielen. [...]
(Es folgt eine Aufzählung von Beschwerden.)
Er hat sich mit anderen zusammengetan, um uns eine Form der Rechtsprechung aufzuzwingen, die unserer Verfassung fremd und von unseren Gesetzen nicht anerkannt war; und er hat ihren Maßnahmen einer angeblichen Rechtsprechung seine Billigung erteilt, um starke Einheiten bewaffneter Truppen bei uns zu stationieren; um diese durch ein Scheingerichtsverfahren vor jeglicher Bestrafung für etwaige Morde zu bewahren, die sie an den Einwohnern dieser Staaten verüben; um unseren Handel mit allen Teilen der Welt zu unterbinden; um uns ohne unsere Einwilligung Steuern aufzuerlegen; um uns in vielen Rechtsfällen des Anspruchs auf ein ordentli-

ches Verfahren vor einem Geschworenengericht zu berauben; um uns zur Aburteilung wegen angeblicher Vergehen nach Übersee zu verschleppen; [...] um uns unsere Freibriefe zu entziehen, unsere wichtigsten Gesetze aufzuheben und unsere Regierungsform grundlegend zu ändern; um unsere eigene gesetzgebende Gewalt aufzuheben und sich selbst als mit der Gewalt betraut zu erklären, in allen Angelegenheiten die Gesetzgebung über uns zu übernehmen. [...] Ein Fürst, dessen Charakter durch jede seiner Handlungen in einer Weise gekennzeichnet ist, die einen Tyrannen ausmacht, ist nicht geeignet, über ein freies Volk zu herrschen. [...]

Wir, die in einem gemeinsamen Kongress versammelten Vertreter der Vereinigten Staaten von Amerika, tun daher unter Anrufung des Obersten Richters über diese Welt als Zeugen für die Rechtschaffenheit unserer Absichten namens und im Auftrag der anständigen Bevölkerung dieser Kolonien feierlich kund und zu wissen, dass diese Vereinigten Kolonien freie und unabhängige Staaten sind und es von Rechts wegen bleiben sollen; dass sie jeglicher Treuepflicht gegen die britische Krone enthoben sind und dass jede politische Verbindung zwischen ihnen und dem Staate Großbritannien vollständig gelöst ist und bleiben soll; und dass sie als freie und unabhängige Staaten die volle Gewalt haben, Krieg zu führen, Frieden zu schließen, Bündnisse einzugehen, Handelsbeziehungen aufzunehmen und alles zu tun, was unabhängigen Staaten rechtens zusteht.

(Aus: Henry Steele Commager (Hrsg.), Documents of American History, Bd. 1, New York [9]1973, S. 100ff.)

MATERIAL 3 Das Erbe der Aufklärung

Obwohl es in einem verfassten Staat, der auf seiner eigenen Grundlage ruht und der eigenen Natur gemäß handelt, d.h. zur Erhaltung der Gemeinschaft, nur eine höchste Gewalt geben kann, nämlich die Legislative, der alle übrigen Gewalten untergeordnet sind und auch sein müssen, so ist doch die Legislative nur eine Gewalt, die auf Vertrauen beruht und zu bestimmten Zwecken handelt. Es verbleibt dem Volk dennoch die höchste Gewalt, die Legislative abzuberufen oder zu ändern, wenn es der Ansicht ist, dass die Legislative dem in sie gesetzten Vertrauen zuwiderhandelt.

Denn da alle Gewalt, die im Vertrauen auf einen bestimmten Zweck übertragen wird, durch diesen Zweck begrenzt ist, so muss, wenn dieser Zweck vernachlässigt oder ihm entgegen gehandelt wird, dieses Vertrauen notwendigerweise verwirkt sein und die Gewalt in die Hände derjenigen zurückfallen, die sie erteilt haben und die sie nun von neuem vergeben können, wie sie es für ihre Sicherheit und ihren Schutz am besten halten.

Das große und hauptsächliche Ziel, weshalb Menschen sich zu einem Staatswesen zusammenschließen und sich unter eine Regierung stellen, ist also die Erhaltung ihres Eigentums. [...] Mit ihrem Eintritt in die Gesellschaft verzichten nun die Menschen zwar auf die Gleichheit, Freiheit und exekutive Gewalt des Naturzustandes, um sie in die Hände der Gesellschaft zu legen, damit die Legislative so weit darüber verfügen kann, wie es das Wohl der Gesellschaft erfordert. Doch geschieht das nur mit der Absicht jedes Einzelnen, sich selbst, seine Freiheit und sein Eigentum besser zu erhalten. [...] Wer immer daher die Legislative oder höchste Gewalt eines Staatswesens besitzt, ist verpflichtet, nach festen, stehenden Gesetzen zu regieren, [...] zum Frieden, zur Sicherheit und zum öffentlichen Wohl des Volkes.

(Aus: John Locke, Zwei Abhandlungen über die Regierung (1690), Hrsg. Walter Euchner, Frankfurt 1967, S. 301 und S. 283ff.)

1. Wie wird in der Unabhängigkeitserklärung die Trennung vom Mutterland begründet?
2. Vergleichen Sie die Gründe und Beschwerden mit den Ausführungen John Lockes.

1.2 Die USA – ein Staat ohne Vorbild

Die Erringung der nationalen Unabhängigkeit war eine politische Revolution, getragen von großen Teilen der Ober- und Mittelklasse bürgerlicher Kolonialeuropäer, doch gab es auch eine soziale Umwälzung? Der Krieg schaffte die aristokratischen Privilegien ab. Aristokraten, die der Krone treu blieben, emigrierten oder wurden auch ausgewiesen.
Die Meinung der Historiker über die soziale Dimension der Revolution ist daher unterschiedlich. Für K. L. Shell ist „die Konsequenz des Konflikts ein Kappen der politischen und gesellschaftlichen Spitze und ein Einebnen der Statuspyramide". Für L. L. Matthias änderte sich nichts an der sozialen Struktur: „Die koloniale Verwaltung verschwand und im Übrigen blieb alles beim alten. Statt reicher und armer Kolonisten gab es von nun ab reiche und arme Amerikaner. Das war, sozial gesehen, der ganze Fortschritt, der durch die ‚Revolution' erzielt wurde."

Bürgerliche Revolution

Nicht umstritten ist, dass es eine bürgerliche Revolution war, dass die bürgerliche Oberschicht und die Großgrundbesitzer den Gang der Entwicklung entscheidend beeinflussten. Schon Ende 1776 waren in elf Staaten neue Verfassungen angenommen worden. Volkssouveränität, Gewaltenteilung waren gemeinsame Merkmale. Sie sahen alle eine starke Legislative, die durch häufige Wahlen am Machtmissbrauch gehindert werden sollte, und eine schwache Exekutive vor. Das Wahlrecht blieb auf das Besitzbürgertum beschränkt. Die meisten Staaten nahmen die Grundrechte in ihre Verfassung auf. Berühmtestes Beispiel und Vorbild wurden die Virginia Bill of Rights vom 12. Juni 1776.

Bundesstaat

Die Verfassungsväter (Founding Fathers) auf dem Konvent zu Philadelphia 1787 waren sich über die Schaffung eines demokratischen Bundesstaates einig, der die seit 1777 bestehende lockere Konföderation ablösen sollte. In der damaligen Wirtschaftskrise (1784–1788) vertrat die Mehrheit die Auffassung, diese Krise könne nur durch eine zentrale politische Gewalt, einen einheitlichen Binnenmarkt und eine gemeinsame Außenhandelspolitik gelöst werden. Unter den 55 Delegierten auf dem Konvent fanden sich viele der bekanntesten Persönlichkeiten aus Politik und Wissenschaft. 31 waren Akademiker, nicht wenige davon Juristen, die übrigen Pflanzer und Kaufleute, die Unterschicht war nicht vertreten. In den geheimen, von George Washington geleiteten Verhandlungen setzten die zentralistischen „Federalists" ihr Konzept einer repräsentativen Demokratie mit bundesstaatlich-präsidentiellem Regierungssystem gegen die Anhänger eines lockeren Staatenbundes durch.

Verfassung 1788

Am 17. September 1787 nahm der Konvent den Entwurf an. 1788 trat die Verfassung nach der erforderlichen Ratifizierung durch neun Bundesstaaten in Kraft. Der letzte Schritt zur Gründung der USA war getan, die nationale Revolution beendet. Mit der Wahl Washingtons zum ersten Präsidenten 1789, dem Jahr der Französischen Revolution, begann der Aufbau einer Regierung. Zwei Jahre später, 1791, wurde die Verfassung durch Grundrechte ergänzt (Zusatzartikel I–X).
Die Verfassung wollte ein möglichst hohes Maß an Freiheit der politischen Mitwirkung mit dem Schutz vor der „Tyrannei der Mehrheit" verbinden. Ihre Prinzipien beruhen auf der angelsächsischen liberalen Demokratietheorie John Lockes, der das Recht des Volkes auf Widerstand und zur Abberufung der Legislative begründete, und der Gewaltenteilungslehre des Franzosen Charles Montesquieu. Die wesentlichen Kennzeichen der neuen Staatsordnung sind:

- Die Besetzung der politischen Ämter durch Wahlen ist Ausdruck der Volkssouveränität. Das Wahlrecht, ursprünglich ein Zensuswahlrecht, wurde schrittweise ausgeweitet. In den 40er Jahren fiel die Bindung an Besitz, 1870 erhielten es, wenn auch vorerst nur formal, die Farbigen, 1920 die Frauen. *Volkssouveränität*
- Die Gewaltenteilung in Organe der Gesetzgebung, der Vollziehenden Gewalt und Rechtsprechung ist als System funktionellen Zusammenwirkens voneinander unabhängiger Organe nach dem Prinzip der „Checks and Balances" durchgeführt. Neben der horizontalen ist die vertikale Gewaltenteilung durch den Föderalismus gegeben. Zur bundesstaatlichen Kompetenz gehören die Außenpolitik, Verteidigung, Wirtschaft, Handel und Währung. *Gewaltenteilung*
- Das Repräsentativsystem bedeutet, dass Kongress und Präsident ihre Legitimation und Autorität vom Volk ableiten. Beide Organe handeln im Namen des Volkes, jedoch ohne dessen bindenden Auftrag. *Repräsentativsystem*
- Die Grundrechte garantieren einen Kanon persönlicher und politischer Freiheiten wie freie Religionsausübung, Presse- und Redefreiheit, Versammlungsfreiheit und das Petitionsrecht. Alle diese Rechte wollen dem Bürger die Teilhabe an der politischen Willensbildung ermöglichen und ihn als Abwehrrechte vor Übergriffen des Staates schützen. *Grundrechte*

MATERIAL 4 **Der Publizist Thomas Paine in seiner Kampfschrift „Common Sense" (1776)**

Gesellschaft ist in jedem Zustand ein Gut, Regierung ist, selbst in ihrem besten Zustand nur ein notwendiges, in ihrem schlimmsten Zustand aber ein unerträgliches Übel. Denn wenn wir leiden oder denselben Plagen ausgesetzt sind *durch eine Regierung*, welche wir in einem Land *ohne Regierung* erwarten könnten, so wächst unser Elend noch durch die Überlegung, dass wir die Mittel, wodurch wir leiden, selbst geliefert haben. Regierung ist, gleich Kleidung, das Zeichen verlorener Unschuld. Die Paläste der Könige sind auf den Trümmern der Lusthütten des Paradieses erbaut. Denn würden die Triebe des Gewissens jederzeit klar, einheitlich und unwiderstehlich befolgt werden, so brauchte der Mensch keinen anderen Gesetzgeber. Weil das aber nicht der Fall ist, so findet er es nötig, einen Teil seines Eigentums aufzugeben, um die Mittel zur Erhaltung des übrigen zu beschaffen. Und hierzu wird er durch dieselbe Klugheit bewegt, die ihm sonst rät, aus zwei Übeln das geringste zu wählen. Da also Sicherheit die wahre Absicht und der Zweck aller Regierung ist, so folgt unwiderlegbar, dass diejenige Regierungsform allen anderen vorzuziehen ist, die uns am wahrscheinlichsten, mit den wenigsten Kosten und dem größten Vorteil Sicherheit zu bringen verspricht.

(Aus: W. P. Adams/A. Meurer Adams (Hrsg.), Die amerikanische Revolution in Augenzeugenberichten, München 1976, S. 221f.)

1. Welche Vorbehalte hat Paine gegen jede Regierung? Wie lässt sie sich seiner Meinung nach allenfalls rechtfertigen?
2. Vergleichen Sie die Ausführungen Paines mit der Auffassung Reagans (S. 125) und Lockes (S. 131).

„The snake" – Zeichnung von Benjamin Franklin um 1760 (die Buchstaben sind Abkürzungen für die Kolonien)

MATERIAL 5 **Der Aufbau des Bundesstaates USA**

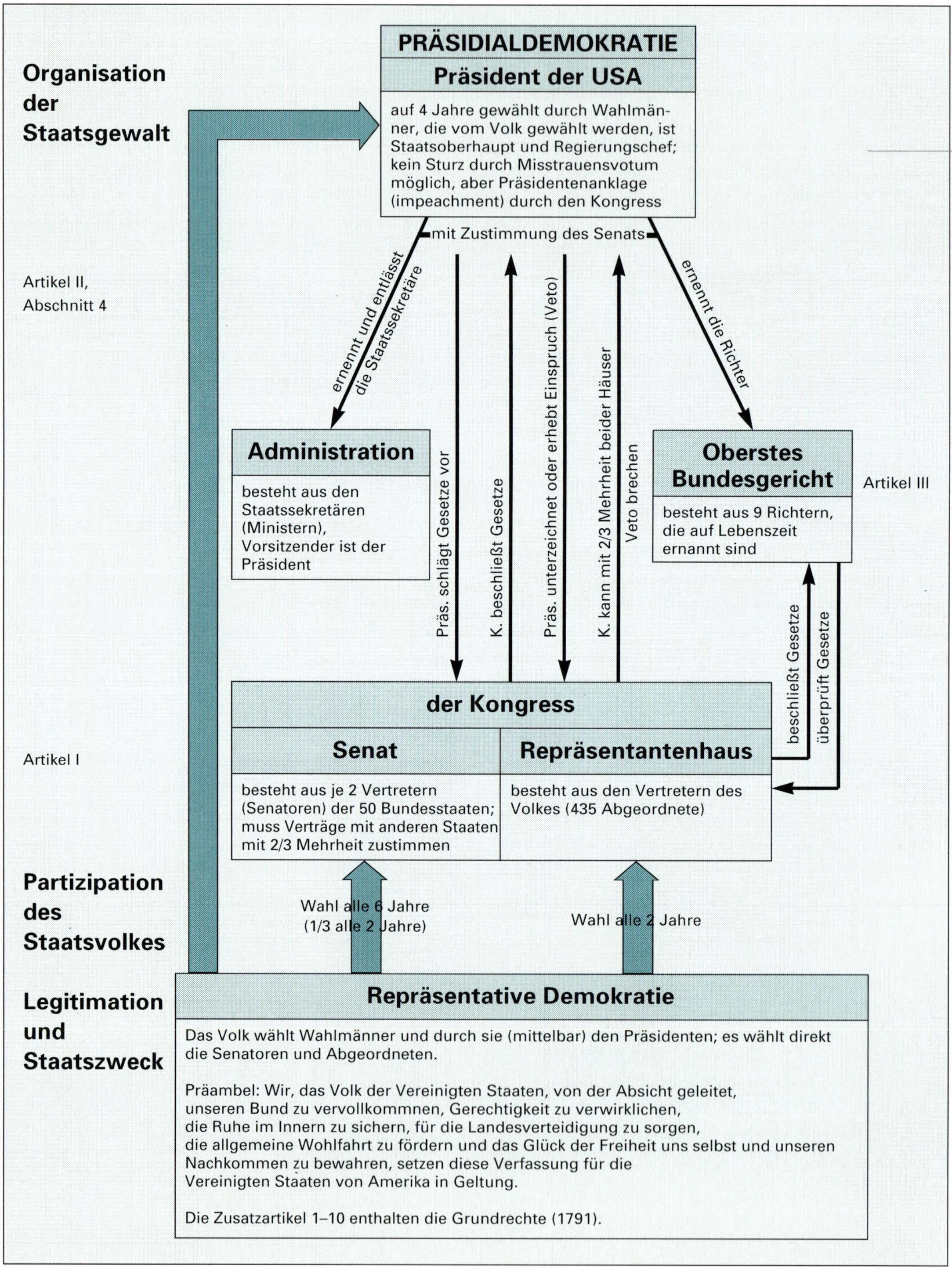

MATERIAL 6 James Madison, einer der maßgeblichen Verfassungsväter, über die Gestaltung der Demokratie

Die zwei großen Unterscheidungspunkte zwischen einer Demokratie und einer Republik sind: erstens bei der Republik die Delegation der Regierungsgewalt an eine kleine Anzahl von Bürgern, die durch die übrigen gewählt wird; zweitens die größere Zahl der Bürger und die größere Fläche des Landes, über die sich die Republik ausdehnen mag. Die Wirkung des ersteren Unterschiedes ist auf der einen Seite, die öffentlichen Meinungen zu läutern und zu verbreiten, indem man sie durch das Medium einer gewählten Körperschaft von Bürgern gehen lässt, deren Weisheit am ehesten das wirkliche Interesse ihres Landes wahrnimmt und deren Patriotismus und Gerechtigkeitsliebe am wenigsten geneigt sind, diese zeitweiligen und parteilichen Erwägungen zu opfern. Bei einer derartigen Regelung kann es vorkommen, dass die Stimme des Volkes, die durch die Volksvertretung ausgedrückt wird, dienlicher für das Allgemeinwohl ist als diejenige, die durch das Volk, das nur zu diesem Zweck zusammengekommen ist, direkt laut wird.

(Aus: Hartmut Wasser, Die USA – Der unbekannte Partner, Paderborn 1983, S. 62)

MATERIAL 7 Der Politikwissenschaftler Ernst Fraenkel über die Verfassung der USA

Das wahrhaft erregende Moment der amerikanischen Staatsgründung ist darin zu erblicken, dass erzkonservative, in Präzedenzfällen denkende Staatsmänner vor die Lösung einer Aufgabe gestellt wurden, für die es weder eine Analogie noch einen Präzedenzfall gab: nämlich von der schmalen Basis der 13 Gründerstaaten aus die Grundlage für die Errichtung eines „Zukunftsstaates" unbekannten Umfangs zu legen. Die Gründung der USA ist die Schaffung eines unfertigen Staates. Die 13 Streifen der amerikanischen Flagge symbolisieren das konstante, das Feld mit den Sternen das variable Element des amerikanischen Staatswesens. [...] Der Prozess der Erschließung des Westens – diese den Vereinigten Staaten „vom Schicksal vorbestimmte Aufgabe" („manifest destiny") – wurde zur Bundesangelegenheit erklärt, die Konsolidierung dieses Prozesses der Zuständigkeit neu zu errichtender Einzelstaaten überwiesen. [...]
Das Verfassungswerk von 1787 [...] enthält gleichzeitig die Schaffung eines konservativen und die Projektierung eines radikal-demokratischen Staatswesens: eine konservative Verfassung für ein bestehendes, die Basis einer radikal-demokratischen Verfassung für ein in der Zukunft zu errichtendes politisches Gebilde. Nicht durch den Willen ihrer Gründer, sondern durch eine List der Vernunft sind die USA der erste demokratische Großflächenstaat in der Geschichte geworden.

(Aus: Ernst Fraenkel, Das amerikanische Regierungssystem, Opladen [3]1976, S. 100f.)

1. Für welche Regierungsform tritt Madison ein? Warum lehnt er die direkte Demokratie ab?
2. Beschreiben Sie die Verfassung (Material 5). Was ist daran liberal, föderalistisch, demokratisch, republikanisch und zentralistisch?
3. Erörtern Sie das dieser Verfassung zugrunde liegende Prinzip der „Checks and Balances".
4. Inwieweit entspricht die Verfassung der Intention der Unabhängigkeitserklärung und den Vorstellungen Madisons?
5. Worin besteht in den Augen Fraenkels „das wahrhaft erregende Moment der amerikanischen Staatsgründung"?
6. Die Verfassung erfüllt bezüglich der Staatsgründung zwei Aufgaben: Welche sind es und wie wertet sie Fraenkel?

2. Erschließung des Kontinents und Einheit der Nation

2.1 Pionierzeit und Vertreibung der Indianer

Northwest Ordinance

Die entscheidende politische Weichenstellung für die territoriale Expansion nach Westen traf schon der Verfassungskonvent. Seine „Northwest Ordinance" von 1787 bestimmte die Organisationsform in dem der Konföderation „gehörenden" Indianerterritorium zwischen Mississippi und den dreizehn Staaten. Sie sah drei bis fünf Einzelstaaten vor, die mit dem Erreichen von je 60 000 Einwohnern in den Bund aufgenommen werden sollten. Die Sklavenhaltung war dort verboten. Kentucky 1792, Tennessee 1796 und Ohio 1803 waren die ersten Gründungen.

Louisiana-Territorium

Expansion nach Westen

1803 gelang durch den Ankauf des riesigen Louisiana-Territoriums von Frankreich eine politisch eminent wichtige Entscheidung für die junge Union. Für rund 15 Millionen Dollar konnte sie ihr Staatsgebiet verdoppeln. Der Kauf Alaskas von Russland 1867 für 7,2 Millionen Dollar hatte im Vergleich dazu für die Geschichte der USA weniger Gewicht. Große Bedeutung für die Expansion nach dem Westen besaß das Heimstättengesetz von 1862. Es erlaubte Siedlern auf bundeseigenem Land im Westen den Erwerb von 160 acres (1 acre = 40 Ar) für eine kleine nominelle Gebühr. Nach fünf Jahren gehörte das Land dem Siedler, sofern er darauf wohnte und es bebaute. Die Siedlungsgrenze hatte inzwischen den Mittleren Westen erreicht – das Opfer dieser Ausbreitung waren die Indianer.

Industrieller Fortschritt

Der wichtigste Impuls für die ständige Verschiebung der Siedlungsgrenze nach Westen war die erste Industrialisierung des Ostens zwischen 1790 und 1830. Welche Voraussetzungen und Entwicklungslinien bestimmten diese Periode?

- Die Unabhängigkeit befreite vom britischen Merkantilismus und die neue Verfassung hatte bald zu einer Konsolidierung der politischen und wirtschaftlichen Verhältnisse im Innern geführt. Die durch die Französische Revolution in Europa ausgelösten Kriege schalteten die britische Konkurrenz aus und begünstigten den Aufbau eines Binnenmarktes und des Außenhandels; insbesondere die Textilindustrie blühte rasch auf.

Hohe Geburtenrate

Einwanderung

- Eine hohe Geburtenrate und die verstärkte Einwanderung nach 1815 beschleunigten das Bevölkerungswachstum und erhöhten die Zahl der Erwerbspersonen. 1790 ermittelte die erste Volkszählung 3,9 Millionen Menschen. 1810 waren es 7,2 Millionen, 1830 12,8 und 1850 schon 23,2 Millionen. Die Indianer wurden erst ab 1860 mitgezählt.
- Kleine Betriebe, wie Mühlen, Sägewerke, Färbereien und Eisenschmieden, bestimmten bis um 1800 die gewerbliche Produktion. Die Industrialisierung begann im Nordosten und an der mittleren Atlantikküste. 1790 entstand auf Rhode Island die erste mechanische Baumwollspinnerei, 1793 wurde die Baumwollentkörnungsmaschine erfunden. Textilindustrie und Eisenindustrie wuchsen zuerst.

Südstaaten

- In den Südstaaten gab es keine Industrie, die Sklavenarbeit erlaubte jedoch die weiträumige Plantagenwirtschaft. Wichtigstes Erzeugnis war die Baumwolle; sie wurde zunächst im „Alten Süden“, in Virginia, North und South Carolina und Georgia angebaut. Später verlagerten sich die wichtigsten Anbaugebiete weiter westlich nach Tennessee, Alabama, Mississippi und Louisiana, das „Cotton Kingdom“ entstand. Die Baumwolle wurde wichtigstes Exportgut: 1800 machte sie 12 %, im Jahre 1820 40 % und 1840 über 60 % der Gesamtausfuhr aus. Noch 1860 überstieg der Anteil des landwirtschaftlichen Sektors am Bruttosozialprodukt den der Industrie.

Revolution im Verkehrswesen

- Die Revolution im Verkehrswesen war Voraussetzung und Folge der Industrialisierung. Auf dem Mississippi fuhren seit 1811 Dampfschiffe, der Staat subventionierte den Straßenbau. 1817 wurde in New York mit dem Bau des 600 km lagen Erie-Kanals begonnen. Weitere Wasserstraßen folgten. 1830 wurde die erste, 20 km lange Eisenbahnstrecke in Baltimore eingeweiht, weitere Strecken im Osten und später im Mittleren Westen folgten. Das Streckennetz umfasste 1850 bereits 15 000 km, 1860 50 000 km und in den 60er und 70er Jahren entstanden die ersten Transkontinentalbahnen. 1910 erreichte das Eisenbahnnetz mit 385 000 km die größte Länge. Der Eisenbahn kam dabei für die Besiedlung des Westens und die Wirtschaftskonjunktur auf dem wachsenden Binnenmarkt eine entscheidende Bedeutung zu.

Zwei neue Klassen

- Zwei neue Klassen bildeten sich heraus. Den neuen Unternehmertyp kennzeichnete „hemdsärmeligen Pragmatismus“ und oft rücksichtsloses Profitstreben. Die Zahl der Fabrikarbeiter nahm rasch zu; diese rekrutierten sich vor allem aus den neuen Einwanderern. Die Arbeits- und Lebensbedingungen waren miserabel und, trotz höherer Löhne, mit denen des europäischen Proletariats vergleichbar. In den größeren Städten entstanden Elendsviertel.

„frontier“

Die Besiedlung des Westens erfolgte schrittweise. Die Siedlungsgrenze, die „frontier“, ging der politischen Grenze meist voraus. Auf Louisiana 1803 folgte 1845 die Eingliederung von Texas, 1848 die von New Mexico und Kalifornien. Der Oregon-Vertrag legte 1846 die Grenze zu Kanada fest. Die Amerikaner verstehen mit dem historischen Begriff der „frontier“ das Gebiet, in dem die europäische Zivilisation endete und die menschenleere oder nur von Indianern bewohnte Natur begann. 1870 wurde die „frontier“ offiziell als das Gebiet bezeichnet, in dem nicht weniger als zwei und nicht mehr als sechs (weiße) Menschen auf einer Quadratmeile leben. In dieser oft breiten und „wandernden“ Zone wurde gejagt und gerodet, wurden Blockhütten und einfache Siedlungen mit Handelsposten errichtet, erste Wege gebaut – die Landspekulation blühte.

„Frontier“ meint also nicht nur eine geografische Zone, sondern auch eine bestimmte Gesellschafts- und Wirtschaftszone. Es gab u.a. eine „frontier“ der Trapper, der Viehzüchter, der Goldgräber, der Bergleute und der Farmer. Allen gemeinsam waren die Grenzsituation und die Attribute des „Wilden Westens“ wie Abenteuer und Spekulation, das Faustrecht anstelle der ordentlichen Justiz, die Fähigkeit zur Selbsthilfe und Verachtung der Rechte der Indianer. Die Grenze wanderte im Jahresdurchschnitt etwa 25 km nach Westen. 1890 wurde von Amts wegen festgestellt, dass es praktisch seit 1880 keine „frontier“ mehr gäbe. Damit hörte der Ferne Westen jedoch nicht auf, Siedler anzulocken. Besonders gesellschaftliche Problemgruppen zog es dorthin. Er blieb noch lange das politische Sicherheitsventil für den Osten des Landes. So erfolgte die größte Westwanderung von 1890 bis 1930, die Bevölkerung in den westlichen Küsten- und Gebirgsregionen verdreifachte sich in diesen Jahren.

Das letzte Teilstück der ersten Transkontinentalbahn wird fertig gestellt.

Porträt des Indianderhäuptlings Mato-Tope (Zeichnung aus dem 18. Jh)

Vertreibung und Ausrottung der Indianer

„Die Sioux-Indianer sind ein Haufen elender, schmutziger, verlauster, in Decken gehüllter, diebischer, verlogener, hinterlistiger, mörderischer, gottloser, gesichtsloser, Gedärme fressender STINKTIERE, die schlimmsten Wesen, denen der Herr je gestattet hat, die Erde zu verseuchen, und für deren sofortige und endgültige Ausrottung alle MENSCHEN, ausgenommen Agenten und Händler, die mit Indianern zu tun haben, beten sollten."
Dieser Satz erschien 1869 in der „Topeka Weekly Daily", einer Tageszeitung in der Hauptstadt von Kansas. Er mag in seiner erschreckenden Wortwahl nur das Denken einer Minderheit wiedergegeben haben, seiner Kernaussage dürfte im 19. Jh. die Mehrheit der weißen Amerikaner zugestimmt haben. Denn die Geschichte der Besiedlung und der Ausdehnung der USA ist zugleich die Geschichte des Niederganges ihrer Ureinwohner. Während die Schätzungen über deren Zahl im 17. Jh. zwischen 1 und 10 Millionen Menschen schwanken, werden 1900 nur noch 237 000 Indianer gezählt. Für die europäischen Siedler galt der Grundsatz, die Zivilisation habe über die „Barbarei" der „Wilden" zu siegen. Christlicher Missionsgedanke, puritanisch-kapitalistisches Besitzstreben und die Geschichtsphilosophie des „Manifest Destiny" bestimmten die Einstellung. Der „Wilde" wurde schon von den ersten Siedlern oftmals mit jagdbarem Wild gleichgesetzt, eine halbe Stufe tiefer noch als der schwarze Sklave.

Es waren die Holländer, die 1641 die Skalpierung einführten und unter den Algonkin-Indianern an der Ostküste schreckliche Massaker anrichteten. Manhattan hatten sie dem Stamm nur wenige Jahre zuvor für 60 Gulden (24 Dollar) abgekauft. Der Verkauf von Land für eine kleine, sehr symbolische Summe war den Indianern nicht schwergefallen, denn sie kannten keinen privaten Grundbesitz, hatten kaum persönliches Eigentum und keinen wirtschaftlichen Ehrgeiz. Der wachsende Landhunger der Siedler musste nun zwangsläufig dort zur Konfrontation führen, wo die Indianer deren Expansion im Wege standen. „Wir werden gezwungen sein, sie wie Tiere aus den Wäldern in die Felsengebirge zu treiben", hatte schon Thomas Jefferson geschrieben.

Die einzelnen Phasen der Verdrängung und Ausrottung werden heute von vielen als Völkermord angesehen und haben in den USA auch Schuldgefühle hervorgerufen. Wohl wurden nach anfänglichen heftigen Zusammenstößen im 17. Jahrhundert in der Folgezeit Abkommen geschlossen und erste Reservate eingerichtet. Im Jahre 1763 bestätigte die englische Regierung auch das Recht der Indianer auf ihr angestammtes Land und erklärte das Appalachengebirge zur Westgrenze für die Kolonien. Noch die Northwest Ordinance von 1787 enthielt eine Schutzerklärung, die der Kongress zwei Jahre später wiederholte. Die Indianer erhielten das Versprechen, dass ihr Land „ihnen niemals ohne ihre Zustimmung genommen" werde. Doch der „Drang nach Westen" ließ alle Erklärungen bald zur Makulatur werden.

Geschichte der Vertragsbrüche

1830 erzwang der „Indian Removal Act" die Vertreibung der Stämme des Südostens in ein im heutigen Staat Oklahoma errichtetes Indianerterritorium. Tausende kamen auf dem „Zug der Tränen" dorthin um. Vorher waren die Irokesen vertrieben worden. Auch die spätere Vertreibung der Prärieindianer ist eine „Geschichte der Vertragsbrüche" und grausamer Ausschreitungen. Waren schon im 17. und 18. Jahrhundert bei den Waldindianern des Ostens riesige Verluste durch deren Anfälligkeit für Krankheiten der Weißen eingetreten, die bei ihnen oft epidemisch aufgetreten waren und tödlich geendet hatten, so kamen mit den Siedlern auch der Büffeljäger, die Eisenbahn – und der Whiskey in den Mittleren Westen. Die Ausrottung des Bisons entzog den Indianern ihre Lebensgrundlage. Ihr erbitterter Widerstand dagegen war selten erfolgreich. Während des ganzen 19. Jahrhunderts tobte der Kampf im Gebiet der „frontier" zwischen Indianern und Weißen. Auf beiden Seiten waren Skalpierungen, Folterungen, Plünderungen und Massaker gang und gäbe. Noch 1890 wurde Sitting Bull, einer der großen Häuptlinge der Dakota-Sioux, getötet, und wenige Tage später machten Soldaten am Wounded Knee Creek in South Dakota über 200 Sioux nieder, darunter viele Frauen und Kinder. 1973 erinnerten Indianer durch die Besetzung des Dorfes Wounded Knee an das damalige Geschehen. Wiedergutmachung war nie geleistet worden.

Irokesen

Noch heute ist vielen unbekannt, dass zu den geistigen Vätern der Verfassung auch die Irokesen zu zählen sind, deren Ratsversammlungen in den einzelnen Stämmen Delegierte in einen Großrat entsandten. Der Verfassungskonvent konnte sich bei der Gestaltung der Staatsform an der Föderation der „Sechs Nationen der Irokesen" orientieren. Schon 1751 hatte Benjamin Franklin geschrieben: „Es ginge schon mit seltsamen Dingen zu, wenn sechs Nationen unwissender Wilder fähig sein sollten, die richtige Staatsform für eine solche Union zu finden und sie zudem in einer solchen Weise zu praktizieren, dass sie Jahrhunderte überdauert und absolut unzerstörbar erscheint, und eine solche Union nicht auch für zehn oder zwölf englische Kolonien anwendbar wäre."

Reservate

Gegenwärtig leben rund zwei Drittel der Indianer in den 260 Reservaten, deren Bestand durch Funde von Bodenschätzen neuerdings wieder bedroht ist, die übrigen wohnen meist in den Slums der Städte. Sie sind politisch bewusster geworden. Demonstrationen wie die Besetzung der einstigen Zuchthausinsel Alcatraz in der Bucht von San Francisco 1969, der Sturm auf das Bureau of Indian Affairs in Washington 1972 oder der Überfall auf Wounded Knee durch militante Indianer setzten Zeichen und ließen die Öffentlichkeit aufhorchen.

MATERIAL 1 Das territoriale Wachstum der USA

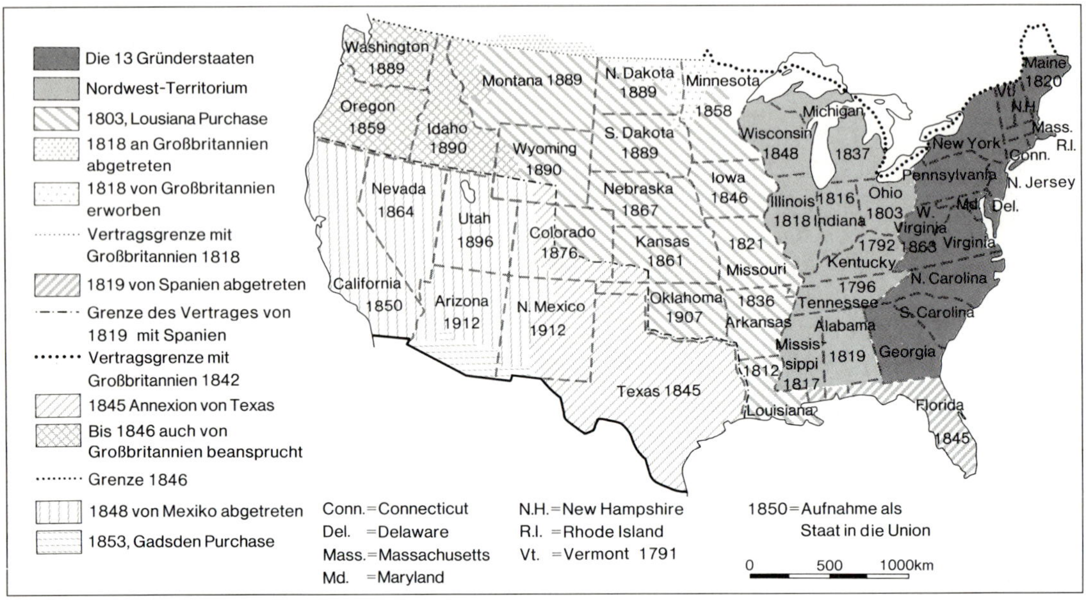

1. Beschreiben Sie die Phasen des territorialen Wachstums der Vereinigten Staaten. Was sagt die Kartenlegende über die Methoden der Expansion aus?

MATERIAL 2 „American Progress“ – ein „Tourist's Guide“ von 1878

MATERIAL 3 Aus einem Handbuch für Siedler: die „wandernde Grenze“ (1837)

Im Allgemeinen haben die meisten Siedlungen im Westen drei Arten von Siedlern erlebt, die, wie die Wellen des Ozeans, eine nach der anderen herangerollt sind. Zuerst kommt der Pionier, der seine Familie in der Hauptsache mit der natürlichen Vegetation [...] und von der Jagd ernährt. Er benutzt primitive, meist selbst hergestellte Ackergeräte und Werkzeuge und legt meistens nur ein Maisfeld und einen Küchengarten an. [...] Es ist nicht wichtig, ob er je den Grund und Boden besitzen wird. Er wohnt hier nur auf Zeit, zahlt keine Pacht und ist unabhängig wie ein (englischer) Landadliger. [...] Er baut sein Blockhaus, sammelt um sich herum ein paar andere Familien [...] und bleibt am Ort, bis der Boden verbraucht ist und das Wild seltener wird. [...]
Die Zuwanderer der nächsten Welle erwerben das Land, fügen neue Felder hinzu, legen Wege an und schlagen primitive Brücken über die Flüsse, errichten gehauene Blockhäuser mit Glasfenstern und Schornsteinen aus Ziegel oder Stein, legen manchmal Obstgärten an, bauen Mühlen, Schulen, Gerichtsgebäude etc. und zeigen dabei das äußere Bild und die Formen eines schlichten, bescheidenen, zivilisierten Lebens.
Dann rollt eine neue Welle heran. Die Männer mit Kapital und Unternehmergeist kommen. Der Siedler ist bereit zu verkaufen, die Wertsteigerung seines Besitzes zu nutzen und weiter in das Landesinnere vorzustoßen. Er wird nun selbst ein Mann des Kapitals und Unternehmertums. Das kleine Dorf entwickelt sich zu einer großen Gemeinde oder Stadt; solide Backsteinhäuser, ausgedehnte Felder, Obstplantagen, Gärten, Schulen und Kirchen sind jetzt zu sehen. Feine Stoffe, Seidentücher, [...] Luxusartikel, Moden und Vergnügungen aller Art breiten sich aus. So rollt Woge um Woge westwärts; das wahre Eldorado liegt noch in der Ferne.

(Aus: F. J. Turner, The Frontier in American History, New York 1976 (Nachdruck), S. 19ff. Übers. R. Renz)

1. Erläutern Sie die Darstellungsabsicht des Bildes (Material 2) und den darin sichtbaren Ablauf der Erschließung des Westens.
2. Untersuchen Sie anhand des Textes die Formen und Etappen der Landnahme. Wie ist es zu erklären, dass in der Regel dieselben Leute mehrmals weiterwandern?

MATERIAL 4 Vertreibung der Indianer

VON DEN WEISSEN VERDRÄNGT

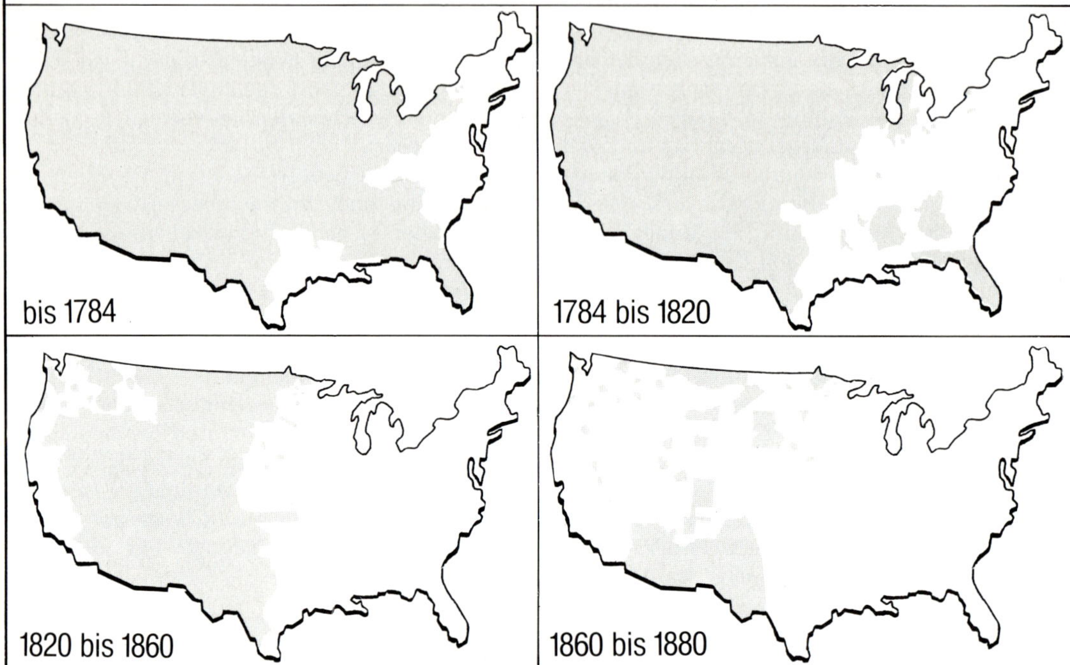

Die Vertreibung der Indianer aus ihren Gebieten in den heutigen USA

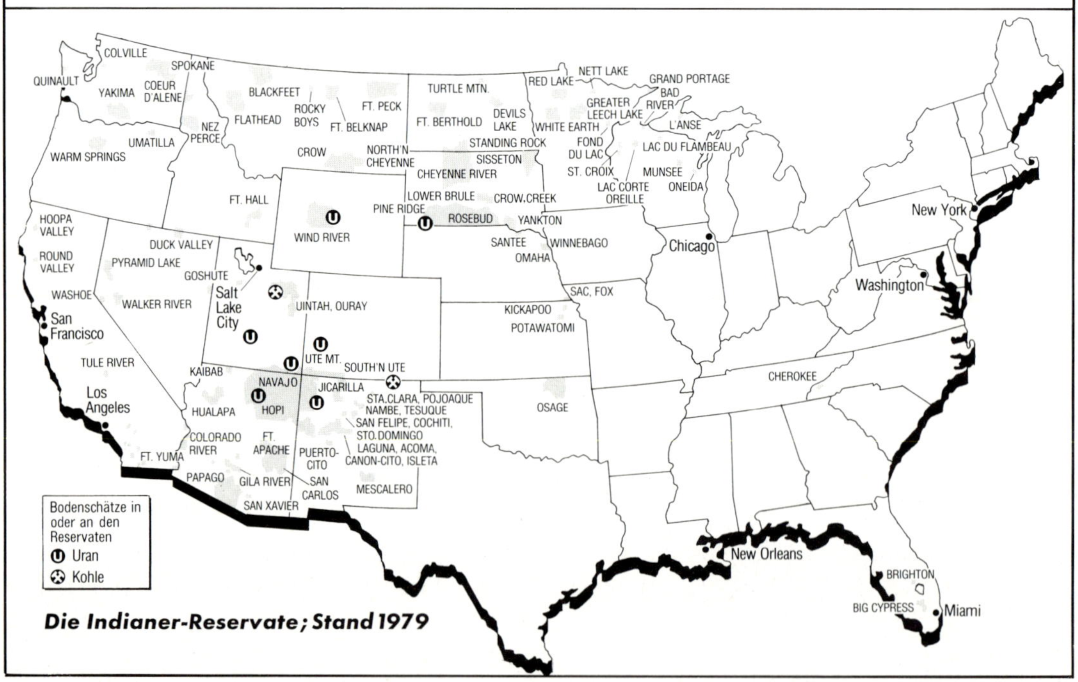

Die Indianer-Reservate; Stand 1979

(Nach: Der Spiegel Nr. 47/1979, S. 206)

MATERIAL 5 Tecumseh warnt vor den Weißen

Tecumseh, Häuptling der Shawnee-Indianer, wandte sich 1811 mit dieser Rede an andere Indianerstämme.

Wenn wir einander nicht mit kollektiven und vereinten Kräften unterstützen, wenn nicht alle Stämme eines Sinnes sind und zusammenarbeiten, um den Ehrgeiz und die Habgier der Weißen zu stoppen, dann werden sie uns sehr bald getrennt und vereinzelt schlagen und wir werden aus unserem heimatlichen Land getrieben. Dann werden wir zerstreut werden wie im Herbst die Blätter vor dem Winde.
Haben wir nicht mehr genug Mut, um unser Land zu verteidigen? [...] Soll es einmal von unserer Rasse heißen, dass wir es nicht verstanden, uns den drei schlimmsten Übeln zu entziehen: der Torheit, der Trägheit und der Feigheit?
Doch was soll ich von der Vergangenheit reden? Sie redet für sich selbst und fragt: Wo sind heute die Pequod? Wo sind die Narragansetts, die Mohawks, die Pocanokets und viele andere einst mächtige Stämme unserer Rasse? Vor der Habgier und der Unterdrückung der Weißen sind sie dahingeschmolzen wie Schnee vor der Sonne des Sommers. In der eitlen Hoffnung, man könne allein die alten Besitzungen verteidigen, sind sie in den Kriegen mit den Weißen gefallen.
Schaut umher in diesem einst schönen Land – und was seht ihr jetzt? Nichts als die Verheerungen der bleichgesichtigen Zerstörer. So wird es auch mit euch, ihr Choctaw, und euch, ihr Chickasaw, sein! Seht die mächtigen Bäume eurer Wälder: Im Schatten ihrer weiten Zweige habt ihr als Kinder gespielt, habt ihr als Jungen miteinander gerungen – und eure müden Glieder erholen sich nun dort nach der Anstrengung einer Jagd. Doch bald werden diese Bäume gefällt sein, um das Land einzuzäunen, von dem die weißen Eindringlinge zu sagen wagen, es gehöre ihnen.
Bald werden ihre breiten Straßen über die Gräber eurer Vorfahren führen und der Ort ihrer letzten Ruhe wird für immer ausgelöscht sein. [...]
Bevor die Bleichgesichter unter uns erschienen, genossen wir eine ungebundene Freiheit und kannten weder Reichtum noch Mangel noch Unterdrückung. Und wie ist es jetzt? Mangel und Unterdrückung sind unser Los; denn werden wir nicht in jeder Beziehung kontrolliert – und wagen wir es überhaupt noch, uns zu bewegen, ohne erst Erlaubnis einzuholen? Nimmt man uns nicht Tag für Tag mehr weg von dem, was noch von unserer alten Freiheit übrig ist? Treten und schlagen sie uns nicht sogar, wie sie es mit ihren Schwarzen machen? Wie lange wird es noch dauern, bis sie uns an einen Pfahl binden und uns auspeitschen und bis sie uns zur Arbeit in ihren Kornfeldern zwingen, wie sie es mit den Schwarzen machen? Sollen wir auf diesen Augenblick warten oder sollen wir kämpfend sterben, bevor wir uns solcher Schmach aussetzen? [...]
Lasst uns einen Körper bilden, ein Herz; und lasst uns bis zum letzten Mann unser Land verteidigen, unsere Heimat, unsere Freiheit und die Gräber unserer Vorfahren.

(Aus: Rudolf Kaiser, Die Erde ist uns heilig, Freiburg [2]1992, S. 56ff.)

1. Tecumseh beschreibt den Zusammenprall zweier Kulturen. Wie charakterisiert er die Weißen und die Indianer und welche Folgerungen zieht er? Was will er mit seiner Rede erreichen?
2. Beschreiben Sie den Verlauf und das Tempo der Vertreibung der Indianer. Beachten Sie dabei auch Material 4.
3. Untersuchen Sie mit Hilfe einer physikalischen Karte die Oberflächenformen und die Bodenqualität der Reservate.
4. Erörtern Sie die Bedeutung der Bodenschätze für die Autonomie der Indianer in den Reservaten.

2.2 Die Amerikaner – eine besondere Nation?

Schlagworte zur Kennzeichnung bestimmter Lebensformen eines Volkes, zur Beschreibung einer angeblich allen gemeinsamen Denkweise sind immer Vergröberungen und oft Verzerrungen. Sind Bilder und Vorstellungen, die ein Volk von sich hat oder die sich andere von ihm machen, einmal zu Stereotypen fixiert, besteht die Gefahr, bestimmte Eigenschaften und Verhaltensweisen als allgemein gültig anzusehen. Dies gilt besonders für Selbstbilder, die wie „our American way of life", „americanism" oder „unamerican" nicht eindeutig zu definieren und auch einem Wandel unterworfen sind.

American way of life

Das amerikanische Selbstverständnis hat sich in der Unabhängigkeitserklärung und Verfassung Dokumente geschaffen, die auf die Bildung einer amerikanischen Identität großen Einfluss ausüben. Die ethnisch und religiös heterogene Nation hätte ohne sie kein Nationalgefühl entwickeln können. Seine Wurzeln liegen jedoch tiefer, denn mit den ersten Siedlern kam der puritanische Auserwähltheitsglaube, der anfangs religiös dogmatisch, später in säkularisierter Form die entstehenden Gemeinwesen als das neue „amerikanische Israel", das „Neue Zion" verstand. Im Unabhängigkeitskrieg waren die entschiedenen Gegner der britischen Herrschaft davon überzeugt, dass „Gott Amerika zur Verwirklichung seines besten Planes bestimmt habe" und sie daher siegen würden. Dieses religiöse Überlegenheitsgefühl wurde durch den Einfluss des Naturrechts und der Fortschrittsideen der Aufklärung bestärkt.

Auserwähltheitsglaube

Das amerikanische Nationalgefühl beruhe, so hat ein deutscher Historiker einmal geschrieben, „auf dem Bewusstsein der Verschiedenartigkeit von anderen Nationen, verschieden aber *nicht* darin, dass diese Nation eine einmalige und einzigartige Erscheinung darstellt, sondern dadurch, dass sie als erstes Volk den *allgemeinen* Zug der menschlichen Entwicklung zu einer besseren, vernunftgemäßen Ordnung, zu größerer individueller Freiheit und zu grundsätzlicher Gleichberechtigung mit größtmöglicher Annäherung an die Vollkommenheit verwirklicht hat".

Der Deutsche Hugo Münsterberg, der zu Beginn des 20. Jahrhunderts an der Harvard-Universität lehrte, hat von vier Grundrichtungen der „amerikanischen Seele" gesprochen. Er unterscheidet
- den „Geist der Selbstbestimmung" in Staat und Politik,
- den „Geist der Selbstbetätigung" in der Wirtschaft,
- den „Geist der Selbstbehauptung" in der Gesellschaft und
- den „Geist der Selbstvervollkommnung" im Denken des Einzelnen.

Selbstbestimmung

- Der *„Geist der Selbstbestimmung"*: Das Element der Freiheitlichkeit in der Ausformung der Gesellschaft, ja, eine geradezu antiautoritäre Haltung werden besonders deutlich bei Thomas Paine und Henry David Thoreau. Die Idee der Selbstbestimmung hat aber stets mehr als einen „negativen, auf Abwehr von Autorität gerichteten Freiheitsgedanken umschlossen", sie hat sich auch in politischer Beteiligung, in der Verwirklichung des Prinzips der Volkssouveränität erfüllen wollen. Der Wille der Amerikaner zur Selbständigkeit und Initiative sind durch die Herausforderung der „offenen Grenze" im Westen stark geprägt worden. Der amerikanische Historiker F. J. Turner hat

1893 die bis heute viel beachtete und diskutierte These aufgestellt, dass der Freiraum der bis 1890 „wandernden" Grenze (frontier) die bestimmende Dominante für den Charakter der amerikanischen Politik und des einzelnen Amerikaners geworden sei.

Selbstbetätigung

- Der *„Geist der Selbstbetätigung"*: Die Herausforderung der Grenze verlangte nach einem alles wagenden, beharrlichen Pioniergeist. Dieser hat wesentlich zur Gestaltung einer spezifisch amerikanischen politischen Kultur beigetragen und lässt sich als ein Bündel von Wertvorstellungen verstehen, das „harte und stetige Arbeit, Genügsamkeit, Selbstdisziplin, Spontaneität und Initiative, insgesamt ein erfolgs- und leistungsorientiertes Verhalten als wesentliche Merkmale sinnvoller Lebensführung umfasst". Er ist von der grundsätzlichen Machbarkeit der Dinge und Verhältnisse überzeugt. Theodore Roosevelt, Präsident von 1901 bis 1909, hat diese Philosophie der Tat und des Pragmatismus, deren wichtigster Vertreter William James war, so charakterisiert: „Handeln, etwas unternehmen; sich gesund halten; nicht die Zeit vergeuden; schöpferisch sein, arbeiten, sich seine Daseinsberechtigung verschaffen, wo man auch ist; jemand sein; kurzum, handeln!"

Selbstbehauptung

- Der *„Geist der Selbstbehauptung"*: Trotz der objektiv anders verlaufenen Entwicklung ist der Glaube an die „equality", verstanden als Gleichheit der Chancen und Bedingungen, ein Ideal des „amerikanischen Traums" geblieben. Trotz krasser Einkommensunterschiede, hervorgerufen durch die wirtschaftliche und soziale Entwicklung im 19. Jahrhundert, ist die Hoffnung des Einzelnen, bei Einsatz aller seiner Kräfte auch erfolgreich zu sein, noch weit verbreitet.

Selbstvervollkommnung

- Der *„Geist der Selbstvervollkommnung"* ist ursprünglich der puritanische Geist der Pilgerväter und hat als sittlicher Idealismus bis in die Gegenwart prägend gewirkt. Trotz strikter Trennung von Kirche und Staat sind Religion und Kirchengemeinschaft bedeutende Faktoren in der amerikanischen Gesellschaft. Sie üben auch in der Politik prägenden Einfluss auf Wertvorstellungen und Verhaltensweisen aus. Tocqueville hatte noch den Eindruck, die Religion regle nicht nur die Sitten, sondern dehne ihre Herrschaft auf das ganze Leben aus. „Darum muss die Religion, die sich bei den Amerikanern niemals unmittelbar in die Regierung einmischt, als die erste ihrer politischen Einrichtungen gelten; wenn sie ihnen auch nicht den Hang zur Freiheit gibt, so erleichtert sie ihnen doch bedeutsam deren Gebrauch."

Manifest Destiny

Die Entwicklung zur Industriegesellschaft, die auch Wirtschaftskrisen zur Folge hatte, und die Expansion nach Westen riefen eine besondere, missionarisch-religiös begründete Form des amerikanischen Sendungsbewusstseins hervor. Es war der Glaube an die „offenkundige Bestimmung" (Manifest Destiny) der Vorsehung, den nordamerikanischen Subkontinent in Besitz zu nehmen und zu entwickeln, auch innere Krisen dadurch zu meistern. Josiah Strongs Buch „Our Country. Its Possible Future and its Present Crisis" (1885) artikulierte und propagierte mit großem Erfolg dieses Epochenbewusstsein, das auch zur Rechtfertigung imperialistischer Machterweiterung diente.

In der sozioökonomischen und politischen Entwicklung der amerikanischen Nation, im Alltag des amerikanischen Bürgers hat dieses Wertsystem den

„way of life" vieler, aber nicht aller formen können. Hatte auch die farbige Minderheit dieselbe Entfaltungsmöglichkeit und Teilhabe an der politischen Kultur? Haben Eigeninteresse, Nützlichkeitsdenken und der Leistungsgedanke in der Industrialisierung nicht auch die soziale Frage hervorgerufen? Der Gleichheitsgedanke konnte sie nicht überzeugend lösen. Auch die „neue Armut" der Gegenwart zeigt auf, dass die materielle Seite des American Dream bei vielen Bevölkerungsschichten nicht befriedigend gelöst wurde. Dazu gehören das Arbeitslosenproblem, die Angst vor unzureichender Alters- und Krankenversicherung, die Angst vor Verbrechen.

Die amerikanische Literatur hat das Leiden am amerikanischen Traum in unserem Jahrhundert oft zu ihrem Thema gemacht. F. S. Fitzgerald in „The Great Gatsby" (1925), John Steinbeck in „The Grapes of Wrath" (1939, Die Früchte des Zorns), J. D. Salinger in „The Catcher in the Rye" (1951, Der Fänger im Roggen) sowie die schwarzen Schriftsteller James Baldwin und Toni Morrison setzten sich mit den harten Wahrheiten auseinander, dass oft Heuchelei, Korruption und Unterdrückung den amerikanischen Traum zur Illusion machten.

MATERIAL 6 Amerikanische Historiker äußern sich zur Grenze

Vielleicht keine Interpretation der amerikanischen Geschichte hat so viel begeisterte Zustimmung erhalten und scharfe Kritik erfahren wie Turners Grenz-These. Die Diskussion darüber ist noch nicht abgeschlossen. Sicher ist, dass sie als Interpretation der politischen Kultur der USA einen großen Einfluss ausübte. Turner in einem berühmt gewordenen Vortrag 1893:

Bis in unsere Tage war die amerikanische Geschichte in hohem Grade die Geschichte der Kolonisation des Großen Westens. Die Existenz freien Landes, dessen fortwährendes Zurückdrängen und das Voranschreiten der amerikanischen Besiedlung nach Westen erklären die amerikanische Entwicklung. [...] Die gesellschaftliche Entwicklung Amerikas hat an der Grenze stets wieder von vorn angefangen. Diese beständige Wiedergeburt, diese hohe Mobilität des amerikanischen Lebens, diese Expansion nach Westen mit ihren neuen Möglichkeiten, ihrer andauernden Berührung mit der Einfachheit primitiver Gesellschaft, stellen die Kräfte bereit, die den amerikanischen Charakter beherrschen. Der wahre Kernpunkt in der Geschichte unserer Nation ist nicht die Atlantikküste, sondern der Große Westen. [...] Der amerikanische Geist verdankt der Grenze seine hervorstechenden Eigenschaften. Jene Rauheit und Kraft, verbunden mit Scharfsinn und Wissbegier; jene praktische, erfinderische Denkungsart, rasch im Auffinden von Aushilfen; jenes meisterhafte Zupacken bei materiellen Dingen, dem es zwar am Sinn für Künstlerisches fehlt, das aber große Ziele mit Kraft verwirklicht; jene ruhelose, nervöse Energie; jener beherrschende Individualismus, zum Guten und zum Bösen wirkend, und zu allem die Lebenskraft und Ausgelassenheit, die mit der Freiheit entstehen – das sind Züge der Grenze oder Merkmale, die anderswo auf Grund des Daseins der Grenze hervorgerufen wurden.

1903 schrieb Turner in dem Aufsatz „Der Beitrag des Westens für die amerikanische Demokratie":

Am wichtigsten ist die Tatsache geworden, dass ein Gebiet freien Landes an der Westgrenze des besiedelten Gebietes der Vereinigten Staaten gelegen hat. Immer wenn die sozialen Verhältnisse im Osten sich zuzuspitzen drohten, immer wenn das Kapital dazu neigte, die Arbeiterschaft zu bedrücken oder politische Hemmnisse die Freiheit der Massen einzuschränken, gab es dieses Tor zur Flucht in die freien Verhältnisse der Grenze. Diese freien Gebiete förderten den Individualismus, die wirtschaftliche Gleichheit, die Freiheit zum sozialen Aufstieg und die Demokratie. Die Menschen waren nicht willens, niedrige Löhne zu akzeptieren und einen fortwährenden Status der gesellschaftlichen Unterordnung, wenn dieses versprochene Land der

Freiheit und Gleichheit ihnen zur Verfügung stand.

Der zeitgenössische Historiker Billington in seinem Buch „Westward Expansion“:

Die Grenze war wahrhaftig ein Land der Romantik, aber sie half auch die charakteristischen Züge der amerikanischen Zivilisation zu formen. Der einzigartige Wesenszug Amerikas stammt nicht nur aus einer Quelle; das europäische Erbe, der fortwährende Einfluss von Ideen aus dem Ausland, das Vermischen von Völkern, das Ausbreiten der industriellen Revolution und das Anwachsen eines Klassenbewusstseins, das alles trug dazu bei. Keine Kraft jedoch trug mehr dazu bei, die Menschen und Institutionen der Nation zu „amerikanisieren“ als die wiederholte Wiedergeburt der Zivilisation entlang der westlichen Siedlungsgrenze während der drei Jahrhunderte, die für die Besiedlung des Kontinents nötig waren.

(Aus: F. J. Turner, The Frontier in American History, New York 1976 (Nachdruck), S. 1–3, 37, 269 und aus: Ray A. Billington, Westward Expansion, New York [4]1974, S. 1. Übers. R. Renz)

MATERIAL 7 Der Glaube an die amerikanische „Sendung“: Manifest Destiny – der Prediger Josiah Strong in „Our Country“ (1885)

Ich brauche denen, für die ich schreibe, nicht auseinander zu setzen, welches die zwei größten Bedürfnisse der Menschheit sind, deren Erfüllung alle Menschen in das Licht der höchsten christlichen Zivilisation emporheben würde: erstens ein reines, verinnerlichtes Christentum und zweitens die bürgerliche Freiheit. Ohne Zweifel liegen hier die Kräfte, die in der Vergangenheit so sehr zur Erhebung der Menschheit beigetragen haben; und sie müssen auch in Zukunft die besten Wegweiser zum Fortschritt sein. Daraus folgt, dass die Angelsachsen – die Hauptrepräsentanten dieser zwei Grundideen, die Bewahrer dieser zwei größten Segnungen – in ganz besonderer Weise der Zukunft der Welt verbunden sind und im göttlichen Auftrag eine außerordentliche Verantwortung für ihre Mitmenschen tragen. Nimmt man dazu die Tatsache ihres rapiden Machtaufstiegs in der Gegenwart, so ist das fast ein Beweis für den höheren Auftrag.

Für mich besteht kein Zweifel, dass der Angelsachse die Hauptrolle in der Welt der Zukunft spielen soll, [...] Es ist noch ungewiss, wie materialistisch und atheistisch seine Zivilisation sein wird, [...] wie schnell er die Heraufkunft des Königreiches der Rechtschaffenheit bewirken kann. [...] Ist es offenkundig, dass der Angelsachse die Geschicke der Menschheit in den kommenden Jahrhunderten in der Hand hält? Ist es augenfällig, dass die Vereinigten Staaten die Heimat der Menschheit, der Hauptsitz seiner Macht, das große Zentrum seines Einflusses sein sollen? [...] Wir Angehörige dieser Generation und dieser Nation sitzen an der Schaltstelle der Jahrhunderte, wo über die Zukunft der Welt entschieden wird.

(Aus: Günter Moltmann, Die Vereinigten Staaten von Amerika von der Kolonialzeit bis 1917, Paderborn 1980, S. 78)

1. Welche Eigenschaften verdanken nach Turner die Amerikaner der Grenze? Erörtern Sie deren positive und negative Aspekte.
2. Erörten Sie Turners Einschätzung der Grenze als Sicherheitsventil. Welche Eigenschaften unterstellt Turner damit den Amerikanern?
3. Welchen Zusammenhang zwischen Grenzerfahrung und Nationsbildung sieht Billington?
4. Warum sind nach Strong in erster Linie die Angelsachsen berufen, die Geschicke der Menschheit zu gestalten?
5. Erörtern Sie den Charakter von Material 7. Inwiefern ist er politisch?

2.3 Der Sezessionskrieg – Sklavenbefreiung oder Einheit der Union?

In den Südstaaten der USA gab es noch im Jahre 1861 Sklaven. 1619, zwölf Jahre nach der Gründung von Jamestown, waren die ersten Neger dorthin gebracht worden. Sie wurden anfangs nicht als Sklaven, sondern wie viele ärmere weiße Einwanderer als schlecht bezahlte Hilfskräfte eingesetzt. Der Mangel an Arbeitskräften auf den Plantagen wandelte diesen Status bald in ein Sklavenverhältnis auf Lebenszeit. Auch anthropologische Vorurteile, die unter Berufung auf die Bibel begründet wurden, und die mangelnde Eignung der Indianer für die Plantagenarbeit führten zu dieser Entwicklung.

Sklavenfrage

Als die dreizehn Kolonien ihre Unabhängigkeit erkämpften und sich eine Verfassung gaben, war die Sklavenhaltung ein fest verankerter Teil der Wirtschafts- und Sozialstruktur der Südstaaten. Der Sklave wurde juristisch als persönliches Sacheigentum betrachtet. Daher erkannten ihm die Verfassungsväter auch keine Grundrechte zu. Ein Sklave konnte wie eine Ware gekauft, verkauft und verpfändet werden. Eigentum war ihm nicht erlaubt, das Grundstück seines Herrn durfte er nicht ohne Erlaubnis verlassen, sich nur in der Kirche versammeln und bei Dunkelheit nicht mehr auf der Straße sein. Auch in Notwehr durfte er einen Weißen nicht schlagen und selbstverständlich keine Waffen tragen. Vor Gericht konnte er nicht gegen einen Weißen aussagen. Bei einfacheren Vergehen besaß sein Herr die Gerichtsbarkeit. Sklavenehen waren vor dem Gesetz ungültig. Lesen und Schreiben durfte der Sklave nicht lernen.
Sein Charakter als Ware bestimmte auch seine Lebensverhältnisse. Die Arbeit – in der Regel von Sonnenaufgang bis Sonnenuntergang – war oft schwer und ungesund. Die Arbeitsbedingungen waren zwar meist nicht schlimmer als die in den Fabriken des Nordens, doch er war schutzlos und unfrei.

Sonderentwicklung des Südens

Nachdem die Sklaverei im Jahre 1804 in allen Nordstaaten abgeschafft worden war, untersagte der Kongress 1807 die Einfuhr von Sklaven in die Union. Das Verbot konnte aber den illegalen Handel nicht verhindern, der bis 1860 noch 250 000 Schwarze ins Land schleuste. Die Sklaverei wurde im Süden besonders mit wirtschaftlichen Argumenten begründet und als „besondere Einrichtung" (peculiar institution) verteidigt. Hauptsächlich verantwortlich für die Sonderentwicklung des Südens war die Erfindung der Baumwollentkörnungsmaschine (cotton gin): Sie erlaubte die Massenproduktion. Da der Baumwollanbau dennoch sehr arbeitsintensiv blieb, war der Bedarf an Arbeitskräften groß. So waren unter den 8,5 Millionen Einwohnern der USA 1815 1,5 Millionen Schwarze, davon 1,3 Millionen Sklaven. Rund die Hälfte der freien Schwarzen wohnte in den Nordstaaten, alle Sklaven im Süden. Dort machten sie ein Viertel bis ein Drittel der Bevölkerung aus.

Entfremdung

Bei dem Konflikt zwischen den Nord- und Südstaaten ging es nur vordergründig um die Sklavenfrage. Die Gründe für die Entfremdung reichten tiefer; sie waren wirtschaftlicher und politischer Natur. Ein wichtiger Konfliktstoff war die Zollfrage: Der Norden forderte für seine junge Industrie Schutzzölle, der Süden brauchte für seinen bedeutenden Baumwollexport Freihandel. Dieser Gegensatz wurde durch die Aufnahme neuer Staaten im Zuge der Westexpansion zusätzlich verschärft. Die Verfassung hatte die Entscheidung über die Beibehaltung der Sklaverei den Einzelstaaten überlassen (Art. I, Abs. 9), durch die Northwest Ordinance war aber deren Einführung im Nordwestterritorium nördlich des Ohio verboten worden. Im Jahre 1819 standen sich in der Union je elf sklavenfreie und sklavenhaltende Staaten gegenüber. Die Produktivität des Nordens wuchs durch die Industrialisierung schneller als die des Südens, und viele Schwarze hofften dort bessere Lebens- und Arbeitsverhältnisse vorzufinden. Von 1830 bis 1860 flüchteten rund 50 000 Sklaven, unterstützt von der illegalen „underground railroad", die von der 1833 gegründeten „American Antislavery Society" organisiert wurde. Dieser Dachverband agitierte nicht ohne Erfolg gegen die „besondere Einrichtung" des Südens, obwohl er auch im von Rassendiskriminierung bestimmten Norden nur für eine Minderheit sprechen konnte.

Sezessions- und Bürgerkrieg 1861–1865

Bis 1850 hielten sich bei der Aufnahme neuer Staaten in die Union Norden und Süden die Waage. Die Aufnahme Kaliforniens als sklavenfreier Staat 1850 veränderte dann das Gleichgewicht zwischen den nun 16 sklavenfreien und 15 sklavenhaltenden Staaten. Die Institution der Sklaverei wurde jetzt zur politischen Machtfrage. Kompromissversuche im Kongress scheiterten. Die Whig-Partei, die Vertretung des Establishments, löste sich auf, ein Teil ihrer Anhänger und andere Gegner der Sklaverei gründeten 1854 die Republikanische Partei. Auch die Demokraten brachen in eine nördliche und eine südliche Gruppierung auseinander. Der Wahlsieg der Republikaner im Jahre 1860 mit Abraham Lincoln als Präsidentschaftskandidaten spaltete schließlich die Union. 1861 bildeten die elf Südstaaten die „Konföderierten Staaten von Amerika".

Konföderierte Staaten von Amerika

Im April 1861 beschossen konföderierte Truppen das vor der Hafeneinfahrt von Charleston, South Carolina, gelegene Fort Sumter, dessen Truppen auf Seiten der Union standen. Damit begann der Krieg; er sollte bis 1865 dauern. Es war der erste moderne Krieg mit dem kombinierten Einsatz von Massenheeren und Seestreitkräften. Beide Seiten hatten als Folge große Verluste zu beklagen: der Norden 360 000, der Süden 258 000 Tote, 400 000 Menschen wurden verwun-

Das Schlachtfeld von Antietam am 17.9.1862

Ein verwundeter Soldat

det. Der Krieg zerstörte weitgehend die Infrastruktur der Südstaaten, deren Landwirtschaft große Einbußen erlitt, während die Industrie des Nordens kräftig expandieren konnte. Der Norden hatte den Krieg primär zur Wiederherstellung der Union geführt – „they fought to save the Union not to free the slaves". 1862 war aber die Forderung nach Befreiung der Sklaven erhoben worden und Lincoln hatte 1863 die Aufhebung der Sklaverei proklamiert.
Der Sieg der Unionsstaaten stellte nicht nur die Einheit wieder her, sondern festigte auch die Vorherrschaft des Bundes über die Einzelstaaten. Er schuf auch wieder einen einheitlichen Wirtschaftsraum und so die Voraussetzung für den weltgeschichtlichen Aufstieg der Vereinigten Staaten.

Die Südstaaten

In den Südstaaten bestimmten die Rassenfrage und die desolate Wirtschaftslage Politik und Gesellschaft. Der Süden war durch die vielen Toten und Zerstörungen wirtschaftlich und bevölkerungsmäßig stark geschwächt. Jahrzehntelang herrschten Hass und Bitterkeit gegen die „Yankees" im Norden. Die Rekonstruktionsära bis 1877 unter der Kontrolle des Nordens wurde als Bevormundung und Demütigung empfunden. Die unmittelbare Reaktion darauf war die Ermordung Lincolns im April 1865 durch einen fanatischen Südstaatler. Der 13. Zusatzartikel (amendment) zur Verfassung hob in diesem Jahr die Sklaverei auf. Ein Jahr später erhielten die früheren Sklaven, 4,5 Millionen Schwarze, durch das 14. Amendment formal die Bürgerrechte.

Black codes

Doch die Gleichberechtigung blieb in Wirklichkeit aus, die Südstaaten erließen Sondergesetze zur Diskriminierung der Schwarzen, die „black codes". Sie durften zwar Landeigentum erwerben, waren aber dazu finanziell selten in der Lage. Ihre soziale und rechtliche Situation änderte sich gegenüber früher, als sie rechtlos gewesen waren, nur unwesentlich. Schwarze Landarbeiter mussten sich auf ein Jahr verdingen, durften ihren Arbeitgeber in dieser Zeit nicht verlassen, nicht streiken und konnten jederzeit verhaftet werden, wenn sie dagegen verstießen. Das Wahlrecht wurde ihnen vorenthalten. Es blieb ihnen in der Hauptsache nur das Recht, vor Gericht klagen zu dürfen, untereinander zu heiraten und für ihre Arbeit, meist schlecht, bezahlt zu werden. Weder das 15. Amendment von 1870, das allen Bürgern ohne Unterschied von „Rasse, Farbe oder vormaliger Unfreiheit" das Stimmrecht gab, noch das Bürgerrechtsgesetz von 1875, das der Oberste Gerichtshof schon wenige Jahre später für verfassungswidrig erklärte, konnten die Rassentrennung aufheben. 1896 erhielt diese sogar die offizielle Rechtfertigung durch die Entscheidung des Gerichts, dass nach Rassen „getrennte, aber gleiche" Einrichtungen verfassungsgemäß seien. Diese „separate, but equal"-Doktrin galt bis 1954, sie wurde im Süden konsequent angewandt: Die Rassentrennung herrschte in Schulen und Krankenhäusern, in Gasthäusern, Hotels und Parks, in Eisenbahnwaggons und später in Bussen, ja sogar in Kirchen und Gefängnissen. In den 90er Jahren erließen die Südstaaten Gesetze, die durch Steuerauflagen, Lesetests und Bestimmungen über den Wohnsitz die meisten Schwarzen von den Wahlen ausschlossen. Hatten sie nach 1865 einige politische Ämter besetzen können, so verloren sie diese mit dem Verlust des Stimmrechts.

Wirtschaft

Da die Landwirtschaft weiterhin von Monokulturen geprägt blieb und die Industrialisierung außer in der Textilindustrie nur mäßige Fortschritte machte, blieb die wirtschaftliche Entwicklung weit hinter dem Norden zurück. Insgesamt entwickelte sich der Süden zum Armenhaus der Nation, noch 1919 lag sein Durchschnittseinkommen 40 Prozent unter dem des ganzen Landes.

MATERIAL 8 Vom Sklaven zum Bürger?

MATERIAL 9 Verdammung und Verteidigung der Sklaverei

William L. Garrison, Herausgeber der Zeitschrift „Liberator" und Mitbegründer der „American Antislavery Society" (1852)

Weg mit all den Wortklaubereien, dem juristischen Geschwätz [...], um zu beweisen, dass die Verfassung der Vereinigten Staaten ein Dokument der Antisklavereibewegung sei. [...] Lassen wir uns auf keine Winkelzüge, keine Umwege, keine Ausflüchte ein. Stehen wir zu den Sünden unserer Väter und zu unserer eigenen Sünde als Volk, indem wir die Erniedrigung und Versklavung der farbigen Rasse gemeinsam betrieben haben. Seien wir ehrlich im Blick auf die Tatsachen der Geschichte und leugnen wir nicht die Kompromisse, die eingegangen worden sind, um die Annahme der Verfassung und die darauf folgende Errichtung der Union sicherzustellen. Wir, die wir bekunden die Sklaverei zu verachten und die wir beanspruchen freie Bürger zu sein, sollten alle Bande lösen, die uns mit der Macht der Sklaverei verbinden, im Religiösen wie im Politischen (vgl. 1. Mose 9, 18–27).

Es kann gar kein Zweifel bestehen, dass Prinzipientreue die beste Politik und das angemessenste Mittel für uns und unsere Nachkommen, für die elenden Opfer der südstaatlichen Unterdrückung und für die Sache der Freiheit in der ganzen Welt ist. Wir werfen dem gegenwärtigen nationalen System vor, dass es auf Kosten menschlicher Freiheit und unter sträflicher Vernachlässigung von Prinzipien errichtet worden ist und bis zu dieser Stunde mit Blut von Menschen zusammengehalten wird. [...]

Drei Millionen Amerikaner werden in der Union unterdrückt! Sie werden als Sklaven gehalten, als Ware gehandelt, wie Gut und Vermögen registriert! Die Regierung gewährt ihnen keinen Schutz, die Regierung ist ihr Feind, die Regierung hält sie in Ketten! Aber: Wo sie blutend liegen, liegen auch wir an ihrer Seite; wir haben Teil an ihrem Gram und ihrem Leid; ihre Narben bedecken auch unsere Körper, ihre Fesseln umschlingen auch unsere Glieder, ihre Sache ist auch die unsere! Die Union, die sie zu Staub zermalmt, lastet auch auf uns, und gemeinsam mit ihnen werden wir kämpfen, um sie zu zerbrechen. Auf die Verfassung, die diese Menschen in hoffnungsloser Abhängigkeit hält, könnten wir keinen Eid mehr leisten. Unser Wahlspruch lautet: *„Keine Union mit Sklavenhaltern"*, weder im religiösen noch im politischen Bereich. Sie sind die grimmigsten Feinde der Menschheit und die schlimmsten Widersacher Gottes! Wir trennen uns von ihnen, [...] um den Niedergang der Sklaverei in Amerika und in der ganzen Welt zu beschleunigen.

Der Südstaatler George Fitzhugh, Rechtsanwalt und Publizist (1857)
Was man fälschlich „Freie Gesellschaft" nennt, ist eine ganz neue Erfindung. In ihr sollen die Schwachen, Unwissenden und Armen frei werden. Sie sollen in einer Welt frei gelassen werden, die nur wenigen Menschen gehört (denen Natur und Erziehung Stärke verliehen haben und die durch Besitz stärker geworden sind). Hier sollen diese Befreiten ihren Lebensunterhalt verdienen. Im eingebildeten Naturzustand, wo kein Eigentum zugeteilt ist, haben die Starken außer überlegenen körperlichen und geistigen Kräften keine Waffen, um die Schwachen zu unterdrücken. Ihre Fähigkeit zur Unterdrückung verstärkt sich tausendfach, sobald sie allein die Herren der Erde [...] sein werden. Sie werden zu Herren, ohne die Verpflichtung dieser Stellung zu haben, und die Armen werden zu Sklaven, ohne die Rechte von Sklaven zu haben.

Es ist eine sogar von den Gegnern der Sklaverei anerkannte Tatsache, dass die europäischen Leibeigenen befreit wurden, weil eine Vielzahl von Arbeitern als freie Leute auf dem Arbeitsmarkt die freie Arbeitskraft billiger als die Sklavenarbeit gemacht haben. Seltsamerweise scheinen aber nur wenige erkannt zu haben, dass daraus tatsächlich folgt, dass die ehemaligen Leibeigenen nach ihrer Befreiung eigentlich viel unfreier als vorher waren. Der Zwang zur Arbeit war für sie größer geworden; denn sie mussten nun mehr arbeiten als vorher, um ihren Lebensunterhalt zu verdienen, sonst wäre ihre freie Arbeit nicht billiger gewesen als ihre Sklavenarbeit. Sie verloren einen Teil ihrer Freiheit und alles, was sie an Rechten gehabt hatten; denn die Aufhebung der Leibeigenschaft befreite oder entband auch die Herren von all ihren Bürden, Fürsorgepflichten und Verantwortungen, während sie den ehemaligen Leibeigenen mehr Arbeiten und Verpflichtungen auferlegte.

(Aus: Günter Moltmann, Die Vereinigten Staaten von Amerika von der Kolonialzeit bis 1917, Paderborn 1980, S. 46ff.)

MATERIAL 10 Zwei Äußerungen Lincolns

The Gettysburg Address: Ansprache anlässlich der Einweihung des Nationalfriedhofes am 19.11.1863

Vor 87 Jahren gründeten unsere Väter auf diesem Kontinent eine neue Nation, gebildet in Freiheit und der Idee verpflichtet, dass alle Menschen gleich geschaffen sind. Heute führen wir einen großen Bürgerkrieg, in dem sich erweisen wird, ob diese Nation oder irgendeine geschaffene und solchen Gedanken verpflichtete Nation lang bestehen kann. Wir versammeln uns hier auf einem großen Schlachtfeld dieses Krieges. Wir sind hierher gekommen, um einen Teil dieses Schlachtfeldes denen als letzte Ruhestätte zu weihen, die hier ihr Leben gaben, damit diese Nation leben könne. Dies zu tun ist nicht mehr als recht und billig.
Aber in einem höheren Sinne können wir diesen Boden gar nicht weihen, nicht segnen, nicht heiligen. Die tapferen Männer, die lebenden und die toten, die hier kämpften, gaben ihm eine Weihe, die weit über das hinausgeht, was unsere armselige Kraft hinzufügen oder wegnehmen kann. Was wir hier sagen, wird die Welt wenig beachten und nicht lange in Erinnerung behalten; aber was jene hier taten, kann sie nicht vergessen.
An uns, den Lebenden, liegt es vielmehr, uns an dieser Stätte dem noch unvollendeten Werk zu weihen, das jene, die hier kämpften, in ihrem Edelmut so weit vorangebracht haben. An uns ist es vielmehr, uns an dieser Stätte der verbleibenden großen Aufgabe zu widmen, damit wir von diesen ehrenhaften Toten lernen, uns noch stärker für jene Sache einzusetzen, für die sie das höchste Maß an Hingabe geleistet haben, damit wir feierlich geloben,

dass diese Toten nicht vergeblich gefallen sein sollen; damit diese Nation, mit Gottes Hilfe, eine Wiedergeburt der Freiheit erfahren werde – und damit die Regierung von dem Volk, durch das Volk und für das Volk auf dieser Erde nicht untergehe.

Aus einem Brief an den Herausgeber der New Yorker Tribune (1862):

Mein höchstes Ziel in diesem Ringen ist die Rettung der Union, nicht die Bewahrung oder Abschaffung der Sklaverei. Wenn ich die Union retten könnte, ohne einen einzigen Sklaven zu befreien, dann würde ich es tun; und wenn ich sie dadurch retten könnte, dass ich alle Sklaven befreite, dann würde ich es tun; und wenn ich sie retten könnte, indem ich einige Sklaven befreite und andere nicht, dann würde ich auch das tun.

(Aus: Henry Steele Commager (Hrsg.) Documents of American History, Bd. 1, New York [9]1973, S. 428f. Übers. R. Renz; und aus: Willi P. Adams/Angela Meurer Adams (Hrsg.), Die amerikanische Revolution in Augenzeugenberichten, München 1976, S. 113f.)

1. Untersuchen Sie in Material 9 die Argumente der Autoren für und gegen die Sklaverei. Welche politischen Konsequenzen strebt Garrison an?
2. Welche amerikanischen Ideale bringt Lincoln in Material 10 seinen Zuhörern in Erinnerung? Worin besteht nach ihm die historische Bedeutung dieses Krieges?
3. Erörtern Sie, ob zwischen diesen beiden Äußerungen Lincolns ein Widerspruch besteht.

MATERIAL 11 **Bevölkerung und Wirtschaft um 1861**

	Nordstaaten	Südstaaten
Bevölkerung (Mio)	22,2	9,2
Wehrfähige Weiße, über 18 Jahre (Mio)	4,6	1,1
Roheisenproduktion (1000t)	950	37
Eisenbahnlinien (km)	ca. 30.000	ca. 9.000
Wert der Industrieproduktion (Mio $)	1740	160

MATERIAL 12 **Produktionsdreieck in den USA**

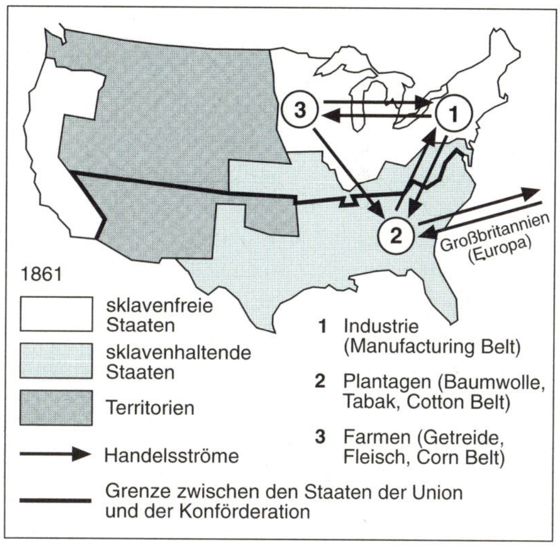

1. Erläutern Sie die wirtschaftliche und politische Bedeutung des Produktionsdreiecks im 19. Jahrhundert für die Vereinigten Staaten.
2. Welche Konsequenzen ergäben sich aus einer Trennung von Nord- und Südstaaten?
3. Vergleichen Sie die Ausgangslage beider Staatengruppen. Welche Gründe könnten zu der langen Kriegsdauer geführt haben?

MATERIAL 13 **Urteilsbegründung des Obersten Gerichts im Dred-Scott-Prozess, 1857**

Der Supreme Court behandelte den Antrag des Negersklaven Dred Scott auf Freilassung. Scott berief sich darauf, längere Zeit bereits in einem sklavenfreien Staat (Illinois) gelebt zu haben.

Die Wörter „Volk der Vereinigten Staaten" und „Bürger" sind synonyme Begriffe und meinen das Gleiche. Sie beschreiben beide die politische Körperschaft, die, gemäß unseren republikanischen Institutionen, die Souveränität bilden und die Macht ausüben und die Regierung durch ihre Vertreter führen. Sie sind, was wir bekanntermaßen den „Volkssouverän" nennen [...] Die uns vorliegende Frage lautet: ob die Klasse von Personen, die in der Klageschrift beschrieben ist, ein Teil dieses Volkes ist und konstituierende Mitglieder dieser Souveränität sind. Wir meinen, sie sind es nicht, und sie sind nicht inbegriffen, und es war nicht die Absicht, sie unter dem Wort „Bürger" in der Verfassung einzubegreifen. Sie können daher keine Rechte und Privilegien beanspruchen, die dieses Verfassungsinstrument den Bürgern der Vereinigten Staaten garantiert. Im Gegenteil, sie (die Schwarzen) wurden zu jener Zeit als eine untergeordnete und niedere Klasse von Lebewesen betrachtet, die von der herrschenden Klasse unterworfen worden waren und die, ob emanzipiert oder nicht, dennoch ihrer Autorität unterworfen blieben und keine Rechte oder Privilegien hatten, außer denen, die ihnen von ihren Herren und der Regierung gewährt worden sein können. [...]

Man nimmt anscheinend an, dass es einen Unterschied zwischen Eigentum an einem Sklaven und anderem Eigentum gibt und dass unterschiedliche Regeln in der Auslegung der Verfassung der USA angewendet werden können. [...] Aber wenn die Verfassung das Eigentumsrecht des Herren an einem Sklaven anerkennt und keinen Unterschied zwischen jener Eigentumsbeschreibung und anderem Eigentum eines Bürgers macht, dann hat kein Tribunal, das im Namen der Vereinigten Staaten handelt, gehöre es der Legislative, Exekutive oder der Judiktive an, das Recht, eine solche Unterscheidung zu machen oder jemandem den Vorteil jener Vorschriften und Garantien zu verweigern, die zum Schutz des Privateigentums gegen Eingriffe der Regierung vorgesehen sind. Nun ist das Eigentumsrecht an einem Sklaven klar und ausdrücklich in der Verfassung bestätigt[1]. [...] Und die Regierung ist ausdrücklich verpflichtet, es in alle Zukunft zu schützen, wenn der Sklave seinem Besitzer entkommt. [...] Kein Wort ist in der Verfassung zu finden, das dem Kongress eine größere Macht über das Eigentum an einem Sklaven [...] als an sonstigem Eigentum gibt. Bei diesen Betrachtungen ist es die Auffassung des Gerichts, dass das Gesetz des Kongresses, das einem Bürger verbot, Eigentum dieser Art in dem Territorium der Vereinigten Staaten nördlich der darin erwähnten Linie zu besitzen, nicht durch die Verfassung gestützt wird und darum nichtig ist[2]. Weder Dred Scott selbst noch irgendein Mitglied seiner Familie sind frei geworden, indem man sie in dieses Territorium gebracht hat, sogar wenn sie von ihrem Besitzer dorthin gebracht worden wären, um dort dauernd zu wohnen.

[1] Das Gericht bezieht sich auf den Satz im 5. Zusatzartikel „... noch soll jemandem Leben, Freiheit oder Eigentum genommen werden, außer im ordentlichen Gerichtsverfahren ...". [2] Im sog. Missouri-Kompromiss 1820 wird Missouri als Sklavenstaat zugelassen, Maine als sklavenfreier Staat. Die Sklaverei wird außerdem nördlich des Breitengrades 36°30' verboten.
(Aus: Henry Steele Commager (Hrsg.), Documents of American History, Bd. 1, New York [9]1973, S. 339–345. Übers. R. Renz)

1. Wie interpretiert das Gericht die Begriffe ‚Bürger', ‚Eigentum' und ‚Volk' in der amerikanischen Verfassung? Was sagt sein Urteil dem Kläger, was dem Kongress?
2. Vergleichen Sie das Urteil mit den in der Unabhängigkeitserklärung (Material 2, S. 130) formulierten Prinzipien.
3. Welche Rolle könnte das Urteil bei der Entstehung des Sezessionskrieges gespielt haben?

3. Industrialisierung und Aufstieg zur Großmacht

3.1 Auf dem Weg zur Industriegesellschaft

Die USA wandelten sich mit großer Schnelligkeit vom Agrar- zum Industriestaat. Welche Faktoren bestimmten diese Entwicklung? Welche Rolle spielte der Staat dabei? Wie wirkte sich die Industrialisierung auf die Wirtschaftsordnung und Gesellschaft aus?

Textilindustrie

Die Textilindustrie hat wie in Europa eine bahnbrechende Rolle gespielt. Die bis 1830 besonders in den Neuenglandstaaten errichteten Baumwollfabriken holten den technischen Vorsprung Englands schnell auf. Die Verarbeitung von Baumwolle und Wolle steigerte den Bedarf nach Maschinen. So ließ die Verbindung von Textilindustrie und Maschinenbau im Nordosten die erste amerikanische Industrieregion entstehen.

Ausbau des Verkehrswesens

Der zweite Industrialisierungsschub setzte etwa um 1830 mit dem Ausbau des Verkehrswesens ein. Das Sozialprodukt stieg in der Folgezeit oft um mehr als 10 % pro Jahr, das Realeinkommen der Bevölkerung verdoppelte sich bis 1860. Die Industriebetriebe waren noch klein, ihr Absatz beschränkte sich auf die regionalen Märkte. Obwohl noch um 1850 etwa 2/3 aller Arbeitskräfte in der Landwirtschaft beschäftigt waren, nahmen die USA schon vor dem Bürgerkrieg den zweiten Platz hinter Großbritannien unter den Industrienationen der Erde ein. Nach 1865 entfaltete sich der Industrialisierungsprozess mit erstaunlicher Dynamik und machte die USA bis 1890 zu *dem* Industriestaat, zur führenden Industrienation der Erde.

Schnelle Industrialisierung

Verschiedene Faktoren wirkten für die schnelle Industrialisierung zusammen:
- ausreichend vorhandene und leicht verfügbare Rohstoffe wie Kohle, Eisenerz, Holz und Öl sowie die Wasserkraft als Energieträger;
- inländische Kapitalinvestitionen aus Handelskapital in den alten Handelsplätzen an der Ostküste, wo größere Privatbanken gegründet wurden; Auslandskapital aus Großbritannien, Deutschland und Holland;
- ein Angebot an gelernten und ungelernten Arbeitskräften, das durch die Einwanderung und die Freisetzung von Arbeitskräften in der Landwirtschaft schnell anstieg – ein Mangel an Arbeitskräften wurde durch erhöhte Produktivität ausgeglichen;
- Verbesserung der Verkehrsstruktur durch die Eisenbahn (großer Stahlbedarf!) und neue Schifffahrtswege, dadurch Überwindung regionaler Märkte und Schaffung eines nationalen Marktes;
- technische Innovationen, u.a. die Anwendung des britischen Bessemer-Verfahrens bei der Stahlherstellung in den 60er Jahren, die Erfindung des Telefons durch Alexander Bell 1876 (1880 Gründung der American Bell Telephone Company) und 1879 die Erfindung der Glühlampe durch Thomas A. Edison;
- der Zwang zur Rationalisierung mit dem Beginn der Massengüterproduktion für den schnell wachsenden Markt;

- die puritanische Tradition mit ihrem Leistungsbewusstsein – sie bildete ein liberal-individualistisches, kapitalistisches Denken in Wirtschaft und Gesellschaft heraus;
- das Fehlen jeglicher staatlicher Sozialpolitik bei gleichzeitiger staatlicher Förderung von entstehenden Großunternehmen durch hohe Schutzzölle, Landschenkungen (besonders an die ausschließlich privaten Eisenbahngesellschaften) und billige Kredite.

Erschließung des Westens

Die fortschreitende Besiedlung des Westens nach dem Sezessionskrieg führte zur Erschließung der Great Plains durch Viehzüchter und später durch Farmer. Auch das Ende der wandernden Grenze um 1890 konnte die extensive Bewirtschaftung und Produktionssteigerung der Landwirtschaft durch Mechanisierung (McCormick) nicht behindern. Durch die Westwanderung der Landwirtschaft entstand der Getreidegürtel (Corn Belt) des Mittelwestens zwischen Minnesota im Norden und Kansas im Süden, in dem besonders Mais und Weizen angebaut wurden. Die Landwirtschaft des alten Südens und Neuenglands verlor ihre alte Bedeutung und benötigte weniger Arbeitskräfte.
Bundesweit erhöhte sich von 1860 bis 1900 die Zahl der Farmen von zwei auf sechs Millionen. Diese Expansion führte, trotz steigender Exporte, zu einer lang anhaltenden Überproduktionskrise bei Getreide, dessen Preis verfiel. Viele der verschuldeten Farmer sammelten sich in der genossenschaftlichen Granger-Bewegung und kämpften gegen den Einfluss von Industrie und Finanzkapital in der Politik.

Aufschwung und Krisen

Das industrielle Wachstum nahm insgesamt einen rasanten Aufschwung, der jedoch im letzten Viertel des 19. Jahrhunderts durch drei schwere Wirtschaftskrisen unterbrochen wurde (1873–1879, 1882–1885, 1893–1897). Sie waren immer von einem starken Preis- und Zinsrückgang begleitet. Ein Anstieg der Bankrotte und erhöhte Arbeitslosigkeit waren die Folge. 1877 kam es zum ersten nationalen Eisenbahnerstreik, der durch Militär niedergeschlagen wurde und 55 Todesopfer forderte. Die Ungleichheit der Einkommensverteilung erhöhte sich in diesen Perioden.
Bis zum Jahr 1900 bildete sich auch das industrielle Kerngebiet der USA heraus. Das „industrial triangle", das knapp 1/8 der Gesamtfläche umfasst, wird im Osten von der Atlantikküste zwischen Boston und Washington begrenzt, im Westen bildet Chicago die Spitze. Seine wichtigsten Zentren sind New York, Philadelphia, Baltimore, Pittsburgh, Cleveland und Detroit. Noch um 1960 schufen dort 43 % der Bevölkerung 2/3 der Industrieproduktion.

Einwanderung

Die Bevölkerung der USA wuchs zwischen 1860 und 1900 von 31 auf 76 Millionen an. Dieser enorme Zuwachs bedeutete nicht nur ein großes Arbeitskräftereservoir für die Wirtschaft, sondern schuf den größten Binnenmarkt im 19. Jahrhundert. Die Bevölkerungszunahme ist nicht zuletzt ein Resultat des unaufhörlichen Einwanderungsstromes.
Die Einwanderung kann im 19. Jahrhundert in zwei Phasen eingeteilt werden: 1820 bis 1896 kamen die meisten Einwanderer aus Mittel-, West- und Nordeuropa; in der zweiten Phase, 1896 bis 1921, aus Süd- und Osteuropa. Die Einwanderung war praktisch unbeschränkt. Eine Ausnahme galt jedoch für Chinesen, ihnen wurde schon 1882 die Immigration verboten; 1921 wurde die Einwanderung generell quotiert.

MATERIAL 1 **Die Weltindustrieproduktion im 19. Jahrhundert (in %)**

	1820	1840	1860	1870	1881–85	1913
Großbritannien	34	29	24	31,8	26,6	14,0
Frankreich	25	20	16	10,3	8,6	6,4
Deutschland	10	11	13	13,2	13,9	15,7
USA	6	7	16	23,3	28,6	35,8
Russland	2	3	6	3,7	3,4	5,5

(Aus: Willi Paul Adams (Hrsg.), Die Vereinigten Staaten von Amerika, Frankfurt 1977, S. 126f.)

MATERIAL 2 **Die größten Industriezweige in den USA 1860 und 1910**

	Wertschöpfung in Mio. $		Beschäftigung (in Tsd.)		Haupt-standorte
	1860	1910	1860	1910	
Baumwollerzeugnisse	55 (1)	260 (7)	115 (2)	380 (3)	Neuengland
Holz	54 (2)	650 (2)	76 (4)	700 (1)	verstreut
Stiefel und Schuhe	49 (3)	180 (10)	123 (1)	200 (8)	Neuengland
Getreideprodukte	40 (4)	–	28 (9)	–	verstreut
Herrenbekleidung	37 (5)	270 (6)	115 (2)	240 (6)	Nordosten
Eisen und Stahl	36 (6)	330 (4)	50 (6)	240 (6)	Pennsylvania
Maschinenbau	33 (7)	690 (1)	41 (7)	530 (2)	Nordosten
Die Zahlen in Klammern bezeichnen die Rangfolge.					

(Aus: Willi Paul Adams (Hrsg.), Die Vereinigten Staaten von Amerika, Frankfurt 1977, S. 135)

MATERIAL 3 **Der amerikanische Außenhandel 1800–1900 (in Mio. $)**

	1800	1820	1840	1860	1880	1900
1. a) Gesamtausfuhr der USA	32	52	112	316	824	1371
b) Baumwollexporte	4	22	64	192	212	242
2. Anteil des Außenhandels am BSP (in %)	14	9	8	7	6	6

(Aus: Willi Paul Adams (Hrsg.), Die Vereinigten Staaten von Amerika, Frankfurt 1977, S. 140)

1. Vergleichen Sie die Entwicklung der USA mit den anderen Industriestaaten (Material 1).
2. Untersuchen Sie Steigerungsraten und Veränderungen der Wertschöpfung der wichtigsten Industriezweige. Welche Folgen haben diese Veränderungen auf den Arbeitsmarkt (Material 2)?
3. Beschreiben Sie die Entwicklung des Außenhandels. Welche Rückschlüsse lässt diese auf die gesamtwirtschaftliche Entwicklung zu (Material 3)?

MATERIAL 4 Einwanderung in die USA 1820–1960

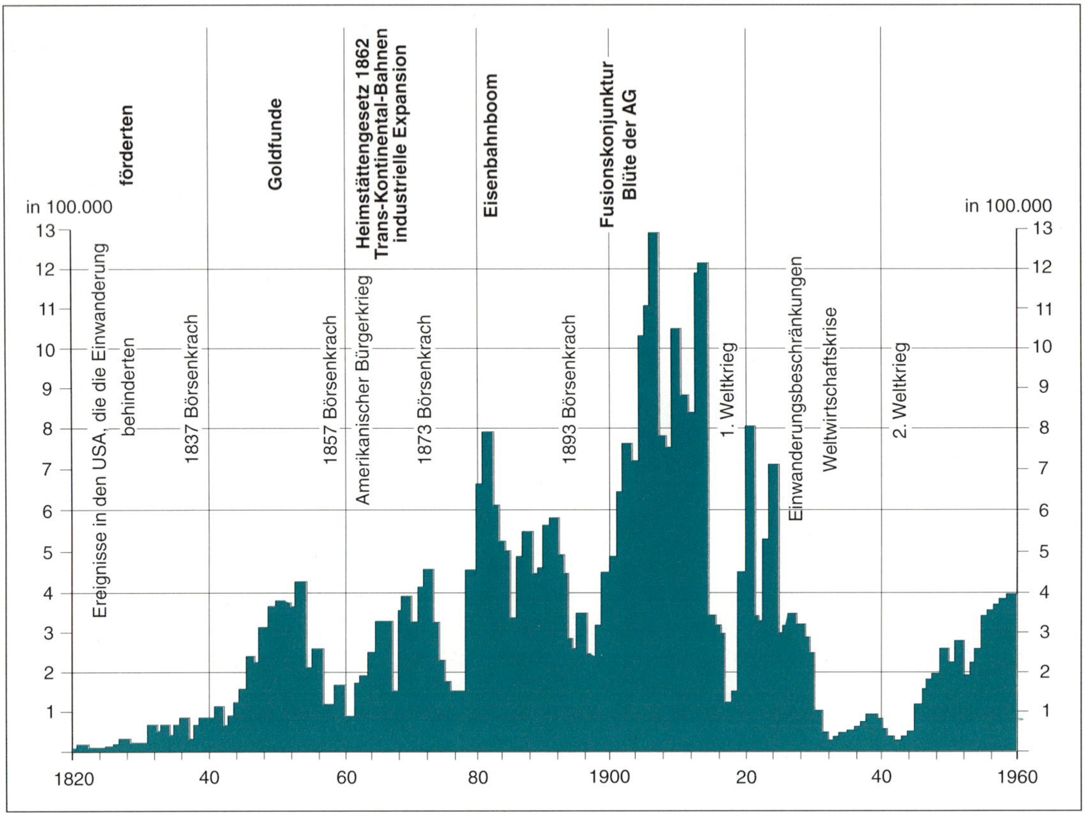

(Nach: Historical Statistics of the United States, Washington 1960, S. 56f., und: E. Krautkrämer/F. Tent, Die Vereinigten Staaten von Amerika, Frankfurt, [8]1980, S. 13)

MATERIAL 5 Bevölkerung der USA 1790–1990

Jahr	Gesamt Tausend	Weiße Tausend	Afro-amerikaner Tausend	Sonstige Tausend	Bevölkerungs-dichte pro km²	Anteil der Stadtbevölke-rung in %
1790	3 929	3 172	757		1,7	5,1
1810	7 240	5 862	1 378		1,7	7,3
1830	12 866	10 537	2 329		2,9	8,8
1850	23 192	19 553	3 639		3,1	15,3
1870	39 818	34 337	5 392	89	5,2	25,7
1890	62 948	55 101	7 489	358	8,2	35,1
1910	91 972	81 732	9 829	411	12,0	45,7
1930	122 775	110 287	11 891	597	15,9	56,2
1950	150 697	134 943	15 043	711	19,6	64,0
1970	203 302	177 749	22 580	2 973	22,2	73,5
1990	248 710	209 000	30 000	9 310	27,0	78,0

(Nach: Ott, H./Schäfer, H. (Hrsg.), Wirtschafts-Ploetz, Freiburg/Würzburg 1984, S. 447; Fischer Weltalmanach 92, Sp. 586)

MATERIAL 6 **Karikatur „Welcome to all!“ (1880)**

MATERIAL 7 **Karikatur „Seeking more freedom“ (1921)**

1. Untersuchen Sie den Zusammenhang zwischen Einwanderung, Bevölkerungs- und Wirtschaftsentwicklung (Material 4 und Material 5).
2. Untersuchen Sie die Entwicklung des Anteils der Afroamerikaner an der Gesamtbevölkerung.
3. In welchem Zusammenhang stehen Urbanisierung und Industrialisierung?
4. Beschreiben Sie beide Karikaturen (Material 6 und Material 7). Welches Bild der amerikanischen Einwanderungspolitik wollen sie jeweils vermitteln?

3.2 Big Business und soziale Frage

Konzentration

Um die Jahrhundertwende vollzog sich der Übergang zur vorherrschenden Industriewirtschaft und zur ökonomischen Konzentration. Marktstarke Unternehmen lösten die vielen Kleinbetriebe ab. Es entstanden horizontale Konzerne aus Firmen gleicher Produktion (z.B. Stahl) und vertikale Zusammenschlüsse (z.B. Kohle und Stahl), die den Markt unter wenigen Konkurrenten aufteilten. An die Stelle der Eigenfinanzierung, die bei weitem nicht mehr ausreichte, trat jetzt zunehmend die Finanzierung durch Banken und die Bildung von Aktiengesellschaften (Corporations). Wall Street, der New Yorker Finanzmarkt, entwickelte sich um 1895 zum Geldgeber der expandierenden Großunternehmen. Die Schlüsselrolle für die weitere Industrialisierung spielte die Eisen- und Stahlindustrie. Die Rohstahlerzeugung stieg von 1867 bis 1890 auf das Zweihundertfache. Das Gebiet südlich und westlich der großen Seen mit seinen Erzlagerstätten gewann immer mehr an Bedeutung, es entstanden die Zentren des Maschinenbaus. Später folgte der Fahrzeugbau, der sich besonders um Detroit konzentrierte. Der Außenhandel wies schon seit der Mitte der 70er Jahre Exportüberschüsse auf, dabei sicherten hohe Importzölle der Industrie die ungestörte Nutzung des expandierenden nationalen Marktes. Der McKinley Tarif von 1890 belastete Importe mit Wertzöllen von durchschnittlich 50 %.

Aktiengesellschaften

Eisen- und Stahlindustrie

Wirtschaftsimperien

Bereits in den 80er Jahren entstanden die Wirtschaftsimperien der Rockefeller, Carnegie, Morgan und anderer. Diese oft rücksichtslosen Unternehmergestalten beherrschten immer mehr die Wirtschaft, man nannte sie die „Robber Barons". Allein 1899 wurden über 1 200 Zusammenschlüsse von Unternehmen durchgeführt. In der Stahlindustrie vollzog der Bankier John P. Morgan (1837–1913) 1901 den größten Zusammenschluss mit der Errichtung der U.S. Steel Corporation. Seine Holdinggesellschaft kontrollierte etwa 60 % der amerikanischen Stahlproduktion. Der 1890 gegen die Trusts erlassene Sherman Act verbot zwar die Schaffung von Monopolen und Kartellabsprachen, nicht aber finanzielle Dachgesellschaften für mehrere Unternehmen (Holdings), das Gesetz war insgesamt wenig wirkungsvoll. John D. Rockefeller (1839–1937) gründete 1869 die Standard Oil Company of Ohio, die als erstes Industrieunternehmen eine horizontal und vertikal gegliederte Truststruktur aufwies (ein Trust ist ein marktbeherrschender, straff geführter Konzern). Schon 1875 kontrollierte er 90 % der Raffineriekapazität in den USA und 1900 75 % des ganzen Weltrohölmarktes. 1911 wurde der Trust rechtlich aufgelöst in eine Vielzahl juristisch selbständiger Firmen, blieb aber wirtschaftlich intakt. Die zunehmende Oligopolisierung oder gar Monopolisierung der Märkte auf der Basis des radikalen Laissez-faire-Kapitalismus, den der Staat praktisch nicht beeinflusste, zwang durch die Konzentration von Kapital und Macht in den Händen weniger auch die Arbeitnehmer zum Zusammenschluss.

Trust

Oligopole

Gewerkschaften

Nach kurzlebigen Organisationen (National Labor Union bis 1872; Holy Order of the Knights of Labor 1869 bis 1900) gelang 1886 durch Zusammenschluss einiger Einzelgewerkschaften zur American Federation of Labor (AFL) eine Organisation auf Dauer. Ihr gehörten anfangs nur weiße Facharbeiter an und sie verfolgte nur gewerkschaftliche Ziele. Sozialistische oder rein politische Zielsetzungen wie die Verstaatlichung aller Produktions- und Transportmittel, die An-

fang der 90er Jahre in der Gewerkschaft gefordert wurden, fanden nie eine Mehrheit. Nach der Jahrhundertwende gewann die AFL allmählich an Stärke, ihre Mitgliederzahl stieg auf eine Million. Arbeitskämpfe verliefen oft blutig, da eine gesetzliche Anerkennung des Koalitions- und Streikrechts noch fehlte und Streiks häufig durch Gerichtsbeschlüsse unterbunden wurden.
Da sich um die Jahrhundertwende die meisten Reichtümer des Landes in den Händen weniger Konzerne befanden, regte sich bei den Populisten, dem politischen Arm der genossenschaftlichen Granger-Bewegung, und dem kleinbürgerlichen „Progressive Movement" Widerstand gegen die Konzentration in der Wirtschaft. Die Farmer im Süden und Westen, die kleineren und mittleren Unternehmen, die Kleinbürger in ganz Amerika, die in ihrer wirtschaftlichen und sozialen Existenz von der ökonomischen Konzentration unmittelbar bedroht waren, wurden zum Träger einer Oppositionsbewegung, die ihren Zielen nach antimonopolistisch, nicht aber antikapitalistisch war. Das Progressive Movement wollte auch durch Sozialreformen den Lebensstandard der Bevölkerungsmehrheit heben. Da der Staat das „Faustrecht des Stärkeren" tolerierte und wirksame wirtschaftliche Vorschriften weitgehend fehlten, regte sich auch in den Parteien eine Reformbewegung; ihr erster bescheidener Erfolg war der schon erwähnte Sherman Act, der die Bundesregierung ermächtigte, gegen Trusts und Monopole vorzugehen. In einigen Einzelstaaten zeigten sich Anfänge einer Sozialgesetzgebung. Doch um 1910 war die 60-Stunden-Woche noch die Regel und Kinderarbeit immer noch üblich. Unfallschutz am Arbeitsplatz gab es noch nicht.

Progressive Movement

60-Stunden-Woche

Die „muckrakers" (Mistkratzer), sozial engagierte Journalisten und Wissenschaftler, begannen jedoch soziale Missstände anzugreifen. Unter den Präsidenten Theodore Roosevelt, Taft und Wilson erreicht die Ära des Progressivismus ihren Höhepunkt. Aber auch ihrer Antitrust-Gesetzgebung blieb ein größerer Erfolg versagt, zumal sie die liberale Wirtschafts- und Sozialordnung nicht in Frage stellen wollten.

Produktion am Fließband: Arbeit in der Automobilfabrik von Henry Ford

Automobilindustrie

Vor dem Ersten Weltkrieg nahm auch die Automobilindustrie einen starken Aufschwung; 1909 wurden 100 000, 1914 schon eine halbe Million Autos gebaut. Henry Ford (1863–1947) gründete 1903 die Ford Company. Diese begann 1908 mit dem Bau des T-Modells, von dem bis 1927 15 Millionen gebaut wurden. Durch die Einführung des Fließbandes 1913 war Ford eine kostensenkende Rationalisierung und spürbare Preissenkung gelungen.
Die Periode der ökonomischen Konzentration war nicht zufällig auch der Anfang einer imperialistischen Außenpolitik. Die Wirtschaftskrise in den 90er Jahren und deren soziale Spannungen machten die Gewinnung neuer Absatz- und Rohstoffmärkte zum Gebot der Stunde. Das Zeitalter des Big Business wurde auch die Ära des Dollarimperialismus.

MATERIAL 8 Die Welt nach 1865 – eine Welt der Millionäre?

Der amerikanische Kontinent enthielt mehr Bodenschätze als jedes andere Land, mit Ausnahme Russlands. Sie auszubeuten trug dem tüchtigen und energischen Unternehmer Gewinne ein, wie man sie sich kaum vorstellen konnte. Carnegies jährliche Einkünfte überstiegen 12 1/2 Millionen Dollar. Sein Gesamtvermögen belief sich zuletzt auf eine Milliarde Dollar. Der Scheck, den er für seinen Anteil an „United States Steel“ erhielt, lautete auf eine Summe, die größer war als der Gesamtwert der Vereinigten Staaten zu Washingtons Zeit. Rockefeller raffte etwas mehr als 1 500 Millionen zusammen. Die Guggenheims holten aus den Kupfergruben Montanas zwei Milliarden heraus. Vanderbilt II erbte 100 Millionen Dollar und fügte im Laufe von sechs Jahren 90 weitere Millionen hinzu. Morgan war ebenso reich wie Carnegie. [...] 1890 berechnete ein Nationalökonom, dass etwa 125 000 Personen gemeinsam mindestens die Hälfte des Volksvermögens beherrschten.

Die bedeutsamste und folgenschwerste Entwicklung innerhalb der amerikanischen Wirtschaft Ende des 19. Jahrhunderts und der wichtigste Faktor bei der Anhäufig riesiger Privatvermögen war die Entstehung des Monopols. Im scharfen Konkurrenzkampf hatten die Unternehmer bald gemerkt, die beste Art, einen gefährlichen Rivalen loszuwerden, sei, sich mit ihm zusammenzutun. Dadurch dass man die Zusammenarbeit an die Stelle der Konkurrenz setzte, konnte man die Herstellungskosten senken, die Preise kontrollieren, die Gewinne festsetzen und den Markt monopolisieren. „Zu behaupten, der Wettbewerb sei der Lebensnerv der Wirtschaft“, bemerkte ein Geschäftsmann im Jahre 1880, „heißt einen muffigen alten Spruch herleiern.“ Also entstanden durch Gentleman's Agreements Unternehmerverbände, lose Syndikate, welche die Produktionsquoten verteilten und die Preise festsetzten.

(Aus: R.B. Nye/I.E. Morpurgo, Geschichte der USA, München 1964, S. 556f.)

Karikatur des Großindustriellen Tweed, der stets eine diamantene Krawattennadel trug (Thomas Nast, 1875)

MATERIAL 9 Bevölkerung, Produktion und Einkommen bis 1900

	1800	1820	1840	1860	1880	1900
Bevölkerung (Millionen)	5,3	9,6	17,1	31,5	50,3	76,1
Bruttosozialprodukt (Milliarden $ im Wert von 1860	0,3	0,6	1,6	4,1	8,4	17,3
Durchschnittliche Pro-Kopf-Produktion ($ im Wert von 1860)						
a) in den Vereinigten Staaten	61	64	95	130	167	227
b) im Süden (Gesamtbevölkerung)	–	–	72	94	85	116
c) im Mittelwesten und den Präriegebieten	–	–	65	88	164	234
d) im Fernen Westen	–	–	–	–	317	370
e) im Nordosten	–	–	128	181	235	311
Verteilung des Privatvermögens						
a) Das reichste 1 % der Bevölkerung besaß	21%	(1810)	–	24 %	–	31 %
b) Die reichsten 10 % der Bevölkerung besaßen	69 %	(1810)	–	72 %	–	74 %

(Aus: Willi Paul Adams (Hrsg.), Die Vereinigten Staaten von Amerika, Frankfurt 1977, S. 179)

1. Die Welt nach 1865 – wirklich eine Welt der Millionäre? Welche Entwicklung wird im Text dargestellt und wie ist diese zu bewerten?
2. Informieren Sie sich anhand eines Lexikons über die im Text genannten Millionäre. Welche Gemeinsamkeiten können Sie feststellen?
3. Untersuchen Sie die regional unterschiedliche Entwicklung in den USA (Material 9).
4. Was sagt die Statistik über die Verteilung des Privatvermögens und die Einkommensgerechtigkeit aus?

MATERIAL 10 Der Stahlindustrielle Andrew Carnegie (1835–1919) über „Das Gesetz des Wettbewerbs“

Das Gesetz des Wettbewerbs [...] mag zwar für den Einzelnen gelegentlich hart sein, für die Menschheit ist es jedoch zum Besten, weil es auf jedem Gebiet das Überleben des Tüchtigsten sicherstellt. Daher akzeptieren und begrüßen wir große Ungleichheit der Lebensbedingungen, die Konzentration von Industrie und Handel in den Händen von wenigen und das Gesetz des freien Wettbewerbs zwischen ihnen [...], da sie für den künftigen Fortschritt der Menschheit nicht nur günstig, sondern notwendig sind. [...]

Der Sozialist oder Anarchist, der die gegenwärtigen Verhältnisse umstürzen will, greift in Wirklichkeit die Grundlage der Zivilisation überhaupt an, denn die Zivilisation begann mit jenem Tag, an dem der fähige, fleißige Arbeiter zu seinem unfähigen und faulen Gefährten sagte: „Wenn du nicht säest, sollst du nicht ernten.“ So wurde die Periode des primitiven Kommunismus beendet. [...] Die Zivilisation überhaupt beruht auf der Heiligkeit des Eigentums – das Recht des Arbeiters auf seine hundert Dollar bei der Sparkasse ebenso wie das Recht des Millionärs auf seine Millionen. Wer diesen ausgeprägten Individualismus durch Kommunismus ersetzen will, dem sei gesagt: Die Menschheit hat das versucht. Die Verdrängung des Kommunismus war Voraussetzung jeglichen Fortschritts seit jenen barbarischen Tagen bis zur heutigen Zeit. Die Ansammlung von Reichtum durch jene, die über die Fähigkeit und Energie verfügen, ihn hervorzubringen, hat der Menschheit nicht geschadet, sondern genützt.

(Aus: North American Review 148, 1889, S. 655f.; nach: H. D. Schmid (Hrsg.), Fragen an die Geschichte 4, Frankfurt [4]1984, S. 97)

MATERIAL 11 Edwin Markham, „Sweat-shops" in New York, 1907

Sweat-Shop ist eine Stätte, wo der Arbeiter ganz der Gnade von Einkäufern ausgesetzt ist, wo sein Lebensblut ausgeschwitzt wird unter dem Druck Profit saugender Unternehmer, die über ihm stehen. Ein Textilkaufmann bestellt z.B. 1 000 Anzüge in allen Größen. Ein Einkäufer übernimmt die Bestellung und verteilt sie auf Untereinkäufer, die dann wiederum die Heimarbeiter beauftragen. Jeder Zwischenhändler will seinen Profit; deshalb ist der Lohn der Arbeit sehr gering. Die Arbeiter müssen ihre Kinder mitarbeiten lassen. [...]
In 300 von 500 Haushalten müssen Frauen und Kinder mitarbeiten, um den Lebensunterhalt zu sichern. 14 bis 16 Stunden dauert gewöhnlich dieser Arbeitstag. Ein Kind verdient oft nur einen Cent pro Stunde. [...] Das durchschnittliche Einkommen einer Familie beträgt fünf Dollar 70 Cents wöchentlich. Ein Auftrag muss pünktlich abgeliefert werden, sodass alle anderen häuslichen Arbeiten ruhen müssen. [...] Klein und Groß muss arbeiten, immer in Eile, ohne Rast, um die bestellten Waren abzuliefern und um neue Aufträge zu erhalten und damit den Arbeitsplatz zu sichern. Denn es gibt nichts Schlimmeres, als keine Arbeit zu haben. [...]
Lang gestreckte Mietshäuser sind zu solchen Sweat-shop-Infernos geworden. [...] Auf einer Quadratmeile dieser Mietskasernen leben zusammengedrängt 600 000 Menschen, wahrscheinlich der am dichtesten besiedelte menschliche Ameisenhaufen auf dieser Erde.

(Aus: G. Moltmann, Die Vereinigten Staaten von Amerika von der Kolonialzeit bis 1917, Paderborn 1980, S. 71f.)

1. Erläutern Sie Carnegies Weltanschauung und seine wirtschaftspolitischen Folgerungen (Material 10). Halten Sie seine Argumente für stichhaltig?
2. Erörtern Sie mögliche Zusammenhänge zwischen Carnegies Wirtschaftsphilosophie und den in Material 11 beschriebenen sozialen Verhältnissen.

Kinder aus Textilfabriken in Philadelphia während eines Streiks zur Durchsetzung der 55-Stunden-Woche, 1903

MATERIAL 12 Der Sherman Anti-Trust Act 1890

Ein Gesetz zum Schutze des Handels und Außenhandels gegen ungesetzliche Einschränkungen und Monopole. [...]
Abschnitt 1. Jeder Vertrag, jeder Zusammenschluss in Form eines Trusts oder dergleichen, jede geheime Absprache zur Einschränkung des zwischenstaatlichen Handels oder des Außenhandels wird hierdurch für ungesetzlich erklärt. Jede Person, die solch einen Vertrag abschließt oder sich an einem solchen Zusammenschluss oder an einer geheimen Absprache beteiligt, soll [...] mit einer Geldstrafe bis zu 5 000 Dollar oder mit Gefängnis bis zu einem Jahr oder mit beiden besagten Strafen, je nach Ermessen des Gerichts, belegt werden.
Abschnitt 2. Jede Person, die ein Monopol aufrichtet oder versucht dies zu tun oder sich mit einer oder mehreren anderen Personen zusammenschließt beziehungsweise heimlich abspricht, um den zwischenstaatlichen Handel zu monopolisieren oder dies mit fremden Nationen zu tun, soll eines Vergehens für schuldig gehalten werden (und mit einer Strafe wie in Abschnitt 1 belegt werden).
Abschnitt 3. Jeder Vertrag, jeder Zusammenschluss in Form eines Trusts oder dergleichen, jede geheime Absprache zur Einschränkung des Handels [...] wird hiermit für illegal erklärt.

(Aus: Henry Steele Commager, Documents of American History, Bd. 1, New York [9]1973, S. 586, Übers. R. Renz)

1. Untersuchen Sie die Absicht des Gesetzes (Material 12) und erörtern Sie seine mögliche Wirksamkeit.
2. Erörtern Sie die Darstellungsabsicht der Karikatur (Material 13). Welche Kritik an der Verfassungswirklichkeit wird hier laut? Vergleichen Sie mit Material 10, S. 152f.

MATERIAL 13 Karikatur von J. Keppler „Bosses of the Senate“ (1890)

3.3 Der amerikanische Imperialismus

„Gott hat uns zu Organisatoren der Welt bestimmt mit dem Auftrag, da Ordnung zu schaffen, wo das Chaos herrscht ... Und innerhalb unserer Rasse hat Gott das amerikanische Volk gekennzeichnet als sein auserwähltes Volk, das bei der Erneuerung der Welt die führende Rolle spielen soll." Diese Sätze, die Senator Beveridge 1900 in einem Memorandum an den amerikanischen Kongress formulierte, können als Leitmotiv für die imperialistische Politik der USA gelten, die, durch göttlichen Auftrag bestärkt, ihre Handelsinteressen und strategischen Ziele verfolgten.

Göttlicher Auftrag

Pazifischer Raum

Öffnung Japans

Die imperialistische Politik der USA schloss sich nahtlos an die Landnahme an. 1846 wurde ihnen der bis dahin auch von England beanspruchte Nordwesten zugestanden, 1848 annektierten sie nach dem Sieg über Mexiko den Südwesten. Damit grenzten die USA an den Stillen Ozean und begannen mit der Erschließung des pazifischen Raumes. 1854 gelang einem amerikanischen Geschwader unter Führung von Commodore Perry die Öffnung Japans: Das bis dahin streng abgeschlossene, noch in mittelalterlicher Rückständigkeit verharrende Kaiserreich musste einen Handelsvertrag mit den USA abschließen und mehrere Häfen für den Handel öffnen. Doch Japan reagierte anders als China, das nach dem verlorenen Opiumkrieg 1842 Hongkong abtreten und sich dem Handel mit Europa öffnen musste, wobei es seine Unabhängigkeit immer mehr verlor. Japan dagegen schaffte das bisherige Feudalsystem ab und begann mit politischen und wirtschaftlichen Reformen, um seine Unabhängigkeit zu bewahren und in den Kreis der Großmächte aufzusteigen. Weitere Erwerbungen der USA im pazifischen Raum waren 1875 der Erwerb des Stützpunktes Pearl Harbor auf Hawaii, 1897 die Annexion Hawaiis, 1898 der Erwerb der Philippinen und Guams nach dem Sieg über Spanien, 1899 der Konflikt um Samoa, das schließlich zwischen dem Deutschen Reich und den USA geteilt wurde. Ziel dieser pazifischen Politik war letztlich die Erschließung der „unbegrenzten Märkte Chinas" für den amerikanischen Handel, wie es Senator Beveridge 1900 formulierte. Diese Politik erfolgte im Großen und Ganzen einvernehmlich mit den übrigen an China interessierten Mächten. Im Jahre 1900 beteiligten sich die USA mit England, Japan, Russland und anderen Staaten an der Niederwerfung des Boxeraufstands und 1905 vermittelten sie den Frieden zwischen Japan und Russland – ein deutliches Zeichen für die Bereitschaft, an einer Abgrenzung der Interessensphären mitzuwirken.

Open Door Policy gegenüber China

Interventionspolitik in der Karibik und in Mittelamerika

Eine zentrale Rolle in der Außenpolitik der USA spielten die Karibik und Mittelamerika. Ein Aufstand in Cuba gegen die spanische Herrschaft und Berichte über Gräueltaten der Spanier gegen die Aufständischen waren für die USA Anlass und Vorwand zum bewaffneten Eingreifen. Nach der Vernichtung seiner Flotte in zwei Seeschlachten bei Luzón (Philippinen) und Cuba musste Spanien außer Guam und den Philippinen auch Cuba und Puerto Rico gegen eine Entschädigung abtreten. Cuba wurde zur Republik erklärt, doch behielten die USA dort Stützpunkte (bis heute noch Guantánamo) und ein Aufsichtsrecht. Einen Höhepunkt erreichte die Mittelamerikapolitik unter Präsident Theodore Roosevelt (1901–1909). Panama wurde nach einem von den USA finanzierten Aufstand von Kolumbien abgetrennt, nachdem ein 1903 mit Kolumbien geschlossener Vertrag über Gebietsabtretungen zum Ausbau des 1881 begonnenen Panama-Kanals auf Widerspruch gestoßen war. Militärische Interventionen in San Domingo (1905) und Nicaragua (1912) wurden stets unter Berufung auf die Monroe-Doktrin von 1823 gerechtfertigt: die innere Ordnung wiederherstellen, eine stabile Regierung durch das Volk gewährleisten, die Völker auf ein höheres Niveau heben. Stets wurde diese Interessenpolitik moralisch legitimiert, ging es lediglich um „unsere Bestrebungen als die eines christlichen, friedliebenden Volkes", wie es Präsident McKinley (1897–1901) einmal ausdrückte. Zugleich führte diese Politik zur Ausbildung der in der Verfassung nicht vorgesehenen „imperialen" Präsidentschaft, nämlich der „war power" des Präsidenten. Zwar sind Kriegserklärungen durch den Kongress zu beschließen, doch kann der Präsident Konflikte bis zu einem Punkt eskalieren lassen, wo der Kongress seine Entscheidungsfreiheit verliert. Auch kann er „executive agreements" abschließen, Regierungsabkommen, die keiner parlamentarischen Zustimmung bedürfen.

Panamakanal

Monroe-Doktrin

war power

Executive agreements

MATERIAL 14 Der Panamakanal

Noch viel entschiedener nutzte Präsident Roosevelt die durch den Burenkrieg bedingte britische Lähmung. Er erkannte, dass die USA nur dann eine kraftvolle Politik zugleich in Ostasien und im karibischen Raum führen können, wenn ihre Flotte sich jederzeit rasch vom Atlantischen zum Pazifischen Ozean verschieben lässt, wenn also ein unter vereinsstaatlicher Kontrolle stehender Panamakanal die beiden Meere verbinde. Großbritannien musste 1901 zugestehen, dass dieser Kanal ausschließlich von den USA gebaut würde. Da sich das kolumbianische Parlament weigerte einen Vertrag zu ratifizieren, durch den die Kanalzone faktisch vereinsstaatlicher Hoheit unterstellt worden wäre, zettelte Roosevelt einen Aufstand der Panamesen gegen Kolumbien an, schützte die Aufständischen durch Entsendung von Marineeinheiten, anerkannte sofort die junge Republik Panama und schloss knapp vierzehn Tage danach mit ihr den von Kolumbien verworfenen Kanalvertrag ab (alles im November 1903).

1912 äußerte sich Roosevelt rückblickend über seine Maßnahmen zum Erwerb der Kanalzone (der Kanal wurde 1914 vollendet):

„Ich nahm Panama; es war dies die einzige Möglichkeit, den Kanal zu bauen. Wenn ich hergebrachten konservativen Methoden gefolgt wäre, hätte ich dem Kongress ein ansehnliches Staatspapier von vermutlich zweihundert Seiten Umfang vorgelegt, und die Debatte darüber würde noch heute andauern. Aber ich nahm die Kanalzone und ließ den Kongress debattieren, und während die Debatte weitergeht, schreitet der Bau des Kanals ebenfalls voran."

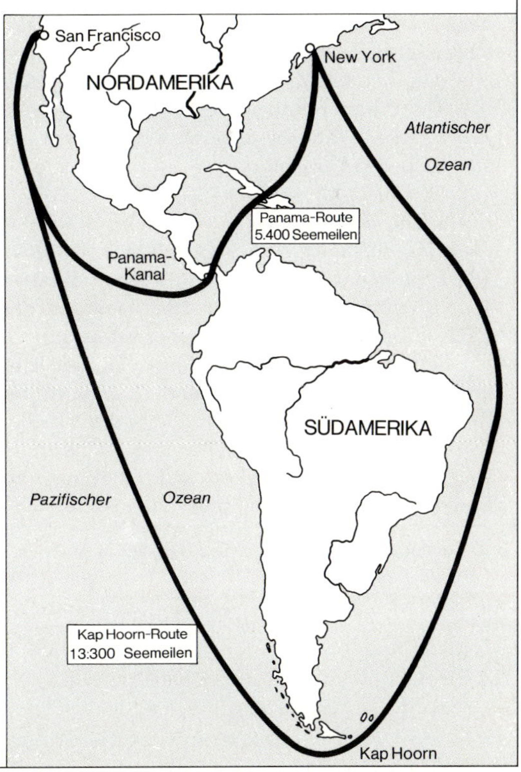

(Aus: Joseph Boesch, Weltgeschichte, Bd. 4: Die neueste Zeit, Zürich/Stuttgart 1960, S. 309f.)

MATERIAL 15 The Big Stick in the Caribbean Sea

1. Beschreiben Sie die Darstellung des amerikanischen Präsidenten Roosevelt durch den Karikaturisten. Erörtern Sie, ob es sich um Kritik oder Billigung handelt?
2. Untersuchen Sie anhand der Karte auf Seite 167 die wirtschaftliche und die strategische Bedeutung des Panamakanals.
3. Untersuchen Sie das Verhältnis zwischen Präsident und Kongress angesichts der Panama-Aktion und erörtern Sie, ob das Vorgehen des Präsidenten den ursprünglichen Absichten der amerikanischen Verfassung entspricht (vgl. dazu Material 5, S. 134).

MATERIAL 16 Die Monroe-Doktrin im Wandel

Erklärung des Präsidenten James Monroe (1823)

Aufgrund ihrer Freiheit und Unabhängigkeit, die sie erreicht haben und erhalten, sind die amerikanischen Kontinente in Zukunft von keiner europäischen Macht mehr als Ziel einer Kolonialpolitik zu betrachten. [...] Jeden Versuch europäischer Mächte, ihr System auf irgendeinen Teil dieser Hemisphäre auszudehnen, werden wir als Gefahr für unseren Frieden und unsere Sicherheit erachten.

Erklärung des Präsidenten Theodore Roosevelt zum Eingreifen der USA in San Domingo (1904)

Die USA könnten sich – wenn auch widerstrebend – genötigt sehen, zur Durchsetzung der Monroe-Doktrin die Aufgabe einer internationalen Polizeimacht zu übernehmen. [...] Ein Eingreifen in die Belange unserer Nachbarn im Süden käme nur als äußerste Maßnahme in Betracht, und auch nur dann, wenn es offenkundig wäre, dass ihre Unfähigkeit und ihr Mangel an Bereitschaft, im Innern und nach außen Gerechtigkeit zu üben, die Rechte der Vereinigten Staaten beeinträchtigt hätte oder zum Nachteil aller amerikanischen Staaten einen Angriff ausländischer Mächte herausfordern würde.

Erklärung des Präsidenten William Taft zum Eingreifen der USA in Nicaragua (1912)

In der Nähe des Panamakanals und im Bereich der karibischen See ist die Monroe-Doktrin lebenswichtiger als irgendwo sonst. [...] Es ist daher erforderlich, dass die Länder in diesem Bereich der Gefahren enthoben werden, die durch hohe Auslandsverschuldung und verworrene Staatsfinanzen entstehen und die ständig die Möglichkeit internationaler Verwirrungen aufgrund ihrer inneren Unordnung heraufbeschwören. Mit Freude haben daher die Vereinigten Staaten die amerikanischen Bankleute ermutigt, die bereit waren, jene Länder bei der Sanierung ihrer Finanzen zu unterstützen. [...] Auf diese Weise ist mit einem Schlag die Bedrohung durch ausländische Gläubiger und durch revolutionäre Unruhen beendigt worden.

(Aus: Commager/Nevins (Hrsg.), The Heritage of America, Boston 1951, Bd. 1: S. 236, Bd. II: S. 33 und 76)

1. Beschreiben und erklären Sie den Wandel der Monroe-Doktrin von 1823 bis 1912.
2. Erörtern Sie die aktuelle Politik der USA in Mittelamerika. Welche zusätzlichen Motive bestimmen die Anwendung der Monroe-Doktrin.
3. Wie erklären Sie das Bedürfnis amerikanischer Politiker, ihre Handlungen moralisch zu überhöhen und ihre Ziele als Doktrinen zu formulieren?

MATERIAL 17 Das amerikanische Imperium

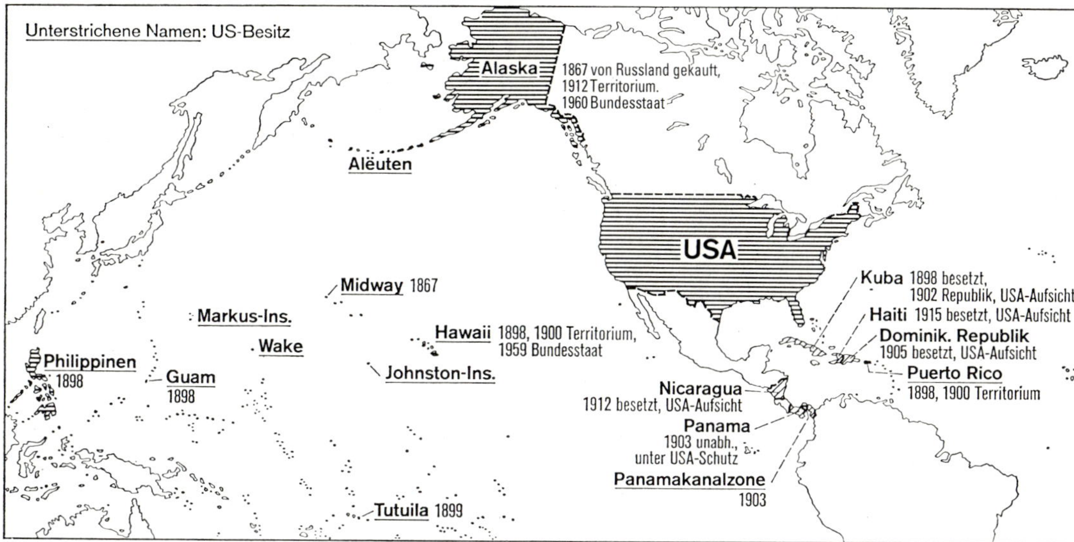

Die historische Kontinuität des amerikanischen „Empirebuilding“ ist bestechend. Man kann geradezu in der ökonomischen, militärischen und politischen Expansion der Vereinigten Staaten seit dem 18. Jahrhundert den roten Faden der amerikanischen Geschichte erkennen, sie sind die „expanding society“ par excellence. [...]
Im Bann des ungeheueren Erfolgs des [...] britischen Freihandelsimperialismus, der so lange wie möglich nur mittels Handelsverträgen, Konsuln und Kanonenbooten seine Märkte, Stützpunkte und Einflusssphären absicherte, aber durch die Bestimmung wichtiger Entscheidungen in den abhängigen Gebieten durchaus Herrschaft ausübte, hat auch die amerikanische kommerzielle Expansion das „Informal Empire“ als Idealzustand angesehen. Es gewährte optimale ökonomische Chancen, ohne dass eine kostspielige militärische, finanzielle und politische Verantwortung übernommen werden musste. Blickt man auf das Verhältnis von Mitteleinsatz und Ertrag, so bildet es wohl tatsächlich die lukrativste Form imperialer Ausbreitung. Die amerikanische Politik hat es mit unleugbarem wirtschaftlichen Erfolg seit den 1840er Jahren vor allem in Ostasien, später auch im Süden der westlichen Hemisphäre praktiziert. [...] Diese auf Stützpunkten in aller Welt ruhende Handelssuprematie hielt Seward für das „wirkliche Imperium“, das Amerika in globalem Ausmaß zu gewinnen bestimmt sei. Angesichts der zunehmenden Bedeutung des Handels mit Asien, wo Hunderte von Millionen künftiger Kunden unabschätzbare Absatz- und Gewinnchancen böten, werde der Pazifik zum „Hauptschauplatz weltwichtiger Ereignisse“ aufsteigen. Wer ihn und damit den asiatischen Markt beherrsche, dem falle die wirtschaftliche Weltherrschaft der Zukunft zu, eben darin erblickte Seward die „Manifest Destiny“ der Union, ein Begriff, der charakteristischerweise von ihm schon aus seinem kontinentalexpansionistischen Zusammenhang herausgenommen und auf die überseeische Ausbreitung übertragen wurde.

(Aus: Hans-Ulrich Wehler, Der amerikanische Imperialismus vor 1914, in: Wolfgang J. Mommsen, Der moderne Imperialismus, Stuttgart 1971, S. 173ff.)

1. Untersuchen Sie anhand der Karte die Stoßrichtungen des amerikanischen Ausgreifens.
2. Erarbeiten Sie anhand des Textes den Unterschied zwischen dem Imperialismus der USA und dem der europäischen Mächte.

3.4 Isolation oder Intervention? Die USA im Ersten Weltkrieg

„Es wird keinen Krieg geben. Amerika beabsichtigt nicht, sich in diesen Krieg verwickeln zu lassen. Wir sind die einzige große weiße Nation, die heute vom Kriege frei ist, und es wäre ein Verbrechen gegen die Kultur, wollten wir eintreten."

So äußerte sich Präsident Wilson zur Frage des Kriegseintritts der Vereinigten Staaten von Amerika. Er tat es nicht im August 1914, als der Krieg in Europa begann, sondern über zwei Jahre nach Kriegsbeginn, im Januar 1917. Doch wenige Monate später, im April, traten die USA gegen Deutschland in den Krieg ein. Warum änderte sich die amerikanische Haltung von Januar bis April 1917 so entscheidend? Wieso waren die USA im April 1917 zu einem „Verbrechen gegen die Kultur" bereit?

Kriegsursachen in Europa

Der Krieg war in Europa durch eine Vielzahl machtpolitischer Gegensätze verursacht worden. Dazu gehörten der Rüstungswettlauf der großen Mächte, besonders Deutschlands, Frankreichs und Großbritanniens. Österreich-Ungarn hatte mit immer größeren Schwierigkeiten in seinem Vielvölkerstaat zu kämpfen. Seine übernationale Kaiseridee stand den Autonomiebestrebungen der Tschechen und den nationalen Forderungen der Serben entgegen. Die europäischen Bündnisse, der deutsch-österreichische Zweibund und die russisch-französischen sowie britisch-französischen Abkommen hatten ihren ursprünglich defensiven Charakter durch den wachsenden Nationalismus und wirtschaftliche Rivalitäten weitgehend verloren. Die Ermordung des österreichischen Thronfolgers Ferdinand und seiner Frau durch einen Serben in Sarajewo im Juni 1914 löste dann die Julikrise mit ihren überstürzten Ultimaten und Mobilmachungen aus, die in den Krieg mündeten.

Von der Isolation zur Intervention

Die amerikanische Reaktion auf die europäischen Kriegserklärungen war ein fast einmütiger Wunsch nach Neutralität. Wilson betonte, es sei für die USA richtig, „im Denken und Handeln unparteiisch" zu bleiben. Konsequent weigerte sich die amerikanische Regierung anfangs, den Krieg führenden Ländern Anleihen zu gewähren und nahm für sich in Anspruch, mit allen Kriegführenden Handel zu treiben. Beides nützte der Entente mehr als den Mittelmächten. Großbritannien und Frankreich besaßen in den USA große Vermögenswerte, die sie für den Ankauf amerikanischer Waren nutzen konnten. Als ihre Guthaben versiegten, erreichten sie, unterstützt von amerikanischen Wirtschaftskreisen, dass ihnen im September 1915 Anleihen gewährt wurden. Nachdem 1913 in den USA noch eine Rezession gedroht hatte, profitierten jetzt Großindustrie und Landwirtschaft von der schnell wachsenden Nachfrage der Ententemächte, in die vor dem Krieg bereits 77 % der Exporte gegangen waren. Die Preise für Agrarprodukte stiegen erheblich, die Farmer konnten ihr Einkommen mehr als verdoppeln. Ab August 1916 flossen beiden Ententemächten Gelder auch direkt zu. Während sich Großbritannien und Frankreich in der Folge zunehmend verschuldeten – sie erhielten 10,3 Milliarden Dollar Anleihen –, war der Handel mit den Mittelmächten zwischen 1914 und 1916 von 169 auf eine einzige Million Dollar geschrumpft. Die britische Seeblockade hatte ihn wirkungsvoll unterbunden. Zwar erhielt das Deutsche Reich bis 1917 auch Darlehen in bescheidener Höhe, insgesamt 27 Millionen Dollar, doch die Darlehen für die Entente beliefen sich vor dem amerikanischen Kriegseintritt schon auf zwei Milliarden Dollar. Trotz politischer Neutralität hatten sich die USA wirtschaftlich immer stärker an die Entente gebunden. Die Vereinigten Staaten mussten so ein großes finanzielles Interesse an deren Sieg haben.

Auch die öffentliche Meinung unterstützte die Ententemächte. „Bande des Bluts und der Institution, Sprache und Weltverständnis verknüpften eine solide Mehrheit der Amerikaner mit Großbritannien". Mit Frankreich fühlte sich die Mehrheit des Volkes seit dem Unabhängigkeitskrieg freundschaftlich verbunden. Deutschland hatte sich seine Sympathien schon im Februar 1915 verscherzt, als es die U-Boot-Blockade über die britischen Inseln verhängte und im Mai den britischen Dampfer „Lusitania" vor Irland versenkte. Fast 1 200 Menschen riss das Schiff neben einer Ladung Munition in die Tiefe, unter den Opfern waren auch 128 Amerikaner. Weitere Zwischenfälle auf See beschleunigten ab 1916 die amerikanische Aufrüstung, doch die isolationistische Strömung im Volk blieb stark. Die Entscheidung zum Kriegseintritt fiel 1917, als das Deutsche Reich den zwischenzeitlich eingestellten uneingeschränkten U-Boot-Krieg wieder aufgenommen hatte und auch die neutralen amerikanischen Schiffe angriff, um Großbritannien in die Knie zu zwingen. Diese Maßnahme und das von den Deutschen angestrebte Bündnis mit Mexiko und Japan veranlassten den amerikanischen Kongress, Deutschland im April 1917 den Krieg zu erklären. Wilsons Traum eines „Friedens ohne Sieger", den er 1916 in seinem Friedensappell verkündigt hatte, war ausgeträumt. Die USA hatten Partei ergriffen und sie wollten die Niederlage Deutschlands und seiner Verbündeten.

Entscheidung zum Kriegseintritt

Die Präsidentenwahl 1916: ein Wahlkampfwagen des Kandidaten Woodrow Wilson

USA im Krieg

Die USA hatten nach Wilsons Worten Deutschland den Krieg erklärt, um für den endgültigen Frieden auf der Welt und die Befreiung der Völker zu kämpfen. In seiner Botschaft an den Kongress im April 1917 formulierte er den berühmten Satz: „The world must be made safe for democracy." Nachdem sie sich festgelegt hatten, entfalteten die Amerikaner eine enorme Energie. Hatte man anfangs die Hilfe für die Alliierten auf Geld, Güter und Schiffsraum begrenzen wollen, so führten deren Wünsche zur Einführung der allgemeinen Wehrpflicht und zur Truppenhilfe. Verfügte die amerikanische Armee im April 1917 über 200000 Mann, waren es gegen Ende des Krieges bereits vier Millionen. In Frankreich kamen zwei Millionen Mann zum Einsatz. Bis November 1918 transportierte die alliierte Handelsflotte über 4,4 Millionen Tonnen Nachschubgüter.

Kriegsführung

Zur Führung des Krieges setzten die USA nahezu ihr gesamtes Wirtschaftspotential ein. Wilsons Administration schuf neue Behörden, die mit teilweise planwirtschaftlichen Organisationsformen und Methoden die Produktion kriegswichtiger Güter erfolgreich steigern konnten. Auch die Eisenbahnen wurden bis 1920 unter staatliche Regie gestellt. Nach dem Krieg wurden alle planwirtschaftlichen Maßnahmen wieder aufgehoben.

Die im Krieg bei allen Krieg führenden Mächten geschürte Hasspropaganda wurde nun auch in den USA systematisch erzeugt. Die Feindseligkeit gegen die Deutschen ging so weit, dass es zu Verfolgungskampagnen gegen Deutschamerikaner kam. Viele von ihnen wurden als Verräter und Spione verdächtigt, die deutschsprachige Presse unterdrückt und Tausende wegen kriegsfeindlicher Äußerungen verhaftet und oft zu jahrelangen Haftstrafen verurteilt. Deutsche Wörter in der englischen Sprache wurden „übersetzt", aus „Sauerkraut" wurde „liberty cabbage" und „hamburger" wurden zu „liberty sausage". Die Hasspropaganda sollte lange über das Kriegsende hinaus wirken.

Frauenpflichten, Frauenrechte

Das Kriegsjahr bereitete jedoch auch grundlegende gesellschaftliche und politische Veränderungen vor. Die Frauen wurden in die Kriegsanstrengungen einbezogen, auch in großer Zahl in der Industrie eingesetzt, und da sie wirtschaftlich gebraucht wurden, mussten sie auch politisch ernst genommen werden. Der 19. Zusatzartikel zur Verfassung wurde vorbereitet. Er gab den Frauen das Wahlrecht und trat 1920 in Kraft.

Der Einsatz der amerikanischen Truppen war vielleicht nicht entscheidend für den Kriegsausgang, doch ihr Eingreifen bedeutete, dass sich die Waage zugunsten der Alliierten senkte. Die wirtschaftliche Unterstützung ihrer Bündnispartner und ihre gesamtwirtschaftliche Leistung entschied vor allem den Krieg. Er kostete die USA 41,5 Milliarden Dollar, aber sie waren jetzt von einem Schuldnerland zu einem Gläubigerland geworden. Damit waren sie nicht nur wirtschaftlich, sondern auch politisch zur führenden Weltmacht aufgestiegen.

MATERIAL 18 Die Stimmung der Bevölkerung in den USA gegenüber Deutschland

Aus einem Privatbrief des Botschaftsrats in Washington Edgar von Haniel an den Gesandten v. Treutler vom 10.11.1916:

[...] Aber sonst ist die Stimmung vor allem in der ersten Gesellschaft und in der Presse, wie du weißt, fast ausschließlich „pro ally". Bei dem engen historischen, verwandtschaftlichen, sprachlichen, gesellschaftlichen, finanziellen, kulturellen usw. Zusammenhang mit England und – in manchen dieser Beziehungen auch mit Frankreich –

ist dies nicht besonders zu verwundern. Dazu kommt Belgien, Lusitania und die Tatsache, dass man uns für den Krieg verantwortlich macht – trotz aller Gegenbeweisführung. Trotz allen Geschäftssinns ist der Amerikaner sehr sentimental – oft hysterisch und im vorliegenden Falle deutet Geschäftssinn und Sentimentalität in dieselbe Richtung. Mag man bei uns diese Stimmung unbegreiflich und abscheulich finden – wir haben mit ihr zu rechnen. Asquith[1]) erklärte die einseitige Stimmung einmal nicht unrichtig, wenn er sagte, die Neutralen mögen sich über unsere Blockade und andere Maßregeln beschweren, jedenfalls ist dadurch noch kein Neutraler ums Leben gekommen.
Seit dem „Waffenstillstand" im U-Boot-Krieg ist die Stimmung hier ja erheblich ruhiger geworden [...]

Über eines muss man sich bei uns jedenfalls klar sein: Eine Zurücknahme oder auch nur wesentliche Einschränkung der so genannten Konzession[2]), welche wir dieses Frühjahr im U-Boot-Krieg an Amerika machten, bedeutet Krieg mit Amerika – und damit wohl auch mit Holland usw., die sonst ausgehungert würden. Das ist die feste Überzeugung aller hier, die sich mit der Frage beschäftigt haben – auch derjenigen, welche früher einer anderen Auffassung zuneigten. Ohne politischen Selbstmord zu begehen, könnte keine Regierung und keine Partei es wagen in dieser Frage Deutschland nachzugeben, in der es sich um das Leben von Amerikanern handelt, nachdem Amerika einmal so endgültig festgelegt hat, was es als seine völkerrechtlichen Ansprüche bezeichnet. Das Nationalgefühl hat sich hier seit dem Krieg so hoch gespannt und die öffentliche Meinung ist durch die immer wiederkehrenden Zwischenfälle, Notenwechsel, Zeitungshetzen so hysterisch empfindlich geworden, dass sie in diesem Punkte keine Belastung vertragen [...]
[...] Auch darf man vom deutsch-amerikanischen Element keine wesentliche Hemmung erwarten. [...]

Amerikanisches Plakat 1917/18: Ein deutscher Soldat, der eine Mutter mit einem Kind bedroht, wird von einem amerikanischen Soldaten zurückgehalten.

[1]) Britischer Premierminister von 1908–1916
[2]) Am 4. Mai 1916 hatte die deutsche Regierung den USA zugesichert, den U-Boot-Krieg nur nach den allgemeinen Regeln des Völkerrechts zu führen, d.h. Handelsschiffe mit Konterbande nur nach Warnung und Rettung der Menschenleben zu versenken.
(Aus: Geschichte in Quellen, Weltkriege und Revolutionen 1914–1945, München [2]1970, S. 47f.)

1. Erläutern Sie die Gründe, die – dem Privatbrief des Botschaftsrats zufolge – zu einer antideutschen Stimmung in den USA führten.
2. Wann ist nach seiner Einschätzung der amerikanische Kriegseintritt gegen Deutschland unvermeidlich?

MATERIAL 19 **Rede Präsident Wilsons vor dem Kongress am 2. 4. 1917**

Der gegenwärtige deutsche Unterseebootkrieg gegen den Handelsverkehr ist ein Krieg gegen die Menschheit. Er ist ein Krieg gegen alle Nationen. [...] Es sind keine Unterschiede gemacht worden, die Herausforderung hat der ganzen Menschheit gegolten. Jede Nation muss selbst darüber entscheiden, wie sie sie aufnehmen will. [...] Unser Beweggrund soll nicht Rachsucht oder der Wunsch nach siegreicher Befestigung der physischen Macht der Nation sein, sondern allein die Vertretung des Menschenrechtes, für das wir nur ein einzelner Streiter sind. [...]

Es zeigt sich jetzt, dass bewaffnete Neutralität undurchführbar ist. Weil Unterseeboote eigentlich außerhalb jedes Rechtes stehen, wenn sie so verwendet werden, wie die deutschen Unterseeboote gegen die Handelssschiffahrt verwendet worden sind, ist es unmöglich, Schiffe gegen ihre Angriffe zu verteidigen, wie sich nach Annahme des Völkerrechts Handelsschiffe gegen Kaper oder Kreuzer, die sie auf offener See verfolgen, verteidigen würden. Es ist ein Gebot der einfachen Klugheit, ja unter solchen Umständen harte Notwendigkeit, zu versuchen sie zu vernichten, ehe sie ihre Absicht kundgetan haben. [...] Bewaffnete Neutralität ist nicht wirkungsvoll genug, wenigstens nicht unter solchen Umständen; sie führt nur zu leicht das herbei, was sie verhindern soll, und sie führt uns in Wirklichkeit sicher in den Krieg, ohne dass wir die Rechte und Machtmittel der Kriegführenden haben. Es gibt eine Wahl, die wir außerstande sind zu treffen. Wir werden nicht den Weg der Unterwerfung wählen und dulden, dass die heiligsten Rechte unserer Nation und unseres Volkes außer Acht gelassen oder verletzt werden. Das Unrecht, gegen das wir jetzt auftreten, ist kein gewöhnliches Unrecht; es reicht bis an die Wurzeln des menschlichen Lebens.

Mit tiefem Gefühl für den ernsten und sogar tragischen Charakter des Schrittes, den ich unternehme, und für die schwere Verantwortung, die er auferlegt, aber in Gehorsam ohne Zaudern gegen das, was ich als meine verfassungsmäßige Pflicht ansehe, empfehle ich, dass der Kongress erklärt, dass das jüngste Vorgehen der deutschen Regierung in Wirklichkeit nichts weniger ist als Krieg gegen Regierung und Volk der Vereinigten Staaten, dass der Kongress formell die Rolle des Kriegführenden annimmt, in die er so gedrängt worden ist, und dass er sofort Schritte unternimmt, nicht nur, um das Land in einen vollständigen Verteidigungszustand zu versetzen, sondern auch alle Machtmittel anzuspannen, alle Hilfsmittel anzuwenden, um die Regierung des Deutschen Reiches zu zwingen, Bedingungen anzunehmen und den Krieg zu beenden. [...]

Unser Ziel ist, die Grundsätze des Friedens und der Gerechtigkeit im Leben der Welt gegen selbstsüchtige und autokratische Macht zu verteidigen und unter den wirklich freien und sich selbst regierenden Völkern der Welt eine solche Vereinbarung in Plan und Handlung aufzurichten, die hinfort nach Beobachtung dieser Grundsätze strebt. [...]

Wir haben keinen Streit mit dem deutschen Volke. Wir haben gegen dieses nur ein Gefühl der Sympathie und der Freundschaft. Seine Regierung hat nicht auf sein Betreiben gehandelt, als sie in den Krieg eintrat. Das geschah nicht mit vorheriger Kenntnis oder Billigung des Volkes. Es war ein Krieg, der beschlossen wurde, so wie in alten unglücklichen Zeiten Kriege hervorgerufen und geführt wurden im Interesse von Dynastien oder von kleinen Gruppen Ehrgeiziger, die gewohnt waren, ihre Mitbürger als Pfänder und Werkzeuge zu benutzen. [...] Eine feste Vereinigung für den Frieden kann nur aufrechterhalten werden, wenn die Mitglieder demokratische Nationen sind. Man könnte keiner autokratischen Regierung das Vertrauen schenken, dass sie ihr treu bleiben oder ihre Vereinbarungen innehalten würde. Es muss ein Bund der Ehre sein, eine Beteiligung aus Überzeugung. [...] Wir freuen uns, jetzt, da wir die Tatsachen nicht vom Schleier des falschen Scheins umgeben sehen, so für den endlichen Frieden der Welt und für die Befreiung ihrer Völker mit Einschluss des deutschen Volkes zu kämpfen, für die Rechte der großen und kleinen Nationen und für das Vorrecht der Menschen, überall ihre Art zu leben und zu gehorchen, zu wählen. Die Welt muss für die Demokratie sicher gemacht werden. *(The world must be made safe for democracy.)* [...]

Aber der Kampf ist wertvoller als der Frieden und wir werden für Dinge kämpfen, die immer unseren Herzen am nächsten gelegen haben, für Demokratie, für das Recht derer, die einer Obrigkeit untertan sind, eine Stimme in ihrer eignen Regierung zu haben, für die Rechte und Freiheiten der kleinen Nationen, für eine allgemeine Herrschaft des Rechts durch einen solchen Bund freier Völker, der allen Nationen Frieden und Sicherheit bringt und schließlich die Welt selbst befreit.

(Nach Johannes Hohlfeld (Hrsg.), Dokumente der Deutschen Politik und Gechichte, Bd. 2, Berlin o. J., S. 343ff.)

MATERIAL 20 Aus Präsident Wilsons Rede an den Kongress am 8. Januar 1918 (14

I. Öffentliche Friedensverträge, öffentlich beschlossen, nach denen es keine geheimen internationalen Abmachungen irgendwelcher Art geben darf. Vielmehr soll sich die Diplomatie stets frei und vor aller Öffentlichkeit abspielen.
II. Absolute Freiheit der Schifffahrt auf der See außerhalb der territorialen Gewässer sowohl im Frieden wie im Kriege, außer wenn die See auf Grund internationalen Vorgehens zur Erzwingung internationaler Verträge gesperrt wird.
III. Soweit als möglich die Aufhebung sämtlicher wirtschaftlicher Schranken und die Fortsetzung gleicher Handelsbeziehungen zwischen allen Nationen, die dem Frieden zustimmen und sich zu seiner Einhaltung vereinigen.
IV. Angemessene gegenseitige Garantien dafür, dass die nationalen Rüstungen auf den niedrigsten Grad, der mit der inneren Sicherheit vereinbar ist, herabgesetzt werden.
V. Eine freie, unvoreingenommene und absolut unparteiische Ordnung aller kolonialen Ansprüche, gegründet auf strenge Beachtung des Prinzips, dass bei Entscheidungen über Fragen der Souveränität das Interesse der betroffenen Bevölkerung gleiches Gewicht haben muss wie die billigen Ansprüche der Regierung, deren Rechtstitel festgesetzt werden soll.
XIV. Eine allgemeine Vereinigung der Nationen muss auf Grund eines besonderen Bundesvertrages gebildet werden zum Zweck der Gewährung gegenseitiger Garantien für politische Unabhängigkeit und territoriale Integrität in gleicher Weise für die großen und kleinen Staaten. In Bezug auf diese notwendige Berichtigung von Unrecht und Sicherung des Rechtes betrachten wir uns als intime Genossen sämtlicher Regierungen und Völker, die sich gegen die Imperialisten zusammengeschlossen haben. Es gibt für uns keine Sonderinteressen oder andersartige Ziele. Bis zum Ende stehen wir zusammen.

(Nach Johannes Hohlfeld (Hrsg.), Dokumente der Deutschen Politik und Geschichte, Bd. 2, Berlin o. J., S. 393ff.)

1. Wie begründet Wilson in Material 19 den Kriegseintritt der USA? Welche Ziele wollen die USA damit erreichen? Erörtern Sie diese.
2. Wilson möchte eine Weltfriedensordnung schaffen. Auf welchen Prinzipien soll diese aufgebaut werden?
3. Untersuchen und erörtern Sie das amerikanische Demokratieverständnis.

Russland – Autokratie und Nation

Verhandlungen einer Dorfgemeinde („Mir")

„Wir bauen aus den Ziegeln, die uns die alte Ordnung hinterlassen hat, eine neue Ordnung auf." – Weist dieser Ausspruch Lenins nicht darauf hin, dass keine Revolution etwas völlig Neues schafft? Wird nicht jede neue Ordnung durch Menschen errichtet, die ihrerseits durch die alte Ordnung, durch alte Gewohnheiten, Denkmuster, Lebensformen und Erfahrungen geprägt sind und diese auf die neue Ordnung übertragen? Hat nicht die russische Revolution des Jahres 1917 zu einer Herrschaftsordnung geführt, die der alten zaristischen Autokratie zugleich entgegengesetzt und verwandt war, zu Parteisekretären als roten Zaren, zu einer kommunistischen Orthodoxie als Gemeinschaft der Gläubigen, zu einem Politbüro als Heiligem Synod, zu einer nahezu feudalistischen Nomenklatura als neuem Dienstadel?

Nicht nur zu einem Verständnis des kommunistischen Herrschaftssystems benötigen wir die Kenntnis der russischen Geschichte, die weiter zurückreicht als bis zum Jahre 1917, wir brauchen sie auch zum Verstehen möglicher Folgen der Revolution des Jahres 1991. Wird der Vielvölkerstaat Russland Bestand haben? Welche neue Form wird er finden? An welchen Vorbildern und geschichtlichen Erinnerungen, an welchen Sinnstiftungen und Traditionen wird er sich orientieren? Auch hier gilt wieder Lenins Ausspruch. Aber welche Ziegel außer denen des gescheiterten sozialistischen Experiments stehen den Menschen heute noch zur Verfügung? Auf welche vorrevolutionären Denkmuster und geistigen Strömungen können sie heute noch zurückgreifen? Um künftige Ereignisse und ihre vielleicht noch unerwarteten Wendungen zu begreifen, kann ein Rückblick in die vorrevolutionäre Geschichte Russlands hilfreich sein.

1. Die Autokratie – fähig zu Reformen?

1.1 Zaristische Herrschaft und russische Gesellschaft

Während sich in West- und Mitteleuropa in ständigem Ringen zwischen Herrschern, Ständen und Kirche die heutige Staats- und Gesellschaftsordnung herausbildete, entstand im entlegenen Russland aus dem Fürstentum Moskau das Großreich der Zaren. Großfürst Iwan III. (1462–1505), vermählt mit der Nichte des letzten Kaisers von Byzanz, übernahm nach dem Untergang des byzantinischen Reiches den Kaisertitel (russ. zar) und begann mit der Errichtung der Autokratie, der nahezu unbeschränkten Selbstherrschaft, die sich nur aus Gegebenheiten verstehen lässt, die anders waren als im übrigen Europa.

Autokratie

Die orthodoxe Kirche stand von Anfang an im Dienste des Zaren, betonte in Anlehnung an die byzantinische Tradition dessen Gottesgnadentum und lehnte jeglichen Widerstand als Sünde wider die göttliche Ordnung ab. Zunehmend geriet die Kirche unter den Einfluss der Zaren, bis Peter der Große (1682–1725) den Patriarchen durch den Heiligen Synod ersetzte, ein Bischofskollegium unter Leitung eines vom Zaren ernannten Oberprokurors. Der Adel war anders als im übrigen Europa dem Herrscher nicht durch ein wechselseitiges Treueverhältnis verbunden. Es gab zwar anfangs einen Semski Sobór, eine Landesversammlung von Würdenträgern, die gelegentlich den Zaren beriet, doch keine politischen Rechte hatte oder gar ständische Interessen gegenüber dem Herrscher vertrat. Allein der Dienst für den Zaren bestimmte seit Iwan III. die Rangstellung. Unter Peter dem Großen wurde die Dienstpflicht des Adels verschärft, Aufstiegsmöglichkeiten auch für nichtadelige Beamte durch eine 14-stufige Rangordnung geregelt. Die Städte kannten nicht die im übrigen Europa üblichen bürgerlichen Freiheiten und städtischen Rechte. Es fehlte ein selbstbewusstes und auf mehr Selbständigkeit und wirtschaftliche Entfaltung drängendes Bürgertum. Die erste Klasse der Kaufleute gehörte zum Adel, Gewerbetreibende und einfache Kaufleute standen rechtlich den Bauern gleich. Nicht zuletzt fehlten in Russland freie Universitäten als Stätten einer unabhängigen Wissenschaft sowie all die religiösen und geistigen Strömungen, die im übrigen Europa die alten Autoritäten, die geistliche und weltliche Herrschaft in Frage gestellt haben: der Humanismus, die Renaissance, die Reformation und die Aufklärung.

Orthodoxe Kirche

Adel

Städte

Nach einem Urteil Moltkes aus dem Jahre 1856 zerfiel die russische Gesellschaft bis ins 19. Jahrhundert hinein „in nur zwei sehr ungleiche Teile: die Klasse der Gebildeten und die ‚schwarze Brut' des gewöhnlichen Volkes". Der Adel war keine homogene Gruppe. Es gab große Unterschiede zwischen den Gutsbesitzern und der neu entstandenen Dienstklasse, die nur noch wenig Verbindung zum Landbesitz hatte, zwischen den vornehmen Adelsfamilien mit riesigem Landbesitz und den kleinen Landadeligen, die oft ebenso ungebildet waren wie das gewöhnliche Volk. Die meisten Bauern waren abhängig geworden oder gar Leibeigene, nur wenige hatten sich durch die Flucht in die Randgebiete als Kosaken in die Selbständigkeit retten können. Ein Bürgertum ent-

Russische Gesellschaft

Leibeigene
Kosaken

stand erst im Laufe des 19. Jahrhunderts als Folge der Industrialisierung und der wirtschaftlichen Entwicklung. Es war ähnlich inhomogen wie der Adel und reichte von den Großunternehmern, die dem Adel sozial nahe standen, bis hin zum neuen Mittelstand der Angestellten und Beamten.

Dekabristen

Forderungen nach politischen Reformen wurden erstmals durch die Dekabristen erhoben, eine Gruppe von adeligen Offizieren, die im Dezember (russ. dekabr) 1825 eine Verfassung nach westlichem Vorbild erzwingen wollten. Der Aufstand wurde blutig niedergeworfen. Trotz Geheimpolizei, Pressekontrolle und Briefzensur breiteten sich im Untergrund immer stärker oppositionelle Gruppen aus: Die „Westler", die sich an westeuropäischen Vorbildern orientierten, und die Slawophilen (Slawenfreunde), die eine Erneuerung aus der russischen Tradition heraus anstrebten. Als revolutionäres Potential entstand aus studentischen Gruppierungen die Intelligenzia, eine sozial nicht deutlich abgrenzbare Gruppe, auch wenn viele ihrer Vertreter von adeligen Gutsbesitzern abstammten. Aus ihr gingen alle revolutionären Theoretiker und Umstürzler hervor, auch die revolutionäre Führung des Jahres 1917.

Westler und Slawophile

Intelligenzia

„Neue Ära"

Zar Alexander II. (1855–1881) leitete mit seiner Politik eine „Neue Ära" ein. Anlass war die Niederlage Russlands im Krimkrieg (1853–1856) gegen die mit dem Osmanischen Reich verbündeten Staaten Frankreich und England. Eine Erklärung für die Niederlage der russischen Großmacht auf eigenem Territorium fand sich in der Rückständigkeit des Landes, welche sich nur durch entschiedene Reformen beheben ließ. So wurde auf Drängen der Armeeführung nicht nur die Leibeigenschaft aufgehoben, sondern es begannen auch Reformen im staatlichen Bereich. Die 1864 eingeführte Selbstverwaltung der Semstwa (russ. semstwo = Landschaft) sah für die Bezirke und die diesen übergeordneten Gouvernements periodisch tagende Ratsversammlungen sowie ständige exekutive Landschaftsbehörden vor, die für die Armenfürsorge, das Gesundheits- und Veterinärwesen, den Ausbau der Infrastruktur und die Entwicklung von Handel und Gewerbe zuständig waren. Zwar standen die Semstwa unter staatlicher Kontrolle, doch wurden die von ihnen angestellten Ärzte, Lehrer und Agronomen zunehmend zu einer einflussreichen Gruppe, die auf Reformen drängte. Die städtische Selbstverwaltung wurde 1870 halbautonomen Dumen (russ. duma = Ratsversammlungen) überlassen, an deren Wahl sich in Moskau und St. Petersburg bis zu 5 % der männlichen Bevölkerung beteiligen durften. Die Justizreform von 1864 gewährte zwar erstmals die Unabhängigkeit der Richter sowie rechtsstaatliche Garantien für das Strafverfahren, doch galten diese nicht bei der Bekämpfung von Streiks und Unruhen.

Semstwo

Duma

Justizreform

Die Autokratie wurde durch die Reformen nicht eingeschränkt, sondern entartete immer mehr zu einem despotischen Regime, welches glaubte, gesellschaftliche Konflikte nur noch durch den Einsatz von Gewalt bekämpfen zu können. Die Ordnungspolizei wurde verstärkt, Streikführer konnten seit 1870 ohne Gerichtsverfahren administrativ verbannt werden, die Freizügigkeit der ländlichen Bevölkerung wurde eingeschränkt, gegen Bauernunruhen wurde 1885 die kollektive Körperzüchtigung wieder eingeführt. Die nach der Ermordung Alexanders II. 1881 im „Gesetz über Schutzmaßnahmen zur Erhaltung von Ruhe und Ordnung in Staat und Gesellschaft" zusammengefassten Ausnahmeregelungen wurden von Lenin als die eigentliche russische Verfassung verhöhnt.

MATERIAL 1 Die russische Gesellschaftsordnung

Anonyme russische Karikatur aus dem Jahr 1900 (Übersetzung der Legende: W. Sallawitz)

1. Wie wird die russische Gesellschaft dargestellt, wie wird sie bewertet?
2. Welche Mittel der Herrschaftssicherung lässt die Karikatur erkennen?

MATERIAL 2 Trotzki über die Eigenarten der Entwicklung Russlands

Leo Trotzki, bürgerlich Lew Dawidowitsch Bronstein, Organisator der Roten Armee und Stalins Rivale um die Nachfolge Lenins, schreibt in seiner Geschichte der russischen Revolution:

Der grundlegende, beständigste Charakterzug der Geschichte Russlands ist die verspätete Entwicklung mit der sich daraus ergebenden ökonomischen Rückständigkeit, Primitivität der Gesellschaftsformen und dem tiefen Kulturniveau. [...] Während die westlichen Barbaren sich auf den Ruinen der römischen Kultur ansiedelten, wo viele alte Steine ihnen als Baumaterial dienten, fanden die Slawen des Ostens in der trostlosen Ebene keinerlei Erbe vor: ihre Vorgänger hatten auf einer noch tieferen Stufe als sie selbst gestanden. Die westeuropäischen Völker, die bald an ihre natürlichen Grenzen stoßen mussten, schufen ökonomische und kulturelle Zusammenballungen: die gewerbetreibenden Städte. Die Bevölkerung der Ostebene zog sich beim ersten Anzeichen von Enge in die Wälder zurück oder wanderte an die Peripherie ab, in die Steppe. Die unternehmungslustigen Elemente der Bauernschaft wurden im Westen Städter, Handwerker, Kaufleute. Die aktiven und kühnen Elemente des Ostens wurden einesteils Händler, größtenteils jedoch Kosaken, Kolonisatoren. Der im Westen intensive Prozess der sozialen Differenzierung wurde im Osten aufgehalten und durch den Expansionsprozess verwischt.

Das byzantinische Selbstherrschertum, das die Moskauer Zaren sich offiziell zu Beginn des 16. Jhs. angeeignet hatten, zähmte mit Hilfe des Adels das feudale Bojarentum[1] und unterwarf sich den Adel, ihm gleichzeitig die Bauern versklavend, um sich auf dieser Grundlage in den Petersburger Imperatorenabsolutismus zu verwandeln. Die Verspätung dieses Prozesses wird dadurch zur Genüge charakterisiert, dass das Leibeigenschaftsrecht, das im 16. Jh. entstanden war, sich im 17. Jh. ausgebildet und seine Blüte im 18. Jh. erreicht hatte, rechtlich erst 1861 abgeschafft wurde.

Die Kargheit nicht nur des russischen Feudalismus, sondern auch der ganzen altrussischen Geschichte fand ihren traurigsten Ausdruck im Mangel echt mittelalterlicher Städte als Handwerks- und Handelszentren. Das Handwerk hatte in Russland keine Zeit gehabt, sich vom Ackerbau zu trennen, bewahrte vielmehr den Charakter der Heimarbeit. Die altrussischen Städte waren Handels-, Verwaltungs-, Heeres- und Adels-Zentren, folglich konsumierend, nicht produzierend.
Die Bedeutungslosigkeit der russischen Städte, die zur Entstehung des asiatischen Staatstypus am meisten beigetragen hat, schloss insbesondere die Möglichkeit der Reformation aus, das heißt der Ablösung der feudalbürokratischen Orthodoxie durch irgendeine modernisierte Abart eines den Bedürfnissen der bürgerlichen Gesellschaft angepassten Christentums. Der Kampf gegen die Staatskirche ging nicht über die bäuerlichen Sekten, einschließlich der mächtigsten von ihnen, das altgläubige Schisma, hinaus.

Anderthalb Jahrzehnte vor der großen Französischen Revolution entbrannte in Russland die Bewegung der Kosaken, Bauern und leibeigenen Uraler Arbeiter, die nach dem Namen ihres Führers Pugatschow benannt wurden. Was hatte diesem grimmigen Volksaufstand gefehlt, um sich in eine Revolution zu verwandeln? Der dritte Stand. Ohne die Handwerkerdemokratie der Städte vermochte sich der Bauernkrieg ebenso wenig zu einer Revolution zu entwickeln, wie sich die Bauernsekten zu einer Reformation erheben konnten. Im Gegenteil, die Folge der Pugatschowschtschina war die Befestigung des bürokratischen Absolutismus als des in schwierigen Stunden wieder bewährten Hüters der Adelsinteressen.

[1]Bojaren: niederer Adel
(Aus: Leo Trotzki, Geschichte der russischen Revolution, Frankfurt 1960, S. 19ff.)

1. Wie versucht Trotzki, die Rückständigkeit Russlands zu erklären?
2. Erörtern Sie weitere Unterschiede zwischen den Entwicklungen in Russland und in West- und Mitteleuropa. Berücksichtigen Sie die religiösen und geistigen Strömungen, die Europa geprägt haben.

MATERIAL 3 Der russische Dichter Turgenjew über die Verhältnisse in Russland

Der Dichter Iwan Sergejewitsch Turgenjew (1818–1883), 1852–1854 wegen seiner literarischen Kritik an den herrschenden Zuständen auf sein Gut verbannt, lebte seit 1856 meist im Ausland. Von seinen Beobachtungen in Russland erzählt er 1878 auf einer Abendgesellschaft in Paris. Der preußische Gesandte Prinz Hohenlohe berichtete davon:

Gestern abend fand ich Herrn Turgenjew bei der Fürstin X. Er war in gesprächiger Stimmung und teilte mir seine Eindrücke mit, die er während seines letzten mehrmonatigen Aufenthalts in Russland empfangen hatte. Turgenjew schilderte die dort herrschende allgemeine Unzufriedenheit in den grellsten Farben. Die Korruption in der Bürokratie und in der Armeeverwaltung sei größer als zur Zeit des Krimkrieges. Damals seien große Unterschleife vorgekommen; die Schuldigen hätten aber untergeordneten Kreisen angehört. Jetzt erstrecke sich das Übel in die höchsten Sphären. Dass der Großfürst Constantin die für die Ausrüstung der Flotte bestimmten Gelder gestohlen, dass der Großfürst Nikolaus sich auf Kosten der Armee während des Krieges bereichert habe, dass die Fürstin Dolgoruki ihre Beziehungen zum Kaiser im Interesse ihrer Kasse sehr missbrauche, setzte Turgenjew als bekannte Dinge voraus. Das Volk leide unter dem Druck der Steuern. [...] Herr Turgenjew erzählte, man finde in Landstädten und Dörfern Läden, in welchen die Bedürfnisse der Bauern feilgeboten werden, wo aber kein Geld genommen wird, sondern wo die Bauern Arbeitstage an Zahlungs statt verschreiben müssen, und zwar in einem Maßstabe, der einem Zinsfuß von 600 Prozent entspricht. Diese Wucherer trieben ihr Geschäft umso ungestörter, als sie von den durch sie bestochenen Beamten geschützt würden.

Über die Justizverwaltung erzählt Turgenjew haarsträubende Dinge. Der Prozess gegen die Nihilisten in Odessa habe deshalb so große Erbitterung erregt, weil die Polizei in der schamlosesten Weise in die Rechtsprechung eingegriffen habe. Angeklagte, die freigesprochen waren, wurden von der Polizei nach Sibirien geschickt. Da, wo die Strafe zu gering erachtet wurde, habe man dieselbe willkürlich erhöht. Der Mord des Generals Mesentzow sei durch diese Dinge veranlasst. Als Turgenjew in Moskau war, kam ihm durch die Post eine Broschüre zu, in welcher es heißt: „Ja, wir sind Mörder, aber wir sind es, weil in Russland überhaupt kein Gesetz mehr gilt. Wenn allerhöchsten Ortes die Gesetze nicht mehr beobachtet werden, so haben auch wir das Recht, uns um das Gesetz nicht mehr zu kümmern. Mesentzow ist von dem Gericht des Volkes zum Tode verurteilt, und wir sind die Vollstrecker, usw." Die Entrüstung über die herrschende Misswirtschaft sei so groß, dass auch rechtlich denkende Männer jene Mörder nachsichtig beurteilen. Dadurch erkläre es sich, dass man dieselben nie finden könne.

Turgenjew hält die Zukunft Russlands nicht für hoffnungslos. Er meinte, dass das russische Volk, wie kein anderes, für Selbstverwaltung geeignet sei. Eine Vertretung des Volkes, wenn auch nur durch Provinzialversammlungen (Semstwo) und etwa durch eine Delegation, die aus diesen Versammlungen gewählt und der die Kontrolle der Finanzverwaltung übertragen werde, sei genügend, um das Land zu beruhigen. [...]

(Bericht des Prinzen Hohenlohe an Bismarck; aus: Valentin Gitermann, Geschichte Russlands, Bd. 3, Hamburg 1949, S. 613ff.)

MATERIAL 4 Forderungen des revolutionären Exekutivkomitees an Zar Alexander III.

Wenige Tage nach dem Attentat, welchem Alexander II. zum Opfer fiel, richtete das für das Attentat verantwortliche revolutionäre Exekutivkomitee folgendes Schreiben an den Nachfolger des ermordeten Zaren:

Majestät,

obwohl das Exekutivkomitee die Stimmung, der Sie gegenwärtig unterworfen sind, vollkommen versteht, hält es sich doch nicht für berechtigt, dem natürlichen Zartgefühl Raum zu geben, welches hinsichtlich der nachfolgenden Erklärung sonst wohl einigen Aufschub verlangt hätte. [...]

Eure Majestät müssen zugeben, dass die Regierung des verstorbenen Zaren keines Mangels an Energie beschuldigt werden kann. Schuldige und Unschuldige wurden ohne Unterschied gehängt; die Kerker wie die entlegensten Gouvernements wurden mit Bestraften überfüllt. Die so genannten Führer wurden verhaftet und zu Dutzenden hingerichtet. [...] Eine ganze Nation kann nicht unterdrückt und noch weniger kann die Unzufriedenheit einer Nation durch Maßregeln der Strenge ausgerottet werden. Solche Maßnahmen werden im Gegenteil die Größe der Unzufriedenheit vermehren, aber auch ihre Energie und ihre Kräfte. Dieselben werden in gleichem Maß besser organisiert, als sie sich die vorher gesammelten Erfahrungen zunutze machen können. Darum können die revolutionären Organisationen im Laufe der Zeit sich an Zahl nur vermehren und an Stärke gewinnen. Gerade dies war auch mit uns der Fall. [...]

Aber warum denn diese traurige Notwendigkeit eines blutigen Kampfes? Darum, Majestät, weil wir keine Regierung im eigentlichen Sinne des Wortes haben. Eine Regierung muss, nach dem Prinzip ihres Wesens, Ausdruck dessen sein, was das Volk will, und sie darf nur den Volkswillen verwirklichen. Bei uns jedoch – entschuldigen Sie den Ausdruck – ist die Regierung zu einer vollständigen Kamarilla ausgeartet und verdient den Namen einer Usurpatorenbande viel eher als wir. [...]
Alle Reformen machen die Lage des Volkes nur noch schlimmer. Die Regierung Russlands hat die Massen in solche Armut und solches Elend gebracht, dass sie nicht einmal die Freiheit haben, für ihr gemeinsames Wohl zu handeln, dass sie nicht einmal sicher sind gegen die gemeinste Inquisition, nicht einmal in ihrem eigenen Heim. Nur die blutsaugerischen Beamten, deren schurkenhafte Erpressungen unbestraft bleiben, genießen den Schutz der Regierung und der Gesetze. [...]

Wir stellen Ihnen keine Forderungen irgendwelcher Art. Die Bedingungen, die erfüllt werden müssen, damit die revolutionäre Bewegung einer friedlichen Entwicklung Platz machen kann, sind nicht von uns geschaffen worden, sondern von den Ereignissen; wir zeigen sie nur auf. Diese Bedingungen sollen nach unserer Ansicht auf zwei prinzipielle Bestimmungen gegründet sein.
Erstens: allgemeine Amnestie für alle politischen Verbrecher, weil sie keine Verbrechen begangen, sondern ganz einfach ihre Pflicht als Bürger getan haben. Zweitens: Einberufung von Vertretern des ganzen Volkes zur Beratung und Neugestaltung der Formen des sozialen und politischen Lebens, gemäß den Wünschen und den Bedürfnissen des Volkes. [...]

Das ist das einzige Mittel, Russland auf den Weg der friedlichen und regelmäßigen Entwicklung zurückzuführen. Wir erklären feierlich vor dem Vaterland und vor der ganzen Welt, dass unsere Partei sich einer Nationalversammlung, welche unter den genannten Bedingungen zusammentritt, ohne Vorbehalt unterordnen und sich auch in Zukunft nicht erlauben wird, gegen die durch die Nationalversammlung sanktionierte Regierung eine gewaltsame Aktion irgendwelcher Art in Szene zu setzen.

Und nun, Majestät, entscheiden Sie sich! Zwei Wege stehen Ihnen offen, die Wahl steht Ihnen zu. Wir unsererseits können nur die Hoffnung aussprechen, dass Ihr Verstand und Ihr Gewissen Ihnen den einzigen Entschluss eingeben mögen, der mit der Wohlfahrt Russlands, mit Ihrer eigenen Würde und mit Ihren Pflichten gegen das Vaterland vereinbar ist.
Am 10. März 1881 *Das Exekutivkomitee*

(Aus: Valentin Gitermann, Geschichte Russlands, Bd. 3, Hamburg 1945, S. 615ff.)

1. Wie bewertet Turgenjew die gesellschaftlichen und politischen Verhältnisse in seiner Heimat?
2. Untersuchen Sie die Motive der Attentäter. Welche Rückschlüsse auf ihre soziale Stellung lassen Inhalt und Stil ihres Schreibens zu?
3. Untersuchen Sie die politischen Ziele der Attentäter und erörtern Sie, ob die Bezeichnung „Nihilisten" oder „Anarchisten" in diesem Fall zutrifft.

1.2 Bauernbefreiung – von oben oder unten?

Verarmung

Das Schlagwort von der Verarmung – ursprünglich nicht für die Bauern, sondern für den Adel geprägt – kennzeichnete die russische Landwirtschaft um die Mitte des 19. Jahrhunderts. Die Produktivität befand sich auf einem Niveau, das in England bereits um 1750, in Mitteleuropa seit 1800 überwunden war. Insbesondere in den entlegenen Gegenden fehlte es an Verkehrsverbindungen und Absatzmöglichkeiten und damit auch an Anreiz, die Produktivität zu steigern. Nicht einmal 3 % der Gutswirtschaften hatten die moderne Fruchtwechselwirtschaft übernommen, im Übrigen bestand noch die Zwei- oder Dreifelderwirtschaft mit Brache. Nicht nach der Größe und Qualität des Landes wurde der Gutsbesitz bewertet, sondern nach der Zahl der männlichen Seelen (Leibeigenen), deren Arbeitsleistung und Zinszahlung erst den Wert eines Gutes ausmachten. Die geringen Erträge und der hohe Aufwand vieler Adeliger führten zu einer zunehmenden Verschuldung, die von 1,8 (1820) auf 7,1 (1859) Millionen verpfändete männliche Seelen zunahm, d.h. von 20 % auf 66 % aller männlichen Leibeigenen. Ziel einer Reform musste es sein, die Produktionsbedingungen zu verbessern: die unproduktive Leibeigenschaft aufzuheben, die Bauern von Frondienst und Pachtzins zu befreien und die Gutsbesitzer angemessen zu entschädigen.

Leibeigene

Bauernbefreiung

Die Bauernbefreiung von 1861 gab den Bauern lediglich ihre persönliche Freiheit. In einem zweiten Schritt wurden bis 1863 das von den Bauern genutzte Land und die dafür erbrachten Leistungen registriert sowie der Frondienst auf 30 bis 40 Tage beschränkt. Erst in einem dritten Schritt sollte die Ablösung vollzogen werden, nämlich die Ausstattung der Bauern mit abgabefreiem Land und die Entschädigung der Gutsbesitzer. Wie kompliziert die Probleme waren, ergibt sich schon aus dem Umfang der 360 Seiten umfassenden Ausführungsbestimmungen, die insbesondere auch die Situation der vielfach verschuldeten kleineren Gutsbesitzer berücksichtigen mussten. Für die etwa 47 Millionen Bauern war die Regelung der Ablösung nicht zufriedenstellend. Sie konnten nur einen Teil des von ihnen bebauten Landes erwerben, der andere Teil fiel an die Gutsbesitzer zurück. Außerdem wurden für die Ablösung hohe Geldbeträge festgesetzt. Zwar wurden die Zahlungen vom Staat vorfinanziert, doch mussten die Bauern dafür 49 Jahre lang jährlich 6 % des Ablösungsbetrages an den Staat zahlen. So verzichteten viele Bauern zunächst auf die Ablösung, andere begnügten sich mit dem ablösungsfreien „Bettelanteil" von etwa einem Hektar Land. Das Problem der Landarmut war nicht gelöst, denn mit der Bevölkerungszunahme verringerte sich der bäuerliche Besitz von durchschnittlich ca. 4,8 ha (1862) auf ca. 2,6 ha (1900) je Familie. Viele mussten Land dazupachten und gerieten so erneut in Abhängigkeit von den Gutsbesitzern. Ungelöst blieb auch das Problem der ungleichen Verteilung des Landes. 1892 wurde geschätzt, dass 60 % der Landadeligen nicht mehr von ihren Gütern leben konnten, während sich 71 % des Gutslandes bei nur 8,4 % der Gutsbesitzer konzentrierte; 40 Millionen Hektar gehörten zu nur 9 500 Gütern.

Ablösung

Landarmut

Mir

Eine russische Besonderheit war der Mir, die Bauerngemeinde. Nicht der einzelne Bauer war Eigentümer des Landes, sondern der Mir, der in regelmäßigen Abständen den Haushalten das Land entsprechend ihrem Bedarf zuteilte. Zugleich haftete der Mir für seine Mitglieder, dem Staat gegenüber für die Steuern, dem Gutsbesitzer für die Abgaben oder die Ablösungszahlungen. Die Gemeindeangelegenheiten wurden von den Haushaltungsvorständen gemeinsam beschlossen, der Starost (Älteste) hatte nur geringe Befugnisse. Der Mir relativierte die den Bauern gegebene Freiheit. Zwar waren sie vor gutsherrlicher Willkür weitgehend geschützt, doch hatten sie nicht das Recht, über das ihnen überlassene Land frei zu verfügen, denn es gehörte allen gemeinsam. Diese Form des Gesamteigentums hatte Vor- und Nachteile. Die in die Industrie abgewanderten Mitglieder konnten, wenn sie arbeitslos wurden, stets in ihren Mir zurückkehren. Einen wirksamen Schutz gegen die Dorfarmut bot der Mir angesichts des Bevölkerungswachstums aber nicht, zumal er es der Industrie ermöglichte, überschüssige Arbeitskräfte wieder auf das Land zurückzuschicken. Außerdem erwies sich der Mir zunehmend als ein Hindernis bei der Modernisierung der Landwirtschaft, denn niemand dachte daran, Investitionen für ein Stück Land vorzunehmen, das in absehbarer Zeit einem anderen zugeteilt werden konnte.

Urkommunismus

Der Mir – für viele ein urkommunistisches Relikt – regte zunächst die Bewegung der Slawophilen an, nationaler Romantiker, die in Abgrenzung zu den „Westlern" nach einem besonderen Weg Russlands in eine freie und für alle Menschen gerechte Zukunft suchten. Sie forderten die Umwandlung Russlands in eine freie sozialistische Gesellschaft, die auf der Grundlage des Mir aufbauen solle. Gerade das Modell des Mir ermögliche Russland ohne Umwege über die Ausbeutung durch den Kapitalismus den direkten Weg zum Sozialismus. Solche Ideen waren für viele ein Anstoss dazu, ins Volk (russ. w naród) zu gehen, um es aufzuklären.

Narodniki

Diese um das einfache Volk bemühten Narodniki bildeten zwischen 1869 und 1881 eine breite politische Bewegung, die hauptsächlich von den Mitgliedern der revolutionären Intelligenzia getragen wurde. 1874 brachen weit über 1 000 Narodniki zum „Gang ins Volk" auf, ohne jedoch bei den Bauern großes Echo zu finden. Mehr als 700 wurden verhaftet, einige sogar von den Bauern angezeigt. Das Scheitern dieser Bewegung führte dann zur Bildung der terroristischen Narodnaja Wolja (russ. Volkwille, Volksfreiheit), deren Anschlag 1881 Zar Alexander II. erlag. Dieser Organisation gehörte auch Alexander Uljanow an, Lenins Bruder, der 1887 ein Attentat auf Alexander III. plante und dafür hingerichtet wurde.

Sozialrevolutionäre

Aus der durch die Narodniki ausgelösten Bewegung ging 1902 die zunächst illegale Partei der Sozialrevolutionäre hervor.

MATERIAL 5 Gutsherrschaft und Leibeigenschaft

Fürst Pjotr Alexejewitsch Kropotkin (1842–1921), zunächst Offizier, dann Narodnik, wurde zum anerkannten Vertreter des Anarchismus. In seinen „Memoiren eines Revolutionärs" schilderte er Begebenheiten aus seinem Elternhaus, so auch die Bestrafung des treuen Dieners Makar mit hundert Hieben mit dem Birkenholz.

[...] Tränen erstickten mich, und gleich nach dem Essen laufe ich hinaus, treffe Makar in einem dunklen Gange und will ihm die Hand küssen. Doch er reißt sie weg und sagt – war es ein Vorwurf oder eine Frage? „Lass mich allein! Auch du, wirst du nicht genauso sein, wenn du erwachsen bist?" „Nein, nein, niemals!"
Dabei gehörte Vater keineswegs zu den schlimmsten Grundbesitzern; im Gegenteil, die Leibeigenen wie die Bauern hielten ihn für einen der besten. Das Auspeitschen der Leibeigenen gehörte zu den regelmäßigen Aufgaben der Polizei.

Einmal ließ ein Grundeigentümer einem anderen gegenüber die Bemerkung fallen: „Warum, Eure Exzellenz, vermehrt sich auf Ihrem Besitz die Seelenzahl so langsam? Sie kümmern sich wahrscheinlich nicht um ihre Heiraten?" Wenige Tage darauf ließ sich der General eine Liste aller Dorfbewohner bringen und entnahm daraus die Namen aller Burschen, die das achtzehnte Lebensjahr erreicht hatten, sowie die der Mädchen über sechzehn Jahre – dies ist nach russischem Gesetz das heiratsfähige Alter. Dann schrieb er auf: „Johann soll Anna heiraten, Paul – Paraschka", und so weiter, im Ganzen fünf Paare. „Die fünf Hochzeiten", fügte er hinzu, „müssen in zehn Tagen stattfinden."

Ein allgemeiner Aufschrei der Verzweiflung erhob sich im Dorfe. In jedem Hause weinten die Frauen, die jungen wie die alten. Anna hatte Gregor zu freien gehofft, Pauls Eltern hatten schon mit den Fedotows wegen ihrer bald mannbaren Tochter gesprochen. Überdies war nun die Zeit, wo die Äcker zu bestellen waren, nicht aber Hochzeiten zu veranstalten, und wie soll man in zehn Tagen ein Hochzeitsfest vorbereiten? Zu Dutzenden kamen die Bauern zum Grundherren, seine Gnade anzurufen, und Gruppen von Bauernfrauen standen am hinteren Hauseingang mit auserlesenen Leinwandstücken für die Frau des Gutsbesitzers, um ihre Vermittlung zu gewinnen. Alles war umsonst. Der Gebieter hatte befohlen, die Hochzeiten sollten an dem bestimmten Tage stattfinden, und darum musste es geschehen.
Zu der festgesetzten Zeit bewegten sich die Hochzeitszüge, in diesem Falle mehr wie Trauerzüge, zur Kirche. Laut weinten die Frauen, wie sie es bei Begräbnissen zu tun pflegten. Ein Hausdiener wurde zur Kirche geschickt, um es seinem Herrn zu melden, wenn die Trauungen vorüber wären; aber bald kam er, mit der Kappe in der Hand, bleich und bekümmert, zurückgelaufen und sagte: „Paraschka will nicht, sie weigert sich, sich Paul antrauen zu lassen. Der Priester fragte sie: Ist es dein Wille?, aber sie erwiderte laut: Nein, ich will nicht."
Der Gutsherr wurde wütend. „Geh und sage dem langmähnigen Trunkenbold (damit war der Pope gemeint; die russische Priesterschaft trägt langes Haar), wenn Paraschka nicht sofort getraut wird, so werde ich ihn beim Erzbischof als Trunkenbold anzeigen. Wie kann der schmutzige Pope es wagen, mir den Gehorsam zu verweigern? Sag ihm, man wird ihn in ein Kloster stecken und da verfaulen lassen, und Paraschkas Familie werde ich draußen auf meinem Steppengut ansiedeln."
Der Diener überbrachte die Botschaft. Paraschkas Verwandte und der Priester umringten das Mädchen, weinend fiel ihr die Mutter zu Füßen und beschwor sie, nicht die ganze Familie ins Verderben zu stürzen. Das Mädchen sagte zwar immer noch: „Ich will nicht", aber mit immer leiserer Stimme, bis sie schließlich stumm dastand. Man setzte ihr die Hochzeitskrone auf das Haupt, sie leistete keinen Widerstand mehr, und der Diener rannte zurück mit der Meldung: „Sie sind verheiratet."

(Aus: Valentin Gitermann, Geschichte Russlands, Bd. 3, Hamburg 1949, S. 560ff.)

MATERIAL 6

Russische Gutsbesitzer pokern um ihre Leibeigenen. Gustave Doré 1840

1. Interpretieren Sie die Karikatur.
2. Erarbeiten Sie Merkmale und Machtmittel der Gutsherrschaft.
3. Vergleichen Sie die rechtliche Stellung der Leibeigenen mit derjenigen der Sklaven in den USA.
4. Inwiefern bietet Material 5 eine Erklärung dafür, dass sich gerade auch Söhne und Töchter von Gutsbesitzern an der anarchistischen Bewegung beteiligten?

MATERIAL 7 **Ein russischer Dorfgeistlicher erinnert sich – die Reaktion der Bauern auf die Verkündung ihrer Befreiung**

Die Verlesung des Manifestes hörten die Bauern mit gesenkten Häuptern an und es war ersichtlich, dass sie von dieser Freiheit nichts Gutes für sich erwarteten. Sie nahmen das Manifest entgegen, wie etwa ein auf Verbannung lautendes Urteil angehört wird. [...] Beim Verlassen der Kirche bildeten die Bauern verschiedene Haufen und berieten sich lange. Darauf traten sie zum Hause des Verwalters, baten den Isprawnik (Kreispolizeichef) heraus und fingen an, sich nach diesem und jenem zu erkundigen. Dieser aber holte das Manifest heraus und fragte: „Wer von euch versteht zu lesen?" Der Schreiber trat vor. Es wurde ihm vom Isprawnik die betreffende Stelle des Manifestes gezeigt und dieselbe laut vorzulesen befohlen. Er verlas: „Indem die Gutsbesitzer das Eigentumsrecht an allen ihren Ländereien behalten [...]"

Hier unterbrach ihn der Isprawnik und sagte: „Also das Land bleibt den Grundbesitzern, versteht ihr!"

Der folgende Passus lautete: „Zur Einführung der neuen Ordnung bedarf es einer Zeit von mindestens zwei Jahren [...]" Ohne diesen zu Ende lesen zu lassen, wies er auf den dritten Punkt, wo es hieß: „Bis zum Ablauf dieser Frist haben die Bauern und Hofesleute im früheren Gehorsam den Gutsbesitzern gegenüber zu verharren und ohne Widerrede die bisherigen Pflichten zu erfüllen."

„Nun, habt ihr gehört?" fragte der Isprawnik. [...] „Die Vorlesung erfolgt jetzt, damit ihr erfahret, dass ihr nach zwei Jahren frei sein werdet. In dieser Zeit wird euch das Land zugemessen werden; bis dahin müsst ihr arbeiten. Wer sich widersetzt, wird gedroschen. Marsch!"

Schweigend und mit gesenkten Häuptern zogen sich die Bauern in ihre Hütten zurück. [...]

Hier (in einem anderen Dorf) war das gesamte Land mit allen Einkünften unter die Bauern verteilt, welche nur eine geringe Obrokzahlung (= Pachtzins) leisteten und wohlhabend waren. Anfänglich freuten sie sich über die Freiheit; als ihnen aber erklärt wurde, dass man ihnen nur ein Teil des Landes überlassen werde, dass sie diesen ankaufen, den Rest aber dem Herrn wieder abgeben müssten, wurden sie nachdenklich.

„Was wird denn das für eine Freiheit sein, ohne Land und ohne Wald?"
„Man wird euch einen Teil zuweisen, ohne Land sollt ihr nicht bleiben."
Ja wie viel wird man uns zuweisen? Jetzt beackern wir das ganze Land, wo sollen wir denn bleiben? Nein, Eure Hochwohlgeboren, möge es lieber beim Alten bleiben. Wer die Freiheit haben will, dem gebe man sie; wer sie nicht braucht, der braucht sie eben nicht. Sie hätten uns erst fragen sollen: Wollt ihr die Freiheit oder nicht? Wir hätten geantwortet: Nehme sie wer will, wir bedürfen ihrer nicht!"
„Die Freiheit ist allen herrschaftlichen Bauern erteilt worden. Man wird für euch kein neues Gesetz machen. Dieser will das, jener etwas anderes; das geht so nicht."

(Aus den Erinnerungen eines russischen Dorfgeistlichen; aus: Valentin Gitermann, Geschichte Russlands, Bd. 3, Hamburg 1949, S. 601f.)

1. Untersuchen Sie anhand des Berichtes, nach welchen Grundsätzen die Bauernbefreiung durchgeführt wurde. Inwiefern kann man nur bedingt von einer Bauernbefreiung sprechen?
2. Erarbeiten Sie die Gründe für die Enttäuschung der Bauern. Welche unterschiedlichen Formen der Gutsabhängigkeit werden aus den Berichten ersichtlich?
3. Vergleichen Sie die Bauernbefreiung in Russland mit der etwa gleichzeitig stattfindenden Sklavenbefreiung in den USA.

MATERIAL 8 Die Narodniki gehen „ins Volk“

Die beiden Fotos zeigen einen Narodnik in seiner Alltagskleidung und als Bauer verkleidet.

[...] Wo es anging, suchten wir mit den Einwohnern ins Gespräch zu kommen. Bei diesen Unterhaltungen hinderte uns unser blinder Glaube an die Nähe der russischen Revolution zu erkennen, dass unser Volk bei weitem nicht so revolutionär gestimmt war, wie das in unseren Wünschen lag. Sehr deutlich aber trat uns etwas anderes entgegen: der allgemeine Wunsch der Bauern nach einer Aufteilung des Landes im Verhältnis zur Kopfzahl. Die meisten erwarteten, dies werde sich so vollziehen: Der Zar wird befehlen und dann werden die Feldmesser kommen und das Land unter alle verteilen. Mitunter erkundigten sich die Bauern bei uns, ob wir nicht bereits gehört hätten, dass andererwärts die Landverteilung im Gange sei. Ja, ein Bauer erklärte uns im Laufe der Unterhaltung, dass er im Hinblick auf die bevorstehende Aufteilung jetzt kein Land zukaufen möge. Von allen, mit denen wir über die Landaufteilung sprachen, hörten wir, dass diese Aufteilung sich auf Anordnung des Zaren vollziehen werde. Nach der Vorstellung der Bauern hätte der Zar sie schon längst verwirklicht, wenn ihm nicht die vornehmen Herren und die Beamten hinderlich wären – die uralten Feinde der Bauern und damit zugleich auch des Zaren. Auf diese Weise zeigte sich die Treue gegen den Zaren aufs engste mit dem landwirtschaftlichen Ideal der Bauern verbunden. Ihre Wünsche, ihre Begriffe von Gerechtigkeit übertrugen sie auf den Zaren, als wären es seine Wünsche und seine Begriffe. So willkommen uns im Grunde die Idee periodischer Landaufteilung war, die sich noch in dem Gedankenkreise der ukrainischen Bauern augenscheinlich als ein Rest der mehr oder weniger geschwundenen Gütergemeinschaft erhalten hatte, so war doch mit dieser Idee schwer etwas zu machen, man musste sogleich mit der Anhänglichkeit an den Zaren rechnen, die tief in der bäuerlichen Weltanschauung wurzelte. Der Bauer wünschte die Landaufteilung, besaß aber keine Kraft zur Durchsetzung dieses tiefsinnigen Wunsches. Er war sich dessen bewusst und zog es darum vor, lieber zu warten und sich in der Illusion zu wiegen, es werde endlich die Zeit kommen, wo der Zar ebenso die Landaufteilung ausführen werde wie zehn Jahre zuvor die Befreiung von der Leibeigenschaft. Im Allgemeinen ergab sich ein Bild von äußerst passivem Charakter.

(Aus den „Erinnerungen eines Nihilisten“, von W. Debogory-Mokriewitsch aus: Valentin Gitermann, Geschichte Russlands, Bd. 3, Hamburg 1949, S. 603ff.)

1. Untersuchen Sie (Material 8), welches Problem durch die Bauernbefreiung nicht gelöst wurde. Welche Hoffnung hatten die Bauern, auf welche Ereignisse und Traditionen stützten sie sich?
2. Welche Motive dürften die Narodniki zu ihrem Gang ins Volk bewogen haben? Worin liegen die Gründe für ihr Scheitern?

1.3 Industrialisierung und soziale Frage

Industrialisierung

Staat

Ausschlaggebendes Motiv für die Industrialisierung war das Bestreben Russlands, seine Großmachtstellung zu bewahren. In einem Memorandum an den Zaren schrieb Finanzminister Witte (1892–1903), wenn Russland nicht Kolonie werden wolle, müsse es – selbst unter hohen Kosten – beschleunigt industrialisieren. Da ein bürgerliches Unternehmertum fehlte und Russland unter Kapitalarmut litt, fiel dem Staat die führende Rolle zu. Die wesentlichen Merkmale des russischen Modells wurden bereits kurz nach 1861 festgelegt: hohe Einfuhrzölle sowie Verbrauchs- statt Einkommenssteuern. So wurden Anreize zur Kapitalbildung geschaffen und die seit 1860 zerrüttete Währung stabilisiert, sodass Russland 1897 zum Goldstandard übergehen konnte. Damit war eine Vertrauensbasis für ausländische Direktinvestitionen geschaffen. Die Industrialisierung musste gegen die öffentliche Meinung, insbesondere gegen die Gutsbesitzer, durchgeführt werden, die den Vorwurf erhoben, dass der beschleunigte Aufbau der Industrie die Landwirtschaft zu sehr belaste. Demgegenüber wurde das Argument geltend gemacht, dass erst durch die Industrialisierung und durch Infrastrukturmaßnahmen auch für die Landwirtschaft neue Märkte erschlossen und die Produktionsmethoden modernisiert würden sowie die ländliche Überbevölkerung, Quelle ständiger Unruhen, abgebaut werde.

Eisenbahnbau

Mittelsibirien

Zum Motor der Industrialisierung wurde auch in Russland der Eisenbahnbau. Er erleichterte den Güteraustausch und ermöglichte damit erst eine Massenproduktion für einen größeren Markt, er ermöglichte den Kohletransport in andere Gebiete und damit die Nutzung der Dampfmaschine in den neu errichteten Fabriken, er erschloss neue Gebiete – insbesondere den Südosten und Mittelsibirien – für den Agrarexport. Dass mit dem Eisenbahnbau zugleich strategische Ziele verfolgt und die neu erworbenen Gebiete enger mit Russland verbunden werden sollten, zeigen die nach 1880 erbauten Bahnlinien in Mittelasien sowie die 1891 begonnene transsibirische Eisenbahn. Insbesondere der Eisenbahnbau beschleunigte den Aufbau der Schwerindustrie und des Kohlebergbaus. Zwar war Russland bereits im ausgehenden 18. Jahrhundert ein bedeutender Exporteur von Roheisen gewesen, doch war die im Ural ansässige Eisenindustrie – noch überwiegend mit minderwertiger Holzkohle betrieben – technisch überholt. An ihre Stelle trat das ukrainische Industriegebiet, wo man in den sechziger Jahren bedeutende Kohle- und Eisenerzvorkommen entdeckt hatte. Doch erst durch den Bau der „Katharinenbahn", die seit 1884 die Eisenerzvorkommen bei Kriwoj Rog mit den Kohlegruben im Donez-Becken verband, begann der rasche Aufbau der Stahlindustrie in der Ukraine.

Auslandsanleihen

Finanziert wurde die Industrialisierung vorwiegend durch Auslandsanleihen und durch ausländische Aktionäre. Ihnen gehörten schließlich 90 % der Bergwerke, 72 % der Eisenbahnpapiere und 42 % des Bankkapitals. Mochte auch der Anteil des Auslandskapitals erheblich sein, so trifft die von vielen Kritikern aufgestellte Behauptung nicht zu, Russland sei an den Krediten ausgeblutet. Die Regierung verstand es sehr wohl, durch eine geschickte Umschuldungspolitik teure ältere Anleihen durch günstige neue zu ersetzen. Auch deckten sich die Interessen der ausländischen Aktionäre großteils mit denjenigen der russischen Kapitalisten: Ihr Ziel war es, ein rasches industrielles Wachstum herbeizuführen. Die Wachstumsrate der Industrie war beachtlich: Von 5,8 % zwischen 1885 und 1890 stieg sie bis 1900 auf 9,2 %, und auch nach den Krisenjahren von 1900 bis 1906 setzte ein erneuter Aufschwung ein. Russland hatte bereits vor der Revolution endgültig den „take-off", den Durchbruch zum Industriestaat, geschafft. Dies lässt die These fragwürdig erscheinen, die Revolution sei notwendig gewesen, um die Modernisierung Russlands herbeizuführen. Hat nicht auch Japan trotz seiner Rückständigkeit auch ohne eine sozialistische Revolution den Aufstieg zur Industriemacht vollzogen?

„take-off"

Ein Industrieproletariat entwickelte sich erst allmählich. Die Bauern, die in die neuen industriellen Zentren zogen, gehörten weiterhin rechtlich dem Bauernstand an und verließen regelmäßig die Fabriken, um an den Feldarbeiten teilzunehmen. Erst gegen Ende des Jahrhunderts entstand eine in sich geschlossene Arbeiterschaft. Zwar war die Zahl der Fabrikarbeiter noch sehr gering, 1913 waren es nur 3,6 Millionen bei einer Gesamtbevölkerung von 174 Millionen Menschen. Doch sagt diese geringe Zahl nichts über ihre Konfliktfähigkeit aus: Die Hälfte der Industriearbeiter war in Moskau, St. Petersburg und im ukrainischen Industriegebiet konzentriert; zudem arbeiteten nirgendwo in Europa die Beschäftigten in so großen Fabriken. 1895 waren in Russland bereits 45,2 % der Arbeiter in Fabriken mit mehr als 500 Beschäftigten tätig, in Deutschland dagegen nur 15,3 %. Den ersten großen Streik führten 1870 die 800 Arbeiter der Newa-Baumwollspinnerei in St. Petersburg durch. Allmählich wurde der Öffentlichkeit bewusst, dass sich die soziale Frage auch Russland stellen werde, da die Lebensverhältnisse denen in den westeuropäischen Staaten zur Zeit der Frühindustrialisierung glichen: niedrige Löhne, Zwang zum Kauf in werkeigenen Läden zu überhöhten Preisen (Truck-System), menschenunwürdige Unterkünfte z.T. in Massenquartieren, Kinderarbeit, hohe Arbeitszeit, die erst 1897 für Fabrikarbeiter auf 11 1/2 Stunden gesetzlich beschränkt wurde. Maßnahmen zum Schutz der Arbeiter wurden nur langsam getroffen, so 1903 die Regelung der Haftpflicht der Unternehmer bei Arbeitsunfällen und 1912 die Einführung der Kranken- und Unfallversicherung.

Industrieproletariat

Streik

Das Entstehen eines Industrieproletariats veränderte auch die revolutionäre Intelligenzia. Der ursprüngliche Narodnik Plechanow wandte sich dem Marxismus zu, wobei er erklärte, der Kapitalismus habe inzwischen die russische Wirtschaft erfasst und die Initiative könne nur noch von den Arbeitern in den großen industriellen Zentren ausgehen. Die von ihm 1883 in Genf gegründete Gruppe „Befreiung der Arbeit" wurde zur Keimzelle der russischen Sozialdemokratie.

Marxismus

MATERIAL 9 Rede eines russischen Arbeiters vor Gericht

Im Jahre 1877 erregte eine russische Gerichtsverhandlung weit über die Grenzen hinaus großes Aufsehen. Fünfzig Revolutionäre – Arbeiter und Intellektuelle – waren angeklagt, Familie, Privateigentum, Religion und Staat „geleugnet" und in diesem Sinne Propaganda getrieben zu haben. Einer der Angeklagten, Pjotr Alexejew, Textilarbeiter bäuerlicher Herkunft und als Verbannter 1891 in Sibirien gestorben, hielt folgende Verteidigungsrede:

Angeklagter Alexejew: Wir, das nach Millionen zählende Arbeitervolk, werden schon in frühester Kindheit von Vätern und Müttern unserem

Schicksal überlassen. Es wird uns keine Bildung zugeteilt, weil es keine Schulen gibt und weil wir für kargen Lohn über unsere Kräfte arbeiten müssen. Wenn wir als neunjährige Knaben zur Fabrikarbeit getrieben werden, was erwartet uns da? Wir verkaufen uns dem Kapitalisten für ein Stück Schwarzbrot; Aufseher prügeln uns mit Ruten und mit Fäusten, um uns an die schwere Arbeit zu gewöhnen; wir werden unzureichend ernährt, wir ersticken in Staub und verdorbener Luft, wir schlafen auf dem nackten Boden, ohne Kissen, ohne Decke, eingehüllt in wenige Lumpen, von zahllosem Ungeziefer geplagt. [...]

Senator Peters, Vorsitzender: Das ist ja gleichgültig. Sie brauchen darüber nicht zu sprechen.

Angeklagter Alexejew: Ja, gewiss, es ist gleichgültig, denn überall werden die Arbeiter auf das erbärmlichste Existenzminimum hinuntergedrückt. Für die siebzehn Stunden Arbeit kaum 40 Kopeken Lohn! Das ist doch furchtbar. Bei der heutigen Lebensmittelteuerung muss man doch auch für die Familie sorgen und die Steuern bezahlen. [...]
Ich kenne einigermaßen die Lage unserer Brüder, der Arbeiter des europäischen Westens. In mancher Hinsicht liegen die Dinge dort anders. Dort verfolgt man wenigstens jene Arbeiter nicht, die ihre Freizeit und den Schlaf ihrer Nächte opfern, um Bücher zu lesen. [...] Jedermann weiß, glaube ich, dass bei uns in Russland die Arbeiter, wenn sie Bücher lesen, immer noch dafür verfolgt werden. Und wenn man in seinen Händen gar ein Buch erblickt, worin von seiner eigenen Existenz die Rede ist, dann heißt's: Nimm dich zusammen! Dann sagt man ihm ganz offen: „Du, Bruder, bist wohl kein Arbeiter, du liesest ja Bücher." [...] Ja, glauben Sie denn, meine Herren, dass wir Arbeiter taub, blind und stumpf sind? [...] Glauben Sie, dass wir nicht merken, wie alle rings um uns reich werden und hinter unserem Rücken das Leben genießen? [...]

Erinnern wir uns jenes unvergesslichen Tages, den das russische Volk mit der ganzen Kraft seines Herzens mit Hoffnung und Freude herbeigesehnt hatte und für den es dem Zaren und der Regierung dankte – des 19. Februars! Er ist zerronnen wie ein Traum. Diese Bauernreform des 19. Februars 1861, „geschenkt", obwohl sie notwendig war, nicht vom Volke selbst herbeigeführt, sichert die elementarsten Bedürfnisse des Bauern keineswegs. Nach wie vor haben wir kein Brot, denn man hat uns kleine Fetzen wertlosen Bodens gegeben und wir sind in Abhängigkeit vom Kapitalisten geraten. Wenn der Verwalter der Fabrik Gebrüder Nossow als Zeuge ausgesagt hat, dass bei ihm, mit Ausnahme der Feiertage, alle Arbeiter sich unter strenger Aufsicht befinden, dass keiner ungestraft bleibt, wenn er zur festgesetzten Frist nicht zur Arbeit erscheint, und wenn in Hunderten von Betrieben in der Umgebung Tausende von Bauernsöhnen unter gleichen Bedingungen leben, dann bedeutet das, dass sie noch immer Leibeigene sind. Wenn wir leider oft genötigt sind, um Erhöhung des vom Fabrikanten gedrückten Lohnes zu ersuchen, dann klagt man uns des Streiks an und verbannt uns nach Sibirien. Das bedeutet, dass wir Leibeigene sind wie zuvor. [...] Aus allem, was ich gesagt habe, ergibt sich, dass das russische Arbeitervolk nur auf sich selbst bauen kann und von keiner Seite Hilfe erwarten darf, es sei denn von der jungen Generation unserer Gebildeten.

Senator Peters, Vorsitzender (springt auf und schreit): Schweigen Sie! Schweigen Sie augenblicklich!

Angeklagter Alexejew (mit erhobener Stimme fortfahrend): Die junge Intelligenz allein hat uns brüderlich die Hand entgegengestreckt. Sie allein hat geantwortet auf das Stöhnen aller Bauern des Russischen Reiches. Sie allein hat zutiefst empfunden und verstanden, was dieses Stöhnen der Bauern zu bedeuten hat. Sie allein bringt es nicht über sich, kalten Herzens auf den erschöpften, vom Absolutismus unterdrückten Bauern niederzublicken. Sie allein hat wie ein guter Freund sich vorgenommen, uns aus dem niederziehenden Strudel des Elends zu retten und auf einen guten Weg zu bringen. Sie allein lässt die Arme nicht untätig sinken, sondern sie führt uns, wie auch alle unsere Brüder, aus dieser perfid gebauten Falle heraus, und sie wird nicht ruhen, bis sie uns befähigt hat, selbständig für das Wohl des ganzen Volkes zu kämpfen. Unzertrennlich wird sie mit uns marschieren, bis (Alexejew reckt den Arm empor) die wuchtige Faust des nach Millionen zählenden Arbeitervolkes ...

Senator Peters, Vorsitzender (springt in Erregung auf und schreit): Schweigen Sie! Schweigen Sie!

Angeklager Alexejew (mit noch lauterer Stimme): ... sich eines Tages erhebt und das von Bajonetten geschützte Joch der Tyrannei in Staub zerfällt!

(Aus: Valentin Gitermann, Geschichte Russlands, Bd. 3, Hamburg 1949, S. 605ff.)

MATERIAL 10 Schlafsaal einer Fabrik (um 1900)

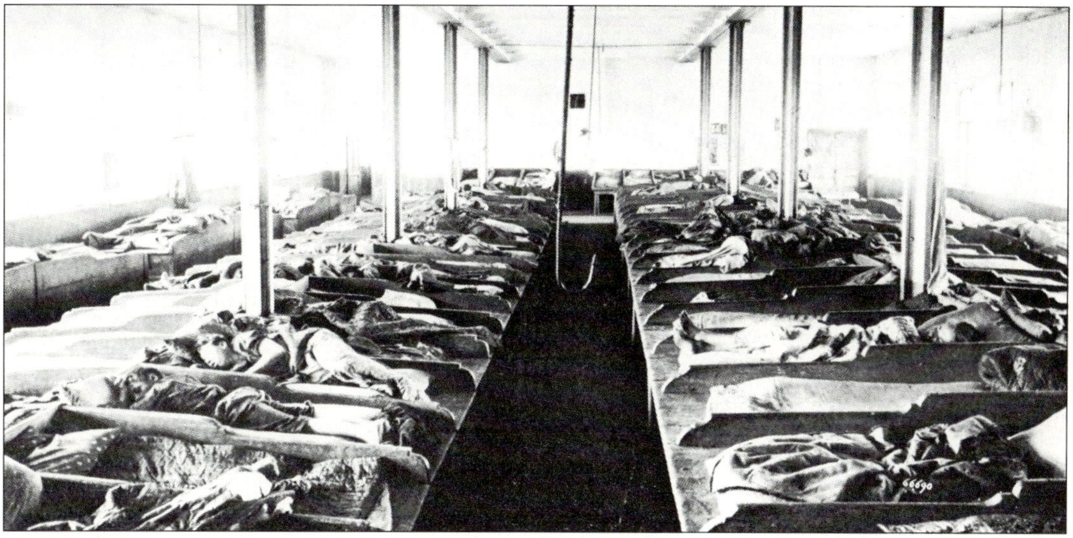

MATERIAL 11 Aus einer Eingabe der Moskauer Industriellen an den Zaren (Januar 1905)

Die russische Industrie hat oft seitens der von ihr beschäftigten Arbeiter Äußerungen angestauter Unzufriedenheit erlebt, die im Rahmen einer festen Rechtsordnung, im Rahmen einer Gleichheit aller vor dem Gesetz, im Rahmen absolut garantierter Unantastbarkeit der Person, im Rahmen der Koalitionsfreiheit verschiedener, aber durch allgemeine Gesetze verbundener Gesellschaftsgruppen, sich in ruhigen, gesetzlichen Formen des Kampfes hatte äußern können, wie man es in Westeuropa und in Amerika beobachten kann, wo die Industrie darunter nicht nur nicht gelitten, sondern, im Gegenteil, eine Prosperität erreicht hat, von der wir in Russland noch weit entfernt sind.

Arbeiter- und Bauernunruhen zersetzen unaufhörlich die russische Industrie und fügen ihr hohe Verluste zu, indem sie mit heftigem Wellengang bald diese, bald jene Gegend Russlands ergreifen. Es ist naiv, diese Erscheinungen auf die Agitation revolutionärer Elemente zurückzuführen. Nein, die Hauptursache der periodischen Arbeiterunruhen liegt vielmehr in den Mängeln unserer staatlichen Einrichtungen, im Fehlen politischer Rechte.

(Aus: Valentin Gitermann, Geschichte Russlands, Bd. 3, Hamburg 1949, S. 623)

1. Welche Rückschlüsse auf die Lebens- und Arbeitsbedingungen ergeben sich aus dem Foto? Stellen Sie die Ihnen bekannten Auswirkungen der Frühindustrialisierung auf die Arbeiter zusammen.
2. Untersuchen Sie die von dem russischen Arbeiter erhobenen Vorwürfe gegenüber Staat und Gesellschaft. Vergleichen Sie die Arbeitsbedingungen (Material 12, S. 164) und die politischen Rahmenbedingungen in Russland und in den USA.
3. Wie begründen die russischen Industriellen die Forderung nach politischen Rechten für die Arbeiter. Vergleichen Sie ihre Eingabe mit den Forderungen des revolutionären Exekutivkomitees (Material 4).
4. Wie ist es zu erklären, dass die russischen Arbeiter – anders als in den USA – schließlich eher einer marxistischen Lösung zuneigten?

MATERIAL 12 Industrielle Entwicklung im internationalen Vergleich

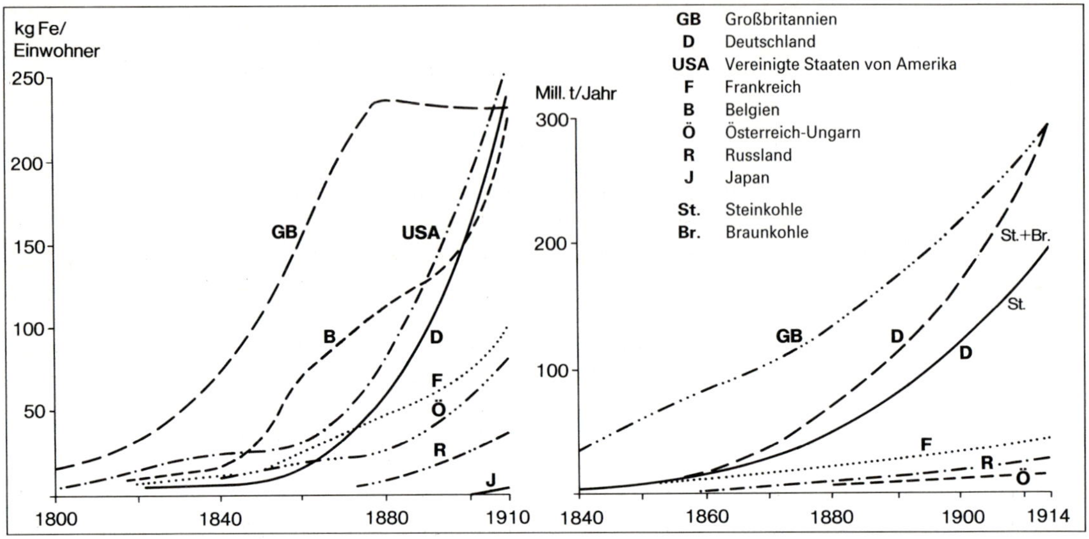

(Aus: Friedrich-Wilhelm Henning, Die Industrialisierung in Deutschland 1800 bis 1914, Paderborn 1976, S. 153 und 158)

MATERIAL 13 Indikatoren der russischen Wirtschaftsentwicklung

① Länge des Eisenbahnstreckennetzes (in den Grenzen von 1914)

1840	27 km	1870	10 731 km	1900	53 234 km
1850	501 km	1880	22 865 km	1910	66 581 km
1860	1626 km	1890	30 596 km		

② Produktion der russischen Industrie 1890–1913

Jahr	Produktionsgüterindustrie		Konsumgüterindustrie	
	Mio. Rubel	Index	Mio. Rubel	Index
1890	440,2	100,0	1053,0	100,0
1900	1208,4	274,5	1874,9	178,1
1908	1349,9	306,7	3062,2	290,8
1913	2489,4	565,5	4060,5	385,6

(① aus: Europäische Wirtschaftsgeschichte. The Fontana Economic History, hrsg. von Carlo M. Cipolla. Deutsche Ausgabe hrsg. von Knut Borchardt, Bd. 4: Die Entwicklung der industriellen Gesellschaften. Stuttgart/New York 1977, S. 514,
② aus: Bovykin, in: Wirtschaft und Gesellschaft im vorrevolutionären Russland, hrsg. von Dietrich Geyer, Köln, 1975, S. 203)

1. Beschreiben Sie die Stellung Russlands im Vergleich zu den übrigen Industriestaaten. Ziehen Sie auch Material 1, S. 156 heran. Wie lässt sich der Rückstand Russlands bei der Industrialisierung erklären?
2. Vergleichen Sie die Entwicklung des Eisenbahnnetzes und die Entwicklung in den übrigen Produktionsbereichen und erörtern Sie mögliche Zusammenhänge.
3. Nehmen Sie ausgehend von Material 13 Stellung zu der These, dass Russland ohne die Oktoberrevolution den Aufstieg zur Wirtschaftsgroßmacht nicht geschafft hätte.

1.4 Reform oder Erstarrung?

Bauernbefreiung und Industrialisierung gehören zu den großen Einschnitten der neueren russischen Geschichte. Der Staat spielte bei beiden Modernisierungsprozessen eine sehr aktive Rolle.
Das Experiment einer kapitalistischen Umwandlung Russlands von oben stieß in der Staatsspitze selbst, z.B. im Innenministerium, das eine konservative Stabilisierung anstrebte, auf Widerstand. Aus den widerstreitenden Interessen der führenden Kreise ergab sich ein schwankender Kurs des zaristischen Regimes zwischen Reform und Erstarrung. Dieser unklare Kurs trug nicht zuletzt die Schuld daran, dass Russland einer Revolution entgegenschlitterte.

Krieg mit Japan

Um 1900 setzte nach der Phase des Aufschwungs eine wirtschaftliche Depression ein. 1904 riskierte das russische Reich bei seiner imperialistischen Politik in Korea leichtfertig einen Krieg mit Japan. Unerwartete militärische Niederlagen, große wirtschaftliche Probleme, vor allem die für die breiten Massen besonders spürbaren Teuerungen für Grundnahrungsmittel, führten zu einem erheblichen Autoritätsverlust des Regimes und bewirkten eine wachsende politische Opposition. In dieser Krisensituation wurden grundlegende politische Reformen verlangt.

Revolution von 1905

Am 9. Januar 1905, dem später so genannten Blutsonntag, entwickelte sich daraus in Petersburg die offene Revolution. Demonstranten wollten dem Zaren eine Petition überreichen, in der folgende politischen und sozialen Forderungen erhoben wurden:
- Einberufung einer verfassunggebenden Versammlung aus Vertretern aller Stände
- Ministerverantwortlichkeit
- persönliche und öffentliche Freiheitsrechte
- eine allmähliche Bodenreform
- Arbeiterschutzgesetze und 8-Stunden-Tag
- Einführung eines Mindestarbeitslohns
- allgemeine kostenlose Schulpflicht.

Die Demonstranten, die diese Reformen nicht gegen den Zaren, sondern mit dem Zaren durchsetzen wollten, wurden vor der Residenz des Zaren, dem Winterpalais, niedergeschossen; es gab mehrere hundert Tote und Verletzte. Nach dem Blutsonntag breitete sich im Lauf der nächsten Monate die revolutionäre Bewegung über ganz Russland aus. In den Großstädten und Industriezentren häuften sich die Streiks; blutige Bauernrevolten brachen in allen Teilen des Landes aus. Selbst das Bürgertum forderte einschneidende politische Reformen, es wollte eine konstitutionelle Monarchie.
Der revolutionäre Flächenbrand, der fast alle sozialen Schichten und geografischen Teile Russlands erfasst hatte, war auch durch den im August 1905 abgeschlossenen Frieden mit Japan nicht mehr einzudämmen. Im Oktober 1905 kam es zum Generalstreik, der das Land wirtschaftlich lahm legte. Aus den Streikkomitees heraus bildeten sich überbetriebliche Arbeiterräte, Sowjets, die die ökonomischen wie allgemein politischen Forderungen der Arbeiter koordinierten und verfochten. Nicht zuletzt deshalb nannte Lenin die Revolution von 1905 den „Probelauf" für das Jahr 1917.

Der Zar sah sich gezwungen, in einem Reformdokument, dem Oktobermanifest, den entscheidenden politischen Forderungen nachzugeben. Die bürgerlichen Grundrechte wurden garantiert, das allgemeine Wahlrecht eingeführt, das Parlament, die Duma, sollte die volle legislative Gewalt übernehmen.

Oktobermanifest

Das Oktobermanifest hatte die revolutionären Bevölkerungsschichten gespalten. Während das Bürgertum, auch das Kleinbürgertum, seine Forderungen für erfüllt ansah, wollten die Arbeiter durch Fortsetzung der Streiks und die Bauern durch weitere Unruhen ihren wirtschaftlichen und sozialen Forderungen neuen Nachdruck verleihen. Entscheidend für den Ausgang der Revolution von 1905 war, dass diese Unruhen nur zu einem geringen Teil auf die Armee übergriffen. So konnten gegen Ende des Jahres 1905 sowohl die Bauernunruhen wie auch die Streikbewegung militärisch niedergeschlagen werden.

Die Einführung des allgemeinen Wahlrechts hatte 1906 den Wahlsieg der dem Regime gegenüber oppositionell eingestellten politischen Gruppierungen zur Folge. Daraufhin wurde die Duma aufgelöst. Neuwahlen führten allerdings zur gleichen regimekritischen Zusammensetzung der Duma. Die Opposition wurde verstärkt durch zahlreiche Vertreter nationaler Minderheiten (Polen, Litauer, Letten, Ukrainer, Tataren usw.), die vor allem Forderungen nach nationaler Selbstverwaltung erhoben. Die zaristische Regierung hob schließlich das allgemeine Wahlrecht auf und ersetzte es durch ein Klassenwahlrecht zugunsten der besitzenden Schichten.

Agrarreformen Stolypins

Dieser reaktionären Politik der Erstarrung, die die politischen Ergebnisse des Oktobermanifests wieder aufheben wollte, widersprach allerdings ein radikaler Wechsel in der Agrarpolitik, der eine Modernisierung der Gesellschaft anstrebte. Dem neuen Kurs kam es vor allem darauf an, die Lage auf dem Land durch eine Agrarreform zu beruhigen; nicht durch Enteignung und Umverteilung des Großgrundbesitzes, sondern durch die allmähliche Auflösung des produktionshemmenden Mir und seine Umwandlung in bäuerliches Privateigentum. Der individuelle Erwerbssinn sollte freigesetzt werden, damit eine wohlhabende Schicht von Mittel- und Großbauern entstehen konnte. Dies war aber nur möglich, wenn ein Teil der Bauern dazu veranlasst wurde, seinen zur Existenz nicht mehr ausreichenden Kleinbesitz zu verkaufen.
Von den ökonomisch starken Bauern, den Kulaken, erhoffte man sich einen politischen Rückhalt für die Monarchie und zugleich einen Modernisierungsanstoß für die gesamte Landwirtschaft. Als treibende Kraft dieser Agrarrevolution erwies sich Ministerpräsident Stolypin. Jeder Haushaltsvorstand bekam das Recht, von der Gemeindeversammlung den Übergang des von ihm bearbeiteten Landes in sein Privateigentum zu fordern. Darüber hinaus konnte er verlangen, dass ihm ein möglichst zusammenhängendes Stück Land übergeben wurde, was eine Flurbereinigung erforderte. Schließlich ermächtigten die Stolypin'schen Agrarreformen die Gemeindeversammlung, durch einfachen Mehrheitsbeschluss den Mir aufzulösen. In einer weiteren Phase strebte die Regierung die Ansiedlung der wirtschaftlich erfolgreichen Bauern auf Einzelhöfen außerhalb des Dorfes an. In die gleiche Richtung wie der staatlich geförderte Verkauf von Gutsbesitz an Bauern lief das Umsiedlungsprogramm nach Sibirien und in die zentralasiatischen Regionen.
Dass man bei den Reformmaßnahmen weitgehend auf Zwang verzichtete und dass zudem – besonders bei der Flurbereinigung – ein erheblicher organisatori-

scher Aufwand erforderlich wurde, machte die Reform zu einem langwierigen Prozess. Bis 1914 wurden auf diese Weise ca. 20 % des Bauernlandes privatisiert – eine erst durch den Ausbruch des Krieges unterbrochene Entwicklung, die möglicherweise zu einer friedlichen Agrarreform ähnlich wie in anderen Staaten hätte führen können.

Nicht realisiert bis 1914 wurden allerdings fast alle Projekte Stolypins zur Reform der ländlichen Selbstverwaltung und der ländlichen Gerichtsbarkeit. Ausdruck dieser politischen Erstarrung war auch, dass die Änderung der äußerst restriktiven Wahlrechtsbestimmungen der städtischen Selbstverwaltung erst gar nicht in Angriff genommen wurde und die rechtliche wie politische Lage der diskriminierten Nationalitäten sich nicht verbesserte. Zu dieser Zeit wurde Russland in Europa als eine völkerfesselnde Bastion politischer und gesellschaftlicher Rückständigkeit wahrgenommen. Lenin bezeichnete es als „Völkergefängnis". So ist es insgesamt verständlich, dass 1914 in Russland das Bewusstsein verbreitet war, das zaristische Regime habe sich festgefahren, sei zu einer einschneidenden politischen Reform unfähig.

Russland – ein Völkergefängnis

MATERIAL 14 **Denkschrift Graf Wittes an den Zaren vom 9. 10. 1905**

Der historische Fortschritt ist unaufhaltsam. Entweder wird die bürgerliche Freiheit durch Reformen verwirklicht oder durch eine Revolution. Im zweiten Falle aber wird diese Freiheit erst sehr spät aus dem Aschenhaufen eines zerstörten tausendjährigen geschichtlichen Daseins erstehen. Die russische Revolution, sinnlos und erbarmungslos, wird alles wegfegen, alles in Trümmer schlagen. In welcher Form Russland aus dieser beispiellosen Prüfung hervorgehen wird – das übersteigt unser Darstellungsvermögen. Aber die Schrecken der russischen Revolution werden alles übertreffen, wovon die Geschichte berichtet. Es ist möglich, dass durch ausländische Einmischung das Reich in Stücke gerissen wird. Man wird versuchen, die Ideale des theoretischen Sozialismus zu verwirklichen; diese Versuche werden umsonst sein, aber dennoch von entscheidender Wirkung. Sie werden die Familie zerstören, das religiöse Leben vernichten, das Eigentum beseitigen und alle Rechtsgrundlagen untergraben. [...]

Die Staatsgewalt muss sich an die Spitze der Freiheitsbewegung stellen. Es bleibt keine andere Wahl.

(Aus: W. v. Korostowetz, Graf Witte Steuermann in der Not, Berlin 1929, S. 16)

Demonstration mit Fahnen und Zarenbildern (1905)

1. Fassen Sie die Argumente Wittes für eine Reformpolitik zusammen.
2. Erörtern Sie, inwieweit die Politik des Zaren (z.B. sein Verhalten am „Blutsonntag") die Entwicklung herbeiführte, vor der Witte warnt.

MATERIAL 15 Der Historiker Valentin Gitermann über die Agrarreformen Stolypins

Stolypins Ziel war, in Russland die Bildung einer kraftvollen Bourgeoisie zu beschleunigen, die sich, wie er hoffte, nach preußischem Vorbild mit den Großgrundbesitzern zu einem konservativen Block verbünden würde. Das Gelingen seines Projektes hing jedoch von zwei Voraussetzungen ab: Erstens durfte sich Russland während längerer Zeit nicht in Kriege verwickeln lassen und zweitens musste der „vorzeitige" Ausbruch einer Revolution durch außerökonomische (polizeiliche und eventuell militärische) Mittel verhindert werden, bis sich die Position der herrschenden Klassen, dank den fortschreitenden Resultaten der Stolypin'schen Bodenreform, genügend konsolidiert hätte. Schon 1908 gab Stolypin deutlich zu verstehen, er werde, solange er lebe, die Teilnahme Russlands an einem Krieg nicht zulassen. [...] Ihm war klar [...]: Die bäuerlichen Elemente der Armee (mehr als 80 Prozent aller Soldaten) konnten durch die revolutionäre Propaganda leicht demoralisiert und zu Meutereien hingerissen werden.

(Aus: Valentin Gitermann, Geschichte Russlands, Bd. 3, Hamburg 1949, S. 437)

MATERIAL 16 Der Historiker Oskar Anweiler: „Woran scheiterte das konstitutionelle Experiment in Russland?"

Versucht man diese schwierige Frage zu beantworten, so muss man ausgehen von der Tatsache, dass „Verfassung" und Duma das Ergebnis der Revolution waren. Die revolutionäre Volksbewegung hatte dem Zarismus das Oktobermanifest mit dem Versprechen einer Verfassung und eines Parlaments abgerungen. In dem Maße aber, wie seit der Dezemberniederlage die Kräfte der Revolution schwächer wurden, konnte die zaristische Regierung darangehen, die Versprechen Stück für Stück zurückzunehmen und hinter der Fassade des „Scheinkonstitutionalismus" (Max Weber) Russland in alter Weise zu regieren. Der Zar und seine Ratgeber waren der Meinung, Russland sei nicht „reif" für eine konstitutionelle Monarchie mit einer parlamentarischen Regierung und könne nur durch die starke Hand eines Alleinherrschers geführt werden. Die Probe auf diese Behauptung – das war entscheidend – wurde nicht gemacht. Da der Zarismus den gemäßigten Kräften der russischen Gesellschaft nicht entgegenkam, verpassten diese ihre geschichtliche Chance, Russland in politisch-verfassungsrechtlicher Hinsicht an „Europa anzugleichen", wie es das auf wirtschaftlichem Gebiet durch die Industrialisierung und Auflösung der alten Agrarordnung zu tun im Begriffe stand. Der russische Liberalismus, zahlenmäßig ohnehin viel schwächer als sein westeuropäischer Bruder, kam nicht zum Zuge und blieb außerhalb der staatlichen Verantwortung in Opposition gegen die zaristische Autokratie, während von unten schon radikale soziale und politische Kräfte nachdrängten.

(Aus: Oskar Anweiler, Die russische Revolution von 1905, in: Jahrbücher für Geschichte Osteuropas, Neue Folge, Bd. 3, 1955, S. 182f.)

1. Welche Innen- und welche Außenpolitik musste Russland nach Stolypins Ansicht verfolgen, um die Agrarreform gelingen zu lassen?
2. Erörtern Sie die Frage, ob nicht auch eine stark eingeschränkte konstitutionelle Verfassung (ähnlich wie in Deutschland im 19. Jh.) den Rahmen für einen gesellschaftlichen Fortschritt bilden kann.
3. Aus welchen Gründen scheitert nach Ansicht Anweilers das konstitutionelle Experiment?

2. Reichsbildung und Imperialismus

2.1 Das russische Imperium – ein Vielvölkerstaat

Das plötzliche Auseinanderbrechen der Sowjetunion sowie die Autonomiebestrebungen im heutigen Russland machen deutlich, dass es sich bei diesem Reich nur scheinbar um ein monolithisches Gebilde handelte. Russland war nie ein Nationalstaat im westlichen Sinne, sondern ein Vielvölkerreich, in dem die Russen 1897 nur 44 % und 1989 knapp 50 % der Gesamtbevölkerung stellten. Was hat diesen Staat zusammengehalten? Wie kam es, dass er so plötzlich zerfiel? Diese Fragen erfordern einen Rückblick auf die Entstehungsgeschichte des russischen Imperiums, die mehr umfasst als die vergleichsweise kurze Phase des Imperialismus. Denn anders als bei den USA handelt es sich nicht um eine aus Millionen von Einwanderern aus vielen Völkern in nur zwei Jahrhunderten zusammengewachsene Nation, die die ursprüngliche Bevölkerung verdrängte, sondern um ein Reich, in dem e i n Volk sprachlich und kulturell sehr unterschiedliche Völker beherrschte.

Vielvölkerreich

Imperium

Um 830 gründeten die aus Schweden eindringenden Waräger in der heutigen Ukraine einen von den Slawen als Rus bezeichneten Staat mit dem Zentrum Kiew, der sich nach seiner Christianisierung in den byzantinischen Kulturkreis einordnete. Das Herrschaftsgebiet zerfiel in die Handelsrepublik Nowgorod und mehrere Teilfürstentümer, die 1240 unter die Herrschaft der Mongolen und Tataren gerieten. Die Folge war – außer für Nowgorod – der fast völlige Abbruch der Beziehungen zum Westen. Es entstanden allmählich die drei slawischen Völker der Großrussen im Osten sowie der Weißrussen und der Ukrainer im Westen. Zum neuen Zentrum entwickelte sich Moskau unter Iwan Kalita (1325–1341), der die Umsiedlung des ursprünglich in Kiew ansässigen Metropoliten nach Moskau veranlasste und mit der Politik der „Sammlung der russischen Erde" begann. Einen entscheidenden Beitrag für die spätere Großmachtstellung leistete Iwan der Große (1462–1505), der sich erstmals Zar von ganz Russland nannte und Russland 1480 endgültig von den Tataren befreite. Der Herrschaftsbereich wurde um ein Vielfaches erweitert und aus Nowgorod und mehreren Teilfürstentümern entstand ein einheitliches Reich.

Rus
Byzanz

Großrussen, Weißrussen, Ukrainer

„Sammlung der russischen Erde"

Peter der Große (1689–1725) eroberte die baltischen Ostseeprovinzen, gründete die neue Hauptstadt St. Petersburg, das „Fenster nach Europa" (Puschkin), modernisierte Staat und Wirtschaft und machte Russland zu einer Großmacht, die fast ganz Sibirien umfasste und sich bis an die Grenze Chinas erstreckte. Sibirien, das zunächst mit Strafgefangenen, später auch mit russischen Einwanderern besiedelt wurde, war eine Siedlungskolonie ebenso wie die unter Katharina der Großen (1762–1796) eroberten südrussischen Gebiete, die auch mit aus Deutschland herbeigeholten Bauern – den Wolgadeutschen – besiedelt wurden.

Sibirien

Siedlungskolonie

Russlands Expansion im Zeitalter des Imperialismus schloss sich als kontinentale Ausdehnung in den ost- und südostasiatischen Raum nahtlos an die bishe-

Kontinentalimperialismus

rige Politik an: 1858 wurde das Amurgebiet besetzt und 1860 mit dem programmatischen Namen „Beherrsche den Osten" der Hafen Wladiwostok gegründet. Mutmaßliches Motiv war das Bestreben, einem britischen Vordringen zuvorzukommen und den ostasiatischen Besitz abzurunden; der Außenposten Alaska wurde 1867 an die USA verkauft. Erst der Bau der transsibirischen Eisenbahn ab 1891 weckte den Wunsch, diese Bahnlinie durch weitere Erwerbungen abzusichern. 1896 musste China Russland das Recht zugestehen, eine zweite Eisenbahnlinie durch die Mandschurei zu bauen, um den Weg nach Wladiwostok zu verkürzen. Die Besetzung des Hafens Port Arthur 1898 und die versuchte Einflussnahme in Korea führten zu Spannungen mit Japan, das 1904 ohne Kriegserklärung Port Arthur angriff. Die russischen Truppen wurden 1905 bei Mukden besiegt, die russische Flotte zwei Monate später in der Seeschlacht von Tsushima vernichtet. Russland musste die Mandschurei räumen, die japanische Vorherrschaft in Korea anerkennen und Port Arthur und Südsachalin an Japan abtreten.

Transsibirische Eisenbahn

Japan

Erfolgreicher war die russische Politik im Kaukasusgebiet und in Mittelasien. Durch die Eroberung Turkestans, Taschkents, Samarkands (1864–1868) und weiterer Gebiete sowie durch die Eingliederung des Pamirgebiets (1905) dehnte sich das Zarenreich bis an seine „natürlichen" Grenzen aus. Gerechtfertigt wurden diese Aktionen mit der üblichen imperialen Rhetorik: der zivilisatorischen Mission Russlands und seiner ordnungsstiftenden Rolle in einer barbarischen Region mit nomadisierenden Völkerschaften. Anders als in Sibirien handelte es sich bei diesen islamisch geprägten und vorwiegend von Turkvölkern besiedelten Gebieten um Besatzungskolonien. Eine nennenswerte russische Besiedlung fand später nur in Kasachstan statt. Diese Politik lässt sich ähnlich wie das Vorgehen im Fernen Osten kaum als imperialistische Politik im Stile der übrigen Kolonialmächte interpretieren, denn das industriell rückständige Russland brauchte selber Kapitalimport und war nicht auf Kolonien angewiesen. Eher handelte es sich um den Versuch, sich durch die militärische Besetzung der angrenzenden Gebiete gegen ein imperialistisches Umfeld zu behaupten, verbunden mit einem nationalen Sendungsbewusstsein.

Besatzungskolonien

MATERIAL 1 Der Historiker und Publizist Michail Pogodin über Russland (1838)

Michail Petrowitsch Pogodin (1800–1875) war der aktivste Publizist unter den Slawophilen.

Russland – welch wundervolle Erscheinung auf dem Schauplatz der Welt. Welches Land vergleicht sich mit diesem? Welches nur mit seiner Hälfte? Wie viele gleichen seinem zwanzigsten, seinem fünfzigsten Teile! [...]
Russland ist ein Reich, das alle Arten Boden, alle Klimate in sich begreift, vom heißesten bis zum kältesten, von der versengten Landschaft um Eriwan bis zum eisigen Lappland, – ein Reich, das auch auf der jetzigen Stufe seiner Entwicklung an allen Erzeugnissen Überfluss hat, die zum Unterhalt, zum Wohlsein, zum Genusse dienen, eine Welt für sich, selbstgenügsam, unabhängig, keiner Ergänzung bedürftig. [...] Die weiten Ufer des Schwarzen und Kaspischen Meeres, die Krim, der Kaukasus, Bessarabien warten nur auf Weinbauern, und schon bemühen sich Besitzer aus Burgund und der Champagne, in jenen Gegenden Grundstücke durch Kauf zu erwerben. Wolle führen wir auch jetzt schon aus, und Neurussland, die alte Heimat der Nomadenstämme, enthält so viele fette Weideplätze, dass zahlreiche Herden sich dort ergehen können und wir Spanien und England um ihre Merinos nicht zu beneiden brauchen. [...]

Dies alles sind rohe Naturprodukte, aber wo gäbe es ein Land, geeigneter zur Errichtung von Fabriken, da die Arbeit so wohlfeil, die Bedürfnisse und Forderungen der Arbeiter so gemäßigt sind? [...]

Und wo könnte der Handel lebhafter blühen als hier, bei dem ungeheuren inneren Umsatz, der angrenzenden Lage der Meere, den Bedürfnissen des Auslands und der Nähe der reichen asiatischen Länder, Persiens, Indiens und Chinas? Worin soll Russland die Nebenbuhlerschaft der Engländer fürchten müssen, trotz aller ihrer Dampfschiffe auf Euphrat und Nil. [...]

Wer die europäischen Länder und Völker unbefangen betrachtet, der muss bei aller Achtung vor ihrer Geschichte dennoch bekennen, dass ihre Zeit vorüber ist. [...] Korruption in Frankreich, Trägheit in Italien, Grausamkeit in Spanien, Selbstsucht in England – sind diese allgemeinen Erscheinungen, diese hervorstechenden Merkmale mit der Idee bürgerlichen, menschlichen Glückes, mit dem Ideal der Gesellschaft, der Civitas Dei, vereinbar? Ist das goldene Kalb, das Geld, vor dem ohne Ausnahme ganz Europa sich neigt, wirklich der höchste Gipfel europäischer, christlicher Bildung? Amerika, von dem unsere Zeitgenossen sich eine Zeit lang blenden ließen, hat inzwischen deutlich die Laster seiner illegitimen Geburt an den Tag gelegt. Amerika ist kein Staat, sondern eine Kaufmannskompanie nach Art der ostindischen, die ein Gebiet als Eigentümerin besitzt, nur an Handelsvorteile denkt, Reichtum sammelt, aber schwerlich etwas Großes, weder im politischen noch im menschlichen Sinne, hervorbringen wird. [...]

(Aus: Michail Pogodin, Politische Briefe aus Russland, in: V. Gitermann, Geschichte Russlands, Bd. 3, Hamburg 1949, S. 576ff.)

MATERIAL 2 **Das russische Imperium**

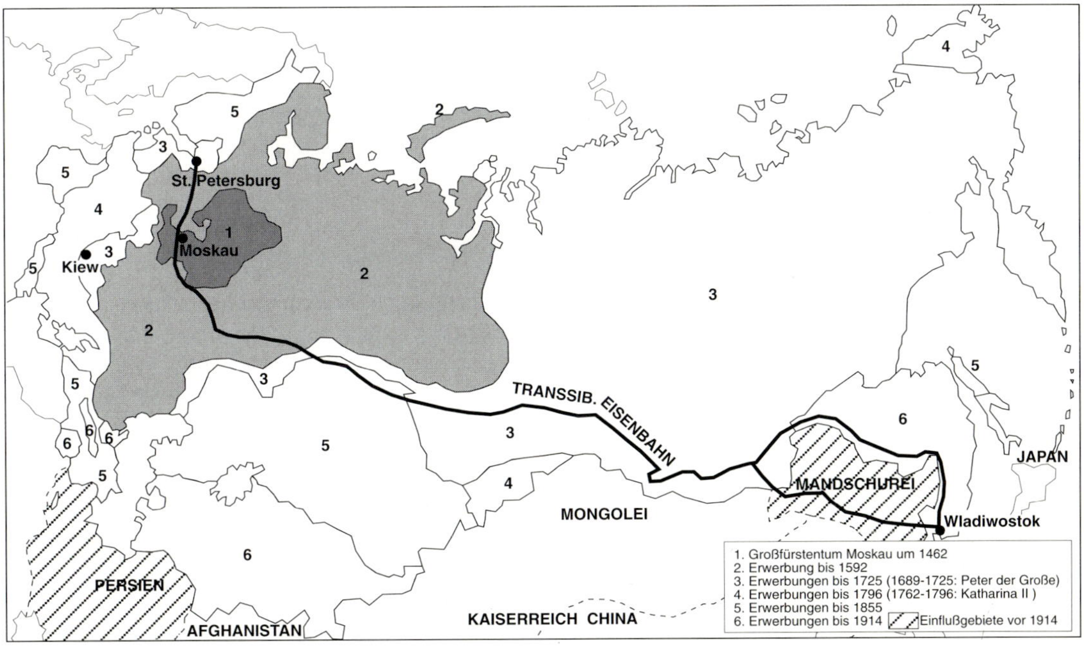

1. Untersuchen Sie, warum nach Meinung Pogodins kein anderes Land Russland gleichkommt.
2. Lassen sich in seiner Schrift Motive für eine expansionistische Politik finden?
3. Untersuchen Sie anhand der Karte Stoßrichtungen und Etappen des russischen Vordringens. An welchen Stellen reichen die Expansionsbestrebungen über die Grenzen des Jahres 1914 hinaus?
   Mit wessen Widerstand muss Russland rechnen?
4. Welche Änderungen zeichnen sich seit 1991 ab? Wie lassen sie sich erklären?

MATERIAL 3 Zwei Stimmen zur Kolonialpolitik

Der russische Schriftsteller Dostojewski in einem Zeitungsartikel (Januar 1881):

„... Was brauchen wir dieses Asien? Wir haben schon so viel Geld dafür ausgegeben, während bei uns Hunger und Diphtherie herrschen, wir keine Schulen haben usw." Ja, diese Ansichten wurden geäußert und wir haben sie gehört. Nicht alle waren dieser Meinung, o nein – aber es muss zugegeben werden, dass viele sich zu unserer Offensivpolitik in Asien in der letzten Zeit feindselig verhielten.

Allerdings hat dazu auch die Geheimhaltung der unternommenen Expedition beigetragen. Nur in der allerjüngsten Zeit gelangten zu uns einzelne Nachrichten aus den ausländischen Blättern und erst ganz zuletzt erklangen über ganz Russland die Telegramme Skobelews. Nichtsdestoweniger und in jedem Falle kann man schwerlich behaupten, dass unsere Gesellschaft von einer klaren Erkenntnis unserer Mission in Asien und dessen, was Asien für uns ist und in Zukunft bedeuten kann, durchdrungen wäre.
Überhaupt stellt man das ganze russische Asien, Sibirien mit inbegriffen, für Russland noch immer als eine Art Anhängsel dar, für das sich unser europäisches Russland gar nicht zu interessieren scheint. „Wir sind ja in Europa – was haben wir in Asien zu suchen?" Man hört sogar sehr scharfe Stimmen: „Ach, dieses Asien! Wir können uns nicht einmal in Europa ordentlich einrichten, da hängt man uns auch noch dieses Asien an. [...]

Darum dürfen wir auf diesem Wege nicht stehen bleiben. Diese Völker dürfen ihre Chans und Emire haben, in ihrer Vorstellung mag England drohend erscheinen und sie mögen seine Macht bewundern, aber der Name des Weißen Zaren soll über den Chans und Emiren stehen, über der Kaiserin von Indien, sogar über dem Namen des Kalifen. Diese Überzeugung muss sich sofort festsetzen! Und sie festigt sich auch wirklich von Jahr zu Jahr mehr, sie ist uns auch notwendig, da es sie an die Zukunft gewöhnt.

„Wozu und an was für eine Zukunft? Was brauchen wir die zukünftige Eroberung Asiens? Was wollen wir in Asien anfangen?" Wir brauchen sie, weil Russland nicht nur in Europa, sondern auch in Asien liegt; weil der Russe nicht nur Europäer, sondern auch Asiat ist. Und noch mehr als das: In Asien liegen vielleicht mehr unsere Hoffnungen als in Europa. Und ich sage noch mehr: Vielleicht ist Asien in unseren zukünftigen Schicksalen der wichtigste Ausweg! [...]

Finanzminister Witte im Jahre 1900 an den Großfürsten Michail:

Eine Kolonialpolitik braucht Russland nicht, seine Auslandsaufgaben tragen nicht nur friedlichen, sondern sogar einen höchst kulturellen Charakter ..., weil die Mission Russlands im Osten, im Gegensatz zum Streben der westeuropäischen Mächte nach wirtschaftlicher und nicht selten politischer Unterjochung der Völker des Ostens, eine schützende und bildende Mission sein muss. Russland fällt auf natürliche Weise die Aufgabe zu, die angrenzenden Länder ... vor den übermäßigen politischen und kolonialen Ansprüchen der übrigen Mächte zu schützen.

(Aus: Geschichte in Quellen, Bd. 5, hrsg. von G. Schönbrunn, München 1980, S. 589f. und aus: G. Schramm (Hrsg.) Handbuch der Geschichte Russlands, Bd. 3/I, Stuttgart 1983, S. 197)

1. Wie wird der Widerstand großer Teile der öffentlichen Meinung gegen die russische Asienpolitik begründet?
2. Mit welchen Argumenten sucht Dostojewski für Russlands Mission in Asien zu werben?
3. Nehmen Sie Stellung zu Wittes Äußerungen, eine Kolonialpolitik brauche Russland nicht.
4. Was unterscheidet die russischen Expansionsbestrebungen vom Imperialismus der USA?

2.2 Russland und Europa

Schon Iwan der Große begann in ständiger Auseinandersetzung mit dem polnisch-litauischen Reich mit der „Sammlung" auch der ukrainischen und der weißrussischen Erde. Peter der Große eroberte die baltischen „Ostseeprovinzen" und gewann damit Zugang zur Ostsee. Katharina die Große erwarb bei den drei polnischen Teilungen 1772–1795 auch polnisches und litauisches Gebiet. In zwei erfolgreichen Kriegen gegen die Türken eroberte sie im Süden das Land bis zum Dnjestr einschließlich der Krim, ferner konnte sie die Schutzherrschaft Russlands über die orthodoxen Christen in der Türkei und über die Donaufürstentümer Moldau und Walachei durchsetzen. Aus dieser westlichen Stoßrichtung der russischen Politik entstand im Laufe des 19. Jahrhunderts die „orientalische Frage": Das Ziel, die Christen von der türkischen Herrschaft zu befreien, führte zu Rivalitäten mit Österreich-Ungarn auf dem Balkan und zu Auseinandersetzungen mit England wegen der Kontrolle über die Meerengen und Konstantinopel. Ein erster Höhepunkt war der Krimkrieg 1853–1856. Nach der Besetzung der Donaufürstentümer durch russische Truppen intervenierten England und Frankreich zugunsten der Türkei und landeten auf der Krim. Russland unterlag und musste nicht nur Gebiete abtreten, sondern auch auf seine Schutzherrschaft über die Christen verzichten.

Ostseeprovinzen
Polnische Teilung
Orientalische Frage
Krimkrieg

Anders als die Expansion im Fernen Osten und in Zentralasien wurde die orientalische Frage durch die öffentliche Meinung unterstützt. Ein neu aufkommender russischer Nationalismus verband sich mit der Slawophilie zu einem aggressiven Panslawismus oder eher einem „Russismus", welcher vom Zaren als dem Schutzherrn aller orthodoxen Christen die Befreiung aller Slawen vom Joch der Türken oder der Herrschaft der Habsburger in Österreich-Ungarn forderte. In einem verbreiteten Buch „Russland und Europa" trat der Publizist Danilewski 1871 für die Bildung eines großslawischen Reiches unter russischer Führung ein. Dieser von Publizistik und Geistlichkeit vertretene Panslawismus gewann immer mehr Einfluss auf die Regierung. Als 1876 ein Aufstand der Bulgaren von den Türken blutig unterdrückt wurde und gleichzeitig die Slawenstaaten Serbien und Montenegro in ihrem Krieg gegen die Türkei unterlagen, wurde die öffentliche Meinung mobilisiert. Appelle, sich nicht von der russischen Geschichte loszusagen, zwangen den Zaren, sich für einen Krieg gegen die Türken zu entscheiden. Russische Truppen rückten bis kurz vor Konstantinopel vor. Im Frieden von San Stefano 1878 erlangten Serbien, Montenegro und Rumänien ihre Unabhängigkeit; des weiteren mussten Gebiete an Russland abgetreten werden. Auf den Widerstand Englands und Österreich-Ungarns hin musste Russland auf dem Berliner Kongress 1878 jedoch auf einen Teil seiner Erfolge verzichten (vgl. S. 118–119). Als Ausgleich besetzte Österreich-Ungarn Bosnien-Herzegowina, welches 1908 annektiert wurde.

Panslawismus
Berliner Kongress

Die nicht gelöste Balkanfrage führte 1912 und 1913 zu zwei weiteren Kriegen zwischen den Balkanstaaten und löste nach der Ermordung des österreichischen Thronfolgerpaares in Sarajewo den Ersten Weltkrieg aus. Neben anderen Gegensätzen im europäischen Staatensystem ging es dabei auch um Russlands Streben nach den Meerengen und um die Zerschlagung Österreich-Ungarns, das sich als Widersacher der panslawistischen Ziele erwiesen hatte.

Erster Weltkrieg

MATERIAL 4 Der Publizist Iwan Axakow zu den Ergebnissen des Berliner Kongresses

Es gibt keine Worte, mit denen dieser schmähliche Verrat an dem historischen Beruf und an der Pflicht Russlands gebührend gekennzeichnet werden könnte. Dieser Bedingung zustimmen heißt, auf die Stellung Russlands als Schutz- und Vormacht des Slawentums und der christlich-orientalischen Welt Verzicht leisten, heißt, uns nicht nur um die Sympathien, sondern auch um die Achtung der Slawenstämme bringen, welche unsere nächsten, ja unsere einzigen Verbündeten in Europa sind. Für das slawische Volkstum sind Freiheit, eigenartige Entwicklung und Entfaltung aller geistigen Fähigkeiten allein unter Voraussetzung liebender Vereinigung mit dem russischen Volke möglich. Die russische Diplomatie aber hat anders entschieden. Nur deshalb sollst du, rechtgläubiges russisches Volk, Blut verspritzt und Hunderttausende deiner Söhne geopfert haben – damit du die Macht deiner Feinde und der Feinde des Slawentums erhöhst und rechtgläubige Slawen der Herrschaft deutscher und katholischer Elemente unterwirfst. [...] Da seht ihr die wahren Nihilisten. Die Leute, für die es kein Russland und keine russische Überlieferung, kein russisches Volkstum und keine rechtgläubige Kirche gibt. Nein – was immer auf dem Kongress geschehen, wie immer die Ehre Russlands gekreuzigt werden mag, noch lebt unser gekrönter Schutzherr, und er wird unser Rächer sein. [...] Lasst uns darum hoffen und vertrauen! Die Hoffnung auf ihn kann nicht zu Schanden werden, denn das Zarenwort: „Die heilige Sache wird zu Ende geführt werden" – kann nicht gebrochen werden.

(Aus: Geschichte in Quellen, Bd. 5, hrsg. von G. Schönbrunn, München 1980, S. 504f.)

MATERIAL 5 Der verlorene Sieg

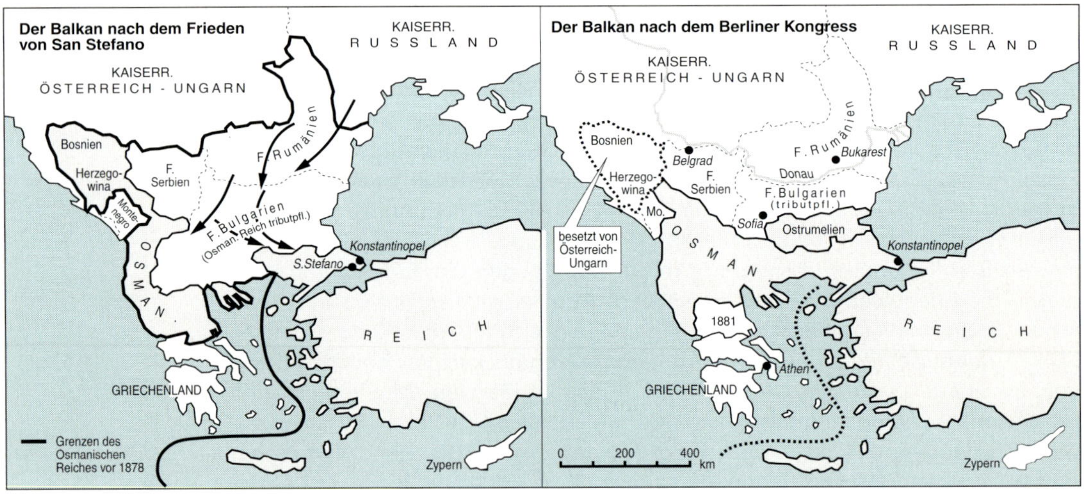

1. Erarbeiten Sie mögliche stabilisierende und destabilisierende Auswirkungen der von Axakow vertretenen Gedanken im Vielvölkerstaat Russland.
2. Untersuchen Sie anhand der Karten Stoßrichtung und mögliche Ziele des russischen Vorgehens. Welche Zugeständnisse musste Russland auf dem Berliner Kongress machen?
3. Vergleichen Sie die Karten mit einer aktuellen Staatenkarte. Wie hat sich die Grenzziehung geändert? Welche Grenzen sind heute noch strittig?

MATERIAL 6 **Der Publizist Danilewski über Russland, Europa und Amerika**

Da Russland seiner inneren Wesensart nach der europäischen Welt fremd ist, da es zudem allzu stark und mächtig ist, um den Platz eines der Mitglieder der europäischen Familie einzunehmen, um eine von den europäischen Großmächten zu sein, vermag es nicht anders eine seiner und des Slawentums würdige Stellung in der Geschichte einzunehmen, als indem es zum Haupte eines besonderen, selbständigen politischen Staatensystems wird und Europa in seiner ganzen Gemeinschaft und Ganzheit zum Gegengewicht dient. Das sind die Vorteile, deren Nutzen, der Sinn des allslawischen Bundes in Hinsicht auf Russland. [...]

Sich mit dem vereinigten Europa in einen Kampf einzulassen, vermag aber nur das vereinigte Slawentum. [...] Dieser Bund wäre keine Drohung gegen irgendwen, vielmehr nur eine reine Verteidigungsmaßnahme – nicht nur im Sonderinteresse des Slawentums, vielmehr auch im Interesse der ganzen Welt. Der allslawische Bund hätte nicht die Weltherrschaft zu seinem Ergebnis, vielmehr nur eine gleichmäßige und gerechte Verteilung der Macht und des Einflusses zwischen den Völkern und Völkergruppen, die in der augenblicklichen Periode der Weltgeschichte für ihre aktiven Führer gelten können: zwischen Europa, dem Slawentum und Amerika. [...]

Früher oder später, ob wir es wollen oder nicht, ist der Kampf mit Europa unvermeidlich um der orientalischen Frage willen, d. h. um die Freiheit und Unabhängigkeit der Slawen, um die Herrschaft über die Zarenstadt (Konstantinopel), um alles das, was nach der Meinung Europas den Gegenstand unberechtigter Ehrliebe Russlands ausmacht, hingegen nach der Meinung jedes Russen, der dieses Namens würdig ist, die unerlässliche Forderung seiner historischen Berufung bedeutet. Man kann zögern, man kann die schreckliche Stunde des Kampfbeginns hinausschieben sowohl von unserer wie von europäischer Seite, der Kampf selber aber kann nicht anders umgangen werden, als wenn entweder Europa die ganze Gerechtigkeit der slawischen Forderungen einsieht und ihnen freiwillig nachgibt, wozu, wie aus allem hervorgeht, äußerst wenig Hoffnung vorhanden ist, oder aber, wenn sich Russland tatsächlich, wie seine Feinde behaupten, als ein kranker, geschwächter Koloss erweist, wenn Russland aufhört, nicht nur der Stimme der Volksehre zu folgen, vielmehr auch den machtvollsten Erregungen des Instinkts der Selbsterhaltung, wenn Russland bereit ist, alle Überlieferungen seiner Geschichte aufzugeben, sich loszusagen selbst von dem Sinn seines Daseins.

Der Hauptstrom der Weltgeschichte beginnt mit zwei Quellen an den Ufern des alten Nils. Eine, die himmlische, göttliche, geht über Jerusalem und Zarenstadt und erreicht in ungetrübter Reinheit Kiew und Moskau, die andere, irdische menschliche, zerfällt ihrerseits wieder in zwei Hauptbäche: Kultur und Politik, fließt über Athen, Alexandrien, Rom in die Länder Europas, zeitweilig vertrocknend, dann wieder sich bereichernd mit neuen, immer reichlicheren Wassern. Auf der russischen Erde entsteht ein neuer Quell eines gesellschaftlich-ökonomischen Aufbaus, der die Volksmassen in gerechter Weise befriedigt. Auf den weiten Flächen des Slawentums sollen sich alle diese Ströme zu einem mächtigen Meer vereinigen.

(Aus N. Danilewski, Russland und Europa (1871) in: Geschichte in Quellen, Bd. 5, hrsg. von G. Schönbrunn, München 1980, S. 503f.)

1. Welche weltgeschichtliche Aufgabe weist Danilewski dem Slawenbund zwischen Europa und Amerika zu?
2. Erörtern Sie, ob bzw. inwieweit Russland nach Ansicht des Verfassers in den europäischen Kulturkreis gehört.
3. Vergleichen Sie den Panslawismus mit dem amerikanischen Messianismus im Hinblick auf ideologische Begründung und mögliche Aktionsformen.

Drei Wege in die Moderne: Gleichzeitig – ungleich – vergleichbar?

Drei Schlüsselereignisse der Moderne haben seit dem letzten Viertel des 18. Jahrhunderts Staaten und Gesellschaften im 19. Jahrhundert neue Ziele und Maßstäbe ihrer Entwicklung vorgegeben und sie alle unter mehrfachen Modernisierungsdruck gesetzt: Es waren die amerikanische Unabhängigkeitsbewegung, die Französische Revolution und die industrielle Revolution in England. Drei Leitthemen bestimmen seitdem die moderne Zeit:
- nationale Unabhängigkeit und Selbständigkeit, also das Recht auf Selbstbestimmung nach außen,
- Selbstbestimmung nach innen, also Volkssouveränität sowie politische Garantien der bürgerlichen Freiheit,
- die Entfesselung der Produktionskräfte von Arbeit, Kapital und Boden sowie die Ausbildung einer Marktwirtschaft.

Nationale, liberale, soziale Modernisierung

Infolge dieser drei Schlüsselereignisse waren Staaten und Gesellschaften im 19. Jahrhundert von drei Dauerproblemen herausgefordert: von der nationalen, der liberalen und der sozialen Frage. In den drei Problemen zeigen sich Grundkräfte des säkularen Transformationsprozesses „Modernisierung". Wir fragen uns deshalb abschließend: In welcher Hinsicht, in welchem Ausmaß, in welchem Tempo und mit welchen Folgen haben sich Deutschland, die Vereinigten Staaten und Russland im 19. Jahrhundert modernisiert? Wie haben sich diese drei Länder wirtschaftlich, gesellschaftlich und kulturell verändert?

Deutsches Reich

● Aus einem Staatenbund, dem Deutschen Bund von 1815, ist 1871 nach dem Ausschluss Deutsch-Österreichs das Deutsche Kaiserreich hervorgegangen. Diese späte deutsche Staatsgründung veränderte die Grundlagen des bestehenden europäischen Staatensystems: Die europäische Machtbalance war empfindlich gestört, das neue Reich wurde ein Unruhefaktor in der Mitte Europas zwischen dem euroasiatischen Riesenreich Russland und der aufsteigenden Weltmacht USA. Wirtschaftlich hat das Reich den Rückstand auf das industrialisierte Großbritannien nach der Jahrhundertwende aufgeholt. In Technik, Bildungssystem, Wissenschaftskultur nahm es eine Spitzenstellung ein. Der Obrigkeitsstaat überwölbte einen effizienten Industrie-, einen formalen Rechts-, einen Kultur- und einen tendenziell sozialen Interventionsstaat; doch dieser Staat blieb ein „Machtstaat vor der Demokratie" (Nipperdey), denn politisch blieb das Reich hinter den westlichen Demokratien zurück, es war bis kurz vor seinem Ende eine konstitutionelle Monarchie.

Machtstaat vor der Demokratie

Die politische Modernisierung hielt mit der wirtschaftlichen und technischen nicht Schritt, es kam zu strukturellen Verwerfungen und Ungleichzeitigkeiten. Die politischen Mitbestimmungsmöglichkeiten der Bürger und dann auch der Arbeiter waren eingeschränkt. Das Reich modernisierte sich nur in partiellen Sektoren widersprüchlich und defensiv, um eine vormoderne Staats- und Gesellschaftsordnung im Kern aufrechtzuerhalten. Das nationale Bewusstsein wurde schon seit Bismarcks Einigungspolitik instrumentalisiert zu einer aggressiven Integrations- und Legitimationsideologie angesichts der wachsenden sozialen Differenzierung und der Aufspaltung in eine Klassengesellschaft;

Klassengesellschaft

Arbeiter, Katholiken oder nationale Minderheiten galten, wenn auch vorübergehend, als vaterlandslos und reichsfeindlich.

Nationale Idee

Die nationale Idee rechtfertigte staatliche Machtentfaltung nach innen und außen, zumal in der Epoche der imperialistischen Großmachtpolitik. Beim Ausbruch des Ersten Weltkriegs wurde das deutsche Sonder- und Sonderwegsbewusstsein in der Formel der „Ideen von 1914" propagandistisch wirksam zu einer einseitigen deutschen Kultur- und Missionsidee zusammengefasst: Eine wehrhafte, eigenständige, überparteilich geschlossene, geschichtsverbundene und organisch zusammengewachsene Nation sah sich von einer feindlichen Moderne zu einem Verteidigungskampf herausgefordert. Diese völkisch-nationalen Ideen wurden den universellen politischen Ideen von 1789 und 1776 kämpferisch entgegengehalten und der Krieg wurde ideologisch zu einem nationalen Existenzkampf überhöht. Moderne Technik, Wirtschaft und Organisationskraft wurden von der Reichsführung für vormoderne politische Zwecke und Zielsetzungen eingespannt. Der nationale Machtstaat machte so mobil zu einem „Griff nach der Weltmacht".

Vereinigte Staaten von Amerika

● Und die Vereinigten Staaten von Amerika? – Sie stellten von vornherein eine moderne Staatsschöpfung ohnegleichen dar, aus den Ideen der politischen Aufklärung wie Volkssouveränität, Menschenrechte, Öffentlichkeit, Gewaltenteilung und Fortschritt begründet. Der wirtschaftliche und politische Aufstieg der USA erschien im 19. Jahrhundert wie vorherbestimmt und unaufhaltsam als ein Aufstieg zu einem Land unbegrenzter Möglichkeiten, auf einem Experimentierfeld der Moderne gelegen, als ein Staat und eine Gesellschaft wie aus der Retorte in einem schier unbegrenzten freien kolonialen Neuland. Der Vorsprung und die Chancen dieser Modernisierung wurden „manifest". Die Trumpfkarten der neuen amerikanischen Nation im Spiel der Industrialisierung, der Entfesselung von Produktions- und Marktkräften waren unvergleichlich günstig. Die Voraussage des alten Goethe schien sich zu bewahrheiten: „Amerika, du hast es besser!", weil ungezwungener, weniger behindert, weniger traditionsverhaftet als die europäischen Nationen.

Einheit der Union

Aber die schier unbegrenzte Kraftentfaltung warf bald dunkle Schatten: Die Einheit der Union, der Zusammenhalt der prosperierenden Gesellschaft standen auf dem Spiel, die Umwelt wurde zerstört, die indianische Urbevölkerung fast völlig ausgerottet und im internationalen Staatensystem versuchte die kommende Großmacht ihre Rolle zu spielen und zu finden, indem sie sich und andere an Doktrinen maß. 1917 wird die Union in den europäischen Kontinentalkrieg eingreifen und damit ihre selbst gewählte und behütete Isolation aufgeben; damit mündete ihr geschichtlicher Sonderweg in einen weltgeschichtlichen Hauptweg des 20. Jahrhunderts.

Russland

● In der zweiten Hälfte des 19. Jahrhunderts urteilte der Schweizer Historiker Jakob Burckhardt über Russlands Rolle im modernisierten Hause Europa: „Nun erhebt sich ein Staat im Osten, der sich der europäischen Kultur eifrigst anzuschließen scheint, aber um Europa mit allen Mitteln zu beherrschen! Er benützt fremde Intelligenz, schließt aber fremde Ideen aus." Damit wird ein Grundakkord der russischen Modernisierung angeschlagen: Sie ist staatlich verordnet, defensiv, wählerisch zwischen Mittel und Zweck, vom Westen „erborgt", auf widersprüchliche Weise antimodern. Politische, soziale, wirtschaft-

Rückständigkeit liche und kulturelle Rückständigkeit waren ein Kennzeichen der Geschichte Russlands.

Die Gesellschaft und Wirtschaft Russlands sollte sich nach dem Willen seiner Herrscher auf dem Weg autokratischer Anordnungen bilden, zum Nutzen dieser Autokratie nach innen und außen. *Autokratie* Die Trägergruppe der Modernisierung, das Bürgertum, war sozial und politisch schmächtig, es fehlte an Öffentlichkeit, Kommunikation, Bildung, Verkehr, Kapital, Initiative. Die schmale Arbeiterschaft, in wenigen Produktionsstätten um die Jahrhundertwende konzentriert, blieb der „ungeliebte Bastard der wirtschaftlichen Modernisierung". Die politische Intelligenzia *Intelligenzia* radikalisierte sich angesichts solch massiver Rückständigkeit und setzte verstärkt auf die Karte einer allumfassenden Revolution von Staat, Gesellschaft, Nation, von Individuum und Weltgesellschaft zugleich, also auf eine radikalisierte Moderne, auf einen Bruch mit und auf einen Ausstieg aus der bisherigen Geschichte. Aus dieser Sicht erweisen sich die russischen Revolutionen von 1917 als Teil und Folge einer widersprüchlichen, partiellen, defensiven und verspäteten Modernisierung, die mit Westeuropa nur in den Mitteln gleichziehen wollte, nicht in den Zielsetzungen.

Modernisierung

Modernisierung als ein Schlüsselbegriff zum Verständnis des 19. Jahrhunderts ist ein sehr komplexer Begriff. Er erfasst Prozesse, die den Wandel von Staat und Gesellschaft im 19. Jahrhundert und darüber hinaus beschreiben. Zu diesen Prozessen gehören Nationsbildung, Erweiterung der politischen und kulturellen Partizipation, Entstehung einer bürgerlichen Klassengesellschaft und eines ihr zugeordneten Nationalstaates, Ausdehnung der Staatstätigkeiten auf immer mehr Lebensbereiche, Bürokratisierung, Zentralisierung, Herausbildung eines Interventions- und Wohlfahrtsstaates, Verstädterung und ganz besonders Industrialisierung.

Individualisierung Rationalisierung Säkularisierung

Diese vielfältigen sich wechselseitig bedingenden Prozesse lassen sich wahrscheinlich auf drei Fundamentalprozesse der Moderne zurückführen, unter deren Auswirkungen wir uns heute befinden: Individualisierung, Rationalisierung, Säkularisierung. Die ungeheure sich beschleunigende Veränderung aller bisherigen Lebensformen, Lebenswelten, Erfahrungen, Institutionen und Traditionen kann Menschen, die sie erleiden, orientierungslos und einsam machen, sie entwurzeln, entfremden und in ihnen Unbehagen und Leiden an der modernen Zivilisation erzeugen.

Indem die moderne Wissenschaft als entscheidende Modernisierungskraft alle Lebensbereiche durchdringt, Wissen darüber zu technischer Auswertung und Beherrschung in einem „eisernen Gehäuse der Sachzwänge" (Max Weber) verfügbar macht, entzaubert und verunsichert sie auch, erzeugt sie Angst vor der Modernität und ein permanentes Krisenbewusstsein. *Ambivalenz der Moderne* Auf diese Ambivalenz der Moderne, politisch, wirtschaftlich, kulturell, auf ihre Krise und auf das Bewusstsein der Krise versuchen im 20. Jahrhundert Staat und gesellschaftliche Kräfte, Diktaturen und Demokratien, Parteien und Ideologien zu antworten. Das 20. Jahrhundert antwortet auf diese Erbschaft des 19.; die drei untersuchten Länder Deutschland, USA und Russland treten nun in ein neues Zeitalter internationaler Politik ein. Das bilaterale Verhältnis der Nationalstaaten wurde multilateral, das internationale Verhältnis tendiert zum supranationalen unter Verzicht auf die nationalstaatliche Souveränität. Eine neue Weltordnung ist erforderlich.

Register